普通高等教育"十一五"国家级规划教材

电力工程概论

（第三版）

编著　韦　钢　张永健
　　　　陆剑峰　丁会凯
主审　陈章潮　程浩忠

中国电力出版社
CHINA ELECTRIC POWER PRESS

内 容 提 要

本书为普通高等教育"十一五"国家级规划教材。

本书是普通高等教育"十一五"规划教材。全书共四篇,分别为动力系统概述、输配电系统概述、电气设备及保护控制概述、电力市场建设概述。其中,动力系统概述包括能量转换基本知识、火力发电、水力发电、核能发电、新能源发电;输配电系统概述包括电力系统基本知识、电力系统运行特性及分析、电力系统故障及分析、电力系统稳定性、电力系统的规划及可靠性;电气设备及保护控制概述包括电气设备、发电厂和变电所的一次系统、电力系统保护与控制;电力市场建设概述包括电力改革的市场化趋向、电力市场建设的基础性工作、我国电力市场建设实践。本书概要性地介绍了整个电力工业的基本情况,内容丰富,浅显易懂。

本书主要作为非电气类、能源动力类等专业的本科教材,也可作为成人高校、高职高专相关专业的教材,还可供从事相关领域技术工作的工程技术人员参考使用。

图书在版编目(CIP)数据

电力工程概论/韦钢等编著. —3 版. —北京:中国电力出版社,2009.11(2022.8 重印)

普通高等教育"十一五"国家级规划教材

ISBN 978 - 7 - 5083 - 9268 - 4

Ⅰ. 电… Ⅱ. 韦… Ⅲ. 电力工程—高等学校—教材
Ⅳ. TM7

中国版本图书馆 CIP 数据核字(2009)第 133833 号

中国电力出版社出版、发行

(北京市东城区北京站西街 19 号 100005 http://www.cepp.sgcc.com.cn)
北京雁林吉兆印刷有限公司印刷
各地新华书店经售

*

2005 年 2 月第一版
2009 年 11 月第三版 2022 年 8 月北京第二十二次印刷
787 毫米×1092 毫米 16 开本 19 印张 463 千字
定价 35.00 元

前　言

　　本书第一版、第二版是普通高等教育"十五"、"十一五"规划教材(第一版获 2007 年度上海市优秀教材二等奖),在全国各类高校中广泛使用。根据使用本教材后的一些体会,以及部分学校的教师提出的一些建设性的意见,编者在前两版的基础上做了相应的改进和删减,特此向使用本书的学校和提出宝贵意见的教师表示衷心的感谢。

　　本书是普通高等教育"十一五"国家级规划教材。全书共分为四篇,第一篇动力系统概述,第二篇输配电系统概述,第三篇电气设备及保护控制概述,第四篇电力市场建设概述。

　　本书是为电力类高等学校非电气类专业学生的通识课程而编写的。全书概要性地介绍了电力工程(动力、电气、电力市场)的相关基础知识,对内容中涉及的理论以及繁杂的分析计算进行了大量的简化和定性的描述处理。全书贯穿的宗旨是"介绍性和说明性",内容比较丰富,又力求浅显易懂,学生在学习本书时对先修课程的基础要求较低,这样,非电气类各专业学生,均可在任何一个学期开设本课程,教师在讲授中,可以根据不同的专业以及课时数的多少进行选择性地讲解。书中每一篇均附有一定数量的思考题,帮助学生在学习中思考、复习本课程。

　　本书由上海电力学院韦钢(第二篇)、张永健(第三篇)、陆剑峰(第一篇)、丁会凯(第四篇)编著,韦钢负责全书的统稿。上海交通大学的陈章潮教授、程浩忠教授担任本书的主审,提出了一些宝贵的修改意见,在此表示衷心的感谢。同时,在此向本书所引用参考书目的作者表示感谢。

　　限于编者的水平,书中难免存在缺点和不妥之处,恳请广大读者批评指正。

编　者
2009 年 6 月

目 录

第四篇　电力市场建设概述

概论 电力工业发展概要

电力工业的建立至今已有一个多世纪的历史。今天,电与人们的生产、生活、科学技术研究和社会文明建设息息相关,对现代社会的各个方面已产生直接或间接的巨大作用和影响,已成为现代文明社会的重要物质基础。

一、欧美电力工业的发展简史

1800 年物理学家伏特发明第一个化学电池,人们开始获得连续的电流。随后,安培、欧姆、亨利、法拉第、爱迪生、西门子、楞次、基尔霍夫、麦克斯韦、赫兹、特斯托、威斯汀豪斯等一大批电气工程界的伟大先驱们创造了一系列理论与实践成果,为电力工业的诞生开辟了现实的途径。

1831 年,法拉第发现电磁感应原理,并制成最早的发电机——法拉第盘(Fraday's Disk),奠定了发电机的理论基础。

1866 年,西门子发明了自激式发电机,并预见:电力技术很有发展前途,它将会开创一个新纪元〔几乎同时,王尔德(Wilde)等人也发明了自激式发电机,但西门子拥有优先权〕。

1870 年,比利时的格拉姆(Gramme)制成往复式蒸汽发电机供工厂电弧灯用电。

1875 年,巴黎北火车站建成世界上第一个火电厂,用直流发电供附近照明。

1879 年,旧金山建成世界上第一座商用发电厂,两台发电机供 22 盏电弧灯,收费 \$10/(灯·周)。同年,先后在法国和美国装设了试验性电弧路灯。

1879 年,爱迪生发明了白炽灯。

1881 年,第一座小型水电站建于英国。

1882 年 9 月,爱迪生在美国纽约珍珠街建成世界上第一座正规的发电厂,装有 6 台蒸汽直流发电机,共 662kW(900hp,1hp=0.735kW),通过 110V 地下电缆供电,最大送电距离 1 英里,供 59 家用户,1284 盏白炽灯,收费 25 美分/(kW·h),装设了熔丝、开关、断路器和电表等,建成了一个简单的电力系统。

1882 年 9 月,美国还在威斯康星州富克斯(Fox)河上建立了一座 25kW 的水电站。

1882 年,法国人德普勒(Deprez)在慕尼黑博览会上表演了电压为 1500~2000V 的直流发电机经 57km 线路驱动电动泵(最早的直流输电)。

1884 年,英国制成第一台汽轮机。

1885 年,制成交流发电机和变压器,于 1886 年 3 月用以在马赛诸塞州的大巴林顿建立了第一个单相交流送电系统,电源侧升压至 3000V,经 1.2km 到受端降压至 500V,显示了交流输电的优越性。

1891 年,德国在劳芬电厂安装了第一台三相 100kW 交流发电机,通过第一条三相输电线路送电至法兰克福。

1893 年,芝加哥展示了第一台交流电动机。

1894 年,建成尼亚加拉大瀑布水电站。1896 年采用三相交流输电送至 35km 外的布法罗，结束了 1880 年以来交、直流电优越性的争论，也为以后 30 年间大量开发水电创造了条件。

1899 年，加州柯尔盖特（Colgate）水电站至萨克拉门托（Sacramento）建成 112km 的 40kV 交流输电线。这也是当时受针式绝缘子限制可能达到的最高输电电压。

1903 年，威斯汀豪斯电气公司装设了第一台 5000kW 汽轮发电机组，标志着通用汽轮发电机组的开始。但因受当时锅炉蒸汽参数的限制，容量未能扩大，而主要建立水电站。

1904 年，意大利在拉德瑞罗地热田首次实验成功 552W 地热发电装置。

1907 年，美国工程师爱德华（Edward）和哈罗德（Harold）发明了悬式绝缘子，为提高输电电压开辟了道路。

1916 年，美国建成第一条 90km 的 132kV 线路。

1920 年，世界装机容量为 3000 万 kW，其中美国占 2000 万 kW。

1922 年，在加州建成 220kV 线路，1923 年投运。

1929 年，美国制成第一台 20kW 汽轮机组。

1932 年，前苏联建成第聂伯水电站，单机 6.2 万 kW。

1934 年，美国建成 432km 的 287kV 线路。

二战期间，德国试验 4 分裂导线，解决了 380kV 线路电晕问题，并制成 440kV 汞弧整流器，建成从易伯（Elbe）至柏林的 100km 地下直流电缆，大大促进了超高压交流输电的发展和直流输电的振兴。

战后，美国于 1955、1960、1963、1970 和 1973 等年份分别制成并投运 30 万、50 万、100 万、115 万 kW 和 130 万 kW 汽轮发电机组。

二战期间开发的核技术还为电力提供了新能源。1954 年前苏联研制成功第一台 5000kW 核电机组。1973 年法国试制成功 120 万 kW 核反应堆。

1954 年，瑞典首先建立了 380kV 线路，采用 2 分裂导线，距离 960km，将北极圈内的哈斯普朗盖特（Harspranget）水电站电力送至瑞典南部。

1954 年，前苏联在奥布宁斯克建成第一座核电站。

1964 年，美国建成 500kV 交流输电线路，前苏联也于同年完成了 500kV 输电系统。

1965 年，加拿大建成 765kV 交流线路。

1965 年，前苏联建成 ±400kV 的 470km 高压直流输电线路，送电 75 万 kW。

1970 年，美国建成 ±400kV 的 1330km 高压直流输电线路，送电 144 万 kW。

1989 年，前苏联建成一条世界上最高电压 1150kV、长 1900km 的交流输电线路。

二、中国电力工业的发展

1879 年 5 月，上海虹口装设的 10hp 直流发电机供电的弧光灯在外滩点燃，是中国使用电照明之始。

1882 年，英商创办的上海电光公司则是在中国的第一家公用电业公司，在上海乍浦路创建了中国第一个发电厂，装机容量 12kW。后改为上海电力公司，由美国人经营。

1888 年（清光绪十四年）4 月，中国开始自建电厂，以 15kW 发电机供皇宫用电。

1907 年，中国开工兴建了第一座水电站——石龙坝水电站，1912 年建成，初期装机容量 2×240kW。

1911 年，民族资本经营电力共 12275kW。

1949 年新中国成立之初，全国年发电总量为 4.31×10^9 kW·h，列世界第 25 位，装机容量为 1.849×10^6 kW，为世界第 21 位，全国人均电量不超过 8kW·h。

1949 年 10 月新中国诞生后，电力建设蓬勃发展。特别是改革开放以来，我国电力工业得到了迅猛发展。

1970 年，中国在广东丰顺开始用地下热水发电。1975 年西藏羊八井地热电站始建，1977 年第一台 1000kW 机组投运，1986 年总装机容量 13000kW，为迄今为止中国最大的地热电站。

1978 年，改革开放开始，全国发电装机容量达到 5712 万 kW，年发电量达 2566 亿 kW·h。1980 年全国装机容量为 6587 万 kW，列居世界第 8 位，发电量为 3006 亿 kW·h，列居世界第 6 位。

1985 年，我国国民经济发展第六个五年计划完成时，全国年发电总量已达 4×10^{11} kW·h，装机容量为 8×10^7 kW，升至世界第 5 位。全国已形成了六大跨省区的电力系统，汽轮发电机组、水轮发电机组的单机容量分别达到 6×10^5 kW 和 3×10^5 kW，在运行的调度和管理中，普遍采用了计算机等先进技术。到 1987 年全国装机容量超过 1 亿 kW。

1989 年，中国第一条 ±500kV 直流输电线路（葛洲坝—上海，1080km）建成投入运行，实现华中电网与华东电网互联，形成中国第一个跨大区的联合电力系统。

1993 年，中国第一座核电站——秦山核电站（300MW）建成投产（1984 年 8 月动工）。1994 年大亚湾核电站（2×984MW）建成投产（1986 年动工）。水电建设也在加速：1993 年和 1994 年分别跨上了年投产 300 万 kW 和 400 万 kW 的台阶；1991 年至 1996 年共增加 1800 万 kW；1994 年三峡工程开工，1997 年截流，2003 年 7 月第一台机组开始发电，当年投产 6 台；1998 年 6 月二滩水电站（6×55 万 kW）正式发电。此外，风能、地热能、太阳能、潮汐能等新能源都有发展，形成多种能源互补发展的局面。

1980 年至 2008 年我国装机容量、发电量及其组成见表 0 - 1。

表 0 - 1　　　　　　　　　　我国装机容量、发电量及其组成

年份	装 机 容 量				发 电 量			
	总量（亿 kW）	火电（%）	水电（%）	核电及其他（%）	总量（亿 kW·h）	火电（%）	水电（%）	核电及其他（%）
1980	0.6587	69.2	30.8		3006	80.6	19.4	
1985	0.8705	69.7	30.3		4107	77.5	22.5	
1990	1.3789	73.9	26.1		6213	79.8	20.2	
1993	1.8290	75.4	24.2	0.33	8374	81.6	18.1	0.3
1995	2.12	74.9	24.1	1.0	9880	80.0	18.7	1.3
2000	3.19	74.4	24.85	0.71	13685	80.96	17.76	1.22
2003	3.91	74.03	24.24	1.63	19052	82.88	14.77	2.30
2005	5.0841	75.61	22.92	1.47	25002.6	81.89	15.88	2.24
2008	7.9253	74.87	21.64	2.49	34334	80.95	16.41	2.64

我国的电力工业在电源建设、电网建设和电源结构建设等方面均取得了令世人瞩目的成就。2003 年，拥有 1000MW 电厂 107 座，200MW 及以上火电机组 553 台，占火电装机容量比56.64%；200MW 及以上水电机组 104 台，占水电装机容量比 33.82%；核电机组 8 台，容量为 300～990MW。我国已开始步入"大电厂"、"大电网"、"高电压"、"高自动化"的新阶段，步入了正确、快速的发展轨道。在煤矿附近建设大型火电厂的同时，逐步把重点放在水电建设上，长江三峡工程是世界上最大的水电厂，其装机容量达 $1.82 \times 10^7 \, \text{kW}$，2009 年将全部 26 台 70 万 kW 机组投产。利用核能发电在我国已经开始并稳步发展，秦山核电站、大亚湾核电站、岭澳核电站相继建成并网发电，其他地区新的核电站的建设发展计划已在审议中。地热发电、太阳能发电、潮汐发电等在我国都得到了成功的应用。

2002 年电力体制改革之后，我国电力工业获得了空前发展。在 2004 年实现 4 亿 kW 发电装机的基础上，自 2005 年起，我国发电装机容量每年跨越 1 亿 kW 平台，先后实现了 5 亿、6亿、7 亿 kW 的历史性跨越。自 2002～2007 年五年间，我国新增发电装机规模约 3.5 亿 kW，相当于建国至 2002 年 50 多年的总和，也相当于英国、法国、意大利三个发达国家电力装机的总和，创造了世界电力发展史上的奇迹。2008 年中期，我国电力装机容量达到 74000 万 kW（上半年关停小火电 836 万 kW）（见图 0-1），但新增电力装机容量增速明显回落。2008 年上半年，新增电力装机容量 3302 万 kW，比 2007 年同期少增长 536 万 kW（见图 0-2）。

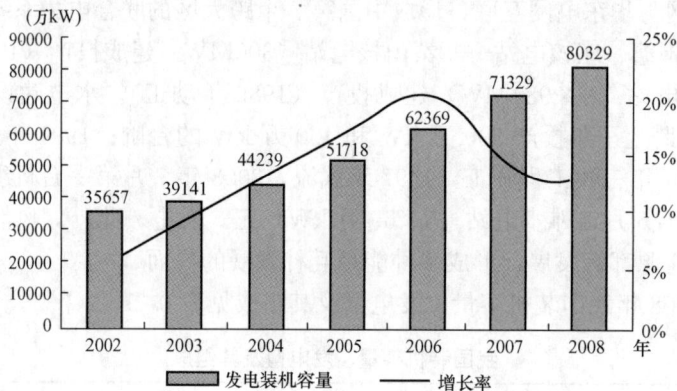

图 0-1 我国电力累计装机容量及增长率

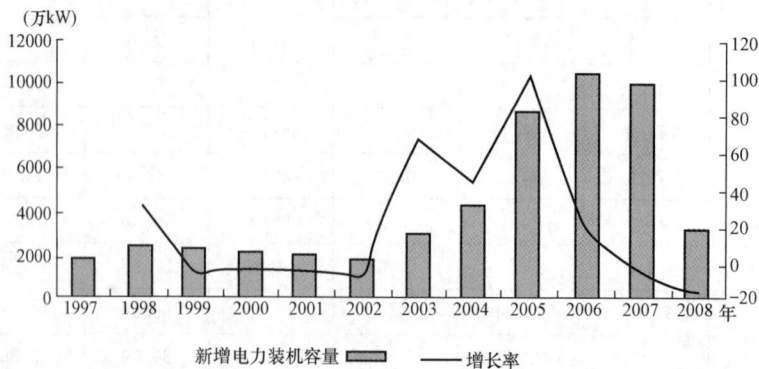

图 0-2 我国新增电力装机容量及增长率

火电：从电力结构看，目前火电在我国现有电力结构中占据绝对的优势，占全国总发电量的比重达到81%。虽然短期内以火电为主导的格局难以改变，但出于对煤炭资源未来供应能力的担心，以及火电厂对于环境的危害，我们认为国家今后在可再生能源方面的投入将相对较多，火电在整个电力结构中的比例逐步下降将是必然趋势。2002～2010年火电装机容量及增长率如图0-3所示。

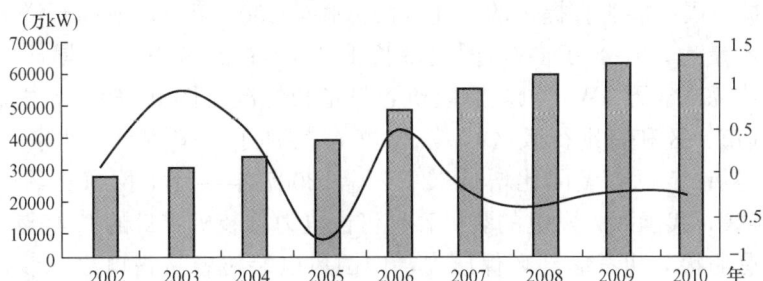

图0-3　火电装机容量及增长率

水电：截至2007年底，我国水电装机容量已经达到1.45亿kW，2007年新增水电装机1536万kW。2003～2007年水电总装机容量及增长率如图0-4所示。

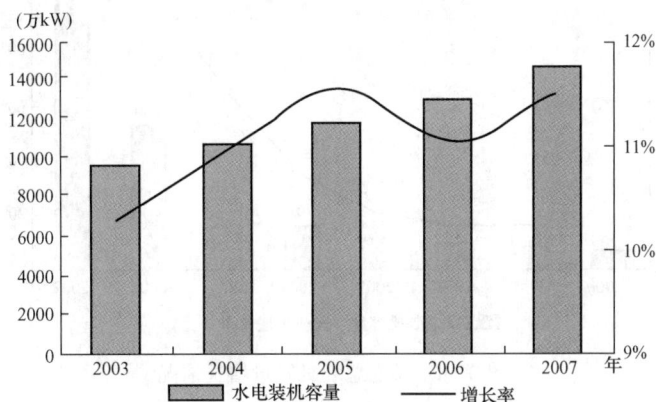

图0-4　水电总装机容量及增长率

核电：截至2007年底，我国大陆地区核电运行机组达到11台，运行总装机容量达到907.8万kW，比2006年增长了200万kW，2003～2006年基本没有增长（见图0-5）。国

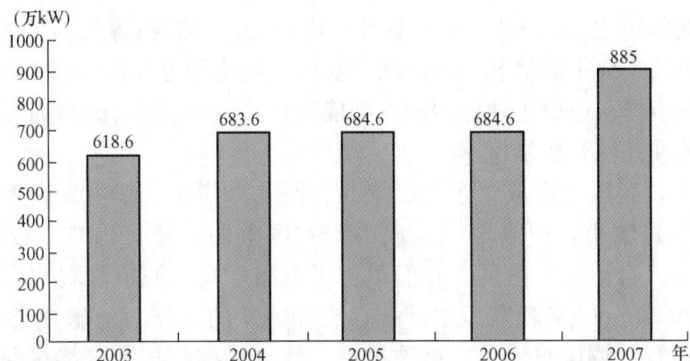

图0-5　核电总装机容量增长情况

家原子能机构的统计显示，2007 年，我国核电总发电量 628.62 亿 kW·h，上网电量为 592.63 亿 kW·h，同比分别增长 14.61％和 14.39％。其中，中国广东核电集团全资和控股的核电机组 4 台，装机容量 394.8 万 kW，占全国核电总装机容量的 43.5％。我国目前已有秦山一期、秦山二期、秦山三期、大亚湾、岭澳和田湾 6 座核电站的 11 台核电机组投入运行。

风电：根据中国风能协会提供的统计数据，截至 2007 年底，我国新增风电机组 3155 台，新增装机容量达 330.4 万 kW，同比增长 147.1％；2007 年底，累计风电机组 6469 台，装机容量达 590.6 万 kW（风电总装机容量增长情况见图 0-6），风电场 158 个，分布于 21 个省（市、区和特别行政区），较 2006 年增加了 6 个省市（北京、山西、河南、湖南和湖北），累计装机容量同比增长 127.2％，2007 年共计上网电量约 52 亿 kW·h。但截至 2006 年底，我国风力发电的装机容量仅占电力总装机容量的 0.42％，出于改善过于依赖煤炭资源的状况和考虑到环保压力，中国风电装机容量占电力总装机容量的提升空间很大。

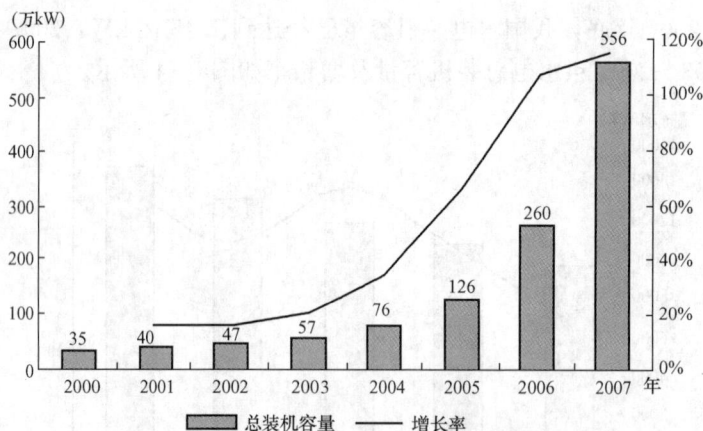

图 0-6 风电总装机容量增长情况

光伏发电：2007 年，我国光伏发电设备新增装机容量 26MW，仅比 2006 年增长 16MW，较低的基数反映在数字上却是惊人的 160％的增长，年累计光伏装机容量为 106MW，同比增长 32.5％，与全球装机容量的平均增速持平，但只占全球总装机容量的 1.16％。对比全球光伏市场的销售结构，2007 年仅无锡尚德年产光伏组件就达 200MW，占全球光伏电池市场份额达 5％。我国光伏累计装机容量、年装机容量与增速如图 0-7 所示。我国光伏发电的市场主要是通信和工业应用、农村电气化和边远地区的离网发电应用等，近 53.8％属于商业化市场（通信工业应用和太阳能光伏产品），其余的均为需要政策扶持的市场，如农村电气化和并网光伏发电。

电网建设方面，我国已形成了东北、华北、西北、华东、华中、南方四省 6 个跨省区电网，由于重庆建直辖市，川渝电网也成为跨省区电网，还有山东、福建、海南、新疆和西藏 5 个独立省（自治区）电网。它们覆盖了全国广大的城市和农村，跨省区电网和省网都建成了 330kV 和 500kV 超高压主网架，±500kV 的高压直流输电已在华东、华中两个跨省区电网上运行。调度自动化、微波通信、计算机控制技术等都得到了广泛的应用。

虽然我国的电力工业已居世界前列，但与发达国家相比还是有一定的差距，我国的人均

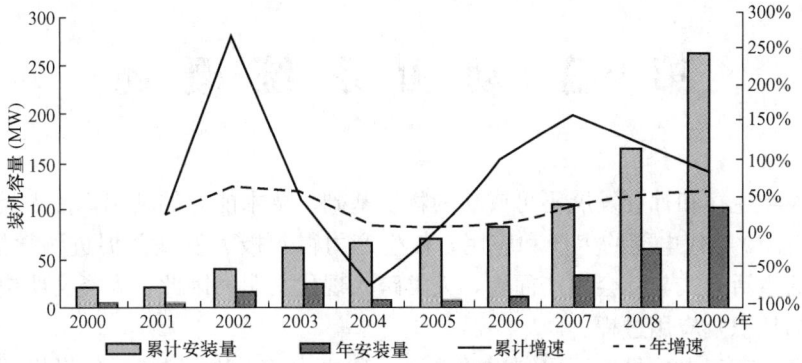

图 0-7 我国光伏累计装机容量、年装机容量与增速

电量水平还很低,电力工业分布也不均匀,还不能满足国民经济发展的需要。跨省区电网的互联工作才刚开始,电力市场还远未完善,管理水平、技术水平都有待提高,因而,电力工业还必须持续、稳步地发展,以实现在21世纪我国电力工业达到世界先进水平的目标。

第一篇　动　力　系　统　概　述

能源是人类生存和社会发展不可或缺的物质基础。草木能源的利用，使人类从原始走进文明。19世纪70年代电能的生产和应用，使生产力得到极大发展并促进科学技术的变革，改变了人类的生活方式与社会生产面貌，人类跨入现代文明。因此，人类文明史发展的过程就是对能源的认识及应用过程。

以自然形态存于自然界并可以利用的能源，称之为"一次能源"，如煤炭、石油、天然气、水能、风能、核能、太阳能、生物质能、地热能、海洋能等。由一次能源加工转换而来的能源称之为"二次能源"，如电能、氢能、机械能、热能（蒸汽、热水）、煤气、焦炭以及石油提取出来的成品油类等。

一次能源中的煤炭、石油、天然气、原子裂变能随着人类的开发利用而逐渐减少，称之为"非再生能源"，而水能、风能、聚变能、太阳能、生物质能、地热能、海洋能是用之不竭的，称之为"可再生能源"。

二次能源中的电能是清洁、方便的能源。电能可以很方便地转变成其他形式的能，如机械能、热能、光能、化学能等，而其他形式的能也可以一定方式转变为电能，通过升压设备和输电线路电能可以很方便地实现远距离传输，并且在电能的生产和使用上可以进行有效的精确控制。电能已成为应用最广泛的能源，是推动世界发展的动力。

目前，人类能够大规模利用的能源是煤炭、石油、天然气、水能、原子裂变能，称为"常规能源"。风能、太阳能、生物质能、地热能、海洋能等可再生能源，称为"新能源"。煤炭、石油、天然气等化石燃料在一次能源的消费量中占$80\%\sim90\%$以上，这些化石燃料在燃烧过程中产生的排放物（粉尘、SO_2、CO_2、NO_x）是引起环境污染、生态破坏的重要原因。而新能源是清洁的能源，其开发利用不会（或较少）污染环境。在能源、环境和经济可持续发展的要求下，目前世界正进行着能源革命，其重点是从消耗煤炭、石油、天然气等化石燃料逐步过渡到主要采用洁净的新能源和可再生能源，并提高能源利用率、节约能源。因此，大规模开发利用新能源对建立可持续发展的社会具有重要的全球意义。

电力工业是国民经济的基础产业，也是先行工业，其规模与发展水平是衡量国民经济发展和综合国力的一个重要标志。电力工业的发展常用"电力弹性系数"来衡量，电力弹性系数是指电力增长速度与国民经济总产值增长速度的比值，从我国目前来看其数值应接近1，而低于0.8将制约国民经济的发展。

在第一篇，将介绍电力的生产过程和生产方式。电能是由一次能源转换而来的，具有一定转换规模、能连续不断对外界提供电能的工厂，称为发电厂。

由于一次能源种类和转换方式的不同，发电厂种类很多，但目前已成熟开发利用并大批量投入商业运营的发电厂，主要是火力发电厂（火电厂）、水力发电厂（水电站）和原子能发电厂（核电站），而新能源发电世界各国也相继开发利用且发展迅猛。人类要实现可持续发展在呼唤"绿色电力"，在不久的将来"绿色电力"的比重会将逐年提高并占有重要的地位，同时会带动相关的"绿色产业"蓬勃发展。

第一章 能量转换基本知识

一次能源先转换成热能，通过原动机把热能转换成机械能，再拖动发电机将机械能转换成电能，这种电能的生产方式在目前占了相当大的比例，如火力发电、核能发电，而新能源发电方式中的地热发电、太阳能热发电、垃圾焚烧发电、海洋温差发电也采用同样的原理。这涉及热能到机械能的转换，因此有必要了解其中的一些常识性知识，以帮助理解各种电厂的生产原理。

第一节 热力学基本定律

一、基本概念

能够将热能转换成机械能的动力设备称之为"热力动力机"（热机），而要完成能量转换所必须借助的中间媒介物质称之为"工质"，工质应具有良好的流动性和膨胀性，因此，热机都采用气（汽）态物质作工质。火电厂的热机是汽轮机和燃气轮机，前者用蒸汽作工质，后者用化石燃料燃烧后产生的烟气作工质。工质在进入热机前，需从其他物体（如锅炉）吸取热能，这物体叫做"高温热源"（热源），而接受工质放出热能的物体（如凝汽器）称为"低温热源"（常称为冷源）。

在研究分析热能与机械功的转换时要选取一定的范围，称为"热力系统"（简称系统），系统外称为"外界"，交界面就是"边界"，边界可以是真实的或虚构的，也可以是固定的或移动的。系统的划分可以根据具体要求人为选定，如可以把图 1-1 中的动力部分作为一个热力系统，也可以将汽轮机选为一热力系统，前者系统与外界只有能量交换却无物质交换是"闭口系统"，后者既有能量交换又有物质交换是"开口系统"，如果系统与外界之间没有热量的交换则称为"绝热系统"，以后在分析汽轮机时，认为其向外界的散热很小，将汽轮机视为绝热系统。

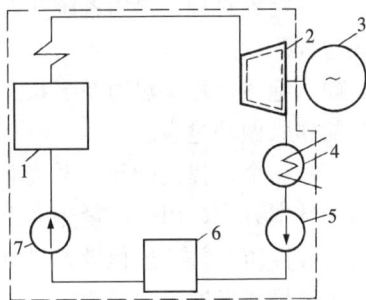

图 1-1 火电厂生产过程原理图

1—锅炉；2—汽轮机；3—发电机；
4—凝汽器；5—凝结水泵；6—回
热加热器；7—给水泵

（一）常用参数

为了说明工质在某种状况（热力状态）下的特征，常用一些物理量来描述，如压力、温度、比体积（比容）、焓等，这些物理量就是状态参数。如果一个热力系统在不受外界影响的条件下，其状态能长时间保持不变，则系统处于"平衡状态"，只有在平衡状态时，才可以用参数来描述系统的宏观物理状况，以后分析时都认为系统处于平衡状态。

压力（P、压强）、温度（T、热力学温标）、比容（v、与密度互为倒数）是前期课程接触过的三个基本状态参数，压力、比容是衡量单位工质做功能力大小的一个尺度。这里，还有一个热力学中经常用到的参数"焓"，焓是用来衡量单位工质具有"热力势能"大小的一个尺度，符号用"h"表示，国际单位为 J/kg、kJ/kg。

（二）基本热力过程

要实现热能与机械能的转换需通过工质状态的变化才能完成，热力系统由其初始平衡状态，经过一系列中间状态变化而达到另一新的平衡状态，其中间的物理变化过程称为"热力过程"（过程）。过程的实现是平衡状态被打破的结果，但每一中间状态，既离开平衡状态，又无限接近于平衡状态，这样的过程称为"准平衡过程"，以后所讨论的实际热力过程都视为准平衡过程。热力系统完成某一准平衡过程之后，若能够沿原变化返回其初始平衡状态，且对系统和外界均不留下任何影响，则称该过程为"可逆过程"（理想过程），反之则为"不可逆过程"。实际中的热力过程都是不可逆过程，因为过程中存在着各种各样的能量损失，系统与外界不可能不留下变化而返回到初始状态。显然，可逆过程只是研究、分析时一种需要的想象。

如果系统经历若干个不重复的过程，最终又回到初始状态所形成的封闭的热力过程叫做"热力循环"（循环），若组成循环的每一个过程都是可逆的，则该循环为一个可逆循环。本课程讨论的循环是动力循环，即循环是按顺时针方向进行的，循环的结果是系统对外输出净功。

常见的基本热力过程有：

（1）定压过程：热力系统状态变化过程中，工质的压力保持不变。如工质在锅炉内的吸热过程。

（2）定温过程：热力系统状态变化过程中，工质的温度保持不变。如工质在凝汽器内的放热过程。

（3）定容过程：热力系统状态变化过程中，工质的比容保持不变。如工质在汽油机内的加热过程。

（4）绝热过程：热力系统状态变化过程中，工质与外界无任何热量交换。如工质在汽轮机内的膨胀做功过程。

经过一个过程或循环，系统通过边界与外界传递能量即热量与功。热量与功是能量传递的两种基本方式，用来衡量热力系统与外界进行能量传递的尺度。这两者不是状态参数，都是与过程性质有关的过程量，只有在完成一个热力过程或循环时，才可以说系统与外界传递了多少热量或者做了多少功。

二、热力学基本定律

（一）热力学第一定律

能量守恒及转换定律是自然界的基本规律，即自然界中一切物质都具有能量，能量不可能被创造，也不可能被消灭；但能量可以从一种形态转变为另一种形态；在能量的转化过程中能的总量保持不变。热力学第一定律就是能量转换及守恒定律在热现象上的应用，指出了热能和各种能量之间的转换和能量守恒。工程热力学主要研究热能和机械能的转换，可以这样表述："热可以变为功，功也可以变为热。一定量的热消失时，必产生与之数量相当的功；消耗一定量的功时，也必出现相应数量的热"。其基本表达形式为

进入系统的能量 — 离开系统的能量 ＝ 系统储存能量的增加

在实际的热力设备中进行能量转换，工质要在热力装置中循环不断地流经相互衔接的热力设备（见图 1-1），完成不同的热力过程，才能实现热与功的转换，因此动力循环中的各

种热力设备均为开口系统（如锅炉、汽轮机），并且认为工质在流经热力设备时：流入和流出系统的质量流量不随时间变化；系统任何一点的参数和流速不随时间变化；系统内的储存能不随时间变化；单位时间内加入系统的热量和系统对外所做的功也不随时间改变。这样的流动过程称为"稳定流动"，很多实际的流动过程都可以作为稳定流动过程处理。这样，热力学第一定律在开口系统可以简化为

进入系统的能量 ＝ 离开系统的能量

上述概念在动力循环中应用广泛，如蒸汽在汽轮机内的膨胀做功过程。由于蒸汽通过汽轮机时向外界的散热很少，可认为汽轮机是绝热系统，并忽略进出口的势能差与动能差，如此单位工质对汽轮机所做的功为

$$W = h_1 - h_2$$

该式说明了单位质量的蒸汽在汽轮机内的膨胀做功过程中，对外所做的功等于工质在汽轮机内的焓降，且汽轮机进出口焓的差值越大，对外所做的功也越大。

（二）热力学第二定律

两个温度不同的物体相互接触时热量总是自发地从高温物体传向低温物体，高温物体失去的热量等于低温物体得到的热量，但是反过来却不可能自发进行。事实上，一切自然过程都具有方向性，而热力学第一定律只是指出了能量之间可以相互转换，以及转换过程中的数量关系，而没有说明这种转化的方向、条件和深度。热力学第二定律是能量转化规律更为深化的定律，也是建立在长期无数经验积累基础之上的，它指出了一切自然过程的不可逆性。热力学第二定律就是解决与热现象有关的各种过程进行的方向、条件和深度等问题的规律。

热力学第二定律的表述方法各种各样，但其本质是一样的，这里给出几种典型的说法：

"热不可能自发地、不付代价地从低温物体传向高温物体。

凡是有温度差的地方都能产生动力。

不可能制造出从单一热源吸热，使之全部转化成为功而不留下其他任何变化的热力发动机（第二类永动机是不可能存在的）。"

热力学第二定律指出，只从一个热源吸热而连续做功的循环发动机是造不成功的，就是说热向功的转化过程是非自发的，要使过程得以进行，必须付出一定的代价，此代价就是使部分从高温热源获取的热量排向低温热源，即系统从高温热源吸取的热量中，除一部分转变成功外，另一部分必须排放到低温热源（冷源损失不可避免），热机不可能将热能全部转变为机械能。

著名的卡诺循环（由两个可逆等温过程和两个可逆绝热过程组成）是实际动力循环的最高理想循环，它在理论上确定了一定范围内热能转变为机械功的最大限度，为实际循环的组成及热效率的提高指出了方向与途径。其循环的热效率表达式为

$$\eta_t = 1 - T_2/T_1$$

由上式，得出一些重要结论如下：

（1）循环热效率决定于高温热源与低温热源的温度 T_1 和 T_2，提高工质吸热温度并且尽可能降低工质排向冷源（环境）的温度，可提高循环热效率。

（2）循环热效率永远小于 100%，因为 $T_1 = \infty$ 和 $T_2 = 0$ 都是无法实现的，这正是热力学第二定律所揭示的规律：在任何热力循环中，都不可能将工质从高温热源吸取的热量全部

转化为功。

（3）当 $T_1=T_2$ 时，循环热效率为零。这就是说，在没有温差存在的体系中，热能不可能转变为机械功，要利用热能来产生动力，就一定要有温度高于环境温度的高温热源。

（4）在温度同为 T_1 的高温热源和温度同为 T_2 的低温热源之间（$T_1>T_2$）工作的一切可逆循环，均具有相同的循环热效率，且与工质的性质无关，与可逆循环的种类也无关。

（5）在温度同为 T_1 的高温热源和温度同为 T_2 的低温热源之间（$T_1>T_2$）工作的任何不可逆循环，其循环热效率必低于可逆循环。实际循环都是不可逆循环，其循环热效率必低于同温限的卡诺循环。

第二节　水蒸气动力循环

一、水蒸气的基本性质

水蒸气是热机中广泛应用的主要工质，具有易于获得、不污染环境的特点，在常规火电厂和核电厂的动力循环中以水蒸气作为工质。火电厂需要的水蒸气是在锅炉中定压下由水加热而形成的，通过分析水蒸气的定压形成过程，可以了解水蒸气的基本性质。

取 1kg 温度为 0℃的水在定压下对其加热（见图1-2），水温随着加热逐渐提高，升高到一定温度时，水开始沸腾，其对应的温度称为"饱和温度"（沸点），此时的水为"饱和水"，低于饱和温度的水为过冷水（未饱和水）。饱和温度和压力是一一对应的，即一个确定的压力唯一对应一个饱和温度，压力增大其对应的饱和温度也相应升高。反之，降压将使得饱和水汽化，扩容器内的闪蒸就是利用这一基本性质。

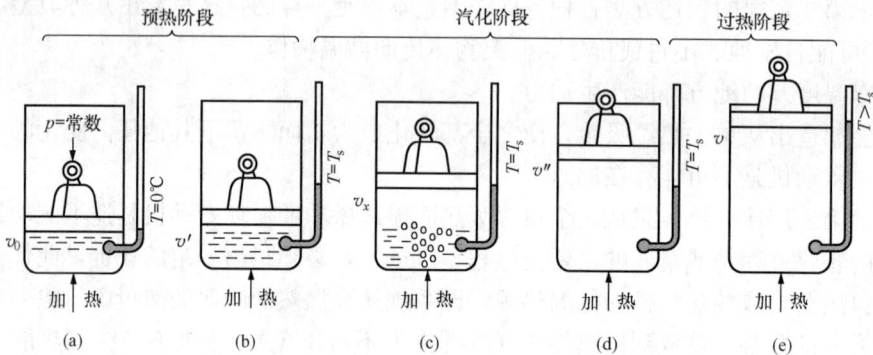

图1-2　水蒸气的定压形成过程
（a）、（b）预热阶段；（c）、（d）汽化阶段；（e）过热阶段

对饱和水继续定压加热，水开始汽化产生蒸汽（饱和蒸汽），水温并不升高、维持饱和温度不变，这时处于汽水两相共存的饱和状态，通常把饱和水和饱和蒸汽的混合物称为"湿饱和蒸汽"（湿蒸汽），可以用干度 x 来表示湿蒸汽中饱和蒸汽占总量的份额（湿蒸汽中纯饱和蒸汽的质量百分数）。随着汽化的进行，当湿蒸汽中的最后一滴水变成蒸汽（即 $x=1$），此时的蒸汽称为"干饱和蒸汽"，其温度仍然是饱和温度。

继续对干饱和蒸汽定压加热，蒸汽的温度开始逐渐升高，此时的蒸汽称为"过热蒸汽"。过热蒸汽的温度与其饱和温度的差值，称为过热度。

因此，过冷水定压加热成过热蒸汽，经历了三个阶段：过冷水加热到饱和水的预热阶段，所需的热量为预热热；饱和水汽化成干饱和蒸汽的汽化阶段，所需的热量为汽化潜热；干饱和蒸汽加热成过热蒸汽的过热阶段，所需的热量为过热热。过冷水、饱和水、湿蒸汽、干饱和蒸汽、过热蒸汽是加热过程中涉及的五个典型状态，其中饱和水和干饱和蒸汽状态是定压力下的两个唯一状态点，其他可具有无限多个状态点。

在加热过程中，工质的比容、焓值持续增大，只不过从过冷水到饱和水比容的增加不大，而饱和水到饱和汽比容迅速增大，且定压力值越低，饱和汽与饱和水的比容差值越大，但随着压力的提高，饱和汽与饱和水的比容差值越来越小。当压力升高到某一值时，饱和汽与饱和水的比容差值为零，即饱和汽与饱和水没有任何差别，具有相同的状态参数且汽化潜热等于零，此时的状态点为"临界点"，所对应的参数为临界参数，即 $p_c = 22.129\text{MPa}$，$t_c = 374.15℃$。这表明：当蒸汽温度大于临界温度时，仅依靠加压不能使水蒸气液化，必须把蒸汽温度降到临界温度以下，加压才能使水蒸气液化。

随着压力的提高，预热热增大，汽化潜热减少，过热热增大，因此大容量、高参数锅炉的受热面布置与小容量、低参数锅炉的受热面布置有所不同。

二、水蒸气动力循环

以水蒸气为工质的动力循环，要实现卡诺循环，只能在湿蒸汽区进行，这样上限温度 T_1 将受到临界温度的限制，理论循环热效率也不高；在汽轮机中做功的工质全部是湿蒸汽，末几级湿蒸汽所含水分太多对汽轮机运行的安全不利、经济性也受影响；低压下湿蒸汽和水的比容差异很大（几千倍），压缩过程难以实现。因此水蒸气动力循环是按照实际可行的循环进行的，其最基本的循环是朗肯循环并以此为基础加以改进，而得到再热、回热、热电联产等循环。

（一）朗肯循环

图 1-3 是以水蒸气为工质的基本朗肯循环装置示意图。由给水泵打出的高压给水，经锅炉加热、汽化、过热三个阶段被加热成高温、高压的过热蒸汽，送入汽轮机膨胀做功将蒸汽热能转换成机械能，从汽轮机排出的低温、低压蒸汽引入凝汽器凝结成水，再由水泵重新打回锅炉，完成封闭的朗肯动力循环。

图 1-3　基本朗肯循环装置示意图

因此，以水蒸气为工质的动力循环是由以下四个理想的基本热力过程构成的：

1→2 为过热蒸汽在汽轮机内的理想绝热膨胀做功过程，所做的功为 $W = h_1 - h_2$；

2→3 为乏汽（汽轮机排汽）向凝汽器（冷源）的理想定压放热的完全凝结过程，其放热量为 $q_2 = h_2 - h_3$；

3→4 为凝结水通过水泵的理想绝热压缩过程，所消耗的功为 $W_p = h_4 - h_3$；

4→1 为高压水在锅炉内经定压加热、汽化、过热而成为过热蒸汽的理想定压吸热过程，所吸收的热量为 $q_1 = h_1 - h_4$。

由此可知，1kg 工质按照朗肯循环工作每循环一次向外输出的净功 W_0 为汽轮机输出功与水泵耗功之差，即

$$W_0 = W - W_p = (h_1 - h_2) - (h_4 - h_3)$$

这样，朗肯循环的热效率为

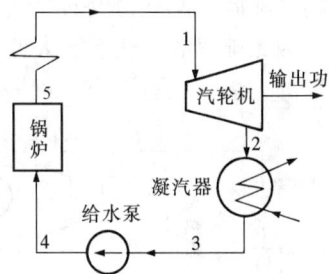

$$\eta_\mathrm{T} = W_0/q_1 = [(h_1 - h_2) - (h_4 - h_3)]/(h_1 - h_4)$$

因水泵耗功所占比例很小，在分析时可忽略不计，上式可简化为

$$\eta_\mathrm{T} = (h_1 - h_2)/(h_1 - h_2')$$

由上式可知，循环热效率 η_T 取决于 h_1、h_2、h_2'（h_3 为排汽压力下的饱和水焓，用 h_2' 代之）的大小，提高 h_1 以及降低 h_2（h_2' 随 h_2 的降低也会低些）可以使 η_T 增加。而 h_1 是汽轮机的进汽焓，其值取决于蒸汽的初压和初温；h_2、h_2' 分别是排汽压力下的排汽焓和饱和水焓，显然取决于排汽压力的高低。

为了提高蒸汽动力装置循环的热效率，应尽可能提高蒸汽的初压和初温并降低排汽压力。现在亚临界（17MPa 左右）、超临界（23MPa 以上）压力得到广泛应用，但提高初温受金属材料耐热性能的限制，国内早期机组的蒸汽初温一般控制在 540℃ 左右，目前引进型超超临界 1000MW（25～27MPa）机组的蒸汽初温已突破 600℃。在蒸汽初温不变的情况下，单一提高初压开始热效率增加较快，但后面的增幅将减小最终趋于下降，因此在目前超临界参数范围内，提高蒸汽初温对提高热效率比提高初压更有利。欧盟在 1998 年启动了"AD700"计划，目标在 2015 年超超临界火电机组的蒸汽初温达到 700℃ 的等级。

降低汽轮机的排汽压力可以使工质向冷源的放热量减少，从而提高循环热效率 η_T。但因排汽压力的降低受到了环境温度的限制，大、小机组的初参数差异很大，而排汽压力差异很小，通常为 5kPa 左右。对于同一设备，冬季的冷却水温低于夏季，相应的排汽压力也低，循环热效率要高一些。

（二）中间再热循环

前面指出提高蒸汽的初压、降低排汽压力可以提高循环热效率，但蒸汽排出汽轮机的干度随之降低，使汽轮机的湿气损失增加、末几级叶片水蚀加剧，影响汽轮机的安全、经济运行。因此排汽的干度不能太低（一般 $x \geqslant 88\%$），在朗肯循环的基础上适当改进，采取"再热"的方法（见图 1-4）可提高蒸汽在汽轮机中膨胀末了的干度。

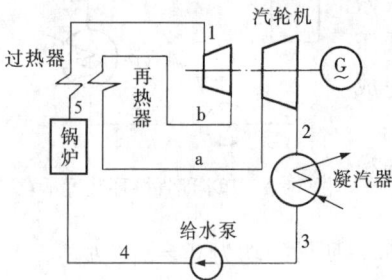

图 1-4　中间再热循环装置示意图

蒸汽在汽轮机内的膨胀分两段进行：锅炉过热器出来的高压过热蒸汽（主蒸汽、一次蒸汽）进入汽轮机的高压缸膨胀做功，做过部分功的高压缸排汽通过管道送回锅炉内的再热器重新加热，温度提高后，低压过热蒸汽（再热蒸汽、二次蒸汽）又返回到汽轮机的中、低压缸继续膨胀做功，直至达到排汽压力进入凝汽器凝结成水由水泵打回锅炉，完成一次中间再热循环。

采用中间再热循环的最初目的是为了提高汽轮机排汽的干度，而不是为了提高循环热效率，但如果再热压力（高压缸排汽压力）选择得当（一般为主蒸汽压力的 20%～30%），一次中间再热可以提高循环热效率为 4%～6%。因此，再热循环也是目前提高热力发电厂经济性的措施之一。

采用中间再热有利于提高初压、保证汽轮机末级蒸汽干度、提高循环热效率，此外因每千克蒸汽的做功量增加，汽轮机的汽耗量减少。但是采用中间再热，需要在锅炉中布置再热器，在汽轮机和锅炉之间增设往返蒸汽管道、阀门等，机组投资增大、运行管理复杂。参数低的小机组不用中间再热循环，只有超高压（13.7MPa）以上的火电机组采用

中间再热。

在目前的蒸汽温度（600℃），如蒸汽初压超过 30MPa，只采用一次中间再热，汽轮机末级的干度将得不到保证，因此要采用二次中间再热，热效率可以再提高 1.5%~2%，但主要热力设备（锅炉、汽轮机）结构更复杂，控制系统的难度更大，而且机组的造价要高10%~15%。近几年，全球新投运的超超临界机组均采用一次中间再热。

（三）回热循环

朗肯循环在采取了提高初参数、降低终参数以及再热等措施后，其热效率还是不高，其原因是朗肯循环中有相当大的一部分热量（50%以上）在凝汽器中被冷却水带走而损失掉了，因此提高循环热效率的关键是如何减少这部分冷源损失。在基本朗肯循环基础上采用"给水回热"的方法是有效手段，具有给水回热的循环称为"回热循环"，所有以水蒸气为工质的动力循环都采用此方式。

图 1-5 所示为有一级给水回热的回热循环装置示意图。1kg 的新蒸汽进入汽轮机中绝热膨胀做功，有 $a$kg 的蒸汽在某一中间压力下被抽出，引入回热加热器定压凝结放热成为 $a$kg 的饱和水，其余的（$1-a$）kg 蒸汽继续在汽轮机内绝热膨胀做功，直至达到排汽压力进入凝汽器凝结成水由水泵送入回热加热器，接受的蒸汽放出的热量，并与 $a$kg 的蒸汽凝结的水汇成 1kg 抽汽压力下的饱和水，由给水泵打回锅炉，完成封闭的回热循环。

可以这样理解，回热循环是由两个循环组合而成：（$1-a$）kg 的工质按基本朗肯循环进行，其循环效率与朗肯循环效率相同；$a$kg 的工质仅吸热做功而不向冷源排热，它放出的热量为工质本身所吸收，这部分工质的循环效率可以认为

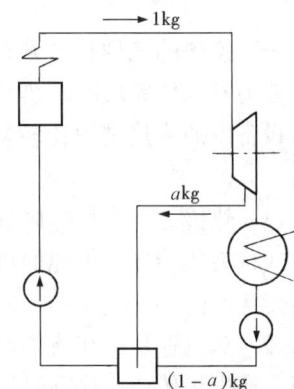

图 1-5 回热循环装置示意图

等于 100%。两部分组合后的循环总效率必大于原基本朗肯循环，采用回热循环热效率可提高 8%~15%。

实际应用不止一级给水回热，级数越多回热循环的热效率越高，越接近卡诺循环的热效率；蒸汽初参数越高，回热级数应相应增加。但随着级数增加，回热循环热效率增加的幅度减少且投资及运行成本大幅增加，目前超高压以上机组一般采用 7~9 级抽汽的给水回热循环系统，国产亚临界（300、600MW）、超临界（600MW）、超超临界（1000MW）机组均用 8 级给水回热加热。

（四）热电联产循环

从热力学第二定律可知，冷源损失是不可避免的。蒸汽动力循环即使采用提高初参数、降低排汽压力、再热、回热等措施，目前技术条件下循环热效率还没超过 60%，大量低温蒸汽（乏汽）的热量因其温度水平太低，没有利用价值，只能通过凝汽器冷却水散失到环境中去。

而现实的生活、生产中热能（蒸汽、热水）的利用非常广泛、需求量也很大，并且这些热能的需要对工质参数要求相对于动力循环中的蒸汽初参数要低得多，但又高于汽轮机的排汽参数。如果适当提高排汽参数，将排汽直接送给热用户利用，既满足了热用户对热能的需求，又可避免动力循环中的冷源损失，这就是"热电联产循环"——将电能生产和热能生产

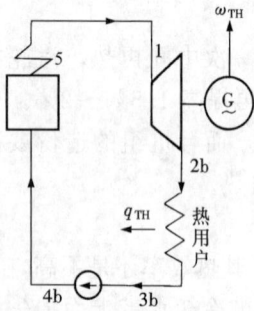

图 1-6 热电联产循环
装置示意图

联合成一体，既供热又供电，这类火电厂叫做热电厂，其装置示意图如图 1-6 所示。

热用户自己生产热能（如常见的工业锅炉）通常存在能耗高、环境污染严重的问题，热电联产是节约能源、改善环境质量的有效措施之一，具有很高的综合效益，通过能源梯级利用提高了能源的综合利用效率。热电联产尽管是一种传统的能源技术，但也应该把热电联产视为适应可持续发展的一种能源利用方式，小型、微型的热电联产被国际上称之为分布式能源，是广义上的"新能源"。

第三节 换 热 器

一、换热的三种基本方式

热力发电厂完成的是热与功的能量转换过程，在众多的设备中经常与热量传递有关，而具体设备中的换热过程比较复杂，通常按换热的特点不同，将物体间的换热分为三种基本形式：

（1）热传导：当物体内各部分存在温差时，热量自发由高温区向低温区传递，这种热传递方式称为热传导。单纯的热传导只发生在密实的固体中，如运行中汽缸的缸壁就进行这样的热传递。

（2）对流换热：在流体内部由于冷、热部分的密度不同，从而引起宏观流动，流体冷、热部分产生热传递，这种热传递方式称为对流换热。在对流换热的同时总伴随有热传导，如烟气掠过管束，火电厂大多设备中的换热过程都属于对流换热。

（3）辐射换热：依靠热射线来传递能量，任何物体（高于热力学零度）总是不断地向外界辐射热能，同时也不断吸收周围物体的辐射热能。辐射换热与热传导、对流换热有着本质的区别，它不仅产生热量的转移还伴有能量形式的转换，并且不需要依附任何介质，可以在真空中进行传播。如锅炉的水冷壁与炉膛内高温烟气之间的换热。

二、换热器（热交换器）

换热器是实现冷热流体热量交换的设备，对冷流体来说是被加热，对热流体来说是被冷却，因此，通常所说的加热器也就是冷却器。换热器在火电厂的热力系统中应用非常广泛。

按其工作原理，换热器一般可分为混合式、表面式和再生式三大类：

（1）混合式换热器：冷、热流体通过直接接触、彼此混合来完成热量交换，同时也存在质量交换。混合式换热器具有换热效率高、设备简单的优点，但因冷、热流体直接混合，其应用受到限制。如火电厂中给水除氧器就属于混合式换热器。

（2）表面式换热器：冷、热流体被固体壁（金属管束）隔开，分别在其两侧（管内、管外）流过，借助于固体壁，热流体的热量传给冷流体，故又称为间壁式换热器。由于冷、热流体不直接接触，表面式换热器是火电厂应用最多的一类，如锅炉中的各汽水受热面、回热加热系统中的高、低压加热器等。

（3）再生式换热器：冷、热流体先后交替地流过同一固体换热壁面，热流体流过时将壁面加热、壁面储蓄热量，冷流体流过时则壁面放出热量并加热冷流体，这样借助壁面的蓄、放热过程，使热流体的热量传给冷流体，又称回热式换热器。大容量锅炉中采用的回转式空气预热器就属于这类换热器。

表面式换热器有两种基本布置方式，即顺流和逆流布置（见图 1-7），其他布置是在基本方式上派生出来的，称为混合流布置。

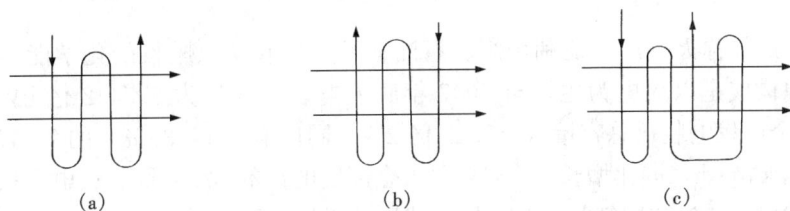

图 1-7　流体在换热器内的相对流向
(a) 顺流；(b) 逆流；(c) 混合流

顺流布置，冷、热流体总体上同向流动；逆流布置，冷、热流体总体上反向流动。在冷、热流体进出口温度相同的条件下，逆流时的传热平均温差较顺流时为大，可以获得较好的传热效果，所需的换热面积小，但两种流体的最高温度集中在换热器的同一端面上，容易造成该端面的金属壁超温而导致毁坏，没有顺流安全。因此，在安全允许的条件下，尽量采用逆流布置，需要考虑壁面安全时，则采用顺流布置，或低温段采用逆流布置而高温段采用顺流布置即混合流布置，锅炉内的各受热面的布置就突出了这一原则。

第二章　火　力　发　电

　　火力发电厂简称火电厂，是利用煤、石油、天然气或其他燃料的化学能生产电能的工厂。我国电源构成是以火电为主，至 2007 年底火电装机容量为 5.5442 亿 kW，同比增长 14.59%，占全国发电装机总容量（7.1329 亿 kW，同比增长 14.36%）的 77.73%，年发电量 2.698 万亿 kW·h，同比增长 13.82%，占全部发电量的 82.86%。火电厂按使用燃料的不同可分为燃煤、燃油和燃气等几类电厂。我国的煤炭资源相对比较丰富，燃煤火电厂是我国目前电能生产的主要方式。

第一节　火电厂生产过程

　　火电厂按燃料不同、热机不同有不同的类型，按照原动机不同可分为汽轮机电厂、燃气轮机电厂、蒸汽—燃气轮机联合循环电厂。但从能量转换观点分析，其基本过程都是：燃料的化学能→热能→机械能→电能。

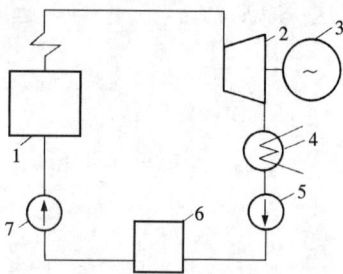

图 1-8　蒸汽动力发电厂原理图

1—锅炉；2—汽轮机；3—发电机；

4—凝汽器；5—凝结水泵；

6—回热加热器；7—给水泵

　　图 1-8 所示为蒸汽动力（汽轮机）发电厂的原理图。燃料送入锅炉 1 燃烧放出大量的热量，锅炉中的水吸收热量成为高压、高温的过热蒸汽，经管道有控制地送入汽轮机 2，蒸汽在汽轮机内降压、降温，其热能转换成汽轮机转轴旋转的机械功，高速旋转的汽轮机转轴拖动发电机 3 发出电能，电能由升变电设备送入电力系统，而做功后的乏汽（汽轮机的排汽）进入凝汽器 4 被冷却水冷却凝结成水，凝结水经凝结水泵 5 送入回热加热器 6 内加热，再由给水泵 7 重新打回锅炉，如此周而复始，不断生产出电能。

　　锅炉将燃料的化学能转化为蒸汽热能，汽轮机将蒸汽热能转化为机械能，发电机将机械能转化为电能，锅炉、汽轮机、发电机是常规火力发电厂的三大主机。动力设备就是指锅炉、汽轮机及其附属设备与热力系统。火力发电厂生产系统组合示意图如图 1-9 所示。

　　火电厂的实际生产过程要复杂得多，还需要很多辅助系统以维持其正常生产，如输煤系统、除灰系统、供水系统、水处理系统等。

　　由上可知，火电厂（凝汽式）的发电热效率为发出的电能（折算成热量）与燃料供给的热量之比，或应是在循环效率的基础上再考虑各设备的效率，即发电热效率等于锅炉效率、管道效率和汽轮发电机组的绝对电效率的乘积。通常也用发电煤耗率（发电标煤耗）来作为衡量各机组经济性的通用指标，发电标煤耗指发 1kW·h 电需要消耗多少克（千克）的标准煤（两者之间的换算关系：发电标煤耗 ≈ 123/发电热效率）。目前，国内大机组（300、600、1000MW）的发电热效率在 40%～45%（有利工况），相应发电标煤耗在 275～310g

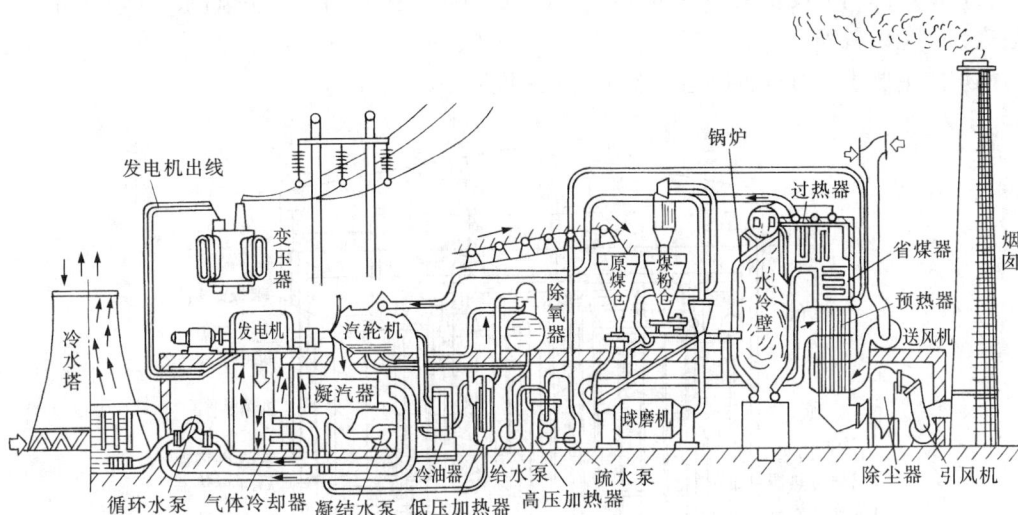

图 1-9 火力发电厂生产系统组合示意图

标准煤/（kW·h）。

上述经济指标没有考虑电厂的厂用电消耗，通常用厂用电率（厂用电量/发电量）来说明机组的辅机设备和运行管理的水平，凝汽式火电厂（大机组）的厂用电率一般在 4%～6%。因此，衡量电厂的热经济性应以对外所供电量为依据，即扣除厂用电率的电厂热效率为发电厂的净效率或供电效率，相应的供电煤耗率（供电标煤耗）为每供（上网）1kW·h电需要消耗多少克（千克）的标准煤。目前，国内大机组的供电标煤耗在 290～330g 标准煤/（kW·h）（有利工况），达到了世界先进水平，但国内还有相当部分的老机组效率比较低。2007 年全国火电机组平均供电标煤耗为 357g 标准煤/（kW·h），比 2006 年下降了 10g标准煤/（kW·h），同比节省了 2700 万 t 左右的标准煤。

第二节 锅 炉 设 备

一、锅炉概述

锅炉设备是火力发电厂的主要热力设备之一，其作用是：燃料在炉膛内燃烧将其化学能转变为烟气热能；烟气热能加热给水，水经过预热、汽化、过热三个阶段成为具有一定压力、温度的过热蒸汽。

锅炉由锅炉本体和辅助设备两大部分组成：

（1）锅炉本体实际上就是一个庞大的热交换器，由"锅"和"炉"两部分组成的。

1）锅是指锅炉的汽水系统，完成水变为过热蒸汽的吸热过程。其主要由直径不等、材料不同的钢管组成形状不同的各种受热面，根据受热面内工质（汽、水）的不同状态以及受热面在锅炉中所处的不同位置，给出相应不同的名称，如省煤器、汽包、水冷壁、过热器、再热器等。

2）炉是指锅炉的燃烧系统，完成煤的燃烧放热过程。其由炉膛、燃烧器、烟道、风道、空气预热器等组成。

（2）锅炉的辅助设备主要包括供给空气的送风机、排除烟气的引风机、煤粉制备系统以及除渣、除尘设备等。

锅炉的主要生产过程可以通过图 1 - 10 来说明。

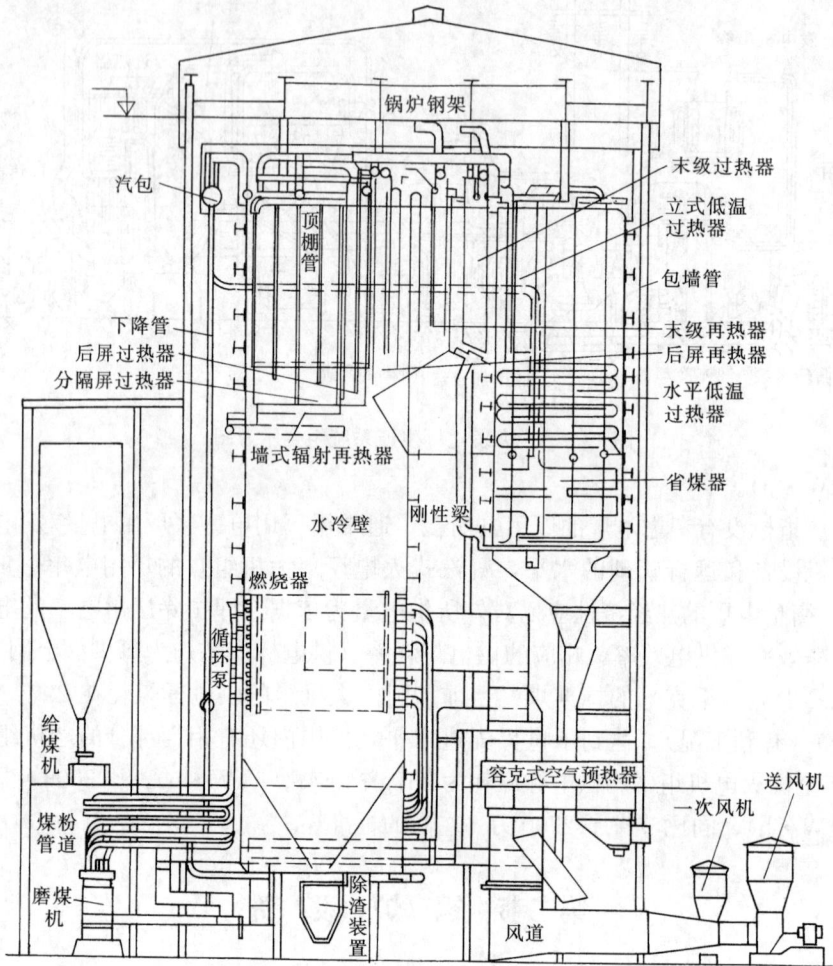

图 1 - 10　HG-2008/186-M 型锅炉的主要生产过程

1. 燃烧系统

预处理（破碎、筛分）过的煤由输煤装置送到锅炉原煤仓，经给煤机送入磨煤机磨制成煤粉，煤粉由空气输送经燃烧器送入炉膛（燃烧室）。

冷空气由风机（一次风机和送风机）送入空气预热器加热到 300℃ 以上成为热空气（热风），其中一部分作为煤粉制备系统中的干燥剂并输送煤粉进炉膛用的，称为一次风；另一部分（数量较大）直接进入燃烧器，称为二次风。

煤粉与空气在炉膛内充分混合并燃烧，将燃料的化学能转变为高温烟气的热能，火焰中心的温度可达 1500℃ 以上，高温烟气与布置在炉膛四壁的水冷壁和炉膛上方的屏式过热器进行强烈的辐射换热。煤粉燃烧后形成的灰分，大颗粒的灰渣从炉底排出，小颗粒的灰（飞灰）随烟气流动上行，出炉膛出口进入烟道。为了吸收烟气携带的热量，在锅炉的水平烟道及竖井烟道内，布置有对流过热器、再热器、省煤器及空气预热器等。烟气流经这些受热面时，与其主要进行对流换热，烟气的热量传给管内流动的蒸汽、水和空气等。从最后一级受热面——空气预热器出来的烟气，其温度降低到 110～130℃，已失去热量利用的价值，通过除尘器除掉其中绝大部分的飞灰后，经引风机送入烟囱排向大气。燃烧系统的工作流程如图 1-11 所示。

2. 汽水系统

锅炉给水（来自高压加热器的过冷水）经给水泵加压后送入尾部烟道的省煤器，给水在省煤器内被加热为（接近于）饱和水后，经导管引入布置在炉顶的汽包。汽

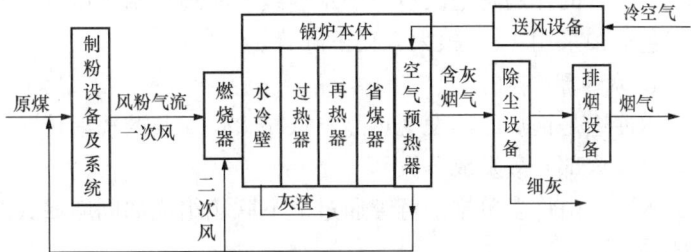

图 1-11 燃烧系统的工作流程图

包中的水沿着炉墙外的下降管下行至水冷壁下联箱，通过下联箱分配给并列的水冷壁管。饱和水在水冷壁管中接受管外的辐射换热而成为汽水混合物向上流动，并通过导管引入汽包，

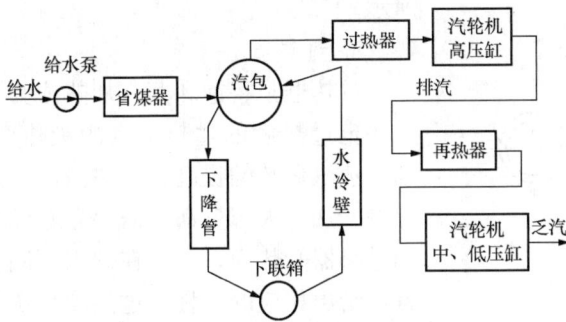

图 1-12 汽水系统的工作流程图

进入汽包的汽水混合物被汽水分离器分离，分离出的水与省煤器来水再次通过下降管、下联箱进入水冷壁管受热，完成下一个循环。分离出的饱和蒸汽则引入过热器系统，在其内被过热到规定的温度后，经主蒸汽管道送入汽轮机的高压缸膨胀做功，其排汽引回到锅炉再热器系统，被加热到一定的温度后又返回到汽轮机的中、低压缸继续膨胀做功。汽水系统的工作流程如图 1-12 所示。

二、锅本体部分

1. 省煤器

省煤器是利用低温烟气加热给水的受热面，用来完成给水吸热的预热阶段，可以降低排烟温度、节省燃料、提高锅炉效率。

大容量锅炉一般采用非沸腾式省煤器，即其出口水温低于给水压力下的饱和温度（欠饱和水），给水经省煤器加热后，再进入汽包到水循环系统。

省煤器布置在锅炉的尾部烟道中，由许多并列蛇行钢管组成，成水平顺列或错列逆流布置。

2. 汽包

汽包是自然循环锅炉和控制循环锅炉蒸发设备中的重要部件，是汇集水和饱和蒸汽的一个厚壁圆筒形容器。其上半部是汽空间，下半部是水空间，水空间的高度就是水位。

汽包布置在锅炉炉墙外、炉顶部不受热，一般采用优质碳钢或低合金钢制造。大容量锅炉的汽包，直径为 1600～1800mm、长度与炉膛宽度基本相同。

汽包的作用主要是：它与下降管、水冷壁等构成水循环回路，接受省煤器来的给水，并向过热器输送饱和蒸汽，是预热、汽化、过热三阶段的连接枢纽（分界点）；汽包内储存有

一定数量的饱和水及饱和汽,具有一定的蓄热能力,故可适应负荷的骤然变化,减缓汽压的波动,有利于锅炉的运行调节;汽包内部有各种设备,进行汽水混合物的分离、清洗蒸汽,保证蒸汽品质。

3. 下降管

下降管的作用是把汽包中的水连续不断地供给水冷壁,布置在锅炉炉墙外不受热,大容量汽包锅炉采用 4~6 根大直径下降管。

4. 水冷壁

水冷壁是锅炉的蒸发受热面,依靠火焰对其的辐射传热,使未饱和水加热成饱和水,再部分(或全部)蒸发成蒸汽。

水冷壁由许多单排平行管通过上下联箱组成如同墙壁式的受热面,紧贴炉墙,布满炉膛的四周。

现在的大容量锅炉均采用膜式水冷壁,可以减轻炉墙的重量和厚度。光管及鳍片管水冷壁结构如图 1-13 所示。

5. 过热器

过热器是将饱和蒸汽加热成为具有一定过热度的过热蒸汽的受热面。随着蒸汽参数的提高,过热段的吸热比例增加,大容量锅炉需要布置较多的过热器受热面,分布在炉内不同位置,给出相应的名称,过热器系统相对复杂一些。

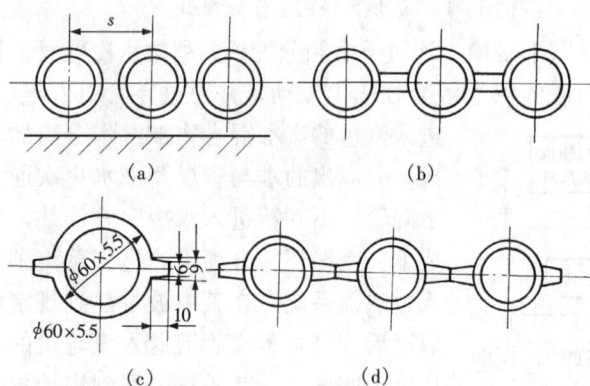

图 1-13　光管及鳍片管水冷壁结构
(a) 光管密排的水冷壁;(b) 光管焊成的膜式水冷壁;(c) 鳍片管 $\phi60\times5.5$ 毫米;(d) 鳍片管焊成的膜式水冷壁

由于过热器内流经的是高压、高温的过热蒸汽,传热性能差,又处于高温烟气区,过热器的管壁温度高,运行中要严格控制汽温,不允许超温。

过热器按换热方式不同,可以分为对流、辐射式、半辐射式三种型式:

(1) 对流过热器。对流过热器布置在水平烟道(垂直布置)或竖井烟道入口(水平布置)处,主要以对流换热方式吸收烟气的热量。

对流过热器由许多根并列的蛇形管与进出口联箱组合而成,或做成多片管屏组合在一起,现在大锅炉多采用后者。

对流过热器按管内蒸汽与管外烟气的相对流向又可分为顺流、逆流和混合流等几种布置方式,在烟温较高区域一般采用顺流布置或先逆流、后顺流的混合流布置,以避免管壁温度过高;在烟温较低区域则采用逆流布置,以获得较好的传热效果。

(2) 半辐射式过热器。半辐射式过热器是指布置在炉膛出口处折焰角前方或上方的过热器,既能直接吸收炉膛火焰的辐射热又可以吸收烟气通过时的对流热,故称为半辐射式过热器。

半辐射式过热器的结构为多片管屏型式,每片管屏由若干根并联管子绕制并与联箱焊接而成,联箱中间隔开,以形成进口、出口联箱,管屏沿炉膛宽度方向均匀布置,相邻管屏间留有较大的间隔，以形成畅通的烟气通道，这种过热器像"屏风"一样悬挂在炉膛的上方空间，也称为屏式过热器，如图 1-14 所示。半辐射式过热器被叫做后屏过热器。

（3）辐射式过热器。辐射式过热器是能够直接吸收炉膛火焰辐射热而无烟气冲刷的过热器，通常悬挂在炉膛上前方空间，称为前屏过热器（或称大屏、分隔屏），采用多片管屏型式。而在炉顶平铺的单层直管，管内流过的是过热蒸汽，故称为顶棚过热器，其吸收的热量并不多，主要作用是在其上面敷设耐火、保温材料，以形成封闭的轻型炉顶，与其类似的还有包覆管过热器，即在水平烟道、竖井烟道的炉墙上平铺单层直管，用来提高烟道密封性。顶棚过热器与包覆管过热器都采用膜式结构。

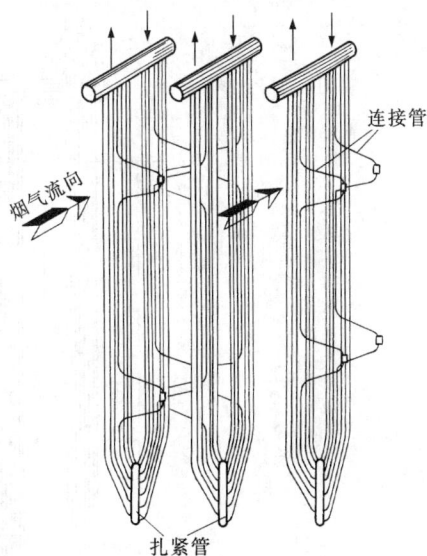

图 1-14 屏式过热器

不同型号锅炉的过热器系统布置都有差别，现大容量锅炉的过热蒸汽流程大致如下：

（汽包引出的饱和蒸汽）→包覆管过热器→低温对流过热器→顶棚过热器→前屏过热器→后屏过热器→高温对流过热器→（去汽轮机高压缸做功）。

6. 再热器

随着初参数的提高，机组普遍采用中间再热循环，再热器的作用就是将汽轮机高压缸的排汽重新加热，使其温度提高后再回到汽轮机中低压缸继续膨胀做功。

再热器的结构与过热器类似，由于再热器中流过的是低压过热蒸汽，对管壁的冷却效果更差，国产锅炉的再热器一般布置在水平烟道后部或竖井烟道进口，为对流式布置。引进型亚临界锅炉，再热器不仅布置在水平烟道中，还布置在炉膛内。炉膛内的再热器一般为单排管，垂直密排布置在炉膛上部、紧靠前墙和两侧墙水冷壁的向火面上，直接吸收炉膛火焰辐射热，称为壁式辐射再热器。其他再热器可以做成与过热器类似的管屏结构（后屏再热器）或蛇形管结构（对流再热器），悬挂在后屏过热器后面的水平或竖井烟道中。

目前大锅炉的对流受热面大多采用管屏式结构，省煤器、过热器、再热器从锅炉内部看去，结构的形式很相像。图 1-15 所示为布置在竖井烟道进口处的低温再热器的结构简图。

三、炉本体部分

1. 炉膛

炉膛是由四周水冷壁、炉顶围成的供燃料燃烧的立体空间，为了使燃料的化学能尽可能完善地转换为烟气热能，炉膛内温度水平很高并有足够的空间让燃料完全燃烧，同时控制炉膛出口的烟气温度，保证炉膛出口及其以后受热面的安全。

2. 燃烧器

燃烧器是将燃料及空气送入炉膛的设备。对于燃煤锅炉，主燃烧器是煤粉燃烧器，另有点火用的轻油燃烧器，助燃用的重油燃烧器。

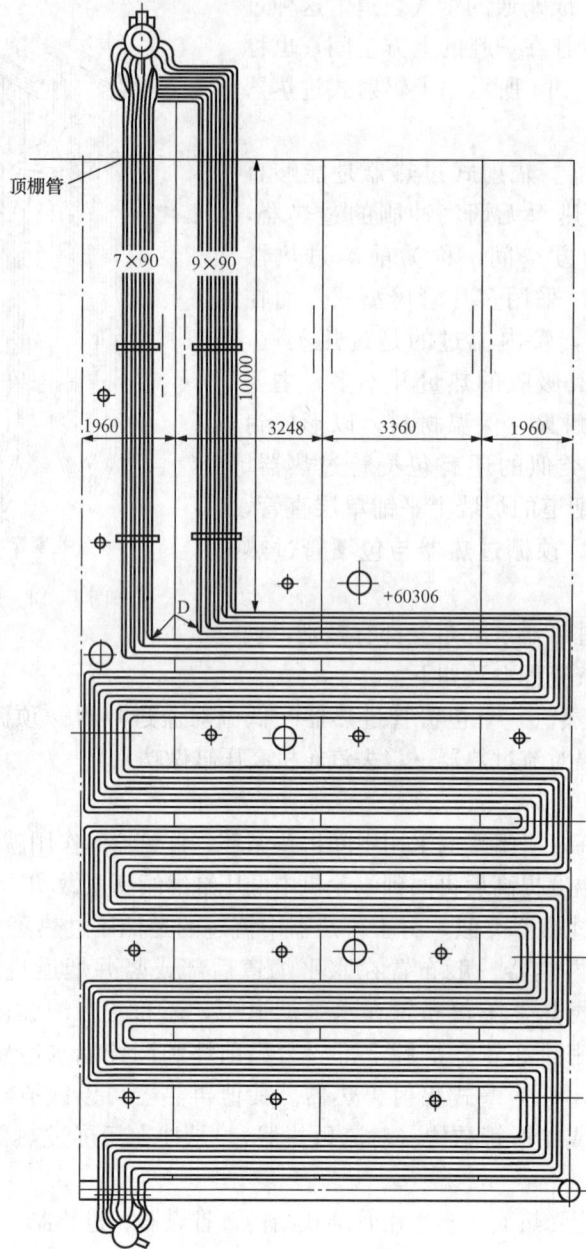

图 1-15 低温再热器结构简图

煤粉燃烧器的结构和布置方式应保证：煤粉和空气进入炉膛后混合充分，着火迅速，燃烧稳定。根据燃烧器出口气流特点，煤粉燃烧器可分为直流燃烧器和旋流燃烧器两大类，1000T/H 以上的大锅炉这两种燃烧器都有广泛应用。如选用旋流燃烧器，国内大多采用前后墙对冲布置；如选用直流燃烧器，必须采用四角布置、切圆燃烧方式。目前为了减少 NO_x 的排放，采用低 NO_x 燃烧器，即分级送风、分段燃烧的方式。

3. 空气预热器

空气预热器是利用锅炉的低温烟气热量来加热燃烧用空气的热交换器。随着回热循环的应用，给水进入省煤器前已达到相当高的温度，省煤器出口烟气温度超过 400℃，采用空气预热器后，既能降低排烟温度（110～150℃），又可以改善炉内燃料的着火和燃烧，减少不完全燃烧损失，提高锅炉效率，成为现代锅炉不可缺少的重要受热面。

大锅炉多采用两台回转式空气预热器（见图 1-16），对称布置在省煤器之后，为最后一级受热面，常把空气预热器和省煤器称为尾部受热面。

省煤器、水冷壁、过热器、再热器、空气预热器是电站锅炉的五大受热面。

四、锅炉主要辅助设备

1. 通风设备

通风设备由送风机、引风机、风道、烟道、烟囱等组成。送风机的作用是把冷空气经空气预热器提高温度后再送入炉膛。引风机的作用是将炉膛内燃烧生成的烟气经烟道、各受热面及除尘器吸出，再经烟囱排入大气。送、引风机是锅炉的重要辅助设备，一般各配备两台，采用平衡通风方式，其炉膛和烟道内呈微小负压，称为平衡通风负压锅炉，这是我国电厂燃煤锅炉普遍

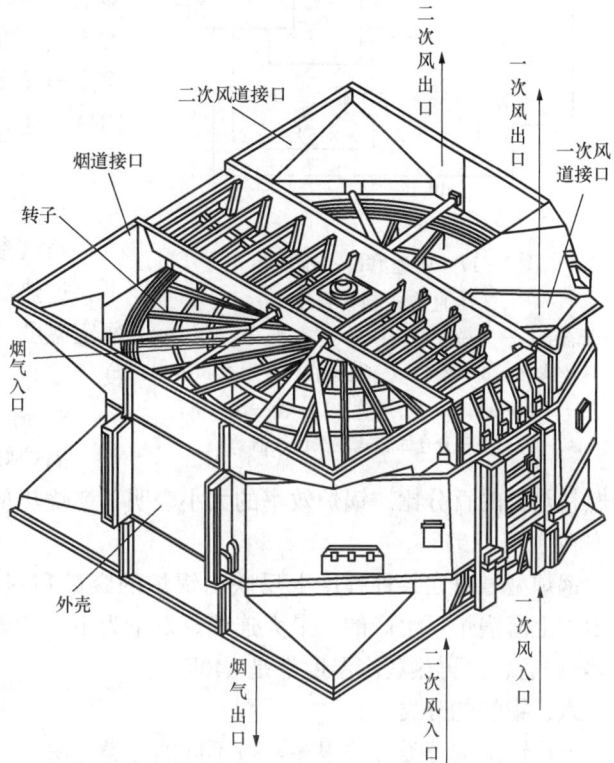

图 1-16 三分仓回转式空气预热器

采用的通风布置方式。仅具有较强通风能力送风机的锅炉，其炉膛和烟道内的压力稍大于环境压力，称为微正压锅炉。

2. 除尘设备

大锅炉常用干式静电和布袋除尘器（效率大于 99.5%）清除排烟中的飞灰，减少对环境的污染。

3. 制粉设备

制粉设备是锅炉的主要辅助设备，也称为制粉系统，其作用是将原煤磨成合格的煤粉连续不断地供给锅炉，并根据锅炉负荷的需要随时调节燃料量的大小。

制粉系统有直吹式和中间储仓式两种。直吹式制粉系统中，磨煤机出口的煤粉与空气混合物直接进入炉膛内燃烧；中间储仓式制粉系统中，磨煤机出口的煤粉与空气混合物先进入旋风分离器，利用离心力将煤粉从空气中分离出来，储存在煤粉仓，再通过给粉机送入炉膛。现大锅炉多选用中速磨冷一次风机正压直吹式制粉系统，如图 1-17 所示。

五、锅炉设备的规范及其型号

锅炉设备的生产能力、产品规范及运行效益通常用下列特性指标来表明。

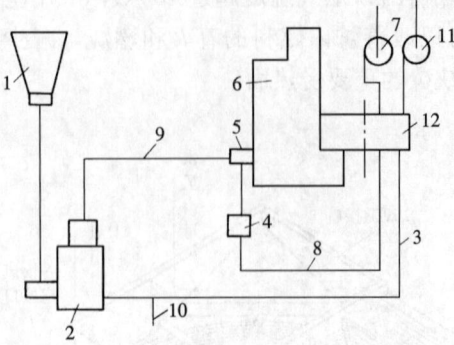

图 1-17 中速磨冷一次风机正
压直吹式制粉系统

1—原煤仓；2—中速磨煤机；3—热风道；4—二次风箱；

5—燃烧器；6—锅炉；7—送风机；8—二次风道；

9—一次风道；10—冷风管；11—冷一次风机；

12—三分仓回转式空气预热器

1. 蒸发量

蒸发量亦称锅炉容量，指锅炉在安全经济条件下连续正常生产时每小时所生产的蒸汽量，亦即锅炉出口的蒸汽流量（T/H）。额定工况和最大连续工况下每小时的产汽量，分别称为锅炉的额定蒸发量（BECR）和最大连续蒸发量（BMCR），通常所说的锅炉容量是指最大连续蒸发量。

2. 蒸汽参数

蒸汽参数指锅炉在额定工况或最大连续工况下，过热器出口过热蒸汽的额定压力（MPa）和额定温度（℃）及再热器出口再热蒸汽的额定温度（℃）。

3. 锅炉效率

锅炉效率指锅炉生产蒸汽的吸热量占输入锅炉燃料热量的百分比。锅炉效率的大小表明了燃烧热量的有效利用程度，目前大容量锅炉的效率在 $90\%\sim94\%$。

锅炉型号可在某种程度上反映出锅炉的容量和蒸汽参数等，如 SG-1025/17.3/540/540 表示"上海锅炉厂生产的、最大连续蒸发量为 1025T/H、过热器出口蒸汽压力为 17.3MPa、过热蒸汽温度/再热蒸汽温度都是 540℃"。

六、锅炉的分类

电厂锅炉的分类方法很多，按不同的分类方法，常见的电厂锅炉有燃煤炉、燃油炉和燃气炉；超高压、亚临界、超临界压力锅炉；正压（微）燃烧、负压（微）燃烧锅炉，等等。此外，再介绍两种电厂锅炉的重要分类方式。

（1）按水循环的方式分：常见的电厂锅炉可分为自然循环锅炉、多次强制（控制）循环锅炉和直流锅炉，如图 1-18 所示。前两种都是汽包锅炉，也可以把后两种统称为强制循环锅炉。

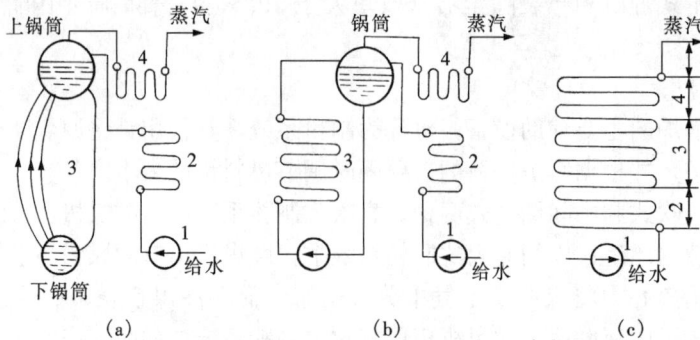

图 1-18 锅炉汽水循环原理图

（a）自然循环锅炉；（b）多次强制循环锅炉；（c）直流锅炉

1—给水泵；2—省煤器；3—上升管；4—过热器

如果上升管（水冷壁）内工质流动的推动力是由下降管内的饱和水（或欠饱和水）与水冷壁内的汽水混合物的密度差所形成的，则为自然循环汽包锅炉；如果上升管（水冷壁）内工质流动的推动力主要来自于强制循环泵（炉水泵）的压头作用，上升管出口仍为汽水混合物，则为控制循环汽包锅炉。汽包锅炉只能用于亚临界（含亚临界）压力以下，是国内常见的炉型。其中，超高压（含超高压）以下多为自然循环汽包锅炉，亚临界压力多为自然循环汽包锅炉或控制循环汽包锅炉，也是目前国内的主流锅炉，如引进型 1025T/H 和2008T/H。

直流锅炉是强制循环锅炉的一种，它没有汽包，工质的流动依靠给水泵的压力依次通过省煤器、上升管和过热器，一次完成加热、蒸发和过热三个阶段。直流锅炉的使用范围不受压力限制，但超临界压力锅炉必须采用直流锅炉，因为临界压力以上饱和汽、水没有密度差。

超临界和超超临界机组是我国燃煤机组最主要的发展方向，因此直流锅炉在火电厂的应用也越来越多。直流锅炉通常按水冷壁的布置型式分类，由于直流锅炉的水冷壁管内工质流动是给水泵的压头来推动的，其布置较自由，结构型式很多，目前应用较多的有螺旋管圈型（多根并列的水冷壁管组成管圈沿炉膛四周盘旋围绕上升）和垂直管屏型（水冷壁类似汽包炉的）两大类。如国内 1900T/H（600MW 机组）直流炉，下辐射区（折烟角以下）的水冷壁采用螺旋管圈，上辐射区采用垂直管屏型，采用双烟道布置；3000T/H 直流炉（1000MW 机组），一种水冷壁布置与上相同，另一种水冷壁采用垂直管屏型，锅炉总体布置有双烟道和塔式两种布置型式。图 1-19 所示为塔式 3000T/H 直流炉总体布置示意图。

（2）按燃煤炉燃烧方式分：电厂锅炉可分为室燃炉（悬浮燃烧煤粉炉）、层燃炉、旋风炉和流化床锅炉（沸腾炉）。

所谓悬浮燃烧，就是从煤粉制备系统出来的煤粉与空气预热器出来的热风经燃烧器同时喷入锅炉炉膛，于炉膛中央在悬浮状态下进行燃烧。由于煤粉很细（粒径为 $30\sim200\mu m$），炉膛温度很高（$1400\sim1600℃$），煤粉在很短的时间（$0.01\sim0.1s$）被迅速加热到 $900\sim1000℃$。因此，煤粉能够快速着火稳定燃烧，并且燃烧较完全，效率也高，可以适应不同的煤种，当然也适合油、气燃料，是目前大中型燃煤锅炉采用最多的一种燃烧方式。在高温下，煤粉燃烧后形成的灰呈熔化状态，大颗粒的灰渣在向下沉降的过程中，如果不断受到水冷壁的冷却而逐渐凝固，到达炉膛底部时已形成固态灰渣，经冷灰斗落入灰渣井，称为固态排渣炉，是常见的排渣方式，反之灰渣若以熔融状态从炉底排出则为液态排渣炉。煤粉燃烧形成的细小的灰（飞灰）则被烟气携带上行，因不断受炉膛内受热面的冷却而凝固，到达炉膛出口处已成固态灰粒，这样可防止炉膛出口受热面结渣，炉膛出口处的烟温在 $1050℃$ 左右。在常规煤粉炉中，风煤混合越强烈，燃烧中心温度水平越高，则有利于煤粉的着火燃烧，但同时会生成大量的 NO_x，对环境造成污染。

流化床燃烧技术就是为了解决传统燃煤锅炉产生的严重污染问题和劣质煤的燃烧问题，开发出来的一种洁净煤燃烧技术。常压鼓泡流化床和常压循环流化床锅炉，炉内压力是大气压力并采用常规蒸汽动力循环，国内前者技术成熟已在小容量锅炉中得到推广应用，后者也正向大容量发展。与上述区别的是增压鼓泡流化床和增压循环流化床，炉内压力在几个或十几个大气压，采用蒸汽—燃气联合循环，称为增压流化床联合循环（PFBC—CC），目前在

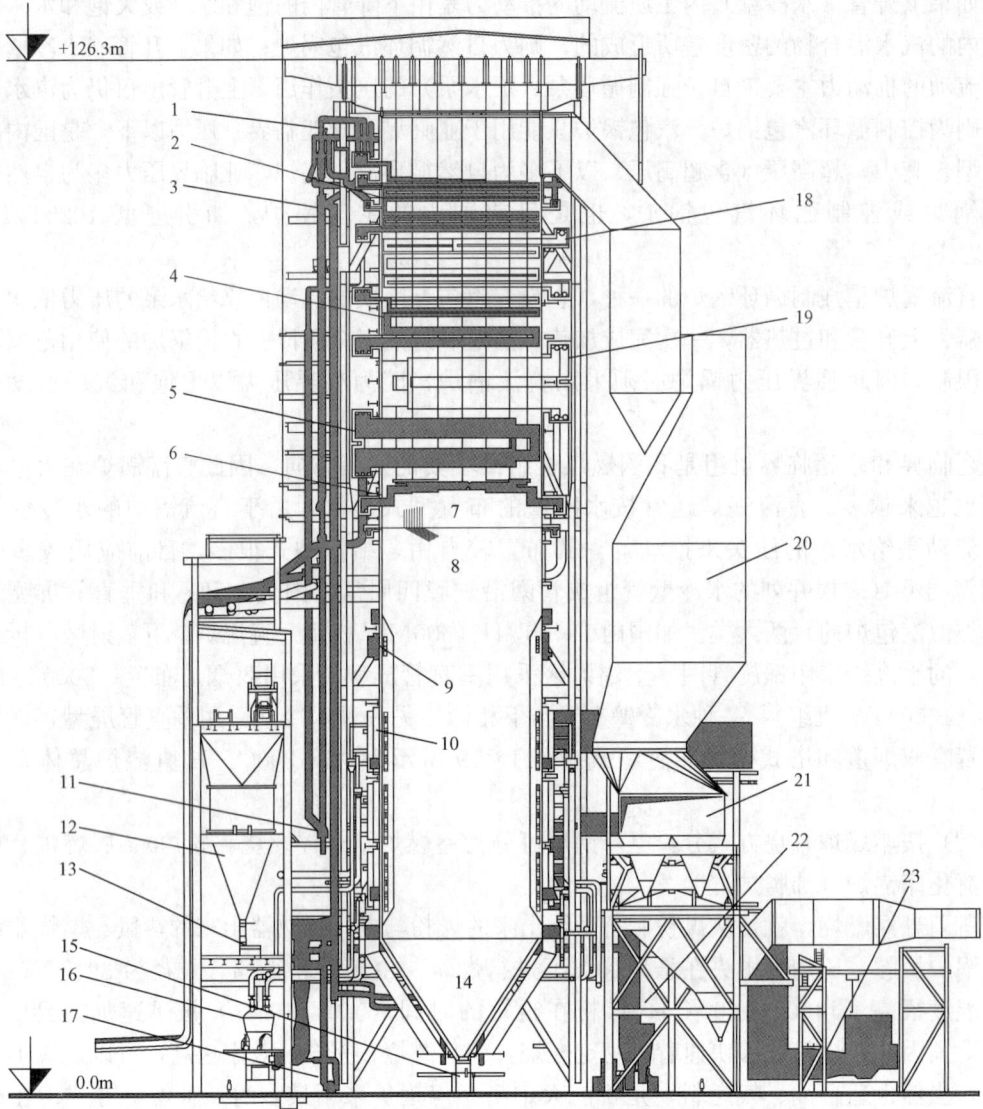

图 1 - 19　塔式 3000T/H 直流炉总体布置图

1—汽水分离器；2—省煤器；3—汽水分离器疏水箱；4—二级过热器；5—三级过热器；6—一级过热器；
7—垂直水冷壁；8—螺旋水冷壁；9—燃尽风；10—燃烧器；11—炉水循环泵；12—原煤斗；13—给煤机；
14—冷灰斗；15—捞渣机；16—磨煤机；17—磨煤机密封风机；18—低温再热器；19—高温再热器；
20—脱硝装置；21—空气预热器；22—一次风机；23—送风机

国外已得到商业示范应用，是一种有前途的洁净煤发电技术。

　　循环流化床是在鼓泡流化床的基础上发展而来的，流化床燃烧技术的基本原理是：炉子的底部为一多孔的布风板，空气由风室穿过孔眼，均匀进入布风板上的床料层，床层中的固体颗粒由少量破碎成细颗粒的煤粒和大量惰性颗粒组成。当高速空气通过时，固体颗粒被吹起来，不断上升和浮起，但在重力的作用下升到一定高度的固体颗粒又会落下。只要控制好合适的空气流速，布风板上的固体颗粒部分或全部就会产生上上下下的双向运动，进入流化状态，类似于液体沸腾时上下翻滚的状态，故也称为"沸腾炉"。由于燃烧过程中空气与燃料混合强烈，具有极好的燃料适应性；固体可燃物只占全部床料的 2%～3%，且在炉内有较长的停留时间，燃烧稳定、效率高；床内布置埋管受热面，燃烧温度可控制在 850～900℃，NO_x 的生成量仅为煤粉炉的 1/2～1/3，并可在燃烧过程中直接向炉内加入石灰石，可达到 90%左右的脱硫效率，是一种经济有效的低污染煤燃烧技术。

第三节　汽　轮　机　设　备

一、汽轮机的工作原理

汽轮机是将蒸汽热能转换成机械功的高速旋转设备，具有功率大、效率高、结构简单、运转平稳的优点，是火电厂及核电厂中采用的原动机。汽轮机、燃气轮机、水轮机等都是涡轮机（又称透平），它们最基本的原理与风车相同，利用工质的动能做功，即利用具有一定速度的工质冲动其转动部分，从而输出机械功。

汽轮机的基本工作原理可用图 1-20说明。具有一定压力和温度的蒸汽在汽轮机中先流过固定的喷嘴，蒸汽的压力、温度逐渐降低，体积不断膨胀，蒸汽的速度越来越高；从喷嘴中流出的高速蒸汽冲击在动叶片上，动叶片受到汽流的作用力带动叶轮和轴转动。蒸汽源源不断地从喷嘴中流出，推动汽轮机的转轴连续转动，将蒸汽的热能转换为轴旋转的机械能。

因此，实现蒸汽热能到机械能的转换可分为两个阶段：

（1）在喷嘴中蒸汽的热力势能（焓降）转变为高速汽流的动能。

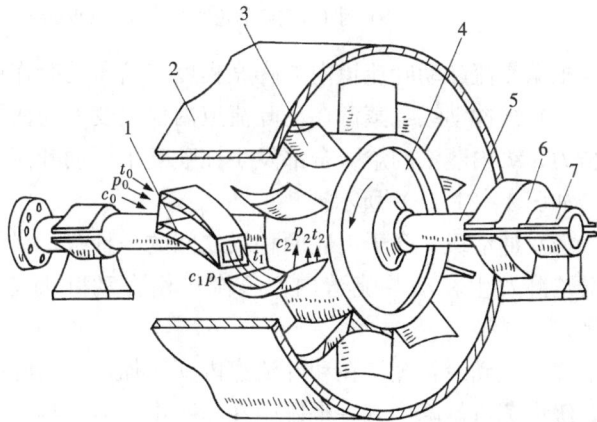

图 1-20　单级纯冲动式汽轮机
1—喷嘴；2—汽缸；3—动叶；4—转轮；5—轴；
6—推力轴承；7—支承轴承

（2）在动叶片流道中蒸汽的动能转变为旋转的机械能。

由此可见，一列喷嘴和与之对应的一列动叶栅就组成了一个基本做功单元，称之为汽轮机的"级"。只有一级的汽轮机叫做单级汽轮机，只能转换较小的蒸汽焓降，功率不大、效率也低。现代汽轮机是由串联在同一轴上的若干个级组合而成，称为多级汽轮机。多级汽轮机的进汽参数高、蒸汽流量大，蒸汽依次流过每个级，逐级膨胀，最后以很低的压力排出，功率和效率远高于单级汽轮机。

上述的能量转换，蒸汽仅在喷嘴中降压、降温、膨胀加速而在动叶流道内并不膨胀（没有焓降）加速，依靠汽流在动叶流道内改变气流流动方向所产生的作用力使动叶栅带动转轴旋转，这种力称为冲击力。如果蒸汽在动叶流道内流动时，不仅改变流动方向而且膨胀加速，汽流不但给动叶一个冲击力，同时由于汽流加速还产生一个与汽流方向相反的作用力，称为反击力，动叶栅是在汽流的冲击力和反击力的合力作用下带动转轴旋转的，如图 1-21（a）所示。

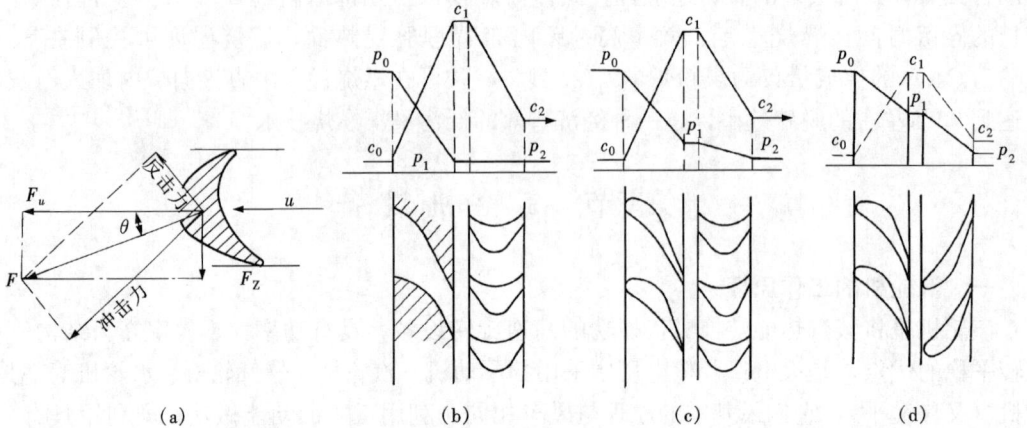

图 1-21 动叶栅受到的轮周力及三种级的压力、速度变化示意图
(a) 动叶栅受到的轮周力；(b) 纯冲动级；(c) 冲动级；(d) 反动级

根据汽流在动叶流道内的膨胀程度和给予动叶作用力的形式，可将级分为三类：

(1) 纯冲动级：蒸汽在动叶流道内仅改变方向而不膨胀加速，动叶所受到的作用力仅为冲击力，级内蒸汽的焓降全部发生在喷嘴中，动叶流道内各通流面积相同，动叶叶形对称弯曲，如图 1-21 (b) 所示。

(2) 冲动级：介于上述两种级之间的一种级，级的大部分焓降发生在喷嘴中，只有一小部分焓降发生在动叶流道内，蒸汽作用在动叶栅上的力主要是冲击力，如图 1-21 (c) 所示。

(3) 反动级：蒸汽在动叶流道内膨胀加速，动叶所受到的作用力为冲击力和反击力的合力，级内蒸汽焓降中有一半发生在喷嘴中，另一半发生在动叶流道内，蒸汽在动叶流道内的膨胀程度与在喷嘴中的膨胀程度相同，喷嘴叶形与动叶叶形基本相同，如图 1-21 (d) 所示。

上述三种级中，纯冲动级的做功能力最大，但级效率最差；反动级的级效率最高、做功能力较小；冲动级则介于两者之间，兼有做功能力大和级效率高的特点。因此冲动级在国产汽轮机（尤其是中小型机组）中得到了广泛的应用。但在近些年直接引进的设备或引进技术在国内生产的 300MW 以上的大型汽轮机中，则着重于级效率的进一步提高而较多地采用反动级。

二、汽轮机设备的组成及工作过程

汽轮机设备由汽轮机本体和汽轮机辅助设备两部分组成，如图 1-22 所示。汽轮机本体由静止部分、转动部分、主汽门、调节汽门等组成。汽轮机辅助设备主要包括凝汽设备、回热加热设备、调节装置、保护装置、供油系统等。汽轮机本体及其辅助设备由管道和阀门连成一个整体，称为汽轮机设备，汽轮机与发电机的组合称为汽轮发电机组。

锅炉来的高温高压的蒸汽经主汽阀、调节阀进入汽轮机，在压力差的作用下蒸汽依次通过各级向排汽口处流动。在流动中，蒸汽的压力、温度逐级降低，逐级将热能转变为机械能。压力、温度已很低的汽轮机的排汽（乏汽），进入凝汽器，被冷凝成凝结水后送往低压加热器加热，进入除氧器除去水中所含的气体，经给水泵升压再由高压加热器加热后送回锅炉循环使用。此外，汽轮机的调节系统用来调节进汽量，以适应外界负荷的变化，保证供电的数量和质量。保护装置则是用于监测汽轮机的运行，在危急情况下保证汽轮机的安全。调节系统和保护装置中用来传递信号和操纵有关部件的压力油，以及用来润滑和冷却汽轮机各轴承的用油，都是来自汽轮机的油系统。

三、汽轮机本体主要结构

汽轮机本体由静止、转动两大部分组成。静子主要包括汽缸、喷嘴（静叶片）、隔板（静叶环）、隔板套（静叶持环）、汽封、轴承等；转子主要包括主轴、叶轮（转鼓）、动叶片、联轴器等，如图 1-23 所示。

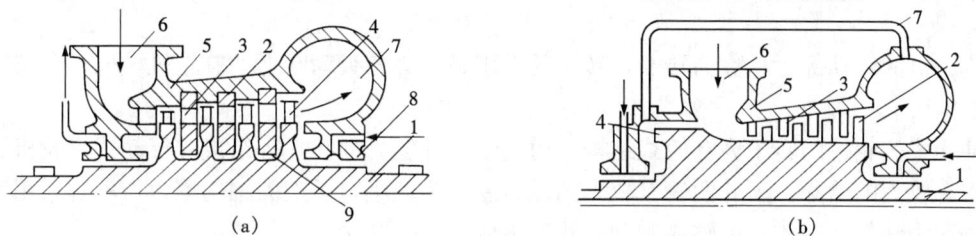

图 1-22　汽轮机设备组成示意图

1—主汽门；2—调节阀；3—汽轮机；4—凝汽器；5—抽气器；
6—循环水泵；7—凝结水泵；8—低压加热器；9—除氧器；
10—给水泵；11—高压加热器

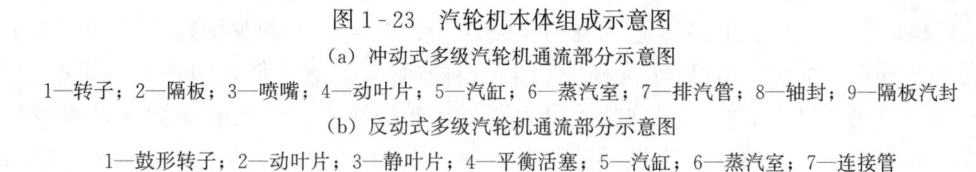

图 1-23　汽轮机本体组成示意图

（a）冲动式多级汽轮机通流部分示意图

1—转子；2—隔板；3—喷嘴；4—动叶片；5—汽缸；6—蒸汽室；7—排汽管；8—轴封；9—隔板汽封

（b）反动式多级汽轮机通流部分示意图

1—鼓形转子；2—动叶片；3—静叶片；4—平衡活塞；5—汽缸；6—蒸汽室；7—连接管

1. 汽缸

汽缸是汽轮机的外壳，其作用是将汽轮机的通流部分与大气隔开，形成蒸汽进行能量转换的封闭汽室。

汽缸的外观一般呈圆锥形或圆筒形，为便于加工、安装、检修，汽缸一般从水平面（中分面）分成上下两半，即上汽缸和下汽缸，上下缸之间通过法兰（水平结合面）用螺栓连接。内部有喷嘴（静叶）、隔板（静叶环）、隔板套（静叶持环）、汽封等零部件，外部与进汽管、抽汽管、排汽管、疏水管等相接。

运行时，汽缸要承受内外的压力差和温度差，缸壁应有一定的厚度，保证其刚度和强度。随着参数的提高，缸壁和法兰要做得很厚，汽轮机启停时会产生较大的温差热应力，因此大型汽轮机的汽缸采用双层或多层结构，形成内缸和外缸，如图 1-24 所示。

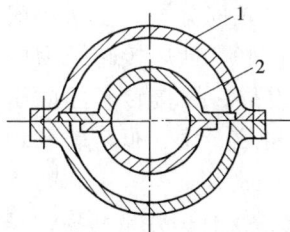

图 1-24　双层汽缸示意图

1—外缸；2—内缸

功率小、参数低（高压以下）的汽轮机为单缸结构，大型汽轮机的初参数高、级数多，汽缸分成高压缸、中压缸和低压缸，采用多缸结构。高、中压缸为合金钢铸造，低压缸多采用优质碳素钢板焊接。

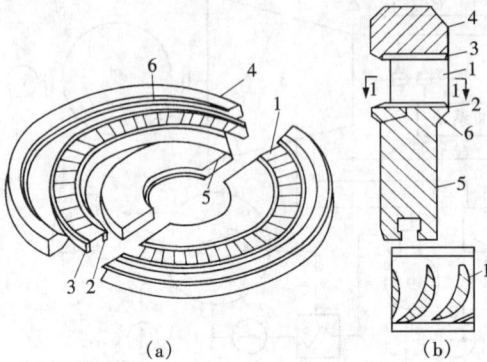

图 1-25 压力级喷嘴、隔板

（a）焊接隔板组合情况；（b）焊接隔板剖面图

1—预制好的喷嘴片；2、3—固定喷嘴片的内外环；

4—隔板轮缘；5—隔板本体；6—焊点

2. 喷嘴（静叶片）与隔板（静叶环）

喷嘴也称静叶片，每两片组成喷嘴流道，蒸汽在其中完成热能到动能的转换。第一级的喷嘴分成 4 组或 6 组布置在对应的喷嘴室出口，由相应的调节阀门分别控制进入汽轮机的蒸汽流量来调节功率，就称该级为调节级，以后各级统称为压力级。冲动级的喷嘴装在隔板上并将各级分开，隔板同样分成上下两半固定在上下汽缸内壁（或隔板套），如图 1-25 所示。反动级没有隔板体部分，喷嘴的叶根和围带沿圆周焊接在一起构成反动级的隔板，通常称为静叶环，同样分为上下两半固定在汽缸内壁（或静叶持环）。

3. 转子

汽轮机的转动部分总称为转子，转子的作用是汇集各级动叶上的旋转机械能，并将其传递给发电机。

冲动式汽轮机的转子为叶轮式结构，由主轴、叶轮、动叶片等组成；反动式汽轮机因在动叶中有较大的焓降，动叶两侧有较大的压力差，为减小转子上的轴向推力，不宜采用叶轮式转子而为转鼓式结构，由转鼓和动叶片等组成，没有叶轮。

汽轮机转子按结构或制造工艺可分为套装转子、焊接转子和整锻转子三种基本类型。套装转子（冲动式）的主轴和叶轮分别加工，工艺简单、造价低，但在高温下叶轮有松脱的问题，可用于冲动式汽轮机的中（低温段）、低压转子。现代高参数大功率汽轮机，末几级叶片很长，套装转子的强度不能满足要求，国产引进型 300、600、1000MW 汽轮机的高、中、低压转子均为转鼓式整锻转子。整锻转子除动叶片以外的主轴和叶轮或转鼓是用一个锻件整体加工而成的，因此不存在高温下叶轮松脱的问题，且结构紧凑，可使轴向长度缩短，但整锻转子的制造工艺复杂、造价高。以前的整锻转子在转子的中心开有中心孔，用于去掉中心材质最薄弱的部分，但孔面的离心应力增加一倍以上，随着锻造技术的提高，无中心孔的整锻转子开始得到应用，如上海生产的 1000MW 汽轮机（西门子技术）的转子就采用了无中心孔的整锻转子。焊接转子是轴向分段、多块小锻件整体锻造再组合焊接在一起的转子，小锻件材质均匀、锻件质量好，且焊接转子为中空腔室结构，质量轻、热应力和离心应力较低，随着焊接工艺的发展，焊接转子的应用将日趋增多，如瑞士 ABB 公司制造的 1300MW 双轴反动式汽轮机的高、中、低压转子均采用焊接转子，如图 1-26 所示。

当汽轮机转速与转子自振频率相同，即为汽轮机的临界转速，这时会发生共振，导致转子的强烈振动。因此，汽轮机的工作转速应避开临界转速。工作转速小于临界转速的转子称为刚性转子；工作转速大于临界转速的转子称为柔性转子。对于柔性转子，在启

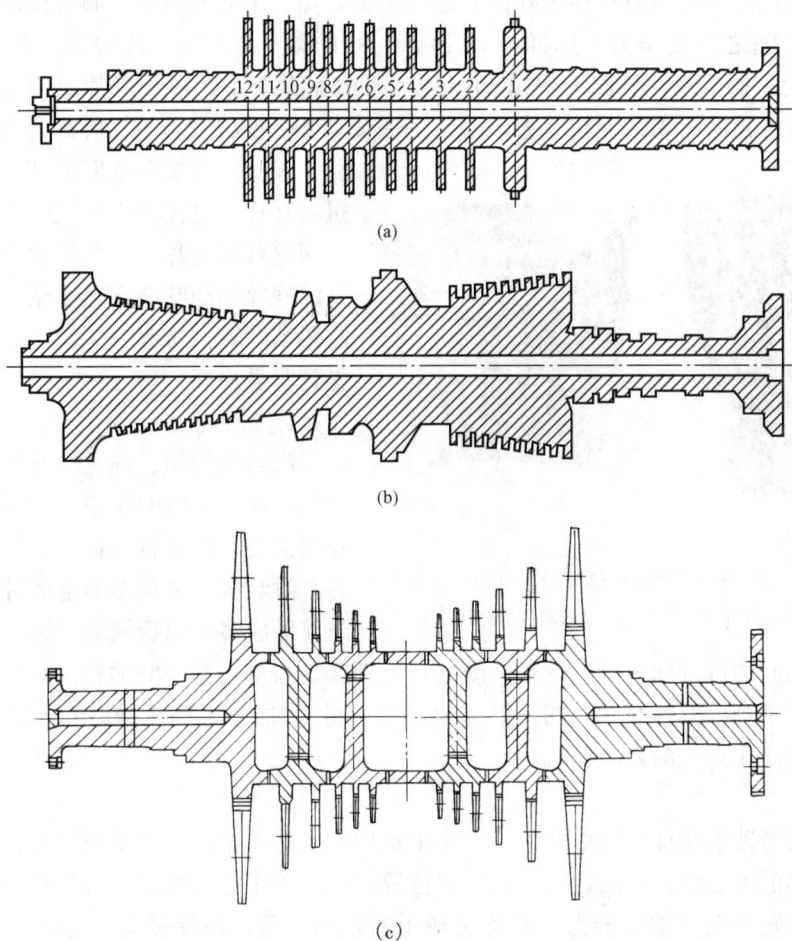

图 1-26　1300MW 双轴反动式汽轮机的高、中、低压转子
（a）叶轮式整锻高压转子；（b）转鼓式高中压整锻转子；（c）叶轮式低压焊接转子

动或停机时不允许在临界转速附近停留，应尽快平稳越过其临界转速，以免引起转子的强烈振动。

4. 动叶片

动叶片是汽轮机重要的工作部件，相邻的两个动叶片构成一个动叶流道。由喷嘴射出的高速汽流进入动叶流道，推动动叶片转动，进而带动转子旋转，使蒸汽动能转变为机械功。

动叶片由叶根、叶身（叶型或称工作部分）和连接件（围带或拉筋）组成。许许多多的动叶片以同样的间隔和角度通过叶根安装在叶轮的轮缘或转鼓上，排列成动叶栅，形成汽轮机的一级动叶流道。叶型则决定动叶流道的形状，冲动式叶型之间构成的流道截面变化较小，反动式叶型之间构成的流道截面从进口到出口明显收缩。为了增强叶片的刚度以及使其自振频率合乎要求，有时需要用围带或拉筋将一级的动叶片连接起来。由于围带是沿叶栅顶部周向装置的，故还可减少叶顶漏汽。如果动叶片只有叶根和叶身，则为自由叶片。

由于蒸汽比容随其压力的逐渐降低而迅速增大，蒸汽的容积流量也将逐渐增大，因而要求动叶长度也随之逐级增大。这样，前几级叶片很短，末几级叶片很长（如上海生产的1000MW汽轮机的末级叶片长1146mm），通流部分呈渐扩形。对长叶片，所受到的离心力较大且叶根与叶顶的圆周速度相差大，因此为保证动叶强度以及蒸汽沿叶高各处有良好的流动，长叶片均按等强度原理设计成变截面扭曲叶片。过去机组的短叶片多采用直叶片即等截面叶片，最新机组的高、中、低压的静叶和动叶全部采用全三维设计的弯曲扭动叶片（如图1-27所示），级效率得到明显提高。

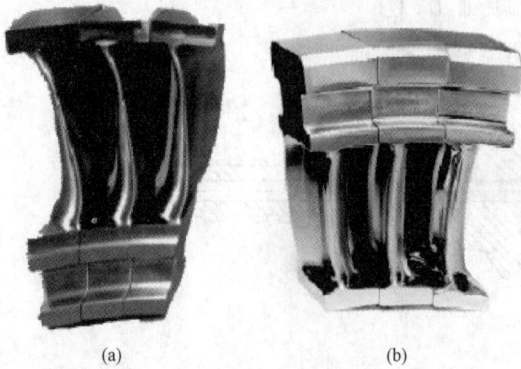

图1-27 弯曲扭动叶片
(a) 反动式弯扭动叶片；(b) 反动式弯扭静叶片

5. 汽封

汽轮机的动、静之间必须留有一定的间隙，在压力差的作用下会形成漏汽，即漏汽损失。汽封就是各动、静间隙处装设的密封装置，由很多薄金属片与主轴的凹凸处形成多个曲折间隙，以减少漏汽。隔板内孔与主轴间的汽封称为隔板汽封；动叶片的顶部、根部与静子间的径向、轴向汽封称为叶片汽封；转子穿出汽缸两端处的汽封称为轴端汽封（轴封），高压端防止蒸汽外漏，低压缸排汽端轴封防止空气漏入汽轮机。

6. 轴承

轴承有支持轴承和推力轴承两种。支持轴承用于支持整个转子的重量以及由于转子质量不平衡所引起的离心力，并固定转子的径向位置，使转子中心与汽缸中心保持一致；推力轴承则用于承受转子上的轴向推力，并确定转子的轴向位置，以保持动、静之间合理的轴向间隙。

由于汽轮机的重量及轴向推力很大、转速很高，故其轴承不是通常的滚珠轴承而采用油膜润滑的滑动轴承，依靠油膜压力来平衡作用力。

7. 联轴器及盘车装置

联轴器也叫靠背轮，其作用是将汽轮机的高、中、低压转子以及发电机转子连接成一个整体。

汽轮机启动前，需通过转子的低速转动以检查动、静部件是否存在碰撞和摩擦；汽轮机停机后，为使转子在上下温度不同的汽缸内受热均匀，避免转子冷却不均而产生大轴弯曲，也要保持转子的低速转动。

盘车装置就是能够人为盘动转子的一套装置，一般由电动机、蜗轮蜗杆及减速齿轮组、离合器等部件组成。

四、汽轮机的调节与保护系统

1. 汽轮机的调节系统

由于电能不能直接大量储存，而用户的电负荷随时在不断变化并对电的质量（电压和频率）要求越来越高，因此发电设备必须根据用户的需要，随时调节供电数量并保证供电质量。

　　汽轮机的调节系统就是根据电负荷的大小自动改变进汽量，调整汽轮机的输出功率以满足用户数量上的需求；控制转速在额定范围以保证供电质量。

　　当汽轮发电机组的发电量等于外界用户的用电量时，处于能量平衡状态，汽轮机保持一定负荷在额定转速下稳定运行。如果外界用户的用电负荷增大或减小，平衡状态被打破，汽轮机转速将随之减小或增大，因此发电量与用电量的平衡就反映在转速的变化上，如转速降低说明用电量大于发电量，汽轮机需要增加进汽量增大机组的发电量，重新回到平衡状态。

　　汽轮机调节系统的实质就是转速调节，其基本原理是利用转速的变化作为调节信号，通过调节系统各部件的一系列连锁反应，最终改变汽轮机进汽量，以适应外负荷的变化。

　　汽轮机调节系统的类型很多，但它们的基本原理是相同的。按调节系统的结构可分为机械液压式、液压式和电液式三种，目前大型汽轮机采用数字电液调节系统（DEH）。

　　2. 汽轮机的保护装置

　　为保证汽轮发电机组安全运行，设有必要的保护系统，在事故或异常情况下及时切断汽源（关闭高中压主汽门和调节汽门），系统主要由超速（110%～114%额定转速）保护和参数超限保护组成。

五、汽轮机的主要辅助设备

　　1. 凝汽设备

　　凝汽设备是凝汽式汽轮机必不可少的辅助设备，是热力循环中的冷源。其作用是：建立和保持汽轮机排汽口的高度真空，获得较高的循环热效率；回收汽轮机排汽凝结的水，作为锅炉给水循环使用。

　　获得汽轮机排汽口的高度真空的有效办法是将排汽凝结成水，这需要一个换热器即凝汽器，同时需要大量的冷却介质，而从自然界能够直接得到的大量冷却介质就是空气和水。空气的密度是水的1/1000，冷却效果差，因此在水源有保证的条件下，火电厂大多采用以水（水源水）作为冷却介质的凝汽设备，并为了保证凝结水不受冷却水的污染，凝汽器采用表面式。

　　凝汽设备主要包括凝汽器、抽气器、凝结水泵等，其系统简图如图1-28所示。汽轮机的排汽排入凝汽器3后，被循环水泵4打进的冷却水冷却。由于低压下蒸汽体积远大于水的体积（排汽压力一般为4～5kPa），蒸汽凝结成水后，体积骤然减少，在凝汽器内形成了高度真空。凝结水汇集于凝汽器底部的热井内，然后被凝结水泵5送往回热加热设备。由抽气器不断抽出从不严密处漏入凝汽器的空气，以保持这一真空。

　　2. 回热加热系统

　　采用回热循环是提高循环热效率的有效手段，参数不论高低、容量不论大小的火电机组均有回热加热系统。常规火电厂的回热系统大多采用一台混合式加热器作除氧器，即利用汽轮机的

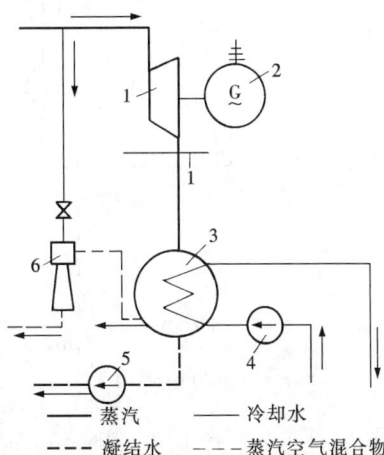

图1-28　最简单的凝汽设备系统简图

1—汽轮机；2—发电机；3—凝汽器；4—循环水泵；5—凝结水泵；6—抽气器

抽汽来加热给水至沸腾以除去水中所含的不凝结气体，其余的加热器均为表面式加热器。位于凝结水泵和除氧器之间的表面式加热器，其水侧压力为凝结水泵的出口压力，称为低压加热器（简称低加）；位于除氧器下的给水泵与锅炉给水操作台之间的表面式加热器，其水侧压力为给水泵出口压力，称为高压加热器（简称高加）。国产 300、600、1000MW 机组，其回热系统都采用八级回热，即三台高加、四台低加和一台除氧器，简称"三高、四低、一除氧"。

N600-16.7/537/537 型机组的发电厂原则性热力系统如图 1-29 所示。

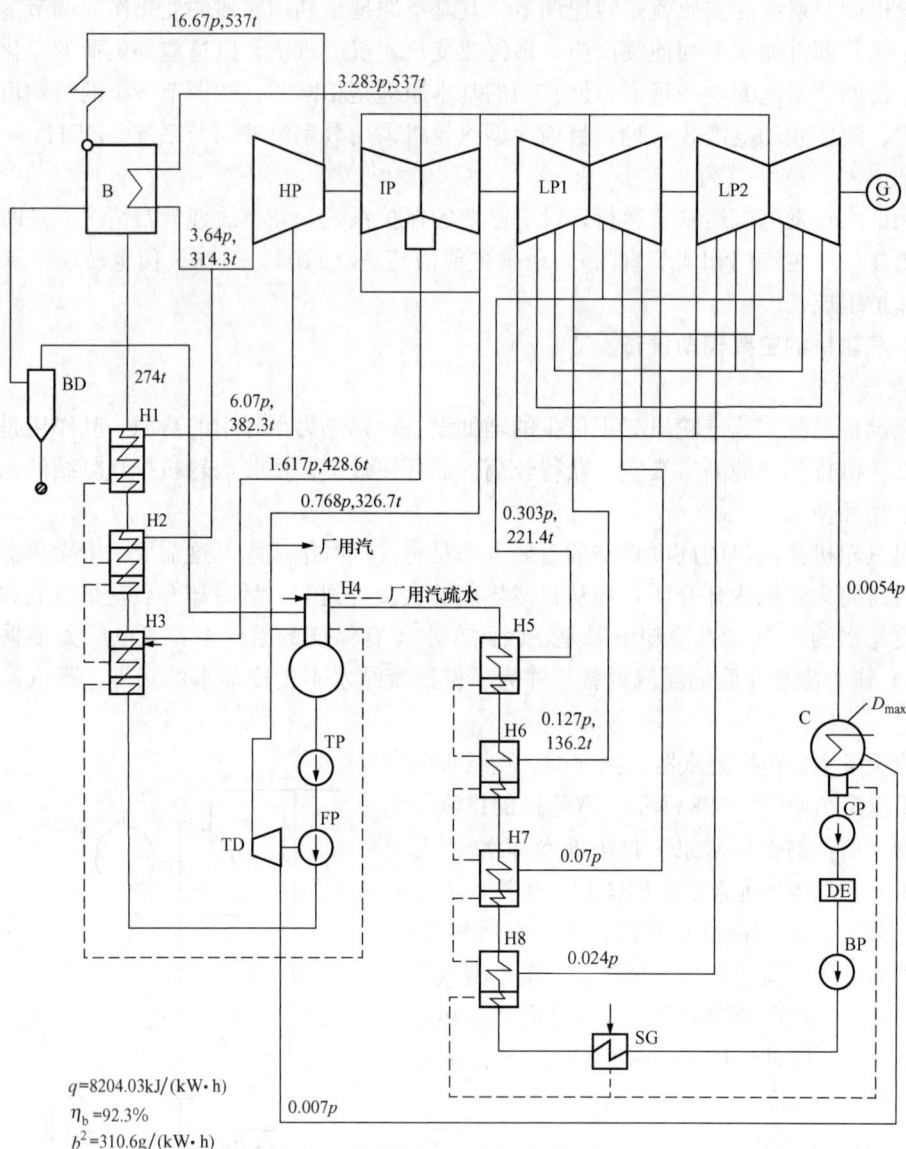

图 1-29　N600-16.7/537/537 型机组的发电厂原则性热力系统

六、汽轮机的分类和型号

汽轮机的分类很多，常见的有如下几种：

（1）按工作原理分，汽轮机可分为冲动式和反动式两种。大多数级是冲动级的汽轮机称为冲动式汽轮机；大多数级是反动级的汽轮机称为反动式汽轮机。一般反动式汽轮机的调节级仍为冲动级。

（2）按初参数分，大型火电厂的汽轮机可分为超高压、亚临界压力及超临界压力、超超临界压力等几种。

（3）按热力过程的特点分，汽轮机可分为凝汽式、背压式及调整抽汽式汽轮机。进入汽轮机的蒸汽除回热抽汽及轴封漏汽外，全部排入凝汽器，称为凝汽式汽轮机。当进入汽轮机的蒸汽做功后以高于当地大气压的压力排出，可用于对外供热时，称为背压式汽轮机。从汽轮机中间的某些级后抽出部分蒸汽去对外供热，其余的蒸汽做功后仍然排入凝汽器，且抽汽压力可以在一定范围内调整，则称为调整抽汽式汽轮机。

图 1 - 30 所示为国产几种典型的汽轮机总体布置示意图。

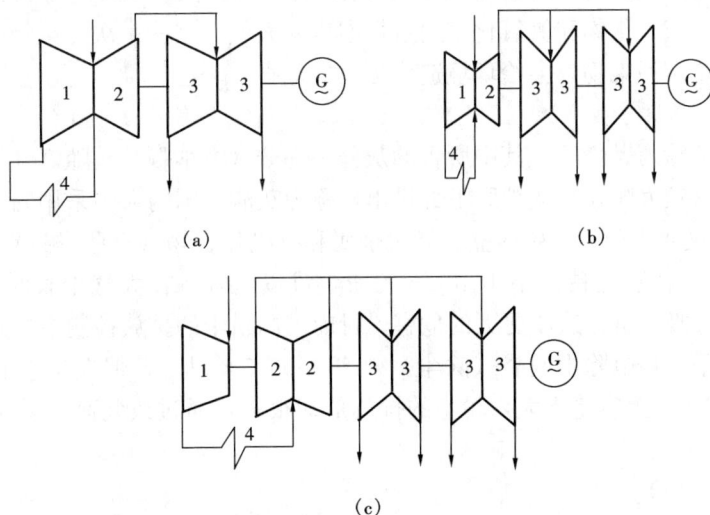

(a)

(b)

(c)

图 1 - 30　国产几种典型的汽轮机总体布置示意图
(a) 单轴双缸双排汽（亚临界 300MW）；(b) 单轴三缸四排汽（超临界 600MW）；
(c) 单轴四缸四排汽（亚临界 600MW，超超临界 1000MW）
1—高压缸；2—中压缸；3—低压缸；4—再热器

汽轮机的型号用来表示汽轮机的热力特点、输出功率及进汽参数规范等，如 N300- 16.7/538/538 表示凝汽式汽轮机、额定功率 300MW，新蒸汽压力 16.7MPa、温度 538℃，再热蒸汽温度 538℃。目前国产主流机组系列见表 1 - 1。

表 1 - 1　　　　　　　　　　　　　目前国产主流机组系列

类　别	锅炉主汽压力（MPa）	锅炉蒸汽温度（℃）	锅炉 BMCR（T/H）	汽机进口压力（MPa）	汽机进口温度（℃）	汽轮发电机组额定功率（MW）
亚临界	16.8～18.3	540/540	1025，2008	16.2～16.7	537/537	300，600
超临界	25.3	571/571	1920 左右	24	566/566	600
超超临界	25.7～27.5	605/603	3000 左右	25～26.25	600/600	1000

第四节　火电厂对环境的影响及措施

　　火力发电采用的是化石燃料，其化学成分非常复杂，燃烧产物的排放不可避免会对环境造成污染，其中常规燃煤电厂的污染最为严重。

　　按元素分析，煤的成分有碳（45%～90%）、氢（1.5%～6%）、氧（0.5%～30%）、氮（0.3%～3.5%）、硫（0.5%～2%），加上水分（2%～50%）以及燃烧后剩下的不可燃的残渣——灰分（10%～50%），其中可燃成分是碳、氢、硫，相应的燃烧产物为二氧化碳（不完全燃烧时还有一氧化碳）、水、二氧化硫（进一步氧化生成三氧化硫），同时在高温下氮与氧化合生成氮氧化物（主要是 NO 和 NO_2），而火电厂用的液体燃料（主要是重油、渣油）和气体燃料（天然气、高炉和焦炉煤气、合成煤气）的成分与煤相同，只不过水分、灰分低得多。因此，火电厂生产时的污染排放主要是烟气污染物排放、灰渣排放、废水排放，其中烟气中的粉尘、硫氧化物和氮氧化物通过烟囱排入大气，这些一次污染物通过在大气中的迁移、转化生成二次污染物，会给环境造成更大的危害。

　　1. 粉尘

　　燃料在锅炉炉膛内燃烧后，其中所含的灰分一部分（细小颗粒）随烟气排出炉膛，称为飞灰；另一部分（较大颗粒）从炉膛下部排出，称为灰渣。国内大多采用固态排渣炉，飞灰占 80%～90%。飞灰表面带有硫酸盐、微量金属和有机化合物（有些是致毒、致癌的物质，增加了它的毒性），特别是粒径小于 $10\mu m$ 的粉尘难以沉降，在大气中长时间漂浮（漂尘）可直接进入人体呼吸器官，造成更大的危害。目前国内粉尘的排放控制主要是通过除尘器除尘，大机组通常采用静电除尘或袋式除尘，效率在 99.5% 以上，但老机组的水膜除尘效果差（95% 以下）。老机组容量不大，粉尘的排放量却很大，通过改装高效除尘器是减少粉尘的有效措施。

　　2. 硫氧化物（SO_x）

　　排烟中主要是 SO_2 和少量的 SO_3，它们对人的眼睛和肺以及植物的叶片带来损伤。浓度高的 SO_2 造成呼吸系统疾病甚至死亡，使农作物减产或植被枯萎；在大气中与雾、飘尘等发生化学反应形成硫酸烟雾，其毒性比 SO_2 大 4～20 倍，危害性特别大。SO_2 氧化为 SO_3 与水结合成硫酸雾，并造成酸雨。酸雨严重破坏森林生态系统，造成森林枯萎死亡；破坏土壤生态系统，使得土壤酸化、贫瘠；使水生生态系统紊乱，影响水生生物的生长和繁殖；酸雨还会腐蚀破坏建筑物和金属器物等。

　　我国已成为世界三大酸雨区之一，SO_2 污染产生的酸雨危害面积已达国土总面积的 1/3，全国 70.6% 的城市地区年均降水 pH 值低于 5.6，我国二氧化硫排放量已经超过环境承载量的 81%；我国的 SO_2 排放量居世界之首；按每 1000 美元 GDP 排放的 SO_2 计，我国是美国的 8 倍、日本的 61.6 倍。

　　目前火电厂主要采用烟气脱硫技术（燃烧后产生的烟气排入大气前，用物质吸收或吸附烟气中的 SO_x），或者燃烧过程中加入适量的石灰石等碱性吸收剂（如炉内喷钙、流化床燃烧技术）来控制排烟中硫氧化物的含量。

　　3. 氮氧化物（NO_x）

　　排烟中的氮氧化物主要是 NO、少量的 NO_2 和极少量 N_2O，通常 NO_x 是指 NO、NO_2。

氮氧化物最重要的影响是它参与光化学反应，形成光化学烟雾和吸收电磁波，最后在大气中形成硝酸盐，降低天空的亮度以及远处物体的反差，并有害于人体身心健康，特别是呼吸系统。有时候，排入大气的 NO_x 全部转化成硝酸或过氧酰苯硝酸盐，通过沉降进入生态系统，一氧化氮对酸雨的形成和生态系统的影响已日益显著。

NO_x 是燃料中的有机氮化物和空气中的氮分子在火焰中及火焰周围的高温区形成的，前者称为"燃料型"NO_x，后者称为"热力型"NO_x。燃料型 NO_x 的生成与燃料的含氮量和火焰中及其周围的氧浓度有关，热力型 NO_x 的生成率与燃烧温度和燃烧区的氧浓度有关。因此，降低燃烧温度和欠氧燃烧，可以减少 NO_x 的生成。目前采用低 NO_x 燃烧技术，即低过剩空气量、分级送风、分段燃烧等方法以减少烟气中 NO_x 的含量；或采用流化床燃烧技术，其燃烧温度低（850～900℃），NO_x 的生成量比悬浮燃烧的锅炉低得多。

上述低 NO_x 燃烧技术可以使 NO_x 的生成量降低 30%～50%，如果要进一步减少 NO_x 的排放需要加装烟气脱氮装置，目前国内超临界 600MW 和超超临界 1000MW 机组开始采用烟气脱氮技术。

4. 二氧化碳（CO_2）

火电厂是大量、集中使用化石燃料的厂家，而化石燃料是高含碳量的燃料，因此不可避免地会产生燃烧产物二氧化碳，全球火电厂所排放的二氧化碳占总量的 1/3 多。产生后的二氧化碳被自然界吸收的速度极其缓慢，在大气中的寿命可长达 50～200 年，被认为是造成全球气温升高的"温室效应"气体中的主要气体。全球变暖将造成人类赖以生存的生态环境的改变，如冰山融化而造成的海平面升高将带来灾难性的破坏，而近年来飓风的强度和次数增加也被认为与气候变暖有着直接的关系。

但是，目前有效捕集燃烧后烟气中的二氧化碳的技术设备难度大、运行成本高，而捕集后的二氧化碳如何处理也是有待解决的问题。因此，减少化石燃料的消耗和提高能源利用率是目前减少二氧化碳排放量的有效手段。

我国一次能源消费结构以化石燃料为主，约占了全部能源消费的 93% 以上，其中又以高含碳量的煤占主导（70%），而且在以后相当长的时间内不会有明显的改变；我国的能源利用率只有 33%～35%，比先进水平低约 10 个百分点，2003 年我国的单位国内生产总值能耗是世界水平的 3.1 倍，美国的 4.3 倍，法国、德国的 7.6 倍，日本的 11.5 倍，"十五"期间我国能源消费弹性系数（能源消费增长速度/国民经济增长速度）为 1.04。我国 1995 年的 CO_2 排放总量已位居世界第 2 位，仅次于美国，据估计 2008 年我国将取代美国成为头号碳排放大国。

因此，采用高效、环保的煤电技术和以相对含碳量较少的天然气为燃料的联合循环发电，是我国火电目前主要的发展方向。如我国引进技术的超超临界 1000MW 机组，其发电煤耗将比国内目前主流的亚临界 300、600MW 机组低 30～40g/（kW·h），发电效率可提高 5%，则与同容量规模的火电厂（煤电）相比，二氧化碳的排放可以减少 10%。

5. 排水热污染

凝汽器的冷却水量非常大（汽轮机的排汽的 50～70 倍），采用直流冷却系统时，冷却水直接取自江、河、湖、海、水库，排出的水温一般要升高 8～10℃，会引起水体热污染。采用直流冷却系统的火电厂需要建在水量大、流动快的水源旁边。

6. 废水

火电厂除冷却系统排水外，还有补给水化学除盐系统和凝结水处理系统的酸碱废水、煤场雨排水、灰场排水、锅炉启动和运行期间的化学清洗废液等。废水含有废酸、废碱、悬浮物、油脂、有机污染物、富营养污染物、微量元素，排入水体均会造成不同程度的污染。目前，主要通过废水处理系统加以净化或回收再利用。

7. 灰渣

燃煤电厂每天产生的大量灰渣，目前还不能全部加以综合利用，因此，必须有很大的储灰场。灰渣中含有硅、铝、铁、钙、镁等多量元素和砷、铬、镉、铅等微量元素，这些物质经水浸泡和雨淋，均会不同程度地溶入水中，灰水排入地表水体或渗入地下水均会污染水体。灰渣的利用方式很多，并有一定的经济效益（如细灰用来生产建筑材料等），加大灰渣综合利用的力度是最有效的措施。

8. 噪声

火电厂是一个噪声源相对集中、噪声辐射量大、噪声种类繁多的场所，如锅炉排汽噪声高达 $114\sim170dB$，不过影响主要在厂区。可以通过对设备的运行管理、系统的改进、加装隔声罩等方法以降低噪声。

9. 放射性污染

某些煤中含有少量的天然铀、钍以及它们衍生的放射性物质，通过烟气或废水排入环境，造成污染。这些放射性物质进入人体，会引起皮炎、白血病、再生障碍性贫血等严重疾病。减少火电厂排放污染物能减轻放射性污染的影响。

例如一座 2400MW 燃煤电厂，每年需消耗约 750 万 t 煤，即使以煤中含硫量 1％和除尘效率 99.5％计，每年排放的 SO_x 也有 14 万 t，漂尘 0.68 万 t，NO_x 7 万 t，灰渣 180 万 t 左右。另外，还有约 55％的热量（相当每年 400 多万 t 煤的燃烧热量）作为废热由循环冷却水带出排放。因此，常规火电厂对环境的污染相当严重。

我国是以煤为主要一次能源的国家，并且煤炭资源相对丰富，煤炭保有储量约 10070.7 亿 t，占一次能源的 90％以上，同时常规燃煤火力发电设备技术成熟，在今后几十年内以燃煤火力发电为主生产电能的方式不会有太明显的变化。因此，加快洁净煤技术在常规火电机组中的应用，减少对环境的污染，又符合我国自身能源结构的特点。

第五节　蒸汽—燃气联合循环

一、燃气轮机基本原理及组成

燃气轮机是以空气及燃气为工质将热能转换为机械能的旋转式动力机械，其原理类似古老的走马灯（依靠燃气带动纸人、纸马旋转的装置）。图 1 - 31 是一个单轴简单的开式循环燃气轮机的系统原理图。压气机 1 从大气吸入空气，将它压缩到规定的压力同时温度也升高，然后送入燃烧室 4；燃料泵 3 将燃料送入喷嘴 5 并喷入燃烧室内，燃料和空气进行混合和燃烧，生成的高温高压的燃气；高温燃气进入透平 8 膨胀做功，推动透平转子转动；做功后燃气的温度和压力降低，直接排入大气。如此，完成从燃料化学能到旋转机械能的能量转换全过程。

因此，以上的动力循环由四个基本过程组成：空气在压气机内进行的绝热压缩过程；压缩空气在燃烧室内进行的等压加热（燃烧）过程；燃气在透平内进行的绝热膨胀过程；透平内排出的燃气在大气中进行的等压放热过程。这个循环称为布雷顿循环。

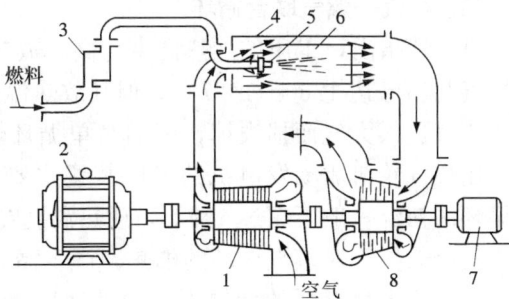

图 1-31　单轴简单的开式循环燃气轮机的系统原理图

1—压气机；2—启动电动机；3—燃料泵；4—燃烧室；
5—喷嘴；6—有效燃烧区；7—发电机；8—燃气透平

需要指出的是：①压气机出口的空气仅有 20%～40% 是被送入有效燃烧区 6 并参与燃烧过程，即一次空气；而其余的 60%～80% 的空气是在燃烧有效区的后面才加入到燃气流中，这部分空气（称二次空气或冷却空气）和燃烧生成物相混合，使透平的进口温度降低到其规定值。这是因为要保证燃烧完善与可靠，在燃烧区温度必须保证在 1800～2000℃ 范围内，但涡轮叶片的耐热性又受金属材料的耐热性的限制。目前透平进口初温是 1260～1427℃。②透平发出的功率约有 2/3 要消耗在压气机对空气进行压缩上，只有余下的 1/3 成为燃气轮机输出的机械功，用来拖动发电机。

从上可以看出，压气机、燃烧室和燃气透平是燃气轮机不可缺少的三大主要部件。

（1）压气机：利用旋转的动叶对空气做功，把输入转子的机械能转换为空气的压力势能和热能的叶轮机械。目前应用广泛的是轴流式压气机，由转子（主轴、叶轮和动叶）、静子（气缸和静叶）、气封和轴承等主要部件组成。

（2）燃烧室：装于压气机与燃气透平之间，结构非常紧凑。目前主要燃用液体燃料（煤油、柴油、重油、渣油和原油）或气体燃料（天然气、焦炉煤气、高炉煤气、液化石油气、炼油厂气和合成煤气）。燃烧室有使用油或气单一燃料的，也有使用油和气双燃料的，后者既可以烧油，也可以烧气，或者油气混烧。

（3）燃气透平：用来驱动压气机和发电机的叶轮机械，工作原理与汽轮机相似，但工质是具有压力和温度不可凝结的气体，工质在燃气透平的叶栅中进行膨胀，将部分热能转换为动能，推动动叶和转子旋转做功。目前应用最广的是轴流式，按工质在静、动叶片中焓降的分配关系，可分为冲动式和反动式两类。在单轴燃气轮机中，透平既拖动压气机，同时又拖动外负荷，三者是共轴的。在分轴燃气轮机中，压气机由高压透平（又称压气机透平）拖动，发电机则由低压透平拖动，这两个转子是彼此独立的。与汽轮机相比，它的燃气温度高、压力低、体积流量很大，单机功率比不上汽轮机；燃气透平的焓降小，级数比汽轮机少；燃气温度高且有腐蚀成分，叶片、转子和气缸需冷却并采用耐腐蚀材料。

目前，燃气轮机多采用简单开式循环，按结构分为轻型燃气轮机和重型燃气轮机，轻型燃气轮机为航空发动机的改型，重型燃气轮机为工业型燃机，是常规的发电用燃气轮机。由于燃气轮机具有重量轻、体积小、设备简单、启动快、自动化程度高、单机功率较大（可达 300MW 等级）、热效率可达 36%～41.7% 等特点，因此已大量应用在电力系统或热电联产。

二、蒸汽—燃气联合循环

第一章指出，工质的加热温度越高，放热温度越低，热效率就越高。目前，燃气轮机的燃气初温已达 $1260\sim1427℃$，但其放热温度也甚高，一般为 $425\sim600℃$，致使大量热能随排气进入大气而损失掉，因而简单循环燃气轮机的净热效率只有 $35\%\sim41\%$，目前单纯用燃气轮机驱动发电机的发电装置主要用于电力调峰或紧急备用电源；而水蒸气动力循环的初温一般不超过 $600℃$，放热温度在 $30℃$ 左右比较接近环境温度。若将燃气轮机的排气余热作为对蒸汽循环的加热，产生高温高压的蒸汽，送到汽轮机中去做功，这样，就可以在不多耗燃料的前提下，额外地获得一部分机械功，使热效率提高。这就构成蒸汽—燃气联合循环，既有燃气轮机的高温加热，又有汽轮机低温放热的优点，所以热效率很高。当今，燃用天然气的燃气—蒸汽联合循环的净热效率已达 $56\%\sim58\%$，21 世纪初有望超过 60%。

常规的联合循环主要有余热锅炉型、补燃余热锅炉型、增压锅炉型和排气助燃锅炉型四种基本形式，如图 1-32 所示。

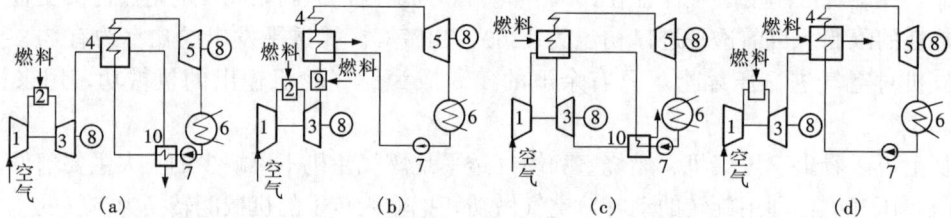

图 1-32　联合循环的基本形式
(a) 余热锅炉型；(b) 补燃余热锅炉型；(c) 增压锅炉型；(d) 排气助燃锅炉型
1—空气压缩机；2—燃烧室；3—燃气透平；4—锅炉；5—汽轮机；6—凝汽器；
7—给水泵；8—发电机；9—补燃室；10—排气冷却器

(1) 余热锅炉型联合循环 [见图 1-32 (a)]：这是比较简单、用得最多而且早已成熟的方案。温度高达 $425\sim600℃$ 的燃气轮机排气被引到装在其后的余热锅炉中去加热给水，使其产生蒸汽，送到汽轮机中去做功。这是以燃气轮机为主，汽轮机为辅的联合循环。机组的总功率为燃气轮机功率的 $1.3\sim1.5$ 倍。汽轮机的功率和蒸汽参数取决于燃气轮机的功率和排气温度。在燃气透平的排气侧可设置旁通烟囱，这样，就可使燃气轮机单独运行。余热锅炉没有安装补燃设备，无辐射受热面，有自然循环和控制循环两种型式。余热锅炉分卧式和立式布置，对流受热面对应作垂直布置和水平布置，使烟气横向冲刷管束，它的结构简单、造价也低。这种联合循环，汽轮机不能单独工作，一般按滑压方式运行，其蒸汽参数和功率将随燃气轮机的功率而改变。目前，余热锅炉型联合循环的净热效率已达 $56\%\sim58\%$。燃用重质液体燃料时，由于燃气轮机初温受到限制（一般为 $1100℃$ 左右），净热效率略低，约 50%。这种联合循环还可用于对现有的蒸汽动力发电厂的改造。

(2) 补燃余热锅炉型联合循环 [见图 1-32 (b)]：在燃气轮机与余热锅炉之间的通道中（或余热锅炉中）加装补燃室（器），利用燃气轮机排气中尚剩的 $14\%\sim16\%$ 的氧气，来帮助另行喷入的燃料进行燃烧，以增加余热锅炉热能的输入，提高蒸汽的参数和蒸汽量，以提高联合循环蒸汽部分的功率和效率。当燃气轮机的初温超过 $900℃$ 后，补燃方式反而会使联合循环的效率降低。目前，燃气轮机的初温已经很高，这种形式的联合循环单独用于发电已经很少采用，但可以用于热电联产。

（3）增压锅炉型联合循环［见图 1-32（c）］：用蒸汽锅炉取代燃烧室、压气机取代锅炉的送风机，锅炉是在燃气轮机的工作压力下燃烧和换热的。此时，锅炉将利用高温燃气的一部分热量，产生一定数量的蒸汽，送到汽轮机中去做功。由锅炉排出的高温高压的燃气则进到燃气透平中去做功，而燃气透平的排气可在省煤器或给水加热器中加热给水。随着燃气轮机初温的提高，燃气轮机发电功率的比例以及联合循环的热效率都会相应地增加。由于锅炉是在较高的压力下燃烧和传热的，燃烧强度和传热系数都大有增加，故可以减少受热面积、缩小锅炉的尺寸和占地面积，使设备的造价和安装费用都能节省。但需用耐压和耐温材料来制造锅炉，难度大，而且燃料受制于燃气轮机，燃气轮机和汽轮机都不能单独运行。

（4）排气助燃锅炉型联合循环［见图 1-32（d）］：以燃气轮机的排气作为常压锅炉的助燃介质，使其余热得以回收。这是一种最简单的联合循环方式。与补燃型的余热锅炉相比，由于助燃型锅炉的结构与普通锅炉相似，炉膛温度不受限制，补燃燃料量可以很大（在一般的余热锅炉中因不设辐射受热面，补燃后的燃气温度希望控制在 750℃ 左右，补燃燃料量要受限制），因而能够采用高蒸汽参数，以配置大型高效的汽轮机系统。倘若对助燃型锅炉配置备用送风机和空气预热器，燃气轮机和汽轮机就能分开后单独运行。而且助燃型锅炉允许燃用煤。通常，在这种循环的发电功率中，汽轮机的功率占主要部分（5/6），是以蒸汽发电为主的联合循环，燃气轮机的优势不能充分发挥，热效率提高有限。这种联合循环可用于对现有的蒸汽动力发电厂的改造。

上述四种联合循环中，目前，以余热锅炉型联合循环作为主要的发展形式，它具有以下一些优点：①净热效率很高，目前已达 50%～58%，21 世纪初将达到 60%，最终有望达到 70%。②单机容量已经达到 350 MW 以上，若采用多台燃气轮机的联合循环，容量可增至 1000 MW 左右，可与目前大容量的汽轮机抗衡。③建设周期短，一年内可以建成功率为2/3总容量的燃气轮机发电机组先行发电，两年内可建成整个联合循环。④单位容量投资费用低，在国外工程的总投资费用只有同容量尾气带脱硫装置的燃煤电厂的 1/2～2/3。⑤用地和用水少。⑥自动化程度高，运行维护人员少，可以每天启停，以适应电网负荷变化幅度大的需要。⑦污染排放量少。⑧启动机功率较小。其主要缺点是目前只能燃用气体燃料和液体燃料，以及部分负荷效率较低。

天然气是较清洁的能源，与煤相比燃烧后烟气中粉尘几乎没有，SO_x 非常低，NO_x 含量只有燃煤的一半左右，随着国内天然气资源的开发利用和燃煤对环境污染严重的压力，加上电网峰谷差越来越大。因此，以天然气为燃料的蒸汽—燃气联合循环发电，用作电网调峰，以及作为分布式电站小范围内进行热电联产或热、电、冷三联供，在经济发达的大城市有一定的发展空间和合理性。但是，我国天然气资源匮乏，大规模采用以天然气为燃料的联合循环发电方式终将受到限制，而以煤炭为燃料结合蒸汽—燃气联合循环的发电方式，符合我国自身能源结构的特点，其前景更加广阔。

第六节 洁净煤发电技术简介

地球上的化石燃料资源，煤炭约占 4/5，石油和天然气约占 1/5，根据目前国际上通行的能源预测方法，石油资源将在 40 年内枯竭，天然气资源将在 60 年内用光，煤炭资源也只能使用 220 年。因此，在常规能源向新能源的过渡时期，利用储量相对丰富的煤炭资源作为石油和天然气的一种替代能源，满足可持续发展的要求，必须采用和开发洁净煤技术。洁净煤发电技术是指在火力发电领域内可以利用的洁净煤技术，它包括先进发电技术、燃煤电厂污染物排放控制技术、燃煤电厂固体废弃物处理及利用技术等。

（1）先进发电技术：现阶段主要包括流化床燃烧技术、整体煤气化联合循环、增压流化床联合循环、煤气化燃料电池及其联合循环等。

（2）燃煤电厂污染物排放控制技术：减少和控制燃煤电厂粉尘、硫氧化物、氮氧化物、二氧化碳和其他污染物排放的技术。目前控制大气排放的污染物主要是前三种，可分为燃烧前、燃烧中和燃烧后污染物排放控制技术。

（3）燃煤电厂固体废弃物处理及利用技术：主要指废渣和粉煤灰的处理和利用技术。

目前主要的几种"洁净煤发电技术"包括整体煤气化燃气—蒸汽联合循环发电（IGCC）、循环流化床燃烧技术（CFBC）、增压流化床燃气—蒸汽联合循环发电（PFBC－CC）、常规燃煤电站加脱硫装置（PC＋FGD）和常规燃煤电站加脱硫、脱硝装置（PC＋FGD＋De－NO$_x$）。

一、整体煤气化燃气—蒸汽联合循环发电（IGCC）

整体煤气化燃气—蒸汽联合循环（IGCC）是将煤气化技术和高效率的蒸汽—燃气联合循环发电系统相结合的一种先进的洁净煤发电技术。系统（见图 1－33）由两大部分组成：一部分的主要设备有煤气化炉、空分设备（用于制氧供气化用）、煤气净化设备（除尘、脱硫）；另一部分的主要设备有燃气轮机发电系统、余热锅炉、汽轮机发电系统。典型的 IGCC 的工艺过程如下：预处理后的煤送入气化炉，气化所需的氧气来自空分设备。煤经气化成为中低热值煤气，经过净化，除去煤气中的硫化物、氮化物、粉尘等污染物，变为清洁的气体燃料，然后送入燃气轮机的燃烧室燃烧，产生的高温燃气驱动透平带动发电机发电。燃气轮机排气进入余热锅炉，产生过热蒸汽驱动汽轮机带动发电机发电。

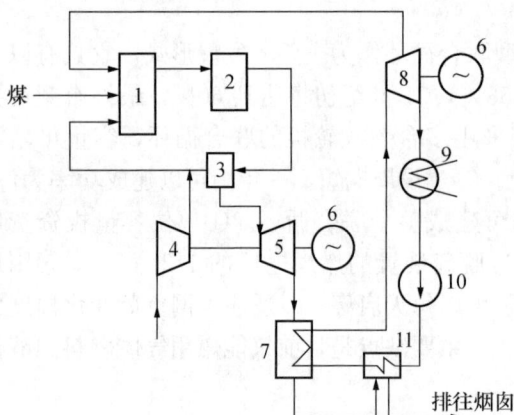

图 1－33　IGCC 系统示意图

1—气化炉；2—煤气净化装置；3—燃烧室；4—压气机；5—燃气机；6—发电机；7—余热锅炉；8—汽轮机；9—凝汽器；10—凝结水泵；11—给水加热器（排气冷却器）

IGCC 在目前的技术水平下，单机功率已达 300MW，净效率达 43％～45％，可望达到 50％左右，而粉尘排放量仅为常规燃煤火电厂的 1/3，脱硫效率可达 98％以上，氮氧化物排放不到常规火电厂的 1/5，耗水量只有常规火电厂的 1/2～2/3，有利于环境保护，还可以设计成多联产系统，能同时生产电、热、燃料气和化工产品，使煤炭资源得到综合利用。IGCC 也可以采用石油焦和生物质等作为燃料，是一种非常有发展前景的发电技术。

二、循环流化床燃烧（CFBC）技术

循环流化床燃烧（CFBC）技术系指小颗粒的煤与空气在炉膛内处于沸腾状态下，即高

速气流与所携带的稠密悬浮煤颗粒充分接触燃烧的技术（参见本章第二节）。

　　循环流化床锅炉（见图 1-34）脱硫是一种炉内燃烧脱硫工艺，以石灰石为脱硫吸收剂，燃煤和石灰石自锅炉燃烧室下部送入，一次风从布风板下部送入，二次风从燃烧室中部送入。石灰石受热分解为氧化钙和二氧化碳。气流使燃煤、石灰颗粒在燃烧室内强烈扰动形成流化床，燃煤烟气中的 SO_2 与氧化钙接触发生化学反应被脱除。为了提高吸收剂的利用率，将未反应的氧化钙、脱硫产物及飞灰送回燃烧室参与循环利用。钙硫比达到 2～2.5 时，脱硫率可达 90％以上。

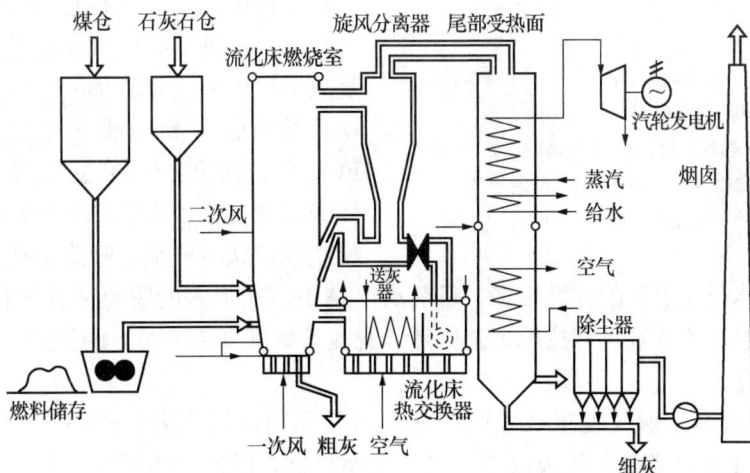

图 1-34　循环流化床锅炉的结构简图

　　循环流化床燃烧方式的特点是：清洁燃烧，脱硫率可达 80％～95％；NO_x 排放可减少 50％；煤种适应性强，特别适合中、低硫煤；燃烧效率高，可达 95％～99％；负荷适应性好，负荷调节范围为 30％～100％。

三、增压流化床燃气—蒸汽联合循环发电（PFBC-CC）

　　增压流化床燃烧（PFBC）技术从原理上基本同常压流化床燃烧（FBC）大体一致，燃烧空气通过布风板进入燃烧室，加入的煤粒和脱硫剂（通常是石灰石或白云石）处于悬浮状态，形成一定高度的流态化"床"层。流化床中，脱硫剂在煤燃烧的同时脱除二氧化硫，再由于流化床燃烧温度控制在 900℃以下，抑制了燃烧过程中氮氧化物的生成，减少了污染物的排放。同 FBC 一样，PFBC 的燃烧效率高，对煤种适应性强。由于增压流化床燃烧（PF-BC）技术采用增压（6～20 个大气压）燃烧，燃烧效率和脱硫效率可以得到进一步提高。燃烧室热负荷增大，改善了传热效率，锅炉结构紧凑。

　　增压流化床燃气—蒸汽联合循环发电（PFBC-CC）是在增压流化床燃烧（PFBC）技术上发展起来的一种新型的燃煤联合循环发电技术，其基本原理如下：煤在增压锅炉内燃烧，产生的热量部分被受热面吸收，排出增压锅炉的高温烟气（900℃左右）经过分离器净化后，直接进入燃气轮机做功；增压锅炉受热面中产生的蒸汽，则送到汽轮机做功，完成燃气—蒸汽联合循环发电，如图 1-35 所示。PFBC-CC 可以直接燃用原煤，且煤种适应性好、效率高、低污染、系统简单，投资相对不大，运行方式与常规燃煤电厂接近，是洁净煤发电技术重要的发展方向。

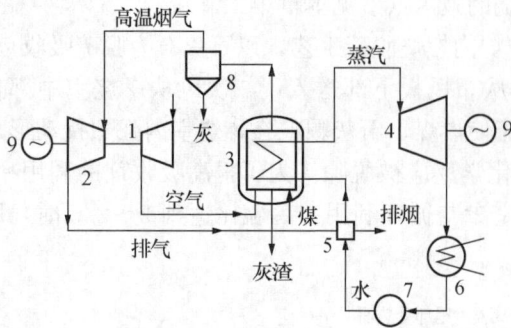

图 1-35　增压流化床燃气—蒸汽联合
循环基本系统示意图

1—压气机；2—燃气轮机；3—增压锅炉；4—汽轮机；
5—给水加热器；6—凝汽器；7—给水泵；
8—烟气净化设备；9—发电机

四、常规燃煤电站加脱硫装置（PC＋FGD）

对于常规的燃煤机组，烟气脱硫技术（FGD）是控制二氧化硫污染的主要技术手段。它主要利用各种碱性的吸收剂或吸附剂捕集烟气中的二氧化硫，将之转化为较为稳定且易机械分离的硫化合物或单质硫，从而达到脱硫的目的。我国已经明确 300MW 以上机组，必须加装烟气脱硫装置，以减少常规火电厂硫氧化物的排放。

按吸收剂和脱硫产物含水量的多少，FGD 的方法可分为两类：①湿法，即采用液体吸收剂洗涤以除去二氧化硫；②干法，用粉状或粒状吸收剂、吸附剂或催化剂以除去二氧化硫。具体脱硫工艺的分类很多，目前火电站中应用最多的脱硫装置是石灰石/石膏湿法烟气脱硫装置，该装置具有技术工艺成熟、脱硫效率高（≥95％）的优点，但相应的投资和运行费用也高。

石灰石/石膏湿法烟气脱硫装置放置在除尘器和引风机之后，典型工艺流程原理如图 1-36 所示。其主要设备是脱硫吸收塔和气—气换热器，脱硫的主要反应发生在吸收塔和浆液循环槽内，在烟气被洗涤的过程中，烟气中的 SO_2 被脱硫剂吸收生成亚硫酸钙（$CaSO_3$）和硫酸钙（$CaSO_4$）。

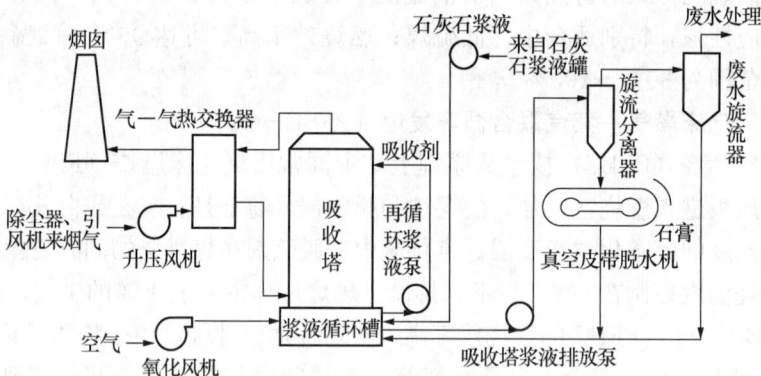

图 1-36　石灰石/石膏湿法烟气脱硫装置典型工艺流程原理图

五、常规燃煤电站加脱硫、脱氮装置（PC＋FGD＋De－NO_x）

氮氧化物（NO_x）是常规火电厂烟气排放的主要污染物之一，目前国内常用的低 NO_x 燃烧技术是降低 NO_x 最主要亦较经济的技术，但一般只降低排放 30％～50％，随着环保对 NO_x 排放限制趋于严格，应考虑烟气脱氮（脱硝）处理技术。国产超超临界 1000MW 机组就采用了烟气脱氮技术。

烟气脱氮技术大致可归纳为干法和湿法烟气脱氮两大类：

（1）干法烟气脱氮技术：主要有选择性催化还原法（SCR）、非选择性催化还原法（NSCR）和选择性无催化还原法（SNCR），另外还有氧化铜法、活性炭法等。

（2）湿法烟气脱氮技术：主要有气相氧化液相吸收法、液相氧化吸收法等，其工艺过程包括氧化和吸收，系统比较复杂，须设置烟气氧化、洗涤和吸收装置。湿法脱氮工艺一般同时具有脱硫的效果，因此未来技术的发展方向是脱硫脱氮装置一体化。

国内超临界机组采用干法烟气脱氮技术中的选择性催化还原法（SCR），其基本原理是：用氨（NH_3）作还原剂，催化剂（铁、钒、铬、铜、钴或钼等碱类金属）在温度为 $200\sim450℃$ 时将烟气中的 NO_x 还原为 H_2。NH_3 具有选择性，只与烟气 NO_x 发生反应，一般不与烟气中的氧发生反应，故称为选择性催化还原脱氮，脱氮效率可达 90% 以上。

当采用不同的催化剂时，其适应的反应温度范围也不同，因此反应器在锅炉尾部烟道的布置位置也不同，有三种布置方案：

（1）SCR 反应器布置在省煤器出口空气预热器进口之间，350℃左右的温度适合多数催化剂的反应温度，因此应用较为广泛，国内就采用这种布置方式，如图 1-37 所示。

（2）SCR 反应器布置在静电除尘器和空气预热器之间。

（3）SCR 反应器布置在 FGD（湿法烟气脱硫装置）之后。

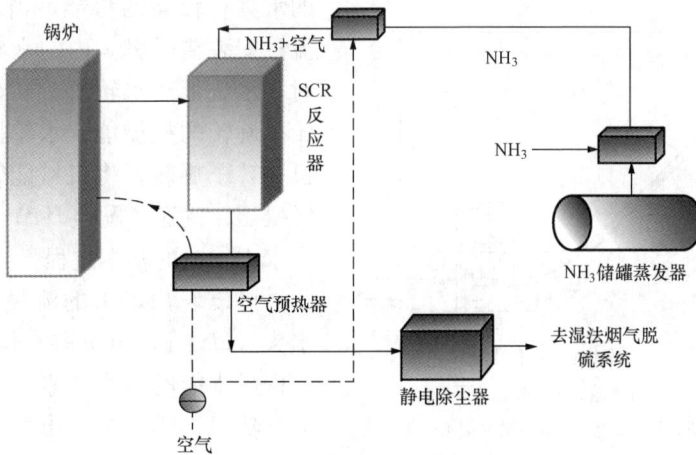

图 1-37 SCR 反应器布置在空气预热器进口流程示意图

第三章　水　力　发　电

水能是蕴藏于河川和海洋水体中的位能和动能，是洁净的一次能源、用之不竭的再生能源。我国水力资源丰富，已探明的河川水能资源理论蕴藏量为 6.76 亿 kW，其中经济可开发利用的为 3.78 亿 kW，居世界首位。"优先开发水电"是我国的能源发展方针，2007 年水电装机容量为 1.4526 亿 kW（世界第一位），同比增长了 11.49%，占全国发电装机总容量的 20.36%；年发电量 4867 亿 kW·h，同比增长了 17.61%，占全部发电量的 14.95%。

第一节　水电站的生产过程及类型

水电站是将水能转变成电能的工厂，其能量转换的基本过程是：水能→机械能→电能。图 1-38 是水电站的示意图。在河川的上游筑坝集中河水流量和分散的河段落差使水池 1 中的水具有较高的势能，当水由压力水管 2 流过安装在厂房 3 内的水轮机 4 排至下游时，水流带动水轮机旋转，水能转换成水轮机旋转的机械能；水轮机转轴带动发电机 5 转子旋转，将机械能转换成电能，再经变压、输送、配电环节供给用户，这就是水力发电的基本过程。

可以看出，水的流量（Q，m^3/s）和水头（H，m，上下游水位差，也叫落差）是构成水能的两大要素。水轮发电机组的输出功率（P，kW，出力）可以表示为

$$P = 9.81\eta QH$$

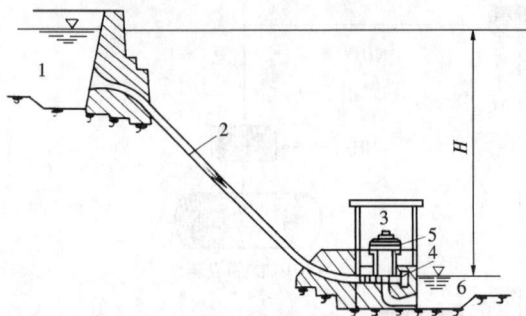

图 1-38　水电站示意图

1—水池；2—压力水管；3—水电站厂房；

4—水轮机；5—发电机；6—尾水渠道

式中，η 为水轮发电机组的总效率。

按利用能源的种类，水电站可分为：将河川中水能转换成电能的常规水电站，也是通常所说的水电站，它按集中落差的方法有堤坝式、引水式和混合式三种基本形式；调节电力系统峰谷负荷的抽水蓄能式水电站；利用海洋能中的水流的机械能进行发电，即潮汐电站、波浪能电站、海流能电站。

一、坝式水电站

在河道上拦河筑坝建水库抬高上游水位，集中发电水头，并利用水库调节流量产生电能的水电厂，称为坝式水电站。按照电站厂房与坝的相对位置的不同，坝式水电站可分为河床式和坝后式两种基本型式。

河床式水电站（见图 1-39）多建在河道宽阔、坡度较平缓的河段上，修建高度不大的闸（坝），集中的水头不高，发电厂房作为挡水建筑物的一部分，如葛洲坝水电站（271.5万 kW）。

在河流的中上游峡谷河段，允许一定程度的淹没，坝可以建得较高，以集中较大水头。由于上游水压力大，将厂房移到坝后的河床上或河流的两岸，使上游水压力完全由大坝来承受。坝后式水电厂是我国采用最多的一种厂房布置方式，在建的三峡水电站（2240万kW）就采用坝后式厂房布置。

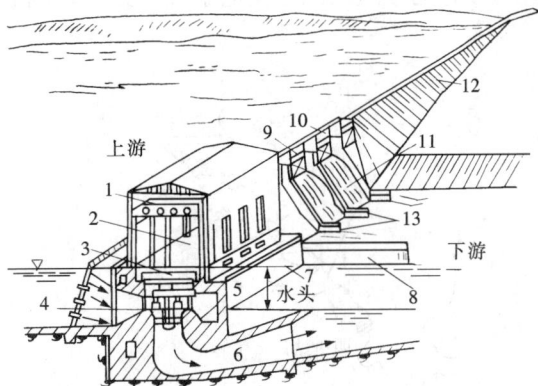

图1-39　河床式水电站布置示意图

1—起重机；2—主机房；3—发电机；4—水轮机；5—蜗壳；6—尾水管；7—水电站厂房；8—尾水导墙；9—闸门；10—桥；11—混凝土溢流坝；12—土坝；13—闸墩

二、引水式水电站

在河流中上游，河道多弯曲或河道坡降较陡的河段，修筑较短的引水明渠或隧道（无压或有压）集中水头，用引水管把水引入河段下游的水电站，这称作引水式水电站（无压或有压）。还可以利用相邻两条河流的高程差，进行跨河引水发电，如图1-40所示。

引水式水电站开发的特点是水电站的挡水建筑物较低，淹没少或不存在淹没，而水头集中常可达到很高的数值，但受当地天然径流量或引水建筑物截面尺寸的限制，其发电引用流量一般不会太大。

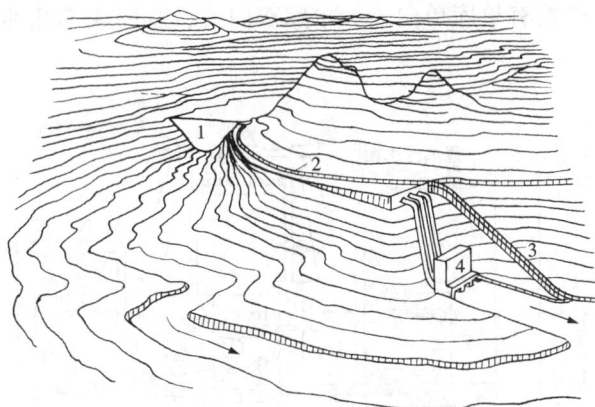

图1-40　无压引水式水电站布置示意图

1—壅水坝；2—引水渠；3—溢水道；4—水电站厂房

三、混合式水电站

如果条件适宜，水电站既可较经济地建坝集中部分水头又可用引水系统，共同集中水头，具有坝式和引水式两方面的特点，称为混合式水电站。

一条河流上的天然落差往往很大，一座水电站开发利用有一定的限制，就要合理地分段开发利用。在河段上有若干水电站，一个接一个，可以采用不同的类型，称为梯级水电站，如图1-41所示。目前在金沙江下游已开始梯级开发建造乌东德、白鹤滩、溪洛渡、向家坝四座大型水电站，总装机容量将是三峡水电站的两倍。

四、抽水蓄能式水电站

抽水蓄能式水电站是特殊形式的水电站。当电力系统内负荷处于低谷时，它利用网内富裕的电能，采用机组为电动机运行方式，将下游（低水池）水抽送到高水池，能量蓄存在高水池中。在电力系统高峰负荷时，机组改为发电机运行方式，将高水池蓄存的水能用来发电，如图1-42所示。因此，在电力系统中抽水蓄能式水电站既是电源又是负荷，是系统内唯一的填谷调峰电源，具有调频、调相、负荷备用、事故备用的功能。国内几座大型的抽水蓄能式水电站，建在核电站附近，以确保核电站带基本负荷平稳运行。将来抽水蓄能式水电站也可以作为一些新能源发电系统（如大型风电场）的储能系统。

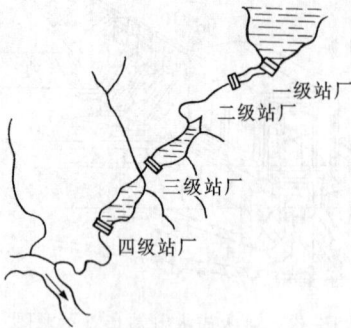

图 1-41　梯级水电站布置示意图

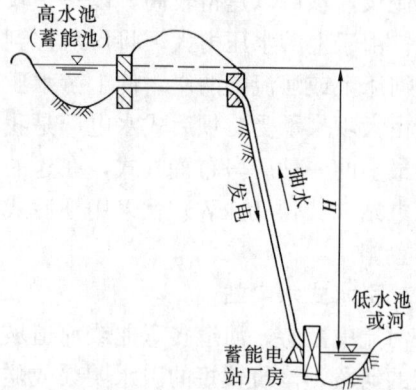

图 1-42　抽水蓄能式水电站

五、潮汐电站

潮汐能是指海水潮涨和潮落形成的水的势能，多为 10m 以下的低水头，平均潮差在 3m 以上就有实际应用价值，潮汐电站目前已经实用化。在潮差大的海湾入口或河口筑堤构成水库，在坝内或坝侧安装水轮发电机组，利用堤坝两侧潮汐涨落的水位差驱动水轮发电机组发电，如图 1-43 所示。潮汐电站有单库单向式、单库双向式、双库式等几种开发型式。

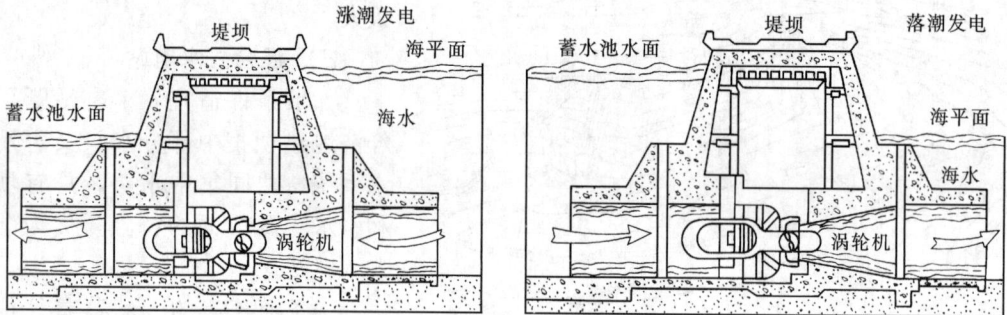

图 1-43　潮汐电站发电原理图

1. 单库单向式潮汐电站

单库单向式潮汐电站只建一个水库，安装单向水轮发电机组，因落潮发电可利用的水库容量和水位差比涨潮大，常采用落潮发电方式。涨潮时打开水库闸门向水库充水，平潮时关闸；落潮后，待水库内外有一定水位差时开闸，驱动水轮发电机组发电。单库单向式结构简单，投资少，但一天中只有 1/3 左右的时间可以发电。为了利用库容多发电，可结合抽水蓄能式，在水头小的时候，用电网的电力将海水抽入水库，以提高发电水头。

2. 单库双向式潮汐电站

单库双向式潮汐电站只建一个水库，安装双向水轮发电机组或在水工建筑布置上满足涨潮和落潮双向发电，比单库单向式可增加发电量约 25%，同样可结合抽水蓄能式，但仍存在间隙性发电的缺点。

3．双库（高低库）式潮汐电站

双库（高低库）式潮汐电站建有两个互相邻接的水库，两库之间安装单向水轮发电机组。涨潮时，向高水库充水；落潮时，由低水库泄水，高、低库之间始终保持水位差，水轮发电机组连续发电，如图 1-44 所示。

潮汐电站采用贯流式水轮机，有灯泡贯流式和全贯流式两种型式。灯泡贯流式机组是潮汐发电中的第一代机型，全贯流式机组为第二代机型。

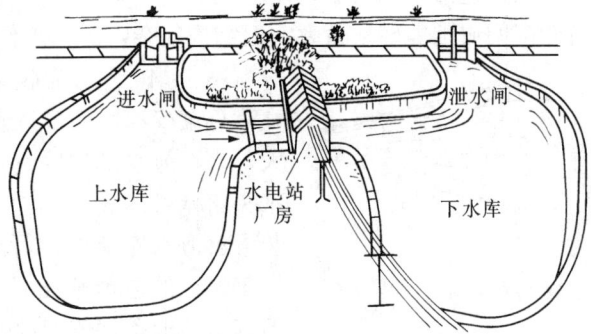

图 1-44　双库（高低库）式潮汐电站布置

六、波浪能电站

波浪能是海洋表面波浪所具有的动能和势能，是被研究得最为广泛的一种海洋能源。波浪能电站是利用波浪的上下振荡、前后摇摆、波浪压力的变化，通过某种装置将波浪的能量转换为机械的、气压的或液压的能量，然后通过传动机构、汽轮机、水轮机或油压马达驱动发电机发电的电站。目前，特殊用途的小功率波浪能发电，已在导航灯浮标、灯桩、灯塔等上获得推广应用。波浪能发电装置的种类很多，按能量中间转换环节主要可分为机械式、气动式和液压式，其中机械式装置多是早期的设计，结构笨重、可靠性差，未获实用，这里只介绍几种实用装置。

（1）气动式装置：利用波浪的上下振荡通过气室将波浪能转换成空气的压能和动能，再由汽轮机驱动发电机发电，它可分为漂浮式和固定式。

图 1-45 所示为漂浮气动式装置工作原理图。浮体中心是根长管，下端开口在水下与海水连通，上端在浮体上开口用以吸入空气。由于波浪运动的表面性和较长的中心管的阻隔，管内水面可看作静止不动的，管内水面和汽轮机之间是气室。当浮体随波浪上升时，气室容积增大，经阀门吸入空气；当浮体随波浪下降时，气室容积减小，受压空气将阀门关闭经汽轮机排出，驱动冲动式汽轮发电机组发电。这是单阀门设计，只在排气过程有功率输出。如果采用四阀门机构设计，即两组吸气阀和两组排气阀。四组吸、排

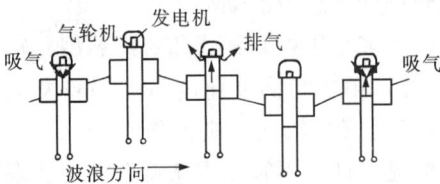

图 1-45　漂浮气动式装置工作原理图

气阀相应开启和关闭，将交变气流整流成单向气流经喷嘴冲动汽轮机，驱动发电机发电，在吸、排气过程都有功率输出。上述装置也可以建在海岸成固定式，也称振荡水柱气动式。管内水位在波浪激励下，气室下部的水柱在气室内上下振荡，形成吸、排气过程。

气动式装置机组小，主要部件不和海水接触，可靠性高，是使用较多的波浪能发电装置。目前，大多数气动式装置采用对称翼汽轮机，它可以在正反向交变气流作用下单向旋转做功，省去了整流阀门系统，使气动式装置大为简化，是迄今最成功的波浪能发电装置之一。

（2）液压式装置：利用波浪压能通过某种装置将波浪的能量转换为液体的压能或位能，

再由油压马达或水轮机驱动发电机发电，有点头鸭液压式和收缩斜坡聚焦波道式。点头鸭装置有较高的波浪能转换效率，但结构复杂，海上工作安全性差，未获实用。

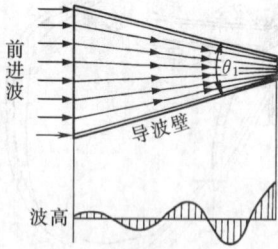

图 1-46　收缩斜波聚焦波
道式装置简图

图 1-46 所示为收缩斜坡聚焦波道式装置简图。波浪进入宽度逐渐变窄、底部逐渐抬高的收缩波道后，波高不断地被放大，直至海水翻过导波壁进入海水库，波浪能转换为海水位能，水头落差可达 3~8m，然后用低水头水轮发电机组发电。这种装置有海水库储能，可靠性好，维护费用低，可实现较稳定和便于调控的电能输出，是目前最成功的波浪能发电装置之一。但其对地形条件依赖性强，应用受到局限。

最近英国开发了一种波浪发电系统（Pelamis，海蛇发电机），主体是一根长达 182m、直径有 6m 的橡胶管，两头封闭，安装在距离海岸 1~3km 的海水中。当波浪经过时，橡胶管随波浪上下起伏摆动，管内产生水流脉冲，泵动高压油液推动液压马达，带动发电机发出电力，输出功率可达 1000kW。

七、海流能电站

海流能是海水流动的动能，主要是指海底水道和海峡中较为稳定的流动以及由于潮汐导致的有规律的海水流动。海流发电装置的基本型式和风力发电相似，又称为水下风车。但由于海水的密度约为空气的 1000 倍，且装置必须放于水下，因此海流发电的关键在于海流透平技术的开发。

海流发电按转换方式可分为下面四种：

（1）螺旋桨式：螺旋桨敞开或被罩在集流导管中，转轴与海流方向平行。

（2）对称翼型立轴式转轮（达里厄转子）：由对称翼型直叶片构成的转轮的转轴垂直于海流方向，在正反向水流作用下总是朝一个方向旋转。

（3）降落伞式：串联在链绳上的一组降落伞漂浮在海流中，顺着海流的伞张开接收水流推力，逆着海流的伞收拢以减小阻力。

（4）磁流式：海水中有大量的电离子，海流通过磁场产生感应电动势。

目前正在研究中的多为小型海流和潮流发电装置，大多采用螺旋桨式和对称翼型立轴式转轮海流发电机组，并已建成示范性电站。2008 年 4 月，第一台商业化的海流涡轮发电机组（SeaGen）在北爱尔兰海岸附近的斯特兰福德湾入口处安装成功，机组高 40.5m，大部分浸没在海水中，一对叶片直径近 16m，叶片为双向涌流设计，不管海水从哪个方向涌来叶片都会转动，转速为 10~20r/min，功率 1200kW。中国是世界上海流资源密度最高的国家之一，发展海流能发电有良好的资源优势。

第二节　水电站主要动力设备——水轮机

常规水电站主要由挡水建筑物、泄水建筑物、排沙设施、发电引水系统、发电系统以及其他引水设施和过坝设施等组成。这里，仅介绍发电设备中的主要动力设备——水轮机。

水轮机是将水能转换成旋转机械能的水力原动机。按照水流作用于水轮机转轮时的能量转换方式，分为冲击式水轮机和反击式水轮机两大类。仅利用水流的动能转换成机械能的水轮机称为冲击式水轮机。同时利用水流的压能、动能转换成机械能的水轮机称为反击式水轮机，它是应用最广泛的一种水轮机。

一、冲击式水轮机

根据水流冲击转轮的部位和方向的不同，冲击式水轮机可分为水斗式、斜击式和双击式三种。后两种效率低、适用水头较小，只用于小型水电站。图 1-47 所示为水斗式水轮机，是冲击式水轮机中应用最广泛的机型，它的主要部件有转轮、喷嘴、喷针、折向器、主轴和机壳。

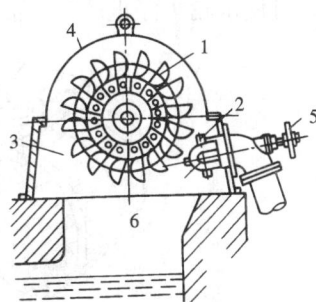

图 1-47 水斗式水轮机

1—转轮；2—喷嘴；3—转轮室；
4—机壳；5—调节手轮；6—针阀

1. 喷嘴、喷针

水流经压力水管送入喷嘴，在喷嘴内将水流的压力能转换成高速水流的动能，喷嘴喷出的高速水流沿转轮的圆周切线方向射向转轮的轮叶，冲动转轮旋转做功。水轮机装有多个喷嘴，用以增加水轮机的进水流量。水斗式的喷嘴射流方向与转轮的旋转平面平行，而斜击式的喷嘴射流方向与转轮的旋转平面呈一定的相交角度（22.5°）。喷针用来调节流量的大小，从而改变水轮机的输出功率。

2. 转轮

水斗式水轮机的转轮是由转轮盘和均匀分布固定在轮盘外圆周上的水斗式轮叶组成，并固定在水轮机的主轴上，主轴与发电机连接。转轮由机壳包覆，处于大气中运转。

3. 折向器（偏流器）

位于喷嘴和转轮之间，当水轮机突减负荷时，折向器迅速地使喷向水斗的射流偏转，以避免压力管中产生过大的水击压力，此时喷针将缓慢地关闭到与新负荷相适应位置。当喷针稳定在新位置后，折向器又回到射流原来位置，准备下一次动作。

4. 机壳

机壳的作用是使离开转轮后的水流通畅地流向下游尾水渠，防止水流向四周飞溅。机壳是非全封闭型，能保证空气自由进入，确保转轮在大气压力下平稳运转。

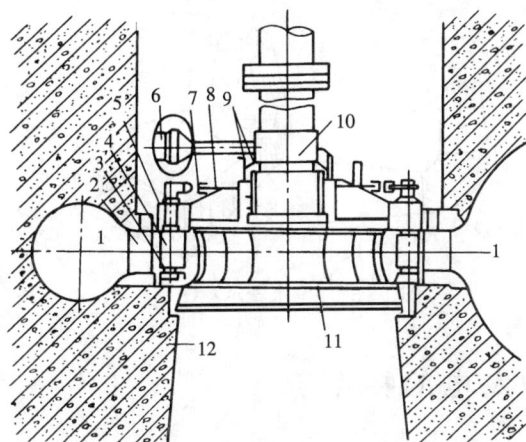

图 1-48 混流式水轮机的一般布置图

1—蜗壳；2—座环；3—底环；4—导叶；5—顶盖；
6—接力器；7—传动机构；8—控制环；9—导轴承；
10—主轴；11—转轮；12—尾水管

二、反击式水轮机

反击式水轮机种类很多，有混流式、斜流式、轴流式（定桨式、转桨式）、贯流式（全贯流式、半贯流式）等，但构造上有着相同特点，主要由水轮机室、导水机构、转轮和泄水机构四大部分组成，如图 1-48 所示。

1. 水轮机室

水轮机室是反击式水轮机的引水机构，其形状像一个大的蜗牛壳，常称蜗壳（见图 1-49），其作用是将引水管来的水流沿圆周方向均匀导向转轮。

2. 导水机构

导水机构的作用是使水流沿着有利的方向进入水轮机的转轮，并依靠调整导叶的开度，改变水流流道断面，调节进入转轮的流量，从而改变水轮机的输出功率。导水机构关闭导叶，可使水轮机停止运行。活动导叶的外形如图 1-50 所示。

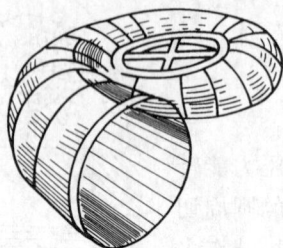

图 1-49　蜗壳外形图

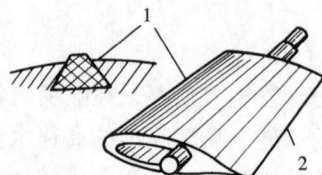

图 1-50　活动导叶的外形
1—橡皮垫；2—导叶叶尖

3. 转轮

水轮机的转轮是实现能量转换的核心部件，浸没在水流中。从导叶机出来的旋转水流进入转轮，经扭曲的转轮叶片组成的流道改变方向后流出转轮体，转轮叶片正反面形成压力差，水流对叶片产生反作用力，其在轮周方向的分力推动叶片旋转，将水流的压能转换成转轮旋转的机械能。转轮外形如图 1-51 所示。

各种类型的反击式水轮机的区别，主要在于转轮的外形和工作特性的不同，通常由叶片、转轮体（轮毂）、泄水锥等组成。

4. 尾水管

尾水管（见图 1-52）是水流流过水轮机的最后部件，连接转轮与下游水面的泄水机构，也称吸出管。由于转轮出口的水流还有剩余动能未被利用，尾水管的作用就是回收部分动能提高水轮机的效率，并将水排至下游。

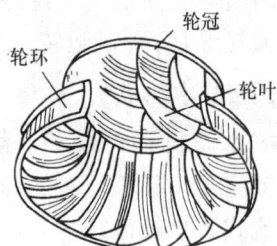

图 1-51　混流式水轮机转轮外形

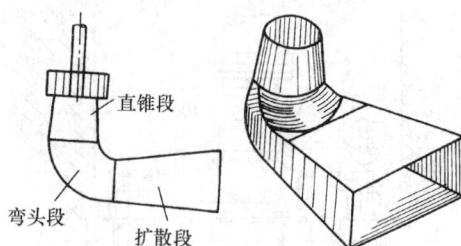

图 1-52　尾水管示意图

第三节　水力发电的特点

水力发电主要有以下特点：

（1）水能是可再生能源，并且发过电的天然水流本身并没有损耗，一般也不会造成水体污染，仍可为下游用水部门利用。

（2）水力发电是清洁的电力生产，不排放有害气体、烟尘和灰渣，没有核废料。

（3）水力发电的效率高，常规水电厂的发电效率在 80％以上。

（4）水力发电可同时完成一次能源开发和二次能源转换。

（5）水力发电的生产成本低廉。无需购买、运输和储存燃料；所需运行人员较少、劳动生产率较高；管理和运行简便，运行可靠性较高。

（6）水轮发电机组启停灵活，输出功率增减快、可变幅度大，是电力系统理想的调峰、调频和事故备用电源。

（7）水力发电开发投资大、工期长。例如在建的三峡工程，1994 年 12 月开工，计划 2009 年竣工，按 1993 年 5 月不变价格计算，其静态设计总概算为 900 亿元人民币。

（8）受河川天然径流丰枯变化的影响，无水库调节或水库调节能力较差的水电站，其可发电力在年内和年际间变化较大，与用户用电需要不相适应。因此，一般水电站需建设水库调节径流，以适应电力系统负荷的需要。现代电力系统一般采用水、火、核电站联合供电方式，既可弥补水力发电天然径流丰枯不均的缺点，又能充分利用丰水期水电电量，节省火电厂消耗的燃料。潮汐能和波浪能也随时间变化，也宜与其他类型电站配合供电。

（9）水电站的水库可以综合利用，承担防洪、灌溉、航运、城乡生活和工矿生产供水、养殖、旅游等任务。如安排得当，可以做到一库多用、一水多用，获得最优的综合经济效益和社会效益。

（10）建有较大水库的水电站，有的水库淹没损失较大，移民较多，并改变了人们的生产生活条件；水库淹没影响野生动植物的生存环境；水库调节径流，改变了原有水文情况，对生态环境有一定影响。

（11）水能资源在地理上分布不均，建坝条件较好和水库淹没损失较少的大型水电站站址往往位于远离用电中心的偏僻地区，施工条件较困难，并需要建设较长的输电线路，增加了造价和输电损失。

我国河川水力资源居世界首位，不过装机容量仅占经济可开发资源的不到 40％，而发达国家大多开发了 70％以上。我国水电勘测、设计、施工、安装和设备制造均达到国际水平，已形成完备的产业体系，水能作为清洁的可再生能源，它的开发利用对改变我国目前以煤炭为主的能源构成具有现实意义。到 2010 年，全国水电装机容量将达到 1.9 亿 kW，其中大中型水电 1.2 亿 kW，小水电 5000 万 kW，抽水蓄能式水电站 2000 万 kW。到 2020 年，全国水电装机容量达到 3 亿 kW，其中大中型水电 2.25 亿 kW，小水电 7500 万 kW。但是，我国的河川水能资源的 70％左右集中在西南地区（金沙江、雅砻江、大渡河、澜沧江、黄河上游和怒江等），经济发达的东部沿海地区的水能资源极少，并且大规模的水电建设给生态环境造成的灾难性影响越来越受到人类的重视。而我国西南地区有着极其丰富的生物资源、壮观的自然景观资源和悠久的民族文化资源，相信在不久的将来，大规模的水电开发会慎重决策。因此，可以在小水电资源丰富地区，优先开发建设小水电站、微水电，不仅不会对生态环境产生破坏或可有效改善生态环境。目前通常把小水电、微水电看作"绿色电力"，也是理想的分布式电站，符合人类可持续发展的需求。

第四章 核 能 发 电

在能源发展史上，核能的和平利用是一件划时代的大事，它是近代科学对人类社会发展的贡献，目前核电与火电、水电构成的常规电站是电力的主要来源。核电站的迅速发展对解决世界能源问题有着现实意义和深远意义，加快发展核能是解决我国本世纪能源问题的一项根本性措施。我国核电工业起步较晚，1991 年自行设计、制造的 30 万 kW 压水堆核电机组（浙江秦山核电站）首次并网发电，实现了核电零的突破，至 2007 年核电装机容量 885 万 kW，同比增长了 29.2%，只占全国发电装机总容量的 1.24%；年发电量 626 亿 kW·h，同比增长了 14.05%，只占全部发电量的 1.92%。

第一节 核 裂 变 反 应 堆

一、核能基本知识

物质是由原子组成的，每一个原子含有一个带正电的原子核，核的周围有若干带负电的电子。原子核位于原子的中心，电子绕其不断旋转运动，类似太阳系的缩影。原子核由质子和中子两种基本粒子组成，质子是带有一个单位正电荷的粒子，其电量等于电子电荷的电量，质子实际上就是氢原子核（去掉唯一电子的氢原子），而中子则不带电呈中性，质量稍大于质子，质子和中子统称为核子。

原子的直径约 10^{-8} cm，原子核的直径约 10^{-12} cm，仅为原子的 1/10000，但原子核的密度极大（10^{17} kg/m³），其质量占整个原子质量的 99.94% 以上。因此，原子是一个空旷的微观世界，内部存在着很大的空间。

稳定状态下的原子，核内质子数等于核外的电子数，原子呈电中性。核内的质子数为该原子的原子序数 Z，核内质子数和中子数之和称为质量数 A。由于质子和中子的质量都接近于 1 原子质量单位，所以原子的质量接近于 A 个原子质量单位。一个原子核的成分可以用它所含有的质子数 Z 和中子数（$A-Z$）来表示，通常用核素来描述具有确定的核成分的原子粒种，而原子序数 Z 相同、质量数 A 不同的原子具有基本相同的化学性质，则称为同位素。如天然铀由铀－238（占 99.27%）、铀－235（占 0.71%）、铀－234（占 0.006%）三种同位素组成，但它们却是三种不同的核素。

原子核带正电，电子带负电，相互之间依靠静电引力结合于原子中。但原子核内的所有质子都带正电，拥挤在直径只有 10^{-12} cm 的空间内，相互之间的电磁排斥力应该非常大，质子必定处于极不稳定的状态，然而事实上，原子核的结合是很紧密的，在自然界都保持稳定。这表明核子间存在着一种很强的吸引力，能够克服质子间电磁排斥力将核子凝聚在一起，这个力就是核力。核力不同于万有引力和电磁力，核力是非常强大的短程力，只有在距离小于 3×10^{-13} cm 范围内才起作用。核力与电磁排斥力之差就是原子核结合在一起的结合能。如果原子核把结合能释放出来，要比任何一种化学反应大几百万倍，这种能量通常称为核能或原子能。

原子核内为什么具有如此强大的核能呢？实验发现：原子核的实际质量总是小于组成它的核子（质子和中子）质量之和，即出现了质量减小的现象，称之为质量亏损。爱因斯坦从相对论得出质量与能量间的互换关系为

$$E = mc^2 = 9 \times 10^{16} m$$

式中，m 是质量，kg；c 是光速，m/s；E 是能量，J。

这说明了质量和能量都是物质存在的形式，只有质量而没有能量或只有能量没有质量的物质是不存在的。从质能关系微分形式 $\Delta E = \Delta mc^2$ 可以看出，只要有质量的变化就一定有能量的变化，反之亦然。

这样，不难理解：结合能就是组成原子核时减少的质量转换而来，质量亏损与结合能相对应，只要有一个微小的质量亏损就会出现一个巨大的结合能。实验还发现，所有原子核的质量亏损都是正值，表明由自由核子结合成原子核时，一定有能量释放出来。这同样满足能量守恒定律，只不过必须从广义的角度来看，将核子的质量变化（核位能不同）考虑进去。

原子核的结合能除以组成该原子核的核子数，得到每个核子在原子核中的平均结合能（比结合能）。它是表示原子核结合松紧程度的物理量，平均结合能越大，则每个核子平均放出的能量越大，原子核结合得越紧，不同原子核的平均结合能是不一样的。从图1-53可以看出，曲线的形状是中间高且较平坦，两端低。这表明具有中等质量（50～150）原子核结合最紧，平均结合能最大；较轻的原子核（轻核）和较重的原子核（重核）结合较松，平均结合能小一些。据此，原子核能的利用有两种形式：一种形式称为重核裂变，一个重核分裂成两个中等质量核的过程中，平均结合能由小变大，有核能释放出来，这就是原子弹和裂变反应堆能释放出巨大能量的道理；

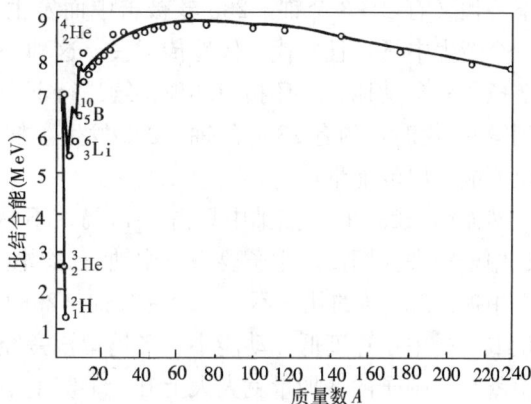

图1-53　比结合能与质量数之间的关系

另一种形式称为轻核聚变，两个轻核合成一个较重核的聚合过程，同样有核能释放出来，这就是氢弹和热核反应释放大量能量的基本原理。

二、重核裂变反应

一种原子核转变为另一种原子核的过程称为核反应，裂变反应是可裂变重核分裂成两个或两个以上同一量级的较轻核并放出能量的核反应。因此，首先要确定能进行裂变的核素，即可裂变核素作为"靶核"，并找到合适的高速粒子作"炮弹"轰击它使其发生破裂，将核能释放出来。

中子呈电中性、质量比质子略大，容易穿透核外的电子层，可以在高速、中速或低速下轰击一个重核使其裂变而不受排斥，是目前切实可行的理想炮弹。但是，并不是所有核素的原子核受到中子的轰击都会发生裂变反应，目前最重要的可裂变核素为铀-233、铀-235、钚-239、钍-232、铀-238，前三种都是很重要的易裂变核素，用任意动能的中子轰击时都能引起其原子核的裂变，可是铀-233、钚-239在自然界中几乎测不出它们的存在，而铀-235是自然界中唯一天然存在的易裂变核素，储量不多。钍-232、铀-238需能量很大

的中子作用，才可能发生裂变，但钍—232、铀—238 在俘获（吸收）中子后，经过放射性衰变会生产新的人工易裂变核素——铀—233 和钚—239，因此把钍—232、铀—238 称为可转换核素，这对反应堆的运行具有十分重要的意义。

因此，以铀—235 为靶核的核裂变的反应式可以描述为：

一个铀—235 核＋一个中子——→裂变碎片核 A＋裂变碎片核 B＋2～3 个中子＋能量

据测定，单个铀—235 核裂变约有 200MeV（兆电子伏特，核物理中常用的能量单位）以上的能量释放出来，这是因为铀—235 原子核吸收中子后，核内中子、质子等基本粒子进行了重新分配；而在火电厂中，煤的燃烧属于化学反应过程，只是物质的原子重新组合及其电子重新分配，一个碳原子与两个氧原子化合成一个二氧化碳分子，所释放出的化学能仅为 4.1eV。经过推算，1kg 铀—235 裂变后释放出的热能，相当于 2800t 标准煤完全燃烧所释放出的热能，由此可见核裂变所释放出的能量非常巨大。裂变能主要是通过裂变碎片的动能形式转化为热能，它约占释放出的总能量的 84%，其余约 16% 的能量，则为裂变中子的能量和裂变产物衰变释放出的能量。

在释放能量的同时，还释放出 2～3 个新中子（平均 2.43 个新的中子）即第二代中子，则下一代又有 2～3 个铀—235 核被击中而发生裂变，并且每一个裂变的铀—235 核又放出 2～3 个新生中子，且一代一代地传下去。这种一旦在铀核裂变开始，不需要外界的作用便能像链条一样自动地、一环扣一环地持续进行下去的核裂变反应，称为自持链式裂变反应。发生到第 60 代时，约有 280g 的铀—235 发生了核裂变，它所放出的能量，相当于 700 多 t 标准煤所能发出的能量。

然而铀—235 在天然铀中只占 0.71%，不易裂变的铀—238 占 99.27% 且容易俘获中子造成中子损失。因此，中子要想击中铀—235 核是十分不易的。经研究发现：能量大的快中子击中铀—235 核的几率不大，容易被铀—238 吸收，反应过程中的中子数增加的可能性小；能量低的慢中子速度低、动能小、飞越靶核旁经历的时间长，与铀—235 核发生裂变反应的几率就高，中子的增加量就大大上升。事实上铀—235 核裂变后所产生的次级中子，几乎全是平均能量在 2MeV、速度为 20000km/s 的快中子，因此必须设法通过某种材料（慢化剂），消耗快中子的动能、减慢其速度，就是将快中子的能量由 2MeV、速度 20000km/s 降低为 0.025eV、2.2km/s 的慢中子（也称热中子），慢中子更容易大量地击碎铀—235 核，铀—235 核发生裂变反应的几率将增加 440 多倍。已建用于发电的核反应堆，大多采用热运动状态下的慢中子维持铀—235 自持链式反应。

三、反应堆控制基本原理

用于维持和控制链式反应并实现核能转换成热能的装置，称为反应堆，最早的核反应装置是用核燃料和石墨块"堆砌"而成的，故取名为堆。

在重核裂变反应时，每次裂变要释放出 2～3 个中子，而维持裂变链只需要 1 个中子，似乎裂变反应一旦发生，它就很容易自行维持。然而并不是所有裂变中产生的中子都能用于维持裂变链的：一些中子从裂变系统中泄漏；可裂变核素非裂变俘获；慢化剂、冷却剂、裂变产物、结构材料、杂质等的有害吸收都会造成中子损失。

由此可以看出，要维持自持链式反应，其最低限度是：当每一个核俘获一个中子产生裂变后，新产生的裂变中子，平均至少要有一个中子能去引起另一个核的裂变。这可以用中子增殖因数 K 来表示：$K=$新生一代中子数/生产它的直属上一代中子数的比值。$K=1$，每一代中子数是一个常数，链式反应处于稳定的工作状态，即临界状态；$K>1$，中子数一代比一代多，链式反应规模越来越大，称为超临界状态；$K<1$，中子数一代比一代少，链式反应规模越来越小直到停止，称为次临界状态。

为了使链式反应以恒定的速度持续进行（临界状态），需要使新产生的中子与被吸收掉的中子严格地保持平衡，平均每吸收或损失掉一个中子也必须相应地生产出一个中子，刚好用其中的一个中子去引起另一次裂变。因此反应堆必须有一定量的易裂变物质、一定大小的尺寸，维持自持链式裂变反应所需要的易裂变物质的最小质量叫做临界质量，达到临界状态所需的最小几何尺寸称为临界尺寸。

然而设计反应堆使得中子增殖因数 K 恰好等于1是不可能的，反应堆内必须多装上一些易裂变物质，产生的多余的中子用其他材料吸收掉。用来控制中子数的材料中子吸收能力强（如碳化硼、银-铟-镉合金等），做成可移动的棒形结构即为反应堆中的控制棒。通过控制棒改变中子被吸收的份数，调节中子增殖因数 K 来实现对反应堆功率的控制。

现在关键问题是必须控制反应速度以保证反应堆安全运行，在链式反应中相邻两次裂变反应之间的时间是非常短暂的，裂变产生的大多数中子是在 10^{-17}s 左右的时间发出的（瞬发快中子），即使在热中子反应堆中，一个中子从慢化到引起下一次裂变大约只需要 10^{-4}s。就是说，中子增殖因数 K 只要比1稍大一点，反应堆的功率也会很快地上升，如 $K=1.001$，到1000代以后（仅需0.1s），堆内的中子总数以及功率就会上升2.7倍（1.001^{1000}），反应堆难以控制。实际上，反应堆中产生的中子并非都是"瞬发"的，对于重核裂变的反应堆，大约有不到1%的中子是由裂变产物经过衰变产生的，而裂变产物的半衰期从几分之一秒到几分钟，这部分中子称为缓发中子。缓发中子的数量虽少，但产生时间比刚才提到的 10^{-4}s 长得多，足以使堆内中子数的变化速率大大减低，使反应堆的控制得以实现。

四、裂变反应堆基本构成、燃料转换

（一）裂变反应堆基本构成

核电厂中的反应堆放置在密闭的安全壳内，以防止反应堆中的放射性物质发生意外泄漏。安全壳有着很厚的混凝土地基和墙壁，通常呈圆柱形。

反应堆主要由一个活性堆芯组成，在其中维持链式反应而大部分裂变能也在其中以热能形式释放出来。堆芯置于反应堆压力容器（压力壳）中，由燃料组件、控制组件、中子源组件等组成，如图1-54所示。

（1）燃料组件：多数反应堆内的核燃料通常做成棒状结构，每根燃料棒由一根中空的金属管（锆合金）中间填塞球状核燃料组成，中子可自由穿过管壁。若干根燃料棒排列成正方形组成一组，并与控制棒导向管同时定位，堆内的燃料组件有若干组。

（2）控制组件：强中子吸收材料如碳化硼、银-铟-镉合金等封装在不锈钢包壳内形成控制棒，若干根控制棒为一组。通过压力容器外的机械装置可以操纵控制棒在导向管内上下移动，用以控制堆内链式反应的强弱，从而调节反应堆的

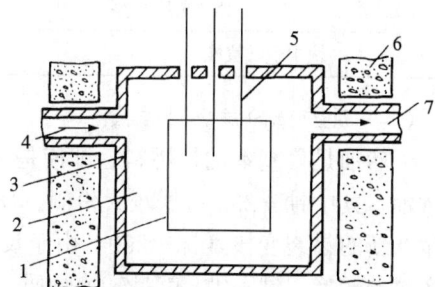

图1-54 热中子反应堆示意图
1—堆芯；2—反射层；3—堆容器；4—冷却剂进口；
5—控制棒；6—屏蔽层；7—冷却剂出口

功率。控制棒完全插入堆芯时，能够吸收大量中子，可阻止裂变链式反应的进行。

（3）中子源组件：为缩短反应堆的启动时间和确保启动安全，反应堆中采用中子源点火，由它不断地放出中子，引发堆内核燃料的裂变反应。常用的初级中子源是钋-铍源，钋放出 α 粒子打击铍核，铍核发生反应放出中子。

要维持热中子反应堆的正常运转还需要慢化剂和冷却剂。

慢化剂充填在堆芯的燃料棒之间，不但可以使裂变产生的快中子慢化，还作中子反射层，将已逃出堆芯的中子散射回来，减少中子泄漏。慢化剂通常由质量数小、不易吸收中子的元素组成的物质，常用的慢化剂是普通水（又称为轻水、氕水 H_2O）、重水（氘水 D_2O）和石墨。轻水的慢化能力大、便宜又容易得到，是目前使用较多的一种慢化剂，主要缺点是对热中子的吸收较强，沸点又低。重水的慢化能力只有轻水的 1/7，但对中子的吸收很少，是最好的慢化剂，不过重水在普通水中的含量很小，生产代价很昂贵。石墨的慢化能力不及重水的一半，对中子的吸收也远比重水大得多，但石墨比重水便宜得多、容易得到，而且没有轻水沸点低、易于汽化的缺点，且耐高温，有些反应堆选用石墨作慢化剂。

反应堆内由裂变产生的热量必须使用合适的冷却剂排出以冷却堆芯。冷却剂在堆芯中循环流动，将热能不断传递给反应堆外的能量转换系统，常用的冷却剂有轻水、重水、液态钠、二氧化碳和氦等气体。

核电站反应堆按采用慢化剂、冷却剂的不同可以分成很多种类型，目前常用的见表1-2。

表 1-2   **核电站反应堆常用类型**

类型		燃料	慢化剂	冷却剂
轻水堆	压水堆	浓缩铀（UO_2）	轻水	轻水
	沸水堆	浓缩铀（UO_2）	轻水	轻水
重水堆	重水冷却型	天然铀	重水	重水
	轻水冷却型	浓缩铀（UO_2）	重水	轻水
石墨气冷堆	天然铀气冷堆	天然铀	石墨	二氧化碳
	改进型气冷堆	浓缩铀（UO_2）	石墨	二氧化碳
	高温气冷堆	浓缩铀（UO_2），钍	石墨	氦气
石墨水冷堆	压力管沸水型	浓缩铀（UO_2）	石墨	轻水
快中子增殖堆		浓缩铀（UO_2）＋钚		液态金属钠

（二）反应堆的核燃料转换

天然铀是最基本的核燃料，即使是采用浓缩铀的反应堆，也只是铀-235 占 3% 左右的低浓铀，其中铀-238 占据较大份额。反应堆内的铀-238 在吸收中子后，经过放射性衰变会生产新的易裂变核素钚-239，由于反应所需的中子来自铀-235 的裂变，这种过程称为核燃料的转换，铀-238 就是转换物质。反应堆不但消耗易裂变核燃料，而且还可以生产新的易裂变核燃料。我们把反应堆内通过转换所产生的易裂变同位素核数与消失的易裂变同位素核数之比，叫做转换比 r。因此，反应堆最后消耗的总燃料量＝初始核燃料量/（$1-r$），减少中子损失，可提高转换比，以增加反应堆可利用的燃料量。压水堆 r 值一般为 0.5～

0.6；高温气冷堆 r 值通常为 0.8。在快中子反应堆中，中子损失少，每次裂变就可能有一个以上的中子用来将可转换核转化为易裂变核，这样堆内产生的新易裂变物质多于所消耗的易裂变物质，即转换比 $r>1$，就是说，新产生的易裂变物质不但可以补偿燃料消耗，而且还有盈余，燃料实现"增殖"，这类反应堆称为增殖堆。增殖反应堆在生产动力的同时，经过一定时间的运行，增殖的燃料可以用来建造新的反应堆。

五、核聚变反应简介

两个轻核合成一个较重核的聚合过程中，同样有核能释放出来，这就是聚变能。太阳能就是氢核聚变所产生的，核反应过程就是聚变反应（热核反应），也是核能另一种可以被利用的方式。作为质量最轻的氢（^1H）及其同位素氘（^2H、D）、氚（^3H、T）之间的相互作用都能产生聚变反应，其中最有希望的反应是利用同位素氘，以下是十分重要的几种聚变反应：

$$^2H+^2H \longrightarrow ^3H+^1H+4.03MeV \quad\quad (D-D 反应)$$
$$^2H+^2H \longrightarrow ^3He+n+3.27MeV \quad\quad (D-D 反应)$$
$$^2H+^3H \longrightarrow ^4He+n+17.6MeV \quad\quad (D-T 反应)$$

从上述反应式可看出：每消耗一个氘核能产生 4.7MeV 的能量（平均每个核子放出 4.7/2MeV），比核裂变（如铀－235，平均每个核子放出约 200/235MeV）大得多；聚变燃料氘及其产物氦不含毒性和放射性，不产生大气污染也不产生温室效应，是清洁的能源生产方式；燃料氘可以从水中提取（在海水中，氘与氢核之比为 1/6700），几乎是取之不尽、用之不竭的。这正是人类和平开发利用聚变能的吸引力所在。

然而上述反应中的核都是带正电的，相互之间的静电排斥力很强，难以产生聚合。如果利用加速器使某个核具有非常高的速度，能够克服排斥力进入核力范围才会发生聚变反应，却已消耗了大部分能量。等离子体是最有希望实现聚变的介质，这需要把轻核加热到几亿度的高温，轻核之间才有较大聚变反应概率。2006 年 6 月，欧盟、美、俄、日、韩和中国六方达成协议，将在法国的卡达拉舍建立世界上第一座受控热核聚变实验反应堆（ITER），预计耗资 100 亿欧元，期望能够用 8～10 年完成，如果成功，那么全世界未来 1000～2000 年的电力供应将不成问题。

第二节　压水堆核电站生产过程

我国已投运的秦山（一期 300MW、二期 2×600MW、三期 2×700MW）、大亚湾（2×984MW）、岭澳（规划 4×1000MW，已投 2 台）、田湾（2×1060MW）四家核电站中，除秦山三期采用重水堆外，其余皆为压水堆。压水堆核电站具有功率密度高、结构紧凑、安全易控、技术成熟、造价和发电成本较低等特点，是目前国际上采用最广泛的核电站。因此以压水堆核电站为例，简单介绍核电站的生产过程。如图 1-55 所示，压水堆核电站将系统分成了两大部分。

一、核岛部分（一回路系统）

核岛部分是压水堆核电站的核心，布置在安全壳内，在高压高温和带放射性条件下工作的部分，功能类似于火电厂的锅炉设备，其作用是生产核蒸汽。该部分主要由压水堆本体和一回路系统（一次冷却剂系统）、辅助系统组成。

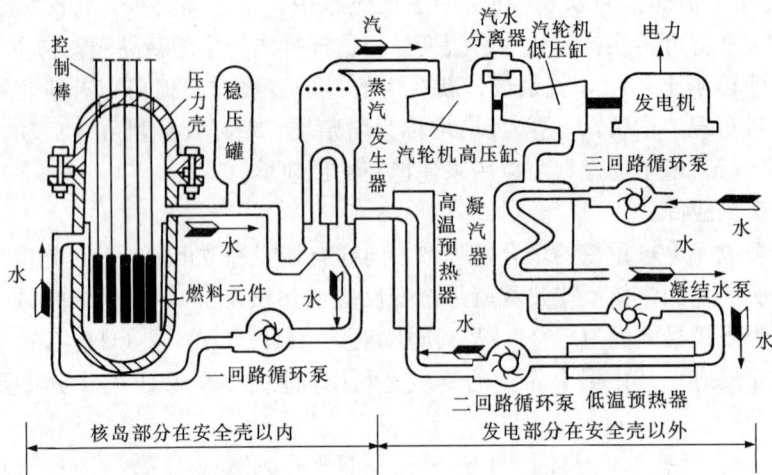

图 1-55 压水堆核电站系统原理图

既作慢化剂、又是冷却剂的轻水（一回路水），经一回路循环泵（主泵）加压（通常为 15.2～15.5MPa）送入反应堆本体，在堆芯中的燃料棒之间流过吸收裂变热能后，离开反应堆本体出口时温度升高 30℃左右。被加热后一回路水的引入压力壳外的蒸汽发生器（热交换器），在这里将二回路来的净水（二回路水）加热成蒸汽。放出热量的一回路水，经主泵又送回到反应堆本体，在一回路中循环流动，一回路系统通常布置有并联的 2～4 条同样的封闭回路。

整个一回路系统设有一台稳压器用来控制一回路系统压力，维持反应堆运行工况的稳定。稳压器布置在反应堆本体一回路水出口和蒸汽发生器进口之间，为空心圆柱形容器，下部充满压力水，装有后备电加热器；上部是蒸汽空间，布置有低温冷却剂喷淋装置。当核电站负荷突降时，冷却剂温度瞬时升高、体积膨胀、压力上升，部分冷却剂进入稳压器，汽空间减小、蒸汽压力升高，喷淋装置自动开启喷入低温冷却剂，部分蒸汽凝结，从而控制压力的上升。当负荷突然升高时，冷却剂温度瞬时降低、体积收缩、压力下降，部分冷却剂流出稳压器，汽空间增大、蒸汽压力降低，后备电加热器自动投入喷入产生蒸汽，从而控制压力的下降。

二、常规岛部分（二回路系统）

常规岛部分主要由核汽轮发电机组、二回路系统、辅助设备等组成，这部分与火电厂相比没有本质区别，这里只介绍主要不同点。

由于进入蒸汽发生器的二回路水（压力 5.5～7MPa）只被加热成饱和蒸汽（干度约 99.8%）或微过热蒸汽（过热度约 30℃），送入汽轮机做功，压水堆核电站的热效率仅为 34%左右。核汽轮机与同功率的火电厂的汽轮机相比，质量流量大（170%～190%）、体积流量大（250%～350%），故此核汽轮机的体积和重量都要大得多，可采用半速（1500r/min、末级叶片可做得长，1300～1500mm）汽轮机，发电机也相应为四极，目前国内核电厂采用的是全速汽轮机。核汽轮机的高压缸、低压缸（无中压缸）都采用分流结构，低压缸的数目也多。高压缸和低压缸之间必须装置汽水分离再热器，对高压缸的排汽进行汽水分离并用高压缸的抽汽、新蒸汽再加热，使进入低压缸的蒸汽具有一定的过热度，维持低压缸排汽的干度在 86%～89%以上，而相应的凝汽器尺寸要增大、循环冷却水的需求量比常规火电厂大得多。

第三节 核电站对环境的影响

核电站对环境的影响主要是指运行中对环境造成的辐射或非辐射影响。正常运行时的辐射环境影响主要来源于汽、液态流出物的排放和放射性固体废物的储存和处置，非辐射环境影响主要废热、废水排放（与火电厂类似）。

"辐射"术语用来表示各种不同波长的电磁波和粒子，α、β粒子直接引起电离，γ射线间接产生电离，质子和中子都包括在致电离辐射中。核辐射的生物效应主要归因于电离和电子激发对各种分子的破坏，例如对于活细胞的功能极为重要的蛋白质和核酸的破坏。一切能够直接或间接引起电离的辐射都可能成为伤害人体的来源，与核裂变有关的电离辐射主要有下列六种类型：

（1）α粒子：它是氦原子核，常在某些原子核的反应中放出。

（2）β粒子：它是正电子或负电子，常在裂变产物和中子活化产物衰变时放出。

（3）γ射线：它是波长比X射线更短的电磁波（俗称为"光子"），可以在裂变过程中直接放出，也可以在核素的衰变过程中放出。

（4）裂变产物：它是重原子核分裂时产生的核素，或由于裂变产生的放射性核素衰变而形成的其他核素。

（5）中子：它在裂变反应或其他核反应中产生。

（6）质子：它是氢原子核，可以从某些原子核的反应中放出。

α粒子在人体组织中射程很短，一般不构成危害，除非它们通过呼吸、吞食进入人体内，β粒子只有能量最高的才能在人体组织中穿越几毫米以上，β粒子发射体主要也是在体内产生危害，但是如果β发射体接近皮肤，能够产生严重烧伤。然而，α、β粒子都常伴随发射γ射线，γ射线具有很强的穿透本领，能穿入人体相当大的距离，γ射线的放射性物质不管是在体内体外都能构成危害。

因此，核电站在设计上采取了多道屏蔽的防护措施：

第一道安全屏障是核燃料本身，它大都制成物理、化学性能十分稳定的二氧化铀小圆柱形的陶瓷块，熔点高达2800℃，能把裂变产物的98%以上保持在芯块内。只要芯块不被熔化，即使燃料包壳破裂，芯块与水接触也不易发生化学反应，芯块内的裂变产物也不会大量泄漏出来。

第二道安全屏障是燃料元件的包壳。包壳用优质锆合金材料制成，其壁厚为0.6～0.7mm。运行中从芯块逸出的少量裂变产物，能被保持在包壳密封之内。

第三道屏障是反应堆的压力壳。它把燃料组件、控制组件等完全封闭起来。冷却剂循环通过压力壳时，并不与核燃料直接接触。只有当燃料包壳发生破裂时，放射性物质才会扩散到封闭循环的一回路中。

第四道安全屏障是反应堆的安全壳。庞大的安全壳把整个一回路的设备系统包覆起来，即使一回路出现破裂或渗漏，放射性物质也不会逸出安全壳跑到环境中去，其设计原则是：将一切可能的事故限制并消灭在安全壳内。反应堆运行时，所有进入安全壳的通道全部关闭，不允许人员进入。如900MW核电厂的安全壳，是一直径37m、高45m的巨大圆柱体，顶部为半球形，安全壳的主体由厚度为 85cm 的混凝土浇筑而成，壳壁内层敷设 6cm 厚的钢板。

事实上核电厂正常运行时，对环境产生的辐射剂量与来自天然辐射和医学治疗的剂量相比是极其微小的，而燃煤电厂因燃煤时天然放射性的释放对公众产生的辐射剂量高于同电功率的核电站，对核电站的核辐射恐惧心理是完全没有必要的。

核电站反应堆内裂变过程产生的热量，约有 2/3 排放到附近环境中，高于同功率的火电厂，不过这种影响也是十分有限的。核电站运行过程也有少量非放射性污染物排入环境（如生活污水及水处理过程的排水），但和其他能源工业相比，核电厂的污染物排放是极有限的。例如，一座电功率为 1000MW 的燃煤电厂平均每年向大气排放约 44000t 硫氧化物、22000t 氮氧化物，以及约 32000t 烟尘，但核电站基本没有这些污染物的排放；又如，化石燃料电厂因向大气排放大量的 CO_2 而成为全球温室气体排放的最主要来源，而核电站自身却没有温室气体排放，目前的核电生产已避免了全球电力生产中约 8% 的 CO_2 排放量。

因此，核能是一种安全、清洁、经济的能源，也可以说是广义上的"新能源"，且核电成本比火电成本低 1/3～1/2，尽管目前每千瓦的单位投资（1.1 万～1.65 万元/kW）是煤电（4000 元/kW）的 2.75～4.1 倍，建设周期长（6～8 年），而且目前核裂变能热中子反应堆型核电站的燃料采用天然铀资源，同样在今后数十年内亦将枯竭。但从核能发展与利用的整体看，热中子反应堆、快中子反应堆、裂变—聚变堆及其完整的核燃料循环匹配方案的选择，其后续的持续性潜力，并不受到铀资源枯竭的限制而持续发展，核电是目前解决能源紧缺的一种现实的过渡性方案。

目前中国仅有 11 台核电机组在运营，核电发电量占全国所有发电量不足 2%，而全球共有 440 多座核电站，其发电量占所有发电量的 16%，如法国核电发电量占其国内总发电量的 78%，日本占 30%。2007 年 11 月 2 日，国家发改委发布《核电发展专题规划（2005～2020 年）》，将我国核电产业发展从"适度发展"调整为"加快发展"，目标在 2020 年核电总装机容量要达到 4000 万 kW，占全国总装机容量的 4%，而按近两年全国总装机容量的增长速度来看，到 2020 年要达到 4% 的目标，估计届时核电装机容量要达到 6000 万 kW 才能实现，未来的十几年我国的核电产业发展空间广阔。国家核电技术公司与美国西屋公司签订了 AP1000 三代核电技术的转让协议，比 20 世纪 70 年代的二代核电技术，在经济性、安全性等多方面都具有优势。AP1000 在国内已经启动了浙江三门和山东海阳两个自主化依托项目，按规划三门核电站将于 2013 年投入运营，将成为全球第一个 AP1000 核电站。

第五章 新能源发电

在常规能源发电中,依靠化石燃料发电正面临着资源日趋枯竭和环境污染日趋严重的双重压力,况且经亿万年才形成的化石燃料又是非常宝贵的化工原料。因此,利用清洁的可再生的新能源来加以替代,是人类迫切的希望,同时也意味着目前正处于能源变革的过渡时期。

新能源是指常规能源(化石燃料、水能、核裂变能)之外的太阳能、风能、生物质能、地热能和海洋能等一次能源,是在高新技术基础上开发利用的可再生能源,它的开发利用不会(或较少)污染环境,是清洁的能源,将新能源转化为清洁、方便的电能是开发利用新能源的最有效途径之一。然而新能源具有能量密度低且高度分散的共同特点,风能、太阳能、潮汐能还具有间歇性、随机性的问题,因此,新能源发电技术是多学科交叉、综合性强的高新技术。

第一节 地 热 发 电

地球本身就是一个巨大的热库,其内部蕴藏的热能即"地热能",它的总量约为地球上储煤发热量的1.7亿倍,仅在地面以下3km之内可开发的热能就相当于2.9万亿t标准煤的能量,是取之不尽的再生能源。地球表层的热能主要来自太阳辐射,内部的热能大多认为主要来自岩石中放射性元素蜕变产生的热量。在未来一段时期内能够经济、合理地利用的地热能称为地热资源,目前人类只是开发利用了其中的极少一部分。

一、地热资源的类型

地热资源根据其在地下储热中存在的不同形式,可以分为五种类型:

(1)蒸汽型地热资源:地下储热以温度较高的过热蒸汽为主,杂有少量其他气体,水很少或没有。

(2)热水型地热资源:地下储热以热水或湿蒸汽为主,根据其温度分为高温(150℃以上)、中温(90~150℃)和低温(90℃以下)。

(3)地压型地热资源:以地压水的形式储于地表下2~3km以下的深部沉积盆地中,被岩石盖层封闭有着很高压力,温度在150~260℃。地压水中还溶有大量的甲烷等碳氢化合物,构成有价值的产物。

(4)干热岩型地热资源:比上述各种资源规模更为巨大的地热资源,广义上是指地下普遍存在的没有水或蒸汽的热岩石。从现阶段来说,是专指埋深较浅、温度较高(150~650℃)、有较大开发利用价值的热岩石。

(5)岩浆型地热资源:蕴藏于熔融状和半熔融状岩石中的巨大能量,温度在600~1500℃,埋藏部位最深,目前还难以开发。

二、地热发电原理和分类

地热发电是利用高温地热资源进行发电的方式,其原理与常规火力发电基本相同,只不过高温热源是地下储热。根据地热资源的特点以及开发技术的不同,通常可分为以下五种。

1. 直接利用地热蒸汽发电

将蒸汽型地热资源现有的温度、压力较高的干蒸汽,从地热井引出经井口分离装置分离掉蒸汽中所含的固体杂质,直接送入汽轮发电机组发电。这种方式投资少、系统最简单、经济性也高,但蒸汽型地热资源储量很少,只分布在有限的几个地热带上。

2. 闪蒸地热发电系统(减压扩容法)

在目前经济、技术条件下开发普遍的是储量相对较多、分布较广的热水型地热资源,其热能产生形式是热水或湿蒸汽,比较适合采用闪蒸地热发电系统。来自地热井的热水首先进入减压扩容器,扩容器内维持着比热水压力低的压力,因而部分热水得以闪蒸并将产生的蒸汽送往汽轮机膨胀做功[见图1-56(a)]。如地热井口流体是湿蒸汽,则先进入汽水分离器,分离出的蒸汽送往汽轮机做功,分离剩余的水再进入扩容器(如剩余热水直接排放就是汽水分离

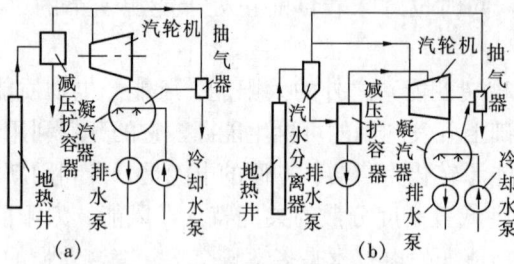

图1-56 闪蒸地热发电系统
(a) 热水;(b) 湿蒸汽

法,热能利用不充分),扩容后得到的闪蒸蒸汽也送往汽轮机做功[见图1-56(b)]。

为了有效利用地热能量、提高热效率,可以采用多级减压扩容(多级闪蒸系统)发电系统,即第一级减压扩容器产生的一次闪蒸蒸汽进入汽轮机的高压部分,而从第一级扩容器底部出来的热水再进入第二级扩容器,产生二次闪蒸蒸汽并通往汽轮机低压部分做功(见图1-57)。第二级扩容器分离出来的热水压力若高于大气压力,则热水可以自行排出,否则就要用排水泵抽出。随着扩容器的级数增加,末级扩容器排出的热水温度越低,单位质量工质输出功也增加,即地热水中的能量愈得到充分利用。但级数增加使得投资增大、系统复杂,因此,工质温度高时级数可多些,温度低时不宜采用二级以上的扩容系统,实际应用一般不超过四级。

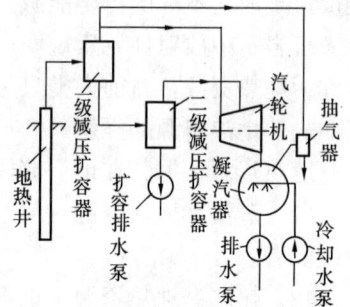

图1-57 多级减压扩容发电系统

闪蒸地热发电的特点是:系统比较简单,运行和维护较方便,而且扩容器结构简单、凝汽器采用混合式,金属消耗量少,造价低。存在的缺点主要是:产生的蒸汽压力低则比容大,蒸汽管道、汽轮机的尺寸相应也大,投资增加;设备直接受水质影响,易结垢、腐蚀;当蒸汽中挟带的不凝结气体较多时,需要容量大的抽气器维持高真空,因此自身能耗大。

3. 双循环地热发电系统(低沸点工质循环)

低沸点工质循环是为克服闪蒸地热发电系统的缺点而出现的一种循环系统,其流程如图1-58所示。地下热水用深井泵加压打到地面进入蒸发器,加热某种低沸点工质,使之变为低沸点工质过热蒸汽,然后送入汽轮发电机组发电,汽轮机排出的乏汽经凝汽器冷凝成液体,用工质泵再打回蒸发器重新加热,重复循环使用。为充分利用地热水的余热,从蒸发器排出的地热水去预热器加热来自凝汽器的低沸点工质液体,使其温度接近饱和温度,再进入

蒸发器。为了保证从地热井来的地热水在输送过程中不闪蒸成蒸汽和避免溶解气体从水中逸出，管路中的热水压力始终大于其温度对应的饱和压力。

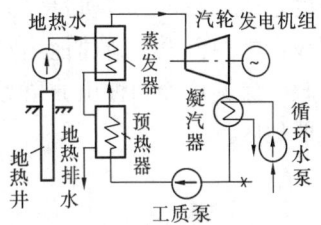

图 1-58 双循环地热发电系统流程图

双循环系统与闪蒸系统相比，其优点是：低沸点工质的蒸汽比容比减压扩容后的水蒸气比容小得多，因此系统的管道和汽轮机尺寸都十分紧凑、造价也低；汽轮机的做功介质是低沸点工质的蒸汽，避免了地热水中气、固杂质所导致的腐蚀问题；可以适应各种不同化学类型的地下热水；能利用温度较低的地热水；地热排水回灌地下，避免了地面的大气污染。其缺点是：低沸点工质价格贵，来源不广，有的还易燃、易爆或有毒性，因而要求系统各处的密封性好、技术要求高；蒸发器、凝汽器和预热器都必须采用面式换热器，增加了传热温差引起的不可逆热损失，低沸点工质一般传热性能较差，换热面积要求较大，从而增加了投资；操作和维修要求高。

地热水总是或多或少含有盐分，高盐分的地热水同样会在双循环系统中的蒸发器和预热器内结垢，因此可以将双循环系统与闪蒸系统相结合，即把地热水引入扩容器，产生的蒸汽去加热低沸点工质，为了充分利用地热水的热量，同样可以采用多级扩容。

4. 全流式地热发电系统

根据热力学原理，由井口状态直接膨胀到废弃状态，就有可能将最大份额的可用功转换出来，而扩容系统不论级数多少，总是有部分可用能量随最后一级扩容器分离出来的热水被排掉。全流发电系统就是试图将来自地热井的地热流体（不论是水或是湿蒸汽）通过一台特殊设计的两相膨胀机，使其一边膨胀一边做功，最后以汽体的形式从膨胀机的排汽口排出。它比闪蒸地热发电系统中的单级闪蒸法和两级闪蒸法地热发电系统的单位净输出功率可分别提高 60% 和 30% 左右，为了获得全流系统的优越性能，膨胀机的效率必须达到 70% 以上。目前国外部分新建项目开始采用双螺杆膨胀机取代传统的蒸汽轮机，更加适合使用中低温地热水发电，也适用于工厂废污水发电。

5. 利用干热岩发电

蒸汽型、热水型地热资源开发利用比较方便，但储量不多，尤其是适合发电的高温资源更少，而干热岩地热资源分布广、储量多，一般在地表以下 4～6km 的深度范围内就可找到。干热岩发电原理就是将地壳深处干热岩破碎、制造人工的裂隙系统，把洁净水强制注入裂隙系统取得干热岩的热能而获取可做功的高温蒸汽，干热岩裂隙系统就是地下锅炉，干热岩破碎可以采用水力破碎和核爆炸破碎。目前有少数国家在试验、研究，如果干热岩流程技术能够解决，地热能也许会成为重要的新能源。

地热能在开发利用过程中，也会带来环境污染，其主要表现在 HS_2、CO_2 的空气污染、含盐废水的化学污染和热污染、噪声污染、地面沉降等几方面，可以通过气体净化、废水回灌、安装消声器等措施来得到解决，因此地热能仍被认为是清洁的可再生能源。

目前，全世界地热发电装机总容量约 900 万 kW，主要在美国、冰岛、意大利等少数国家。20 世纪 70 年代我国也将地热作为替代能源之一加以发展，在华北、华中和华南地区建了 7 家小规模的中温地热水发电站，然而由于当时技术所限、难以维持，现已停止运行。只有在富含高温地热蒸汽且当地缺乏其他能源的西藏羊八井、云南腾冲，目前仍有两家较大规模的地热电站，总装机量仅为 28MW 左右，居全球第 15 位，自 1992 年西藏羊八井三期工程投产之后再没有新建地热发电项目。我国地热资源以中低温为主，适用于工业加热、建筑采暖、保健疗养和种植养殖等，适用于发电的高温地热资源较少，主要分布在藏南、川西、滇西地区。

第二节　海洋能发电

海洋能通常指海洋中所蕴藏的可再生的自然能源，主要为潮汐能、波浪能、海流能（潮流能）、海水温差能和海水浓度差能。潮汐能和潮流能来源于太阳和月亮对地球的引力作用，其他海洋能均源自太阳辐射。海洋面积约占地球表面的 71%，因此海洋能的蕴藏量大、分布广，是清洁的可再生能源，据估计上述五种海洋能的理论可再生总量为 788 亿 kW，技术允许利用功率为 64 亿 kW。

潮汐能发电、波浪能发电、海流发电的内容在第三章中已作过介绍，下面主要介绍海水温差能发电和海水浓度差能发电。

一、海水温差能发电

海水温差能是指海洋表层海水和深层海水之间水温之差的热能。海洋的表面把太阳辐射能的大部分转化成为热水（25～28℃）并储存在海洋的上层，而接近冰点（4～7℃）的深层海水大面积地在不到 1000m 的深度从极地缓慢地环流到赤道。这样，海洋本身就具有天然的、稳定的高温和低温两个热源，并在许多热带或亚热带海域终年形成 20℃ 左右的垂直海水温差，利用这一温差可以实现热力循环并发电，其系统构成与地下热水发电很相似。

1. 开式循环［闪蒸法或扩容法，见图 1-59（a）］

表层温海水进入闪蒸器产生蒸汽，深层冷海水在凝汽器中冷却汽轮机的乏汽。闪蒸器和凝汽器可使用混合式换热器，结构简单、维护方便，若用表面式凝汽器，还可副产淡水。但低温水蒸气饱和压力极低（4kPa），比容巨大，通流部分尺寸过大，而且系统内会漏入大量空气，真空泵电耗很大。

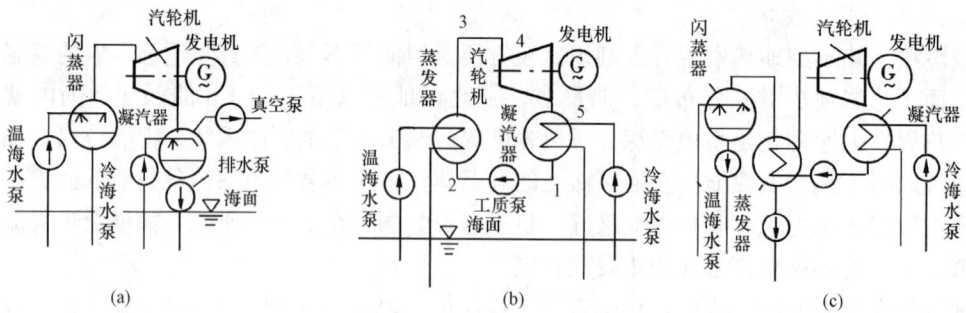

图 1-59　海水温差电站循环流程图
(a) 开式循环流程图；(b) 闭式循环流程图；(c) 混合式循环流程图

2. 闭式循环［低沸点工质循环，见图 1-59（b）］

低沸点工质（如氨、氟利昂等）在封闭回路中完成饱和蒸汽循环，系统处于高压下，工质蒸汽体积流量小，通流部分尺寸不致过大。但蒸发器和凝汽器须用体积大的表面式换热器，金属耗量大。

3. 混合循环 [见图 1-59 (c)]

混合循环基本与闭式循环相同,但用温海水闪蒸出来的低压蒸汽来加热低沸点工质。

海洋温差电站预计对环境无不良影响,问题是温差太小、能量密度过低,但技术上没有太多问题,将来具有大规模开发的潜力。由于它可以将深海富营养盐类的海水抽到上层来,将有利于海洋生物的生长繁殖,若与海水养殖、淡水供应、海洋采矿、空调和制冷结合起来综合开发,则可取得更好的经济效果。

二、海水浓度差能发电

海水浓度差能是指海水和淡水之间或两种含盐浓度不同的海水之间的化学电位差能,主要存在于河海交接处的一种可再生能源,是海洋能中能量密度最大的可再生能源,通常 3.5% 盐度的海水和河水之间的化学电位差有相当于 240m 水头差的能量密度。据估计,世界各河流区域的浓度差能约有 300 亿 kW,可供利用的大约有 26 亿 kW,我国可以开发利用的估计有 1 亿 kW。

海水浓度差发电有以下几种不同类型:

(1) 渗透压法:利用浓度不同溶液之间的渗透压差发电,这种方法必须通过半透膜才能实现。

(2) 渗析电池法:利用不同浓度溶液之间的电位差发电。又称浓淡电池法,这种方法必须使用两种不同的膜,即阴离子交换膜与阳离子交换膜才能实现。

(3) 蒸汽压差法:利用不同浓度溶液之间饱和蒸汽压的不同来发电。

目前,研究海水浓度差发电以渗透压法为主,不过还处于实验室阶段。其原理是:两种不同盐度的水之间用一层半透膜隔开,膜两侧会产生一个压力(渗透压)梯度,迫使水从盐度低的一侧通过隔膜向盐度高的一侧渗透,直到隔膜两侧水的盐度相等为止,盐分浓度越高,效能越好。例如,采用水压塔渗透压系统进行海水浓度差能发电,系统由水压塔、半透膜、海水泵、水轮发电机组等组成,其中水压塔与淡水间由半透膜隔开。其工作过程如下:海水泵向水压塔内充入海水,在渗透压的作用下,淡水从半透膜向水压塔内渗透,使得水压塔内水位升高,当塔内水位上升到一定高度后,从塔顶的水槽溢出,冲击水轮机旋转带动发电机发电。为了使水压塔内的海水保持一定的盐度,海水泵必须不断向塔内打入海水,以实现系统连续发电。

因此,利用海洋渗透能发电,隔膜是关键,必须具有结实、耐用、透水性能好以及阻止盐分通过的性能,目前隔膜的发电功率为 $3W/m^2$,而专家认为,必须超过 $5W/m^2$ 以上,才能带来经济效益。挪威投资 1300 万欧元,在布斯克吕德郡建设世界首个试验型海洋渗透能发电厂,2008 年底已完工,预计 2015 年可以将电力正常入网。

第三节 太 阳 能 发 电

太阳能是太阳内部连续不断的核聚变反应过程产生的能量,聚变中 4 个质子聚合成 1 个氦原子核,质量"亏损"了 0.7% 转化为能量,它以光辐射的形式向太空发射约为 $3.83\times10^{20}\,MW/s$ 能量,到达地球大气层上界的能量仅为其总辐射能量的亿分之一,但已高达 $1.73\times10^{11}\,MW/s$ 相当于 500 万 t 煤的能量。即使经大气层的反射和吸收,仍有 8.2×10^{10} MW 到达地面,地球一年获得的太阳辐射能是全球能耗的上万倍。地球上几乎所有其他能源都直接或间接地来自太阳能（核能和地热能除外），巨大的太阳能是地球的能源之母、万物生长之源，据估计尚可维持数十亿年之久。太阳能是可再生能源，它资源丰富、遍地都有，既可免费使用、又无需开采和运输，还是清洁而无任何污染的能源。但太阳能的能流密度较低，还具有间歇性和不稳定性，给开发利用带来不少的困难。

因此，在常规能源日益紧缺、环境污染日趋严重的今天，充分利用太阳能显然具有持续供能和保护环境双重伟大的意义。太阳能由于可以转换成多种其他形式的能量，其应用的范围非常广泛，主要有太阳能发电、太阳能热利用、太阳能动力利用、太阳能光化利用、太阳能生物利用和太阳能光—光利用等。这里仅仅介绍太阳能发电的主要方式，即太阳能热发电和太阳能光发电。

一、太阳能热发电

将吸收的太阳辐射热能转换成电能的发电技术称太阳能热发电技术，它包括两大类型：一类是利用太阳热能直接发电，如半导体或金属材料的温差发电、真空器件中的热电子和热离子发电以及碱金属热电转换和磁流体发电等。这类发电的特点是发电装置本体没有活动部件，但目前此类发电量小，有的方法尚处于原理性试验阶段，故不作介绍。另一类是太阳热能间接发电，就是利用光—热—电转换，即通常所说的太阳能热发电。将太阳热能转变为工质的热能，通过热机带动发电机发电，其基本组成与火力发电设备类似，只不过其热能是从太阳能转换而来，就是说用"太阳锅炉"代替火电厂的常规锅炉，如图1-60所示。

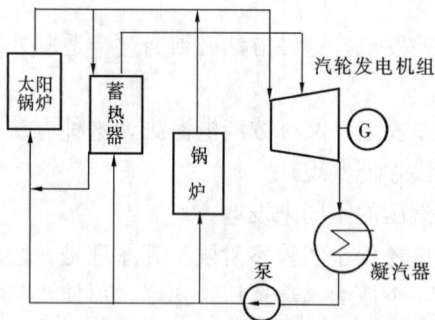

图1-60　典型太阳能热发电站热力循环系统原理图

太阳能热发电的种类不少，但总是经过太阳辐射能→热能→机械能→电能的能量转换，因此典型的太阳能热发电系统由聚光集热装置、中间热交换器、储能系统、热机与发电机系统等几部分组成。

1. 聚光集热装置

聚光集热装置是吸收太阳辐射能转换为工质热能的装置，由聚光器、跟踪装置、接收器组成。

（1）聚光器：用于收集阳光并将其聚集到一个有限尺寸面上，以提高单位面积上的太阳辐照度，从而提高被加热工质的工作温度以提高系统效率。

聚光方法有很多种，但在太阳能热发电系统中，目前常用的聚光方式有两种，即平面反射镜和曲面反射镜。

平面反射镜聚光方式最具代表性的是采用若干大型平面反射镜（定日镜），将阳光聚集到一个高塔的顶处（集中聚焦），聚光倍率可达1000～3000，工作温度达500～2000℃。

常用的曲面反射镜有：

1）槽型抛物面反射镜（一维抛物面反射镜），其整个反射镜是一个抛物面槽，阳光经抛物面槽反射聚集在一条焦线上（线聚焦），聚光倍率为15～50，工作温度可达400℃。

2）盘式抛物面反射镜（二维抛物面反射镜），形状上是由一条抛物线旋转360°所画出的抛物球面，所以也叫旋转抛物面反射镜，阳光经抛物面反射聚集焦点上（点聚焦），聚光倍率可达500～3000，工作温度可达800～1000℃。

（2）跟踪装置：为使一天中所有时刻的太阳辐射都能通过反射镜面反射到固定不动的接收器上，反射镜必须设置跟踪机构，有程序控制和传感器控制两种方式。程序控制方式就是按计算的太阳运动规律来控制跟踪机构的运动，它的缺点是存在累积误差。传感器控制方式是由传感器瞬时测出入射太阳辐射的方向，以此控制跟踪机构的运动，它的缺点是在多云的条件下难以找到反射镜面正确定位的方向。现在多采用两者结合方式进行控制，以程序控制为主，采用传感器瞬时测量作反馈，对程序进行累积误差修正。这样，能在任何气候条件下使反射镜得到稳定而可靠的跟踪控制。

（3）接收器：接收器是通过接收经过聚焦的阳光，将太阳辐射能转变为热能，并传递给载热介质的部件，表面可以涂覆选择性吸收膜以达到高的集热温度。根据不同的聚光方式，接收器的结构也将有很大的差别。在双工质回路中载热介质也称传导工质，目前多用导热油，也可采用熔盐或导热性能好的液态金属钠，接收器采用真空集热管或空腔集热管。在单工质回路中载热介质就是做功工质，接收器本身也是中间热交换器，现采用空腔型或外部受光型换热器。

2. 储能系统

由于太阳能具有间歇性和随机不稳定性的特点，要保证太阳能热发电系统稳定地发电，储能系统是必不可少的组成部分。储能本身也是能量转换过程，在电能生产的任何一个环节都可进行，储能方式有不少种类。太阳能热发电系统多采用热储能系统，就是保温性能好的蓄热容器里面存放蓄热材料进行蓄热和取热，目前采用的方式有显热蓄热、潜热蓄热和化学反应热储能。这样，可在集热器与发电机组之间提供一个缓冲环节。大型太阳能热发电系统一般还配有辅助能源系统，即常规燃料锅炉，维持系统持续运行。

3. 热机与发电机

太阳能热发电系统中，热机采用的做功工质有水蒸气、有机工质（多为甲苯）、气体（空气、氦气、氢气）、低沸点工质等。采用水蒸气、有机工质（多为甲苯）、低沸点工质的热机与常规汽轮机基本类似，以气体为工质采用斯特林发动机（活塞式热气发动机，一种外部加热的闭式循环发动机）或燃气轮机。

目前，太阳能热发电的系统有以下几种型式：

（1）塔式太阳能热发电系统（见图1-61）。它是集中式太阳能热发电系统的一种，利用数量众多的定日镜阵列，将太阳辐射反射到置于高塔顶部的接收器上加热载热工质，接收器的功率大、工作温度高，可采用单工质循环故又称为"太阳锅炉"，系统循环类似常规火电厂，也可采用双工质（熔盐—蒸汽）循环。

（2）抛物面槽式太阳能热发电系统（见图1-62）。它是分散式太

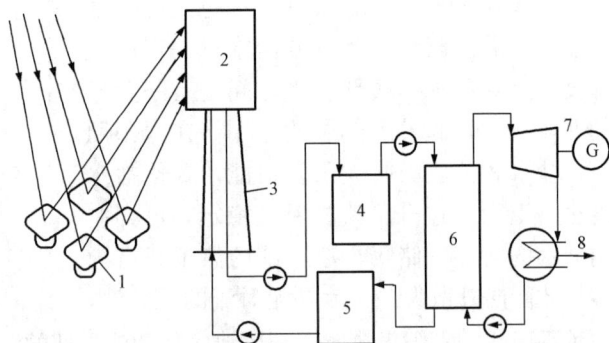

图1-61 塔式太阳能发电系统原理图
1—定日镜；2—接收器；3—塔；4—热盐槽；5—冷盐槽；
6—蒸汽发生器；7—汽轮发电机组；8—凝汽器

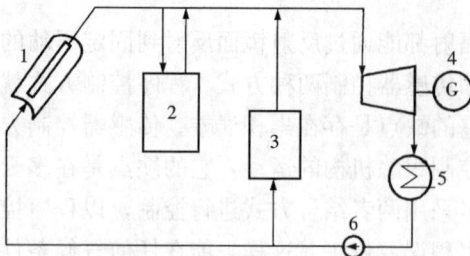

图 1-62　抛物面槽式太阳能热发系统原理图
1—槽型抛物面聚光集热器阵列；2—蓄热器；
3—辅助能源锅炉；4—汽轮发电机组；
5—凝汽器；6—泵

阳能热发电系统的一种，将多套槽型抛物面聚光集热器，经过串并联的排列，将各套装置产生的热能汇集起来，从而可以收集较高温度的热能，进行热电转换。目前大多使用双工质循环（导热油—蒸汽），其基本流程为：导热油→集热器→中间热交换器→集热器；水→中间热交换器→蒸汽→汽轮机→乏汽→凝汽器→水→中间热交换器。新一代采用单工质循环，可简化系统、提高效率，其基本流程为：水→集热器→蒸汽→汽轮机→乏汽→凝汽器→水→集热器。抛物面槽式太阳能热发电系统是太阳能热发电开发较成功的一种，已经商业化。

（3）抛物面盘式太阳能热发电系统。它也是分散式太阳能热发电系统的一种。盘式太阳能热发电系统以单个旋转抛物面反射镜为基础，构成一个完整的聚光、集热和发电单元。由于单个旋转抛物面反射镜不可能做得很大，因此这种太阳能热发电装置的单个功率都比较小。它可以分散地单独进行发电，也可以由多个组成一个较大的发电系统。系统有几种形式：一种采用双工质朗肯循环（导热油—甲苯）系统，构成基本同上，目前已使用；另一种采用单工质（空气或氦）布雷顿循环，工质温度可达 800℃ 以上；还有一种由受热器、热机、发电机组成一套发电单元直接放置在焦点处，内部气体（高压氦或氢气）吸热膨胀，采用斯特林发动机，循环效率理论上等同于同温限的卡诺循环，这种系统单元体积小、重量轻，可布置在建筑物顶上作分布式电站，能与太阳能光伏发电相竞争，前景广阔。

（4）平板式太阳能热发电系统。采用平板型集热器，聚光倍率为 1，工作温度一般在 100℃ 以下，单工质循环采用减压扩容方式发电，系统效率不高。用双工质（蒸汽—低沸点工质）循环，效率要高些，也可以采用双螺杆膨胀机利用低温热水发电。

（5）太阳池热发电系统（见图 1-63）。太阳池是一个具有一定浓度的盐水池，池的上部有一层密度小的新鲜水，底部（深色）为密度大的盐水，沿太阳池的竖直方向维持一定的盐度梯度。上层清水和底部盐水之间是有一定厚度的非对流层，起着隔热层的作用。在太阳照射下，盐水和池底吸收太阳辐射能，致使盐水温度也自上而下递升。只要保持稳定，可抑制池内盐水的对流，储存在池底部的热量只有通过传导才能向外散失。这就是无对流的太阳池，

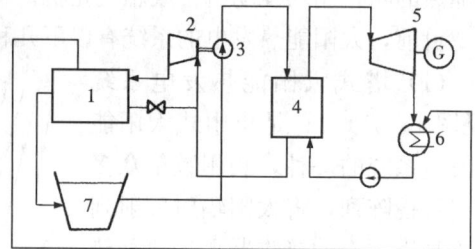

图 1-63　太阳池热发电系统原理图
1—分离器；2—水轮机；3—泵；4—锅炉；
5—汽轮发电机组；6—凝汽器；7—太阳池

是一种平面式的太阳集热器，利用池底部和池上部的温差进行热力循环。通过热交换器加热低沸点工质产生蒸汽，驱动汽轮发电机组发电。一般太阳池都是依托天然盐湖建造，对地理条件有很高的要求。

（6）太阳能热气流发电系统（见图 1-64）。离地面一定高度用透明材料建一大棚作地面

空气集热器，阳光透过大棚直接照射在大地上，太阳辐射能量部分加热大棚内的空气、部分被棚内大地吸收储存起来。大棚中央，建造一高大的竖直"烟囱"（1000m）——太阳能塔，塔下部（大棚内）开吸风口空气温度约70℃，塔顶部空气温度约20℃，塔中安装数十台MW级空气涡轮发电机。热空气从吸风口进入太阳能塔，形成热气流自然向上（30～70m/s），驱动涡轮旋转带动发电机发电，输出功率可达200MW等级，这就是太阳能热气流发电的原理。其能量转换过程为：太阳辐射能→空气热能→空气压能（动能）→机械能→电能。可以这样说，太阳能热气流发电是利用太阳能人为制造风能进行风力发电的系统，具有运行维护容易、投资成本低、输出功率大、无须水源、大地是天然的储能系统等特点。

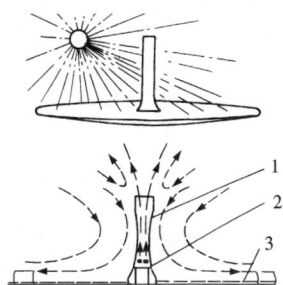

图1-64 太阳能热气流
发电系统原理图
1—烟囱；2—风力机；3—集热器

20世纪70年代的石油危机刺激了发达国家对太阳能发电技术的研究与开发，当时太阳能电池价格昂贵、效率较低，而太阳能热发电的效率较高、技术比较成熟，太阳能热发电技术作为研究开发的重点。1981～1991年的10年间，全球建造了兆瓦级太阳能热发电试验电站20余座，主要形式是塔式太阳能电站，但由于单位投资过大，占地面积大，并随着太阳能电池的价格快速走低、效率不断提高，太阳能热发电站的建设逐渐冷落下来。

近年来，在化石燃料价格暴涨和环境压力的双重作用下，太阳能热发电技术的优势又逐渐被重新认可，其技术成熟、设备可靠率高、输出功率大、造价随容量的增加显著下降，经济上已能与燃油的火力发电竞争。目前大容量的太阳能热发电发展方向主要集中在抛物面槽式、塔式、太阳能热气流（烟囱）发电系统，建于广袤的沙漠地区以解决占地面积大同时可以与治理沙漠结合起来，发展前景广阔。我国太阳能热发电技术与国外差距很大、发展迟缓，2006年4月在南京江宁才建了座70kW的塔式太阳能热发电系统。

二、太阳能光发电

太阳能光发电是指不通过热过程直接将太阳的光能转换成电能的太阳能发电方式，可分为光伏发电、光感应发电、光化学发电、光生物发电，其中光伏发电是太阳能光发电的主流，光感应发电和光生物发电目前还处于原理性实验阶段，光化学发电具有成本低、工艺简单等优点，但工作稳定性等问题需要解决，因此通常所说的太阳能光发电就指光伏发电。

光伏发电是根据光生伏打效应原理，利用太阳能电池（光伏电池，见图1-65）将太阳光能直接转化为电能。当太阳光照射到太阳能电池上时，电池吸收光能产生电子—空穴对，从而产生光生电压。太阳能电池（光伏发电）发电系统一般由太阳能电池方阵、防反充二极管、蓄电池、控制器、逆变器等设备组成，如图1-66所示。

（1）太阳能电池方阵：太阳能电池单体是光电转换的最小单元，输出电压低，输出电流不合适，一般不能单独作为电源使用。将太阳能电池单体进行串并联并封装后就成为太阳能电池组件，功率从零点几瓦到几百瓦不等，是可以单独作为电源使用的最小单元。两个或两个以上的太阳能电池组件再经过串并联并装在支架上，就构成了太阳能电池方阵。太阳能电池方阵具有满足负载要求的输出功率，也可称为太阳能发电机。

按基体材料分类

晶体硅太阳能电池
- 单晶硅太阳能电池
- 片状多晶硅太阳能电池
- 铸锭多晶硅太阳能电池
- 筒状多晶硅太阳能电池
- 球状多晶硅太阳能电池

非晶硅太阳能电池
- PIN 单结非晶硅薄膜太阳能电池
- 双结非晶硅薄膜太阳能电池
- 三结非晶硅薄膜太阳能电池

微晶硅薄膜太阳能电池
多晶硅薄膜太阳能电池
纳米晶硅薄膜太阳能电池
硒光电池

化合物太阳能电池
- 硫化镉太阳能电池
- 硒铟铜太阳能电池
- 磷化铟太阳能电池
- 碲化镉太阳能电池
- 砷化镓太阳能电池

有机半导体太阳能电池

按结构分类
- 同质结太阳能电池
- 异质结太阳能电池
- 肖特基结太阳能电池
- 复合结太阳能电池
- 液结太阳能电池

按用途分类
- 空间太阳能电池
- 地面太阳能电池
- 光伏传感器

按工作方式分类
- 平板太阳能电池
- 聚光太阳能电池
- 分光太阳能电池

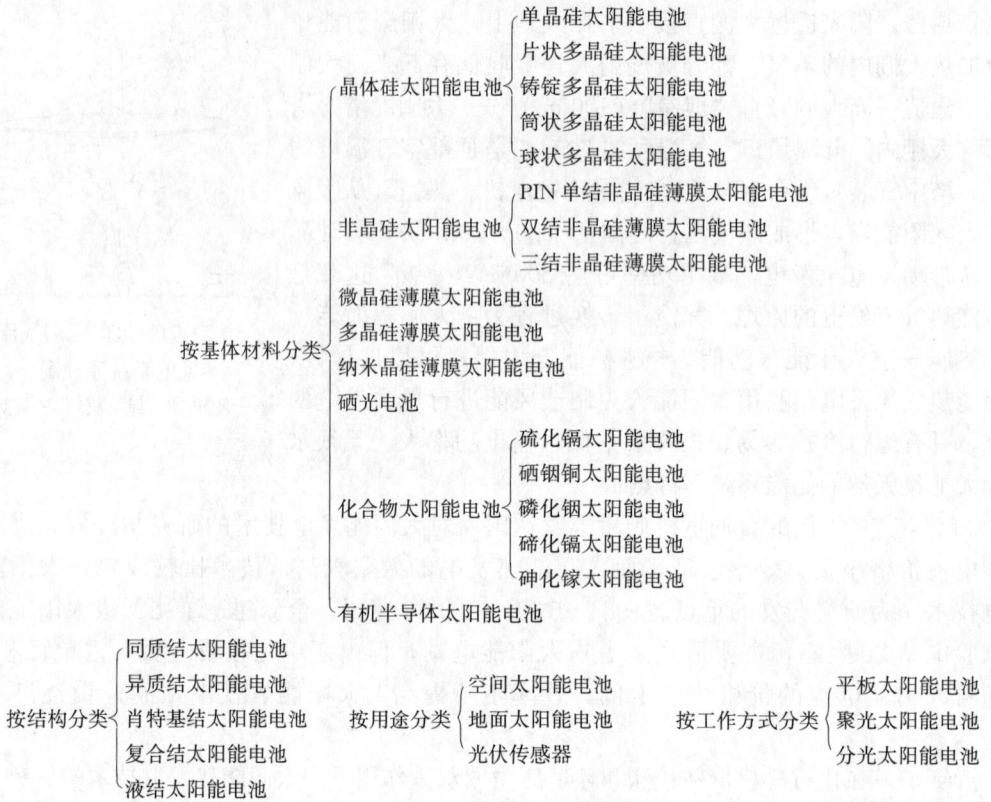

图 1-65　太阳能电池的分类

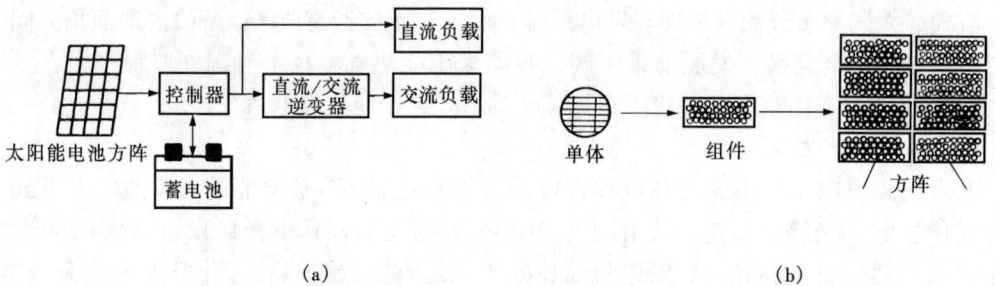

图 1-66　太阳能电池发电系统

(a) 太阳能电池发电系统示意图；(b) 太阳能电池单体、组件和方阵

（2）防反充二极管：利用二极管的单向导电性防止蓄电池在无日照时通过太阳能电池放电。

（3）蓄电池：其作用是存储太阳能电池方阵受光照时所发出的电能，并可随时向负载供电。常用的蓄电池有铅酸蓄电池和碱性镉镍蓄电池，其中铅酸蓄电池功率价格比最优、应用最广。

（4）控制器：太阳能电池发电系统的核心部件之一。在小型光伏系统中，控制器也称为充放电控制器，它主要起防止蓄电池过充电和过放电的作用，并具有简单的测量功能。在大、中型系统中，控制器担负着平衡管理系统能量、保护蓄电池及整个系统正常工作和显示系统工作状态等重要作用，需要配备数据采集系统和微机监控系统。

（5）逆变器：将直流电变换成交流电的设备。由于太阳能电池和蓄电池发出的是直流电，当用电负载是交流负载时，逆变器是不可缺少的。

从上可以看出，一套完整的太阳能光伏发电系统主要由电子元器件构成，不涉及机械部件，因此光伏发电具有以下优点：结构简单，体积小且重量轻；容易安装，方便运输，建设周期短；容易启动，维护简单，随时使用，保证供应；清洁，安全，无噪声；可靠性高，寿命长；太阳能无处不有，应用范围广；降价速度快，能量偿还时间有可能缩短。其主要缺点为：能量分散，占地面积大；间歇性大；地域性强。如全球目前最大的太阳能光伏发电系统——德国巴伐利亚太阳能公园：共 57600 组电池板，占地 25 万 m^2，容量 10MW。

因此，太阳能光伏发电应用灵活，容量可大可小，可以作为独立电源（分布式电站）也可以并网发电，近年来，太阳能光伏发电的发展快于太阳能热发电。太阳能光伏发电与城市建筑的结合即光伏建筑一体化（BIPV），是目前世界上大规模利用太阳能光伏发电的研发热点，太阳能电池组件不仅可以作为能源设备既供电节能，还可作为屋面（光电屋顶）和墙面（光电幕墙）材料又节省了建材，同时解决了发电系统占地面积大的问题。在偏远地区建设小型光伏电站作分布式电站，解决无电人口的供电问题；在城市的建筑物和公共设施配套安装太阳能光伏发电装置并入电网，扩大城市可再生能源的利用量。太阳能光伏电池是新能源中最先进的技术，也是今后若干年发展最快、被认为最有发展前途的一种新能源技术。

对光伏建筑一体化（BIPV），太阳光一年四季的变化、一天时间的变化、天气的变化，光伏电池只是被动接受，因此为了充分接受阳光的直射，科学家的设想很多。如把电池板贴在气球表面成浮动的光伏电池阵列，无占地问题且阳光直射增多，发电效率也提高。而更诱人的设想是建立太空太阳能发电站：外层空间的太阳强度约是地面强度的 8 倍，发电效率远高于地面上，发电装置装在位于距地 3.6 万 km 的同步轨道上，电池板生成的电力转换成微波输送到地面的接受装置，容量为千万千瓦级。

到 2005 年底，全国光伏发电的总容量约为 7 万 kW，按《可再生能源中长期发展规划》，到 2010 年，太阳能发电总容量将达到 30 万 kW，到 2020 年达到 180 万 kW。其中，光伏建筑一体化到 2010 年，全国建成 1000 个屋顶光伏发电项目，总容量 5 万 kW，到 2020 年，全国建成 2 万个屋顶光伏发电项目，总容量 100 万 kW。

第四节　生 物 质 能 发 电

生物质能是绿色植物通过叶绿素将太阳能转化为化学能而储存在生物质内部的能量，一直是人类赖以生存的重要能源，通常包括木材和森林工业废弃物、农业废弃物、水生植物、油料植物、城市与工业有机废弃物和人畜粪便等。生物质能是由太阳能转化而来，是丰富的可再生能源，是位于煤炭、石油、天然气之后的第四大能源，地球上每年生物质能的总量相当于全球总能耗的 10 倍。

开发利用生物质能，具有很高的经济和社会效益，主要体现在：生物质能是可再生能源，来源广、便宜、容易获得，并可转化为其他便于利用的能源形式，如燃气、燃油、酒精等；生物质燃烧产生的污染远低于化石燃料，并使许多废物、垃圾的处置问题得到减少和解决，有利于环境保护。以生物质能为能源发电，只是其中利用的一种形式。由于生物质能表现形式的多样性，以及将生物质原料转换成能源的装置的不同，发电厂的种类较多，规模大小受生物质能资源的制约，主要有垃圾焚烧发电厂、沼气发电厂、木煤气发电厂、薪柴发电厂、蔗渣发电厂等。尽管如此，从能量转换的观点和动力系统的构成来看，发电系统与火力发电基本相同。一种是将生物质原料直接或处理后送入锅炉燃烧把化学能转化为热能，以蒸汽作工质进入汽轮机驱动发电机发电，如垃圾焚烧发电厂。另一种是将生物质原料处理后，形成液体燃料或气体燃料直接进入内燃机驱动发电机发电，如沼气发电厂。如果得到高热值的液体、气体燃料也可以采用燃气—蒸汽联合循环发电系统（BIGCC）。

因此，利用生物质能发电关键在于生物质原料的处理和转化技术。除了直接燃烧外，利用现代物理、生物、化学等技术，可以把生物质资源转化为液体、气体或固体形式的燃料和原料。目前研究开发的转换技术主要分为物理干馏、热解法和生物、化学发酵法几种，包括干馏制取木炭技术、生物质可燃气体（木煤气）技术、生物质厌氧消化（沼气制取）技术和生物质能生物转化技术。

一、生物质转化的能源形式

通过转化技术得到的能源形式有：

（1）酒精（乙醇）：被称为绿色"石油燃料"，是近年来最受关注的石油替代燃料之一，利用玉米、甘蔗生产生物乙醇已实现规模化生产，其生产成本与汽油基本相同，减少了石油产品对环境的污染，但被认为是推动粮食价格大幅走高的主要原因。利用木质纤维素（快速生长林木、林业加工剩余物、蔗渣、农作物秸秆等）制取燃料酒精，将是解决原料来源和降低成本的主要途径之一。

（2）甲醇：由植物纤维素转化而来的重要产品，是一种环境污染很小的液体燃料。甲醇的突出优点，是燃烧中碳氢化合物、氧化氮和一氧化碳的排放量很低，而且效率较高。

（3）生物柴油：某些绿色植物（如小桐子、黄连木、油桐、棉籽等油料作物）能够迅速地把太阳能转变为烃类，而烃类是石油的主要成分。由植物依靠自身的生物机能转化为可利用的燃料，是生物质能源的生物转化技术。对这些植物的液体（实际是一种低分子量的碳氢化合物）加以提炼，得到的"生物柴油"燃烧时不会产生一氧化碳和二氧化硫等有害成分，不污染环境，是一种理想的清洁生物燃料。

（4）沼气：在极严格的厌氧条件下，有机物经多种微生物的分解与转化作用产生的，是高效的气体燃料，主要成分为甲烷（55%～70%）、二氧化碳（30%～35%）和极少量硫化氰、氢气、氨气、磷化三氢、水蒸气等。

（5）可燃气体（木煤气）：是可燃烧的生物质（如木材、锯末屑、秸秆、谷壳、果壳等）在高温条件下经过干燥、干馏热解、氧化还原等过程后产生的可燃混合气体，其主要成分有 CO、H_2、CH_4、C_mH_n 等可燃气体及不可燃气体 CO_2、O_2、N_2 和少量水蒸气，不同的生物质资源气化产生的混合气体含量有所差异。生物质气化产生的混合气体与煤、石油经过气化后产生的可燃混合气体——煤气的成分大致相同，为了加以区别，俗称"木煤气"。另外，汽化过程还有大量煤焦油，它是由生物质热解释放出的多种碳氧化合物组成的，也可作为燃料使用。

（6）固体燃料：包括生物质干馏制取的木炭和生物质挤压成型的固体燃料。为克服生物质（林木生物质）燃料密度低的缺点，采取将生物质粉碎成一定细度后，在一定的压力、温度和湿度条件下，挤压成型为棒状、球状、颗粒状的生物质固体燃料。生物质经挤压成型加工，使其密度大大增加，热值显著提高与中质煤相当，便于储存和运输，并保持了生物质挥发性高、易着火燃烧、灰分及含硫量低、燃烧产生污染物较少等优点。如果再利用生物质炭化炉还可以将成型生物质固体燃料进一步炭化，生产生物炭。由于在隔绝空气条件下，生物质被高温分解，生成燃气、焦油和炭，其中的燃气和焦油又从炭化炉释放出去，所以最后得到的生物炭燃烧效果显著改善，烟气中的污染物含量明显降低，是一种高品位的民用燃料，优质的生物炭还可以用于冶金工业。

二、生物质能发电特点

采用生物质能发电的特点是：

（1）生物质能发电的重要配套技术是生物质能的转化技术，且转化设备必须安全可靠、维护方便。

（2）利用当地生物资源发电的原料必须具有足够数量的储存，以保证连续供应。

（3）发电设备的装机容量一般较小，且多为独立运行的方式。

（4）利用当地生物质能资源就地发电、就地利用，不需外运燃料和远距离输电，适用于居住分散、人口稀少、用电负荷较小的农牧业区及山区。

（5）城市粪便、垃圾和工业有机废水对环境污染严重，用于发电，化害为利，变废为宝。

（6）生物质能发电所用能源为可再生能源，资源不会枯竭、污染小、清洁卫生，有利于环境保护。

目前生物质发电发展迅速，在一些发达国家已形成一定的规模，如美国生物质发电的总装机容量已超过 10000MW，2010 年将达 13000MW。从我国现状来看，加快建设城市垃圾焚烧发电厂，乡村建设沼气能源系统，具有明显的综合效益，也是切实可行的。

三、目前我国生物质能发电发展方向

当前全球生物质能利用的热点集中在生物乙醇和生物柴油上，如用粮食生产生物乙醇、耕地种植油料作物，推动粮价上涨也无助减少温室气体排放，代价昂贵、争议很大。因此从我国实际情况来看，目前阶段生物质能发电发展的方向，应该着重于以下三个方面。

1. 加快城市垃圾焚烧发电

目前我国城市垃圾处理以填埋和堆肥为主，既侵占土地又污染环境，腐烂垃圾产生的甲烷气体对环境的影响是二氧化碳的 20 倍。而垃圾焚烧技术可以在高温下对垃圾中的病原菌彻底杀灭达到无害化处理目的、焚烧后灰渣只占原体积的 5%，达到减量化的目的。采用垃圾焚烧发电和填埋气体发电技术，不仅具有以上优点，还可回收能源，是发达国家广泛采用的城市垃圾处理技术。目前全国垃圾发电装机容量仅 20 万 kW 左右，到 2020 年，我国城市垃圾年产量将达 2.1 亿 t，采用垃圾焚烧发电和填埋气体发电，同时结合热电联产解决城市部分供热，是典型的清洁发展机制（CDM）项目。

2. 推广城镇秸秆发电

当前我国每年农作物秸秆和谷壳的产量超过 7 亿 t，大部分是就地直接焚烧既污染环境又浪费了能源，而一台装机容量为 25MW 的机组年耗秸秆约 30 万 t 以上，全国有 2100 多个县，基本可以消化本地区的秸秆和谷壳。但不宜集中建设大规模的秸秆发电厂，秸秆和谷壳的能量密度低、体积大，运输成本和储存成本高，因此作为城镇粮食加工厂的自备电站，通过生物质气化技术采用燃气—蒸汽联合循环发电系统（BIGCC）并结合热电联产，是经济可行的。甘蔗生产区、林业加工区可以建设蔗渣发电厂、薪柴发电厂。

3. 适当发展沼气发电

我国经过 30 多年的发展，2006 年底全国已经建设农村户用沼气池 1870 万口，生活污水净化沼气池 14 万处，畜禽养殖场和工业废水沼气工程 2000 多处，年产沼气约 90 亿 m^3，是全球沼气利用第一大国。沼气发电在工矿企业、山区农村、小城镇以及远离电网、少煤缺水的地区得到应用，已研制出 0.5～250kW 不同容量的沼气发电机组，基本形成系列产品。沼气电站具有规模小、设备简单、建设快、投资省；制取沼气的资源丰富、分布广泛、价格低廉、不受季节影响可全年发电；可以净化环境、促进生态平衡；沼液和沼渣是优质的有机肥料；容易实现与太阳能、风能的联合利用等优点。以沼气利用技术为核心的综合利用技术模式，由于其明显的经济和社会效益而得到快速发展已成为中国生物质能利用的特色。

沼气电站主要由发电机组（沼气发动机和发电机）、废热回收装置、控制和输配电系统、气源工程和辅助建筑物等构成。生产过程为消化池产生的沼气经汽水分离、脱硫化氢及脱二氧化碳等净化后，由储气柜输至稳压箱稳压后进入沼气发动机驱动与发电机发电。而沼气发动机排出的废气和冷却水中的热量，则通过废热回收装置进行回收后，作为消化池料液加温热源或其他用途而得到充分的利用，如图1-67所示。

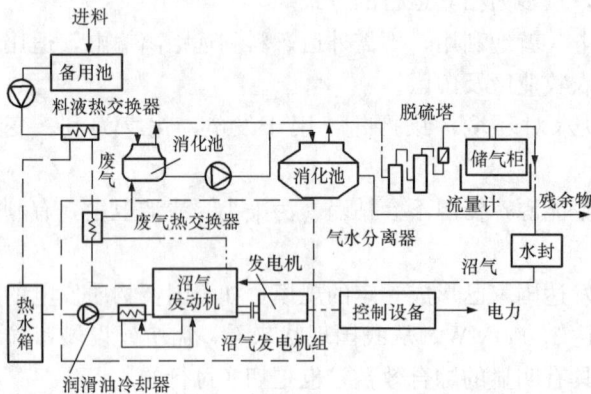

图 1-67　沼气发电系统工艺流程示意图

目前，全国生物质发电装机容量约为 200 万 kW，其中蔗渣发电约 170 万 kW、垃圾发电约 20 万 kW，按《可再生能源中长期发展规划》，到 2010 年全国生物质发电装机容量将达到 550 万 kW，其中垃圾焚烧发电 50 万 kW，秸秆、蔗渣、林业废弃物发电 400 万 kW，沼气发电 100 万 kW。2020 年全国生物质发电装机容量将达到 3000 万 kW，其中垃圾焚烧发电 300 万 kW，秸秆、蔗渣、林业废弃物发电 2400 万 kW，沼气发电 300 万 kW。

第五节 风 力 发 电

风是空气流动所产生的。由于地球的自转、公转以及地表的差异，地面各处接受太阳辐射强度也就各异产生大气温差，从而产生大气压差形成空气的流动。风能就是指流动的空气所具有的能量，是由太阳能转化而来的。因此，风能是一种干净的自然能源、可再生能源，同时风能的储量十分丰富。据估算，全球大气中总的风能量约为 10^{17} kW，其中可被开发利用的风能约有 2×10^{10} kW，比世界上可利用的水能大 10 倍。因此，风能的开发利用具有非常广阔的前景。

风能与近代广为开发利用的化石燃料和核能不同，它不能直接储存起来，是一种过程性能源，只有转化成其他形式的可以储存的能量才能储存。人类利用风能（风车）已有几千年的历史，主要用于碾谷和抽水，目前风能的利用主要是风力发电。由于常规火力发电在一次能源的开发、电能的生产过程中会造成环境污染，同时资源的储存量正在日趋减少，而风力发电没有这些问题，且风力发电技术日趋成熟、产品质量可靠、经济性日益提高，发展速度非常之快。世界能源委员会预计：2020 年全世界风力发电装机容量可达 1.8 亿～4.7 亿kW，年发电量将占总电量的 12%。我国近年风力发电发展迅猛，到 2007 年，全国装机容量达 403 万 kW，同比增长 94.4%，年发电量 56 亿 kW·h，同比增长 95.2%。

一、风力发电机

从能量转换观点来看，风力发电的能量转换过程为：空气动能→旋转机械能→电能，因此发电设备的关键在于将截获流动的空气所具有的的动能转化为机械能的装置即风力机。

如果将一块薄板放在气流中，并且与气流方向呈一角度（也称冲角、攻角）时（见图1-68），在其上表面形成低压区而下表面形成高压区，则产生一垂直于气流方向的升力 F_L，同时沿气流方向将产生一正面阻力 F_D，若改变攻角的角度，升力与阻力的大小会发生变化。如角度慢慢变大，开始时升力的增加大于阻力的增加，但攻角增大到某一个角度（约 20°）时，升力突然下降而阻力继续增加，这时薄板已经失速。

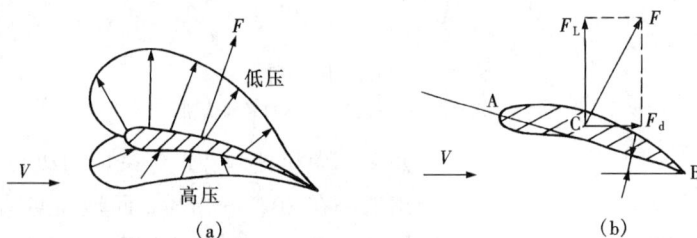

图 1-68 气流中的翼形薄板
(a) 翼形薄板压力分布图；(b) 翼形薄板受力

在以风轮作为风能收集器的风力机上，如果由作用于风轮叶片上的阻力 F_D 而使风轮转动，称为阻力风轮，传统的风车通常为阻力型风轮；若由升力 F_L 而使风轮转动，则称为升力型风轮，现代风力机一般都采用升力型（下风向式）风轮。

风力机形式多种多样、数不胜数，目前采用的风力机可分为两类：水平轴式，风轮转轴与风向平行；垂直轴式，风轮转轴垂直于风向或地面，如图 1-69 所示。目前应用广泛的是水平轴风力机，它须对风装置随风向改变转动又有很高的塔架；而垂直轴风力机无须对风可不要塔架。

目前商用大中型水平轴风力发电机，由风轮、升速齿轮箱、发电机、偏航装置（对风装置）、控制系统、塔架等部件所组成。风轮的作用是将风能转换为机械能，它由气动性能优异的叶片（目前商业机组一般为 2～3 个叶片）装在轮毂上所组成，低速转动的风轮通过传动系统由升速齿轮箱增速，以便与发电机运转所需要的转速相匹配并将动力传递给发电机。上述这些部件都安装在机舱内部并由高大的塔架支撑，以获取更多的风能。由于风向经常变化，为了有效地利用风能，必须要有对风装置，它根据风向传感器测得的风向信号，由控制器控制偏航电机，驱动与塔架上大齿轮咬合的小齿轮转动，使机舱始终对准来风的方向（见图 1-70）。由于风能是随机性的，风力的大小时刻变化，必须根据风力大小及电能需要量的变化及时通过控制系统来实现对风力发电机组的启动、调节（转速、电压、频率）、停机、故障保护（超速、振动、过负荷等）以及对电能用户所接负荷的接通调整及断开等，现在普

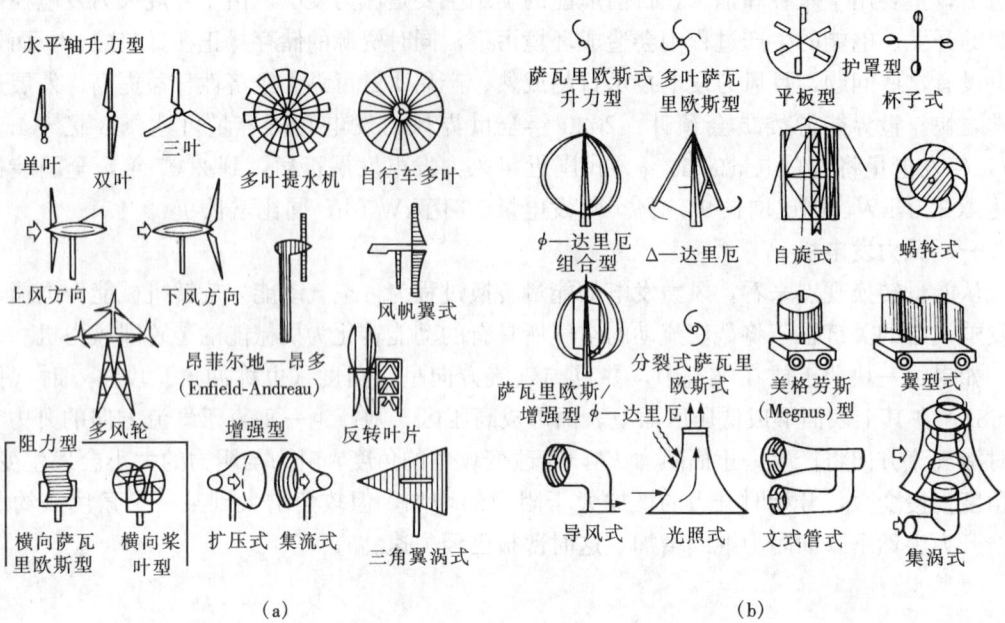

水平轴升力型

单叶　双叶　三叶　多叶提水机　自行车多叶

萨瓦里欧斯式升力型　多叶萨瓦里欧斯型　平板型　护罩型　杯子式

上风方向　下风方向　风帆翼式

φ—达里厄组合型　△—达里厄　自旋式　蜗轮式

昂菲尔地—昂多
(Enfield-Andreau)　反转叶片

多风轮　增强型

萨瓦里欧斯/增强型φ—达里厄　分裂式萨瓦里欧斯式　美格劳斯(Megnus)型　翼型式

阻力型

横向萨瓦里欧斯型　横向浆叶型　扩压式 集流式　三角翼涡式

导风式　光照式　文式管式　集涡式

(a)　　　　　　　　　　　　　　(b)

图 1 - 69　风力机

(a) 水平轴风力机；(b) 垂直轴风力机

叶轮

叶轮刹车

齿轮箱　电气开关盒及控制

发电机

带叶片浆距机械系统的轮毂

偏航系统

塔架

电网引线

基础

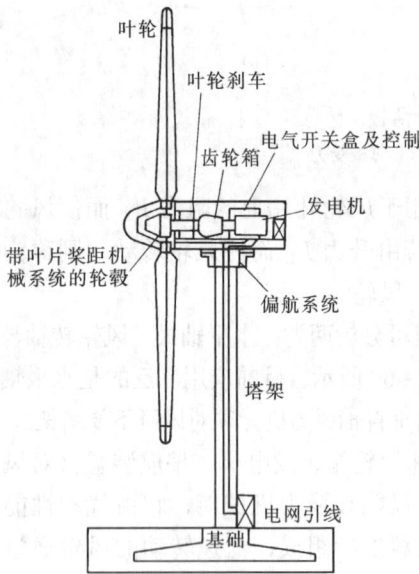

图 1 - 70　典型并网风力机的剖面图

遍采用微机控制。近年来风力机技术发展迅速，输出效率在 20%～45%，而超大型风力机叶片回转直径达 126m，功率达 5MW。

二、风力发电的运行方式

风力发电的运行方式通常可分为独立运行和并网运行两种。

1. 独立运行

发电机组的独立运行是指机组生产的电能直接供给相对固定的用户的一种运行方式。独立运行的风力发电机输出的电能经蓄电池蓄能，再供应用户使用，如图 1 - 71 所示。如用户需要交流电，则需在蓄电池与用户负荷之间加装逆变器。5kW 以下的风力发电机多采用这种运行方式，可供边远电网达不到的地区利用。风能具有随机性，蓄能装置（多采用铅酸蓄电池和碱性蓄电池）是为了保证电能用户在无风期间内可以不间断地获得电能而配备的设备；另外，在有风期间，当风能急剧增加或用户负荷较低时，蓄能装置可以吸收多余的风能。

为了实现不间断的供电，风力发电系统可与其他动力源联合使用，互为补充，如风力—柴油发电系统联合运行、风力—太阳能电池发电联合运行、风力—抽水蓄能发电联合运行、风力—燃料电池（氢能）发电联合运行。

2. 并网运行

风力发电机与电网连接，向电网输送电能的运行方式，是克服风的随机性而带来的蓄能问题的最稳妥易行的运行方式，并可达到节约矿物燃料的目的。10kW 以上直至兆瓦级的风力发电机皆可采用这种运行方式。在

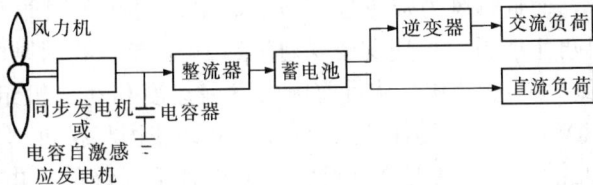

图 1-71 独立运行的风力发电系统

风能资源良好的地区，将几十台、几百台或几千台单机容量从数十千瓦、数百千瓦直至兆瓦级以上的风力发电机组按一定的阵列布局方式成群安装而组成的风力发电机群体，称为风力发电场，简称风电场。风力发电场属于大规模利用风能的方式，其发出的电能全部经变电设备送往大电网。风力发电场是在大面积范围内大规模开发利用风能的有效形式，弥补了风能能量密度低的弱点，风力发电场的建立与发展可带动和促进形成新的产业，有利于降低设备投资及发电成本。

三、风力发电的特点

（1）风能是可再生能源，不存在资源枯竭的问题。

（2）风力发电是清洁的电能生产方式，没有排放物，不会造成空气污染。

（3）风力发电机组建设工期短，单台机组安装仅需几周，从土建、安装到投产，只需半年至一年时间。投资规模灵活，可根据资金多少来确定，而且安装一台可投产一台。

（4）运行简单，可完全做到无人值守。

（5）实际占地少，机组与监控、变电等建筑仅占风电场约 1% 的土地，其余场地仍可供农、牧、渔使用，而且对土地要求低，在山丘、海边、河堤、荒漠等地形条件下均可建设。

（6）可建设大型海上风力发电场，既不占土地资源，且风力资源比陆地丰富，对环境影响更小。

（7）偏远地区地广、人稀、风力资源丰富，风力发电独立运行方式便于解决其供电问题。

（8）大型风电场使当地景观更具特色，有观光效益。

（9）风能具有间歇性，风力发电必须和一定的其他形式供能或储能方式结合。

（10）风能的能量密度低，空气的密度仅约为水的密度的 1/1000，因此，同样单机容量下，风力发电设备的体积大、造价高，单机最大容量也受到限制。

（11）极端气候（如沙尘暴、飓风）对风力机组破坏明显。

（12）风力发电机组运转时发出噪声及金属叶片对电视机与收音机的接收会造成干扰，对环境有一定影响。

进入 21 世纪来，风能是全球发展最快的可再生能源，其利用形式就是风力发电，随着风电的技术进步和应用规模的扩大，风电成本持续下降，经济性与常规煤电已十分接近。至 2007 年在欧盟各国中，德国风力发电容量居世界首位，总装机容量为 2225 万 kW，风电占其总发电量的 7%；西班牙是 2007 年欧盟风电容量增长最快的国家，风电装机容量为 1515 万 kW，比 2006 年翻两番，风电占其总发电量的 10%；丹麦是世界风能利用的先行者，装机容量为 313 万 kW，风电占其总发电量的 20%，该比例是全球最高的。

我国陆地 10m 高度层的风能资源为 32.26 亿 kW，其中实际可开发利用的为 2.53 亿

kW，而近海风力资源是陆地的 3 倍，因此我国能开发的风力资源在 10 亿 kW 左右。按《可再生能源中长期发展规划》到 2010 年，我国风电总装机容量达到 500 万 kW，2020 年达到 3000 万 kW，从目前国内发展速度和在建机组数目来看，估计 2008 年底可达 1000 万 kW，2010 年预计达 2000 万 kW。我国将推进"风电三峡"工程——在甘肃河西走廊、苏北沿海、内蒙古草原建设三个千万千瓦级的风电基地，在东海建设百万千瓦级的海上风电场，在今后的若干年内，风电是我国提高可再生能源在一次能源消费的比例的重要保证。

第六节 氢 能 发 电

电能是最重要的二次能源，是推动世界发展的动力，但电能是"过程性能源"，目前不能直接大量储存；煤气、汽油、柴油等是人类应用广泛的"含能体能源"，却是从资源即将枯竭的化石燃料加工转换而来的。氢能正是储量丰富的"含能体能源"，是 21 世纪人类最理想的能源之一：

(1) 氢是自然界存在最丰富、最普遍的元素，它构成了宇宙质量的 75%。

(2) 氢的热值最高（核燃料除外），是汽油热值的 3 倍。

(3) 氢燃烧性好，易着火、燃烧速度快，可燃范围宽（3%～97%）。

(4) 氢燃烧产物是纯净的水，没有环境污染问题。

(5) 氢燃烧生成的水可用来制氢，能够反复循环使用。

(6) 氢可以气、液、固态出现，适应储存、运输和不同的应用环境。

(7) 氢利用形式多种多样。

(8) 氢来源广，可再生能源都可以转化为氢能，氢能也是可靠、方便的储能系统。

地球上单质氢的含量极少，因此氢能是二次能源，但可以看作是"可再生"的二次能源。目前氢能在航天、军事、化工等应用普遍，这里只讨论氢能的发电方式，常见方式有下面三种。

1. 燃料电池

一种以氢为燃料的化学电池，它利用物质电化学变化释放出的能量直接变换为电能。燃料电池由燃料极、空气极和电解质所组成，其基本原理是：向燃料极充以氢气，氢气在金属催化剂的作用下变成氢离子，并释放出电子；电子沿着燃料极与空气极间的外电路流向空气极，形成电流；在空气极氧得到电子同时也由于金属催化剂的作用，氧成为氧离子；氧离子与经电解质中流来的氢离子进行反应，结合为水。如图 1-72 所示，只要持续向燃料极、空气极提供氢与空气就能得到连续不断的电流，燃料电池就是一种利用水电解制氢的逆反应原理的"发电

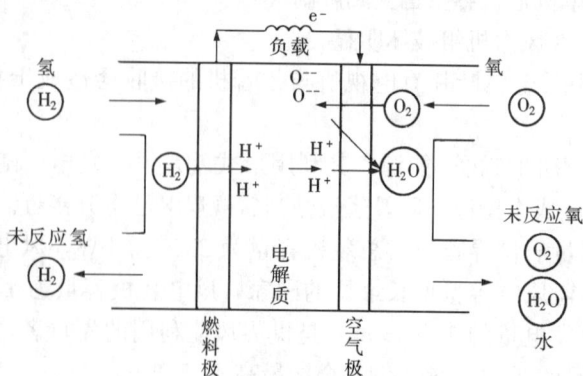

图 1-72 燃料电池构成

机"。由一个燃料极和空气极及电解质、燃料、空气通路所组成的一组电池称为单体电池；多个单体电池的重叠，称为电堆。实用的燃料电池均由电堆组成。燃料电池分类及特性见表1-3。

表1-3　　　　　　　　　　　燃料电池分类及特性

类型 性能	磷酸型 (PAFC)	熔融碳酸盐型 (MCFC)	固体电解质型 (SOFC)	碱 性 (AFC)	固体高分子型 (PEFC/PEMFC)	直接甲醇型 (DMFC)
工作温度	约200℃	600~700℃	800~1000℃	60~80℃	约100℃	约100℃
电解质	磷酸溶液	熔融碳酸盐	固体氧化物	KOH	全氟磺酸膜	全氟磺酸膜
反应离子	H^+	CO_3^{2-}	O^{2-}	OH^-	H^+	H^+
可用燃料	天然气、甲醇	天然气、甲醇、煤	天然气、甲醇、煤	纯氢	氢、天然气、甲醇	甲 醇
适用领域	分散电源	分散电源	分散电源	移动电源	移动电源、分散电源	移动电源
备 注	CO中毒	无	无		CO中毒	CO中毒

利用燃料电池发电，没有噪声、污染极少、是清洁能源；不受卡诺循环的限制，发电效率可达65%~80%，且随负荷的变化效率无大幅度的变化；可采用积木式方法堆积组件，容量可大可小，是一种非常理想的可移动的分布式电源；可以直接用氢气作燃料，也可以使用天然气、石油、煤气、乙醇、甲醇、甲烷、沼气等多种多样的燃料，资源广泛。燃料电池的应用前景十分广阔，是目前世界各国开发利用氢能的主要方向。

2. 氢直接产生蒸汽发电

与常规火电厂相似采用汽轮机为热动力机，区别在于用紧凑、高效、无污染的燃烧室蒸汽发生器取代锅炉。氢与氧按化学比例配合，直接送入燃烧室燃烧（最高温度可达2800℃），同时向燃烧室喷水以增加蒸汽流量并适当降低蒸汽温度，满足汽轮机的要求。

3. 氢直接作为燃料发电

在普通内燃机中以氢为燃料，内燃机直接带动发电机发电。

此外，也可将氢直接作为工质，利用其他热源（如太阳能）加热氢，在较低温度条件下（如100~150℃）就可得到稳定的高压（10~15MPa）氢气流，直接进入氢气轮机带动发电机发电。这种发电方式，可以使得低温热源得到充分利用。

氢能是清洁、高效的能源，但目前氢的来源并非是清洁的，制取的方法主要是：

（1）电解水制氢：要消耗大量的电能，显然这种方法用于大规模发电是划不来的，只适用于特殊的场合，如航天、军事领域，即太阳能—氢能动力系统。

（2）从化石燃料中提取：化石燃料资源是有限的，显然不符合可持续发展。

因此，人类要大规模利用氢能，必须解决氢燃料的来源问题，理想的方法是结合几种清洁的可再生能源，构成可再生能源—氢能能源系统，但目前技术上存在很多难题。在目前的条件下，下列几种方案是可以实现的：

1）开发利用生物质原料制氢：生物制氢方法不少，有潜力、也是可行的，是一条可持续大规模获得氢能的途径，目前有机化合物的发酵制氢；有机化合物的光合细菌（PSB）光分解法制氢；光合细菌和发酵细菌的耦合法制氢等。

2）建设"清洁煤炭"电厂：利用化石燃料中储量相对丰富的煤炭资源将燃料电池、燃气轮机、汽轮机组合在一起，形成煤气化—燃料电池—燃气—蒸汽复合发电系统，二氧化碳的排放量只有常规火电的 10%，其他污染物的排放几乎为零。

3）作储能系统：太阳能发电、风电是今后发展迅猛的发电方式，但都具有波动性、间隙性、输出不稳定性，在其电力富裕的时候通过电解水制氢，将能量储存起来。

利用水直接制氢，原料是洁净的水产物也是洁净水，反复循环最为理想，将来如果能够实现太阳能直接热分解制氢、太阳能生物分解制氢、太阳光催化光解水制氢即建成太阳能—氢能综合能源系统，大容量氢能电站规模化将成为现实。

能源是人类生存和社会发展不可或缺的物质基础，而资源有限的化石燃料储量已不多，生态环境却在不断恶化，人类社会的可持续发展受到严重威胁。开发利用清洁的可再生能源有利于人与自然和谐发展，受到世界各国高度重视，许多国家将开发利用可再生能源作为能源战略的重要组成部分，提出了明确的可再生能源发展目标，制定了鼓励可再生能源发展的法律和政策，可再生能源消费总量和技术水平不断提高。如欧盟规定 2010 年可再生能源在一次能源消费中的比例要达到 12%，2050 年规划达到 50%。

目前，我国已成为世界第二大能源生产和消费国家，随着经济和社会的不断发展，我国能源需求在未来几十年内将持续快速增长。因此《可再生能源中长期发展规划》的制定和《可再生能源法》的实施，增加能源供应、促进能源多样化、保护生态环境是实现可持续发展和构建和谐社会的有力保障，是我国经济和社会发展的重大战略任务，力争到 2010 年使可再生能源消费量达到能源消费总量的 10% 左右，到 2020 年达到 15% 左右。

可再生能源发电（新能源发电）是开发利用可再生能源最重要的组成部分，可以有效调整我国电力能源结构。从目前的技术经济条件来看，风力发电、太阳能发电、生物质能发电将是发展最快的新能源发电项目。我国将采用国际通行的做法，即可再生能源配额制：规定各发电企业每新增 1000 万 kW 容量的火电机组，必须按照 5% 的配额发展 50 万 kW 的可再生能源发电项目，到 2010 年可再生能源发电（不包括大中型水电）占发电总量的比例为8.63%，2020 年为 11.86%。

思 考 题

1-1　什么是热力系统？什么是工质？常见的热功转换的工质有哪些？

1-2　焓代表了工质的什么物理意义？

1-3　什么是过程？什么是可逆过程？什么是循环？什么是动力循环？

1-4　开口稳定流动的热力系统，其热力学第一定律的表达式是怎样的？

1-5　热力学第二定律揭示了热功转换和热量传递过程中的什么问题？

1-6　对实际热机的热功转换过程，卡诺循环具有哪些指导意义？

1-7　水有哪几种不同状态？水蒸气的压力与饱和温度之间的关系是怎样的？

1-8　水定压加热成过热蒸汽要经过哪三个阶段？随压力的提高，三阶段的吸热如何变化？

1-9　什么是水的临界状态？其临界压力、临界温度分别是多少？

1-10　以水蒸气作工质的基本朗肯循环是由哪些基本热力过程组成的？在火电厂中分别在哪些热力设备中完成？

1-11　提高朗肯循环的热效率有哪些措施？各受到什么样的限制？

1-12　什么是中间再热循环？有什么作用？

1-13　为什么回热循环可以显著提高循环热效率？

1-14　什么是热电联产循环？有什么特点？

1-15　换热器有哪几种基本形式？表面式换热器的布置有几种方式？各有什么特点？

1-16　什么是发电标煤耗率？什么是供电标煤耗率？主流机组的数值大致在什么范围？

1-17　火电厂锅炉有什么作用？简述其工作过程。

1-18　锅炉主要有哪些受热面组成？各自布置在锅炉的什么位置？

1-19　按水循环方式，锅炉分为几种类型？各自适用范围是怎样的？

1-20　大容量锅炉的过热器系统大都采用什么样的布置形式？

1-21　超临界锅炉为什么采用直流炉？目前国内超临界锅炉主要采用什么样的型式？

1-22　什么是汽轮机的"级"？由哪两部分组成？可分为几种类型？

1-23　汽轮机本体主要有哪些部件组成？各有什么作用？

1-24　目前国内主流机组的汽轮机采用什么型式的？其参数、功率数值各是多少？

1-25　凝汽器真空是如何形成的？凝汽设备有什么作用？

1-26　国产主流机组采用几级回热加热？是怎样布置的？

1-27　常规燃煤电厂对环境的污染主要体现在哪些方面？有什么样的防范措施？

1-28　蒸汽—燃气联合循环的效率为什么比蒸汽动力循环高？余热锅炉型蒸汽—燃气联合循环有什么特点？

1-29　目前主要的洁净煤发电技术指哪些？

1-30　水电站的基本工作原理是怎样的？生产过程大体可分为几个阶段？

1-31　水电站有几种类型？抽水蓄能式水电站具有什么特点？

1-32　潮汐能是怎样形成的？其发电站的工作原理是怎样的？

1-33　水轮机有哪些基本类型？反击式、冲击式水轮机的基本工作原理和基本结构是怎样的？

　　1-34　水力发电与火力发电相比较具有哪些特点？

　　1-35　什么是核能？释放核能有哪两种形式？

　　1-36　重核裂变释放能量的基本原理是什么？

　　1-37　什么是"自持全速式裂变反应"？如何实现反应堆的功率控制？

　　1-38　商用反应堆为什么需要慢化剂？常用慢化剂有哪些？

　　1-39　商用反应堆有哪些类型？简述压水堆的基本结构和工作原理。

　　1-40　简述压水堆核电站的基本工作过程，并比较与同容量常规火力发电机组在常规系统上有什么区别。

　　1-41　核电站对环境有什么影响？

　　1-42　新能源发电指哪些能源？具体有什么样的特点？

　　1-43　地热资源有哪些类型？地热发电可分为哪几类？

　　1-44　什么是海洋能？海洋能的利用有哪些特点？

　　1-45　典型的太阳能热发电系统由哪几部分构成？目前太阳能热发电系统有哪些形式？

　　1-46　太阳能电池发电系统的基本构成是怎样的？为什么说太阳能光伏电池是最有前途的新能源技术？

　　1-47　利用生物质能发电的关键在哪些方面？生物质能发电有什么特点？

　　1-48　风力机的原理是怎样的？风力发电有何特点？

　　1-49　风力发电机主要由哪些部件组成？各有什么作用？

　　1-50　燃料电池的基本原理是怎样的？其有什么特点？

第二篇　输配电系统概述

第六章　电力系统基本知识

第一节　交流电路的基本概念

一、正弦交流电路

所谓正弦交流电路，是指含有正弦电源（激励）而且电路各部分所产生的电压和电流（响应）均按正弦规律变化的电路。

分析与计算正弦交流电路，主要是确定不同参数和不同结构的各种正弦交流电路中电压与电流之间的关系和功率。交流电路具有用直流电路的概念无法理解和分析的物理现象。

正弦电压和电流是按照正弦规律周期性变化的，在电路图上所标方向是指参考方向（见图 2-1）。正弦量的特征表现在变化的快慢、大小及初始值三个方面，而它们分别由频率（或周期）、幅值（或有效值）和初相位来确定。所以频率、幅值和初相位就称为确定正弦量的三要素。

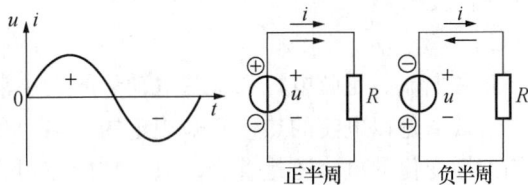

图 2-1　交流电的波形及正负半周等效电路

1. 三要素

（1）频率与周期。正弦量变化一次所需的时间（s）称为周期 T。每秒内变化的次数称为频率 f，它的单位是 Hz（赫兹）。频率是周期的倒数，即

$$f = \frac{1}{T}$$

正弦量变化的快慢除用周期和频率表示外，还可用角频率来表示。因为一周期内经历了 2π 弧度，所以角频率为

$$\omega = \frac{2\pi}{T} = 2\pi f$$

它的单位是 rad/s（弧度每秒）。

T、f、ω 三者之间的关系，只要知道其中之一，则其余均可求出。

（2）幅值与有效值。正弦量在任一瞬间的值称为瞬时值，用小写字母来表示，如 i、u 及 e。瞬时值中最大的值称为幅值或最大值，用带下标 m 字母来表示，如 I_m、U_m 及 E_m 分别表示电流、电压及电动势的幅值。

正弦电流（初相位为 0）的数学表达式为 $i = I_m \sin\omega t$。

（3）初相位。$t=0$ 时的相位称为初相位角或初相位。正弦量是随时间而变化的，当所取计时起点不同时，正弦量的初始值就不同，到达幅值或某一特定值所需的时间也就不同。

当正弦量表示 $i = I_m \sin\omega t$ 时，它的初始值为零。

当正弦量表示为 $i = I_m \sin(\omega t + \varphi)$，初始值不等于零，而是 $i_0 = I_m \sin\varphi$。

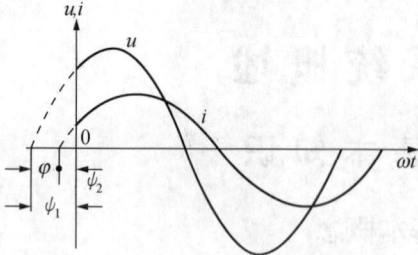

图 2 - 2　u、i 波形

上两式中的角度 ωt 和 $(\omega t + \varphi)$ 称为正弦量的相位角或相位，它反映出正弦量变化的进程。当相位角随时间连续变化时，正弦量的瞬时值随之作连续变化。

图 2 - 2 所表示的 u、i 频率相同，但初相位不同，可表示为

$$\left.\begin{array}{l} u = U_m \sin(\omega t + \psi_1) \\ i = I_m \sin(\omega t + \psi_2) \end{array}\right\}$$

它们的初相位分别为 ψ_1 和 ψ_2。

两个同频率正弦量的相位角之差，称为相位差，用 φ 表示，即

$$\varphi = (\omega t + \psi_1) - (\omega t + \psi_2) = \psi_1 - \psi_2$$

当两个同频率正弦量的计时起点改变时，它们的相位和初相位即跟着改变，但是两者之间的相位差不变。图 2 - 2 中，u 超前于 i 一个 φ 角或说 i 滞后于 u 一个 φ 角，当相位差为 180°时称反相。

2. 有效值

正弦电流、正弦电压和正弦电动势的大小常用有效值（均方根值）来计量。

有效值是以电流的热效应来规定的，因为在电工技术中，电流常表现出其热效应。不论是周期性变化的电流还是直流，只要它们在相等的时间内通过同一电阻，而两者的热效应相等，就把它们的电流的安（培）值看作是相等的。就是说，某一个周期电流 i 通过电阻 R（譬如电阻炉）在一个周期内产生的热量，和另一个直流 I 通过同样大小的电阻在相等的时间内产生的热量相等，那么这个周期性变化的电流 i 的有效值在数值上就等于这个直流 I。有效值都用大写字母表示。

根据上述可得

$$\int_0^T R i^2 \, dt = R I^2 T$$

由此可得出周期电流的有效值为

$$I = \sqrt{\frac{1}{T} \int_0^T i^2 \, dt}$$

当周期电流为正弦量时，即 $i = I_m \sin\omega t$，则

$$I = \sqrt{\frac{1}{T} \int_0^T I_m^2 \sin^2\omega t \, dt}$$

$$= \sqrt{\frac{1}{T} I_m^2 \frac{T}{2}} = \frac{I_m}{\sqrt{2}}$$

当周期电压为正弦量时，即 $u = U_m \sin\omega t$，则

$$U = \frac{U_m}{\sqrt{2}}$$

同理

$$E = \frac{E_m}{\sqrt{2}}$$

3. 复阻抗

根据基尔霍夫定理，如图 2-3 所示，有

$$u = u_R + u_L + u_C$$

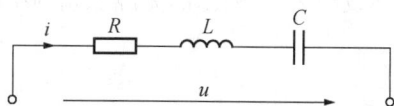

图 2-3　串联电路

其相量形式为

$$\dot{U} = \dot{U}_R + \dot{U}_L + \dot{U}_C$$

$$\dot{U} = R\dot{I} + jX_L\dot{I} + jX_C\dot{I} = [R + j(X_L + X_C)]\dot{I} = (R + jX)\dot{I} = Z\dot{I}$$

Z 称为阻抗（复阻抗），X 称为电抗。X 由两部分组成，$X_L = \omega L$，称为感性电抗，简称感抗；$X_C = -\dfrac{1}{\omega C}$，称为容性电抗，简称容抗。阻抗的单位是 Ω（欧）。它是复数，但不表示正弦量，故在 Z 上不打点。阻抗的模 $|Z|$ 称为阻抗模，辐角 φ 称为阻抗角，它们分别为

$$|Z| = \sqrt{R^2 + X^2} = \sqrt{R^2 + (X_L + X_C)^2}$$

$$\varphi = \arctan \frac{X}{R} = \arctan \frac{X_L + X_C}{R}$$

$$Z = \frac{\dot{U}}{\dot{I}} = \frac{U\ /\underline{\varphi_u}}{I\ /\underline{\varphi_i}} = \frac{U}{I}\ /\underline{\varphi_u - \varphi_i} = |Z|\ /\underline{\varphi}$$

可见，电压与电流的有效值之比等于阻抗模，电压与电流之间的相位差等于阻抗角。

表 2-1 给出了正弦交流电路中电压与电流的关系。

表 2-1　　　　　　　　　　正弦交流电路中电压与电流的关系

电　路	一般关系式	相　位　关　系	大小关系	复数式
R	$u = Ri$	$\dot{U}$　$\dot{I}$　　$\varphi = 0°$	$I = \dfrac{U}{R}$	$\dot{I} = \dfrac{\dot{U}}{R}$
L	$u = L\dfrac{di}{dt}$	$\dot{U}$　$\dot{I}$　　$\varphi = +90°$	$I = \dfrac{U}{X_L}$	$\dot{I} = \dfrac{\dot{U}}{jX_L}$
C	$u = \dfrac{1}{C}\int i dt$	$\dot{I}$　$\dot{U}$　　$\varphi = -90°$	$I = \dfrac{U}{X_C}$	$\dot{I} = \dfrac{\dot{U}}{-jX_C}$
R,L 串联	$u = Ri + L\dfrac{di}{dt}$	$\dot{U}$　φ　$\dot{I}$　$\varphi > 0°$	$I = \dfrac{U}{\sqrt{R^2 + X_L^2}}$	$\dot{I} = \dfrac{\dot{U}}{R + jX_L}$
R,C 串联	$u = Ri + \dfrac{1}{C}\int i dt$	$\dot{I}$　φ　$\dot{U}$　$\varphi < 0°$	$I = \dfrac{U}{\sqrt{R^2 + X_C^2}}$	$\dot{I} = \dfrac{\dot{U}}{R - jX_C}$
R,L,C 串联	$u = Ri + L\dfrac{di}{dt} + \dfrac{1}{C}\int i dt$	$\varphi > 0°$ $\varphi = 0°$ $\varphi < 0°$	$I = \dfrac{U}{\sqrt{R^2 + (X_L + X_C)^2}}$	$\dot{I} = \dfrac{\dot{U}}{R + j(X_L - X_C)}$

4. 功率及功率因数

（1）交流电路的功率。

1）瞬时功率。电路在某一瞬间吸收或放出的功率，即

$$p = ui$$

设图 2 - 4 所示的无源二端网络的电流和电压分别为

$$i = \sqrt{2}I\sin\omega t$$

$$u = \sqrt{2}U\sin(\omega t + \varphi)$$

则电路的瞬时输入功率为

$$p = ui = \sqrt{2}U\sin(\omega t + \varphi)\sqrt{2}I\sin\omega t = UI\cos\varphi - UI\cos(2\omega t + \varphi)$$

瞬时功率的波形如图 2 - 4（b）所示。

可以看出，瞬时功率有正有负，正表示网络从电源吸收功率，负表示网络向电源回馈功率。当电路只含电阻时，$\varphi = 0, p = UI(1 - \cos2\omega t)$，总有 $p \geqslant 0$。当电路只含电感时，$\varphi = 90°$，瞬时功率 $p = UI\sin2\omega t$，p 的波形如图 2 - 4（c）所示。当电路只含电容时，$\varphi = -90°$，$p = -UI\sin2\omega t$，p 的波形与图 2 - 4（c）刚好反相。电路只含电感或电容时，其功率波形在一个周期中的正、负面积相等，表明电感或电容不断地进行能量的吞吐，并不消耗电能，这和 L、C 是储能元件的性质相符。当功率波形的正、负面积不相等，负载吸收功率的时间总是大于释放功率的时间，说明电路消耗功率，则电路中必含有电阻。

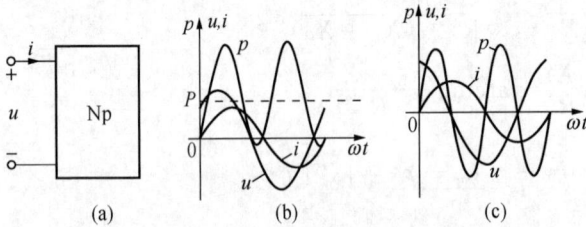

图 2 - 4　无源二端网络的瞬时功率
(a) 无源二端网络；(b) 一般负载（感性）时；(c) 纯感性负载时

2）有功功率、无功功率与视在功率。电路在电流变化一个周期内瞬时功率的平均值称为平均功率或有功功率，即

$$P = \frac{1}{T}\int_0^T p\,\mathrm{d}t$$

对于正弦电路，其平均功率为

$$P = \frac{1}{T}\int_0^T p\,\mathrm{d}t = \frac{1}{T}\int_0^T [UI\cos\varphi - UI\cos(2\omega t + \varphi)]\mathrm{d}t = UI\cos\varphi$$

平均功率等于电阻所消耗的功率，因此平均功率又称为有功功率。

分解得

$$p = UI\cos\varphi - (UI\cos\varphi\cos2\omega t - UI\sin\varphi\sin2\omega t)$$
$$= UI\cos\varphi(1 - \cos2\omega t) + UI\sin\varphi\sin2\omega t$$
$$= P(1 - \cos2\omega t) + Q\sin2\omega t$$

其中　　　　　　　　　　　　　　$Q = UI\sin\varphi$

Q 为正弦交流电路中储能元件与电源进行能量交换的瞬时功率最大值，称为无功功率，单位为 var（乏）。由于电感元件的电压超前电流 90°，而电容元件的电压滞后电流 90°，因此感性无功功率与容性无功功率可以相互补偿，故有

$$Q = Q_L - Q_C$$

电路的电压有效值与电流有效值的乘积，称为电路的视在功率，视在功率通常用来表示电源设备的容量，用 S 表示，单位为 V·A（伏·安），即

$$S = UI$$

有功功率、无功功率和视在功率三者在数量上符合直角三角形的三条边的关系，即

$$P = S\cos\varphi$$
$$Q = S\sin\varphi$$
$$S = \sqrt{P^2 + Q^2}$$

（2）功率因数。将有功功率和视在功率的比值定义为功率因数，即 $\cos\varphi = P/S$（$\cos\varphi$ 有时用 λ 表示），φ 为功率因数角。这是由于交流电路中的电压和电流存在相位差而引起的，φ 越大，$\cos\varphi$ 越小，φ 越小，$\cos\varphi$ 越大。对于阻性电路，因 $\varphi = 0°$，故 $\cos\varphi = 1$，$P = S$。

串联谐振电路的品质因数用 Q 表示，即

$$Q = \frac{U_L}{U} = \frac{U_C}{U} = \frac{2\pi f_0 L}{R} = \frac{1}{2\pi f_0 CR} = \frac{\rho}{R}$$

$$\rho = \omega_0 L = \frac{1}{\omega_0 C} = \frac{\sqrt{LC}}{C} = \sqrt{\frac{L}{C}}$$

式中，ρ 为串联谐振时的特性阻抗。

若 RLC 并联电路中出现 $X_L = X_C$，则出现并联谐振，也称电流谐振（特点忽略）。

二、三相电路

1. 三相电源

由三个幅值相等、频率相同、相位互差 $120°$ 的单相交流电源所构成的电源，称为三相电源。由三相电源构成的电路，称为三相电路。图 2-5 所示的三相电源为星形连接的三相四线制；不引出中性线的供电方式，称为三相三线制。

三相电源相电压的瞬时值表达式为

$$u_A = \sqrt{2}U_{ph}\sin\omega t$$
$$u_B = \sqrt{2}U_{ph}\sin(\omega t - 120°)$$
$$u_C = \sqrt{2}U_{ph}\sin(\omega t - 240°)$$

三相电源相电压的相量表达式为

$$\dot{U}_A = U_{ph}\underline{/0°}$$
$$\dot{U}_B = U_{ph}\underline{/-120°}$$
$$\dot{U}_C = U_{ph}\underline{/-240°}$$

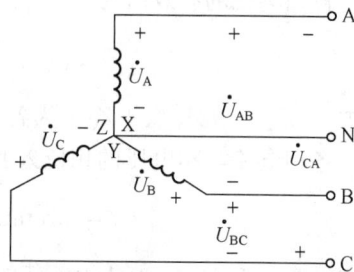

图 2-5　星形连接的三相四线制电源

其波形图和相量图如图 2-6 所示。

三相电源每相电压出现最大值（或最小值）的先后次序称为相序。相线之间的电压 $\dot{U}_{AB}$、$\dot{U}_{BC}$、$\dot{U}_{CA}$ 称为线电压，它们的有效值用 U_L 表示。

根据 KVL，线电压和相电压之间的关系为

$$\dot{U}_{AB} = \dot{U}_A - \dot{U}_B$$
$$\dot{U}_{BC} = \dot{U}_B - \dot{U}_C$$
$$\dot{U}_{CA} = \dot{U}_C - \dot{U}_A$$

其相量图如图 2-7 所示。

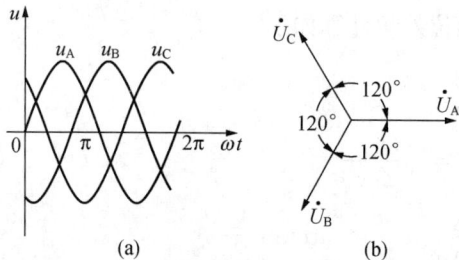

图 2-6　三相电源相电压波形图和相量图
（a）波形图；（b）相量图

2. 三相负载（只讨论对称负载）

三相负载的连接中，当 $Z_A = Z_B = Z_C$ 时，称

为对称负载，如三相电动机。

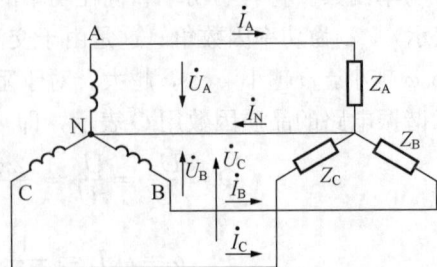

（1）三相负载的星形（Y）连接。将对称的三相四线制电源加到星形接法的三相负载上，如图 2 - 8 所示。

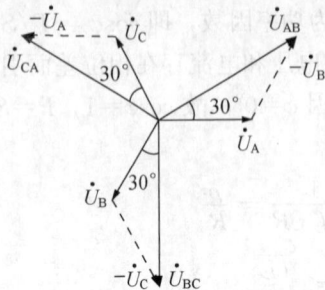

图 2 - 7　三相电源电压相量图　　　　图 2 - 8　负载星形连接的三相四线制电路

1）若负载对称，负载两端的电压即相电压有效值为电源线电压有效值的 $1/\sqrt{3}$ 倍，即

$$U_{ph} = U_L / \sqrt{3}$$

2）流过负载的相电流等于相线上的线电流，即

$$\dot{I}_{ph} = \dot{I}_L$$

各相电流的有效值为

$$I_A = \frac{U_A}{|Z_A|}, \ I_B = \frac{U_B}{|Z_B|}, \ I_C = \frac{U_C}{|Z_C|}$$

式中，$|Z_A|$、$|Z_B|$、$|Z_C|$ 为各相负载阻抗的模；U_A、U_B、U_C 为电源相电压的有效值。

各相电流与相电压的相位差为

$$\varphi_A = \arctan \frac{X_A}{R_A}, \varphi_B = \arctan \frac{X_B}{R_B}, \varphi_C = \arctan \frac{X_C}{R_C}$$

式中，R_A、R_B、R_C 为各相负载的电阻；X_A、X_B、X_C 为各相负载的电抗。

3）中性线电流为三相电流的相量和，即

$$\dot{I}_N = \dot{I}_A + \dot{I}_B + \dot{I}_C$$

4）当三相负载对称时，中性线电流为零，可以省去中性线。

（2）三相负载的三角形（△）连接。将对称的三相电源加到三角形接法的三相负载上（见图 2 - 9），其中电压与电流有下列关系：

1）无论负载是否对称，负载两端的相电压等于线电压，即

$$\dot{U}_{ph} = \dot{U}_L$$

2）各负载上的相电流计算和电压、电流间的相位差角计算如下

$$\dot{I}_{AB} = \frac{\dot{U}_{AB}}{Z_{AB}}, \dot{I}_{BC} = \frac{\dot{U}_{BC}}{Z_{BC}}, \dot{I}_{CA} = \frac{\dot{U}_{CA}}{Z_{CA}}$$

$$I_{AB} = \frac{U_{AB}}{|Z_{AB}|}, I_{BC} = \frac{U_{BC}}{|Z_{BC}|}, I_{CA} = \frac{U_{CA}}{|Z_{CA}|}$$

$$\varphi_{AB} = \arctan \frac{X_{AB}}{R_{AB}}, \varphi_{BC} = \arctan \frac{X_{BC}}{R_{BC}}, \varphi_{CA} = \arctan \frac{X_{CA}}{R_{CA}}$$

（3）各线电流用下列相量式计算

$$\dot{I}_A = \dot{I}_{AB} - \dot{I}_{BC}, \dot{I}_B = \dot{I}_{BC} - \dot{I}_{CA}, \dot{I}_C = \dot{I}_{CA} - \dot{I}_{AB}$$

（4）三相对称负载作三角形连接时，线电流的大小是相电流的$\sqrt{3}$倍，即$I_L=\sqrt{3}I_{ph}$，相位上各线电流滞后相电流30°，如图2-10所示。

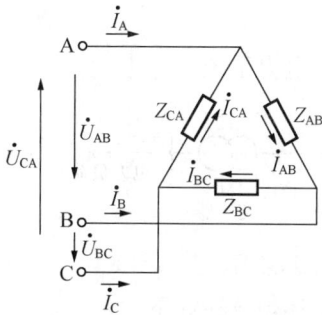

图2-9　负载三角形连接的三相电路

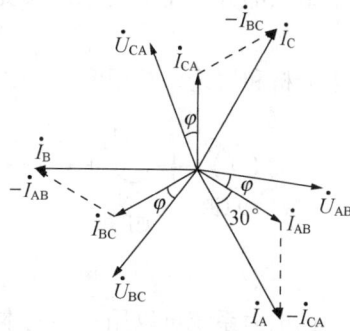

图2-10　对称负载三角形连接时
电压与电流的相量图

（5）三角形接法的负载不能引出中性线，只能用三相三线制供电。

第二节　电力系统概述

发电机把机械能转变为电能，电能经变压器和电力线路传送并分配到用户，经电动机、电炉、电灯等用电设备又将电能转变为机械能、热能、光能等。由这些生产、变换、传送、分配、消耗电能的电气设备（发电机、变压器、电力线路及各种用电设备等）联系在一起组成的统一整体就是电力系统，如图2-11所示。

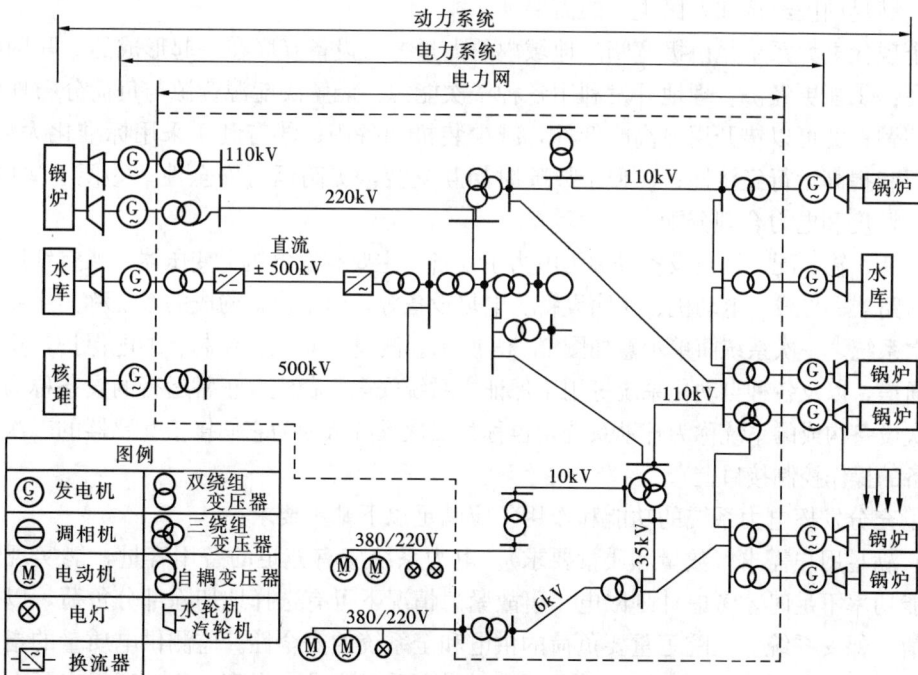

图2-11　动力系统、电力系统和电力网示意图

与"电力系统"一词相关的还有"电力网"和"动力系统",前者指电力系统中除去发电机和用电设备之外的部分,后者指电力系统和发电厂动力部分的总和。所以,电力网是电力系统的一个组成部分,而电力系统又是动力系统的一个组成部分,三者的关系也示于图2-11中。

为了便于分析和讨论,常用图2-12来表示简单电力系统。

图2-12　简单电力系统示意图

一个具体的电力系统可以用一些基本参量加以描述,分述如下:

总装机容量——系统中所有发电机组额定有功功率的总和,以MW(兆瓦)计。

年发电量——系统中所有发电机组全年所发电能的总和,以MW·h(兆瓦·时)计。

最大负荷——指规定时间(一天、一月或一年)内电力系统总有功功率负荷的最大值,以MW(兆瓦)计。

年用电量——接在系统上所有用户全年所用电能的总和,以MW·h(兆瓦·时)计。

额定频率——我国规定的交流电力系统的额定频率为50Hz(赫兹)。

最高电压等级——指电力系统中最高电压等级的电力线路的额定电压,以kV(千伏)计。

电力系统是由发、变、输、配、用电设备等和相应的辅助系统,按规定的技术和经济要求组成的一个统一系统。电力系统的基本任务是安全、可靠、优质、经济地生产、输送与分配电能,满足国民经济和人民生活的需要。

一个现代电力系统是由极宽阔的地域内的大量电力设备互联在一起形成的,联网的优越性表现在:①能更经济合理地开发利用各种一次能源,能解决能源资源与负荷分布地区间的不平衡问题;②可以错开用电高峰低谷,减少装机和备用;③有利于采用标准化大型设备,节省投资和提高运行经济性;④便于故障时相互支援,提高运行安全性;⑤便于集中管理,实现经济调度和电力合理分配。

发、变、输、配、用电设备等称为电力主设备,主要有发电机、变压器、架空线路、电缆线路、断路器、母线、电动机、照明设备、电热设备等。由主设备构成的系统称为主系统,也称为一次系统。一次系统简单示意如图2-13所示。测量、监视、控制、继电保护,安全自动装置、通信,以及各种自动化系统等用于保证主系统安全、稳定、正常运行的设备称为二次设备。二次设备构成的系统称为辅助系统,也称为二次系统(因为它们接于互感器的二次侧或电力主设备的操作控制接口上)。

为了充分发挥电力系统的功能和作用,应满足以下基本要求:

(1)满足用户需求(数量和质量要求)。电力系统应有充足的备用容量,能实现快速控制,不能功率不足时才考虑计划限电。事故紧急情况下可有选择地切除部分负荷,以保证交通、通信、保安系统、医院等重要负荷的供电和全系统的安全性。监测供电质量的指标主要是全网的频率和各供电点的电压。随着用户对供电质量要求的提高,现在还提出了电压和电流波形、三相不对称度和电压闪变等质量指标。

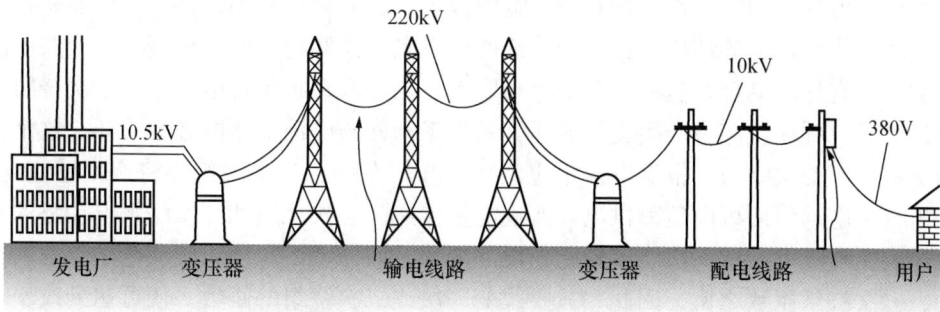

图 2-13　一次系统简单示意图

（2）安全可靠性要求。一个安全可靠的系统应具有经受一定程度的干扰和事故的能力，当出现预计的干扰或事故时，系统凭借本身的能力（合理的备用和网架结构）、继电保护装置和安全自动装置等的作用，以及运行人员的控制操作，仍能保持继续供电；但当事故严重到超出预计时，则可能使系统失去部分供电能力，这时应尽量避免事故扩大和大面积停电，尽快消除事故后果，恢复正常供电。

（3）经济性要求。以最小发电（供电）成本或最小燃料消耗为目标的经济运行，进行并列发电机组间出力的合理分配；还需要考虑线损影响；对负荷变化进行相应的开、停机，以减少燃料消耗；水、火电混合系统中充分发挥水电能力，有效利用水资源，使发电成本最小等。

（4）环保和生态要求。控制温室气体和有害物质的排放，控制冷却水的温度和速度，防止核辐射污染，减少输电线路的高压电磁场、变压器噪声及其影响等，做到能源的可持续利用。

第三节　电压的变换和电能的传输

发电厂产生的电能向用户输送，输送的电能可以表示为

$$W = Pt = \sqrt{3}UIt\cos\varphi \qquad (2-1)$$

式中，W 为输送的电能，$kW \cdot h$；P 为输送的有功功率，kW；t 为时间，h；U 为输电网电压，kV；I 为导线中的电流，A；$\cos\varphi$ 为功率因数。

因为电流在导线中流过，将造成电压降落、功率损耗和电能损耗。电压降落与导线中通过的电流成正比，功率损耗和电能损耗与电流的平方成正比。为提高运行的经济性，在输送功率不变的情况下，提高电压，可以减小电流，从而不仅可以降低电压降落和电能损耗，还可以选择较细的导线，以节约电网的建设投资。当电能输送到负荷中心时，又必须将电压降低，以供各种各样的用户使用。在交流电力系统中，电压的变换（升高或降低）是由电力变压器来实现的。

我国的电能传输方式有两类：一类是交流输电方式，另一类是直流输电方式。

一、电压的变换

电力变压器的主要作用除了升高或降低电压之外，还能起到将不同电压等级的电网相联系的作用。

　　电力变压器的结构和工作原理在第三篇中概述，此处只作简单论述。变压器是根据电磁感应的原理工作的，它的结构是：两个（或两个以上）彼此绝缘的绕组绕在一个共同的铁芯上，它们之间有磁的耦合，但没有电的直接联系。当一次绕组接通电源时，一次绕组中就有交流电流流过，并在铁芯中产生交变磁通，其频率和外施电源电压的频率一样。这个交变磁通同时交链一、二次绕组，根据电磁感应定律可知，在一、二次绕组中将产生感应电动势，二次绕组有了电动势便可向负荷供电，实现能量传递。一次绕组和二次绕组电动势的频率都等于磁通的交变频率，即一次绕组外施电压的频率。而一、二次绕组感应电动势的大小之比等于一、二次绕组匝数之比。因此，只要改变一次或二次绕组的匝数，便可达到改变输出电压的目的。这就是电力变压器利用电磁感应作用，把一种电压的交流电能变换成频率相同的另一种电压的交流电能的基本原理。

　　变压器按相数分类，有单相式和三相式，实际生产的电力变压器大多是三相式。但特大型变压器从运输等方面考虑，有制成单相式的，安装好后再接成三相变压器组。

　　变压器按每相绕组数分类，有双绕组变压器和三绕组变压器。前者联络两个电压等级，后者联络 3 个电压等级。双绕组变压器的结构是高压绕组在外侧，低压绕组在内侧，这主要从绝缘、调节、出线方便等考虑。三绕组变压器的高压侧也都是放在外侧，对于升压变压器，低压绕组放在中间层，中压绕组放在内层；对于降压变压器，中压绕组一般放在中间层，低压绕组放在内层。这主要是由于中间层的绕组因为互感作用其电抗最小，而升压或降压变压器传输电能的方向有所不同。

　　变压器按绕组的耦合方式分类，主要有普通变压器和自耦变压器。电力系统中的自耦变压器一般设置有第三绕组或补偿绕组，它是一个低压绕组，高压、中压绕组之间存在自耦联系，而低压绕组与高、中压绕组之间只有磁的耦合。自耦变压器的损耗小、重量轻、成本低，但其漏抗较小，使短路电流增大。此外，由于高、中压绕组在电路上相通，过电压保护要求自耦变压器的中性点必须直接接地。

　　变压器的高压侧（及中压侧）除了主接头外，还引出有多个分接头，并装有分接开关（电压高，则电流小，易于实现分接头的调节），以改变有效匝数，使变比得以改变，进行分级调压。图 2 - 14 所示为用线电压表示的升压、降压变压器分接头电压的基本情况。根据分接开关是否可以带负荷操作，电力变压器又分为有载调压变压器和不加电压时才可切换的无载调压变压器。

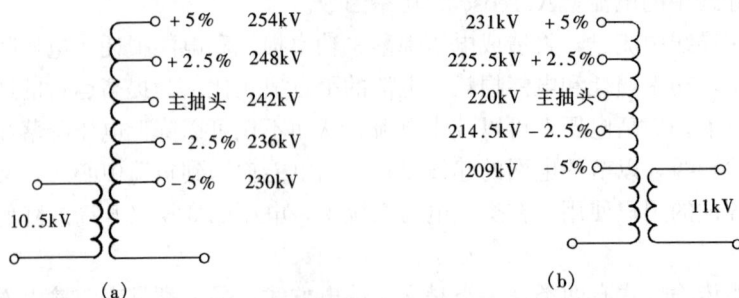

图 2 - 14　用线电压表示的分接头额定电压

(a) 升压变压器；(b) 降压变压器

二、电能的传输

电能的传输是在输电线路上进行的。输电线路按结构可分为架空线路和电缆线路两类。架空线路是将裸导线架设在杆塔上，电缆线路一般是将电缆敷设在地下（埋在土中或沟道、管道中）或水底。

1. 架空线路

架空线路由导线、避雷线、杆塔、绝缘子和金具等主要元件组成，如图2-15所示。

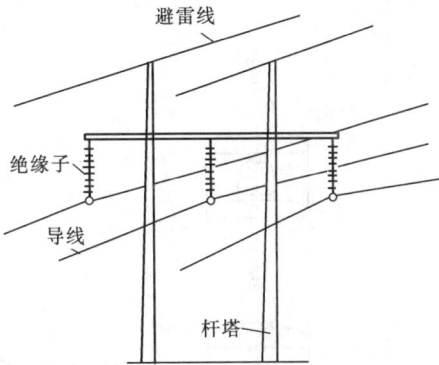

图2-15　架空线路

（1）导线和避雷线。导线和避雷线均采用裸线，导线的作用是传输电能，避雷线的作用是将雷电流引入大地，保护电力线路免受雷击，因此它们都应有较好的导电性能。导线和避雷线均架设在户外，除了要承受导线自身重量、风力、冰雪及温度变化等产生的机械力作用外，还要承受空气中有害气体的化学腐蚀作用。所以，导线和避雷线还应有较高的机械强度和抗化学腐蚀性能。导线常用的材料有铜、铝、铝合金和钢等。

（2）杆塔。杆塔用来支持导线和避雷线，并使导线和导线之间、导线与杆塔之间、导线和避雷线之间，以及导线与大地之间保持一定的安全距离。如图2-16所示，杆塔按所承担的任务，可分为以下五种：

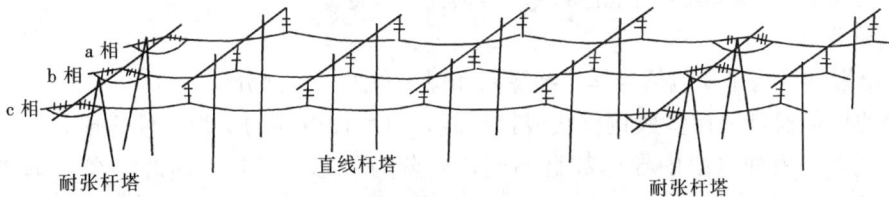

图2-16　架空线路示意图

1）直线杆塔，又称为中间杆塔，主要用来悬挂导线，是线路上用得最多的一种杆塔。

2）耐张杆塔，又称为承力杆塔，主要用来承担线路正常及故障（如断线）情况下导线的拉力；同时又可使线路分段，便于施工和检修，限制故障范围。在耐张杆塔上，绝缘子串不像直线杆塔上那样与地面垂直，而是呈与导线相同的走向。杆塔两边同一相导线是通过跳线来接通的。

3）终端杆塔，它是最靠近变电所的一座杆塔，用来承受最后一个耐张档距导线的单向拉力。如果没有终端杆塔，则拉力将由变电所建筑物承担，那样就会增加变电所的造价。

4）转角杆塔，它用于线路拐弯处，能承受侧向拉力。拐角较大时做成耐张塔的型式，拐角较小的也可做成直线塔的型式。

5）特种杆塔，它是在特殊情况下使用的一种杆塔，如导线换位用的换位杆塔，跨越河流、山谷等跨距很大的跨越杆塔等。

（3）绝缘子和金具。绝缘子用来支持或悬挂导线，并使导线与杆塔绝缘。因此，它必须具有良好的绝缘性能和足够的机械强度。图 2-17、图 2-18 所示为两种常见的绝缘子，即悬式绝缘子和瓷横担绝缘子。

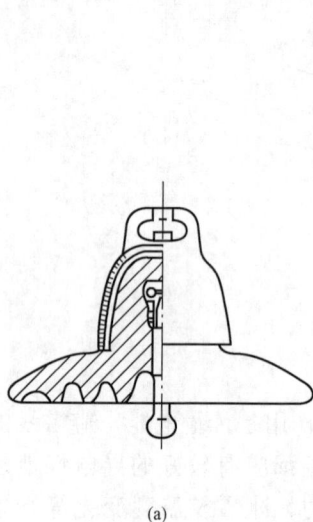

（a）

图 2-17 悬式绝缘子
（a）单片；（b）成串
1—耳环；2—绝缘子；3—吊环；4—线夹

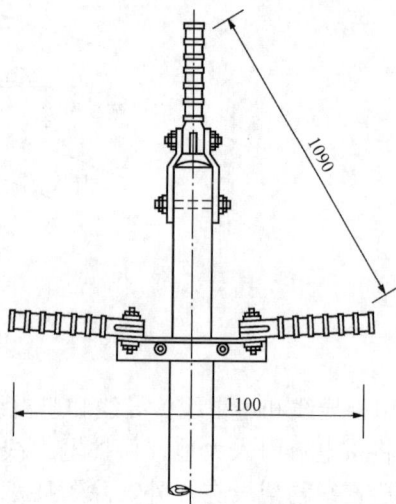

图 2-18 瓷横担绝缘子

金具是用来组装架空线路的各种金属零件的总称，其品种繁多，用途各异。如结合金具用来连接悬式绝缘子串；连接金具用来连接导线；固紧金具用来将导线固定在悬式绝缘子串上；保护金具中的防震锤用以防止导线因震动而损坏等。

2. 电缆线路

电力电缆的结构主要包括导体、绝缘层和保护包皮三个部分。

电缆的导体通常采用多股铜绞线或铝绞线，以增加电缆的柔性，使之能在一定程度内弯曲而不变形。根据电缆中导体数目不同，可分为单芯、三芯和四芯电缆。单芯电缆的导线截面总是圆形的；三芯或四芯电缆的导体截面除了圆形外，还有扇形的，如图 2-19 所示。

电缆的绝缘层用来使各导体之间以及导体与包皮之间绝缘。绝缘层使用的绝缘材料种类很多，如橡胶、聚乙烯、纸、油、气等，一般多采用油浸纸绝缘及充油、充气绝缘。

电缆的保护包皮用来保护绝缘层，使其在运输、敷设和运行过程中不受外力损伤，并防止水分浸入。在油浸纸绝缘电缆中还有防止绝缘油外流的作用。常用的保护包皮有铅包皮和铝包皮。为防止外力破坏，有的电缆最外层还有钢带铠甲。

电缆除按芯数和导体截面形状分类外，还可分为统包型、屏蔽型和分相铅包型。统包型的三相芯线绝缘层外有一共同的铅包皮。这种电缆内部电场分布不均匀，不能充分利用绝缘

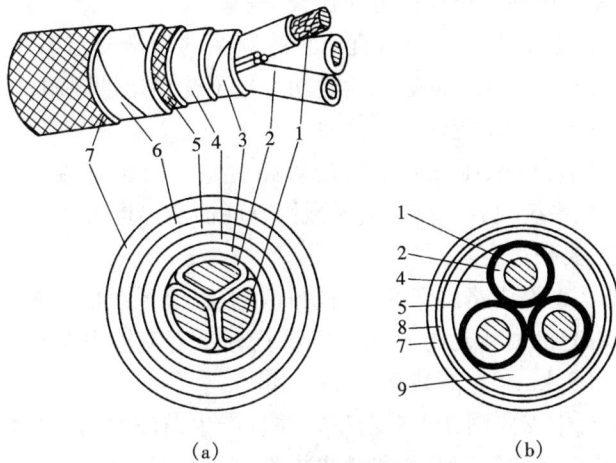

图 2-19 电缆结构示意图

(a) 三相统包型；(b) 分相铅包型

1—导体；2—相绝缘；3—纸绝缘；4—铅包皮；5—麻衬；

6、8—钢带铠甲；7—麻被；9—填充物

强度，它只用于 10kV 以下的电缆。屏蔽型的每相芯线绝缘层外都包有金属带。分相铅包型的各相分别铅包。电压为 110kV 及以上的线路，多采用充油式或充气式电缆。

三、直流输电

直流输电是将发电厂发出的交流电经过升压后，由换流设备（整流器）变换成直流，通过直流线路送到受电端，再经过换流设备（逆变器）变换成交流，供给受电端的交流系统，如图 2-20 所示。需要改变直流输电的输电方向时，只需让两端换流器互换工作状态即可。换流设备是直流输电系统的关键部分。早期的换流器大多采用汞弧阀，自 20 世纪 70 年代以来新建的直流输电工程已普遍应用可控硅换流元件。

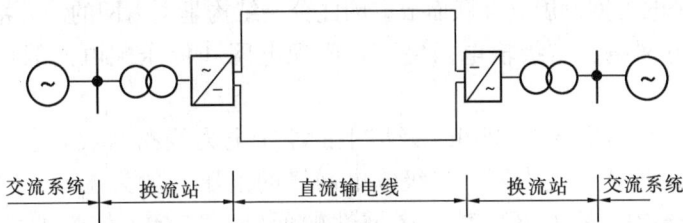

交流系统 | 换流站 | 直流输电线 | 换流站 | 交流系统

图 2-20 直流输电系统示意图

（1）与交流输电相比较，直流输电的主要优点有：

1）造价低。对于架空线路，当线路建设费用相同时，直流输电功率的功率约为交流送电功率的 1.5 倍；对于电缆线路，直流输电功率与交流输电功率的比值更大。

2）运行费用低。在输送功率相等的条件下，直流线路只需要两根导线，交流线路需要三根。所以，直流线路的功率损耗和电能损耗比交流线路约小 1/3。由电晕引起的无线电干扰也比交流线路小得多。

3）不需串、并联补偿。直流线路在正常运行时，由于电压为恒值不变，导线间没有电容电流，因而也不需并联电抗补偿。由于线路中电流也是恒值不变，也没有电感电流，因而也不需要串联电容补偿。这一显著优点，特别是对于跨越海峡向岛屿供电的输电线路，是非常有利的。另外，直流输电沿线电压的分布比较平稳。

4）直流输电不存在稳定性问题。由直流线路联系的两端交流系统，不要求同步运行。所以直流输电线路本身不存在稳定问题，输送功率也不受稳定性限制。如果交、直流并列运行，则有助于提高交流送电的稳定性。

5）采用直流联络线可以限制互联系统的短路容量。由于直流系统可采用"定电流控制"，用其连接两个交流系统时，短路电流不致因互联而明显增大。

（2）直流输电的主要缺点有：

1）换流站造价高。直流线路比交流线路便宜，但直流系统的换流站则比交流变电所造价高得多。若计及线路造价和年运行费用等经济指标，直流输电与交流输电的经济等价距离，架空线路为640～960km，电缆线路为24～48km。

2）换流装置在运行中需要消耗无功功率，并且产生谐波。为了向换流装置提供无功功率和吸收谐波，必须装设无功补偿设备和滤波装置。

3）由于直流电流不过零，开断时电弧较难熄灭，因此，直流高压断路器的制造较困难。

（3）根据上述特点，直流输电的适用范围主要有：

1）远距离大功率输电。

2）用海底电缆隔海输电或用地下电缆向负荷密度很高的大城市供电。

3）作为系统间联络线，用来实现不同步或不同频率的两个交流系统的互联。

4）用于限制互联系统的短路容量。

第四节　电力网络的接线和电压等级

一、接线形式

实际的电力网络比图2-21所示的电力网接线要复杂得多。一个大的电力网（联合电力网）总是由许多子电力网发展、互联而成，因此分层结构是电力网的一大特点。一般电力网可划分为一级输电网络、二级输电网络、高压配电网和低压配电网等层次，如图2-21所示。

输电网络一般是由电压为220kV及以上的主干电力线路组成，它连接大型发电厂、特大容量用户以及相邻子电力网。二级输电网络的电压一般为110～220kV，它上接一级输电网络，下连高压配电网，是一区域性的网络，连接区域性的发电厂和大用户。配电网是向中等用户和小用户供电的网络，6～35kV的称高压配电网，1kV以下的称低压配电网。

电力网的接线方式大致可分为无备用和有备用两类。无备用接线包括单回路放射式、干线式和链式网络，如图2-22所示。有备用接线包括双回路放射式、干线式、链式、环式和两端供电网络，如图2-23所示。

无备用接线方式接线简单、经济、运行方便，但供电可靠性差。架空线路的自动重合闸装置在一定程度上都弥补上述缺点。相反，有备用接线方式供电可靠性高，一条线路的故障或检修，一般不会影响对用户的供电，但投资大，且操作较复杂。其中，环式供电和两端供电方式较为常用。

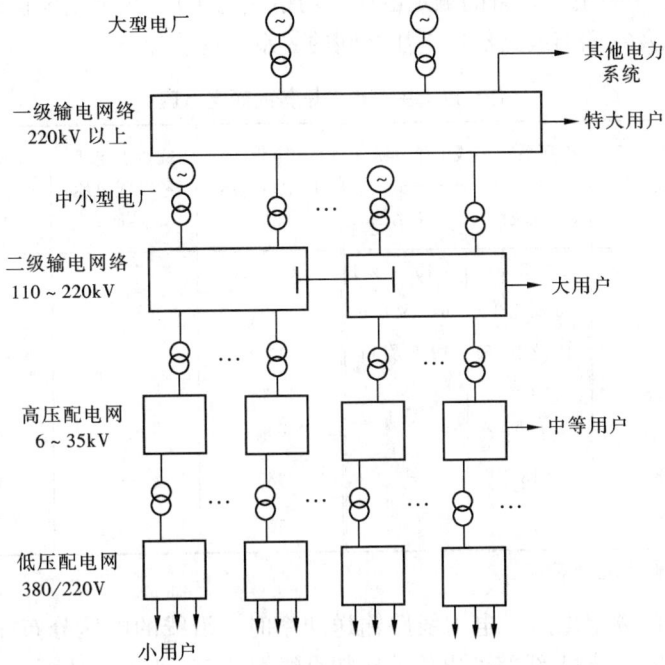

图 2 - 21　电力网的结构

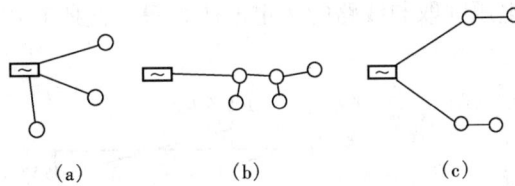

图 2 - 22　无备用接线方式
(a) 放射式；(b) 干线式；(c) 链式

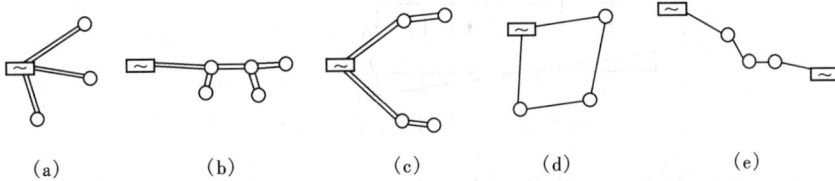

图 2 - 23　有备用接线方式
(a) 放射式；(b) 干线式；(c) 链式；(d) 环式；(e) 两端供电网络

二、电力网的电压等级和设备的额定电压

电力线路输送的功率一定时，输电电压越高，线路电流越小，导线等载流部分的截面积越小，投资也越小；但电压越高，对绝缘的要求越高，杆塔、变压器、断路器等的投资也越大。综合考虑这些因素，对应一定的输送功率和输送距离有一最合理的线路电压。但从设备制造角度考虑，为保证产品的系列性，应规定标准的电压等级。相邻电压等级之比不宜过小，一般在 2 左右。我国规定的电力网标准电压等级即是指线路的额定电压 (U_N)，主要有 3、6、10、35、(60)、110、(154)、220、330、500kV。

表 2-2 列出了主要电气设备的额定电压（均指线电压）。其中用电设备、发电机、变压器的额定电压，以及它们与线路额定电压之间的关系，说明如下。

表 2-2   1kV 以上主要电气设备的额定电压

用电设备额定线电压（kV）	交流发电机额定线电压（kV）	变压器额定线电压（kV）		用电设备额定线电压（kV）	交流发电机额定线电压（kV）	变压器额定线电压（kV）	
		一次绕组	二次绕组			一次绕组	二次绕组
3	3.15	3 及 3.15	3.15 及 3.3	35	—	35	38.5
6	6.3	6 及 6.3	6.3 及 6.6	(60)	—	(60)	(66)
10	10.5	10 及 10.5	10.5 及 11	110	—	110	121
13.8	13.8	13.8	—	(154)	—	(154)	(169)
15.75	15.75	15.75	—	220	—	220	242
18	18	18	—	330	—	330	363
20	20	20	—	500	—	500	—

注　括号内为将要淘汰的电压等级。

（1）用电设备的额定电压。电力线路输送功率时，沿线的电压分布往往是始端高于末端。由图 2-24 可见，沿 ab 线路的电压分布如直线 U_a-U_b 所示。从而，图中用电设备处 1～6 点的端电压将各不相同。所谓线路的额定电压实际上就是线路的平均电压 $(U_a-U_b)/2$，而各用电设备的额定电压则取与线路的额定电压相等，使所有用电设备能在接近它们的额定电压下运行。

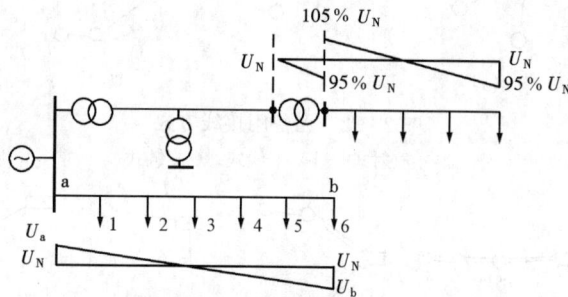

图 2-24　电力网络中的电压分布

（2）发电机的额定电压。由于用电设备的允许电压偏移为 $\pm5\%$，而沿线路的电压降落一般为 10%，这就要求线路始端电压为额定电压的 105%，以使其末端电压不低于额定值的 95%，发电机往往接在线路始端，因此，发电机的额定电压为线路额定电压的 105%。

（3）变压器的额定电压。变压器一次侧接电源，相当于用电设备；二次侧向负荷供电，又相当于发电机。因此，变压器一次侧的额定电压按用电设备的额定电压来考虑（直接与发电机相连的变压器一次侧的额定电压应等于发电机的额定电压），二次侧的额定电压规定为变压器空载一次侧加额定电压时的二次侧电压。考虑到带负荷时变压器内部有一定的电压降落，所以二次侧的额定电压应高于线路的额定电压。升压变压器二次侧额定电压定为比线路额定电压高 10%（一般可认为其中 5% 为变压器内部漏抗上的压降，另 5% 为线路首端比额定电压升高的有效值）；降压变压器二次侧额定电压，有较线路额定电压高 10% 和 5% 两种。当为漏抗较小（$U_k\% < 7$）的小容量变压器或为二次侧直接与用电设备相连的厂用变压器，才采用后一种（高 5%）。

一般来说，电力网的主干线和相邻电网间的联络线多采用 500、330kV 和 220kV 等级；二级输电网采用 220、110kV 等级；35kV 既用于城市和农村的配电网，也用于大工业企业的内部电网。10kV 是最常用的较低一级的高压配电电压，只有负荷中高压电动机的比重很大时，才考虑 6kV 配电的方案（高压电动机的额定电压一般为 6kV），3kV 只限于工业企业内部使用，且正在被 6kV 所代替。显然，这种划分不是绝对的，也不是一成不变的，随着系统的扩大，更高一级电压的出现，原电压等级有可能退居到次一级电网中使用。

各级电压线路输送能力（送电容量和送电距离）的大致范围如表 2-3 所示。

表 2-3　　　　　　　　　　电力网的额定电压与输送容量及输送距离的关系

额定电压 （kV）	输送容量 （MW·A）	输送距离 （km）	额定电压 （kV）	输送容量 （MW·A）	输送距离 （km）
3	0.1~1.0	1~3	220	100~300	100~300
6	0.1~1.2	4~15	330	200~800	200~600
10	0.2~2.0	6~20	500	1000~1500	150~850
35	2~10	20~50	750	2000·2500	500 以上
110	10~50	50~150			

第五节　电力系统的负荷

电力系统的负荷就是系统中各种用电设备消耗功率的总和。它们大致可以分为照明、电加热、电力拖动、电化学等负荷。根据行业用电的特点，用电负荷也可分为工业负荷、农业负荷、交通运输业负荷和人民生活用电负荷等。

（1）照明。作为电力应用之一的照明大致可分为两种：一种是由电能转化为热能，然后再转化成光能的光源，如白炽灯等；另一种是利用放电而转化成光能的光源，如荧光灯、高压汞灯、霓虹灯等。

（2）电加热。电加热是以电能为能源加热物料，并通过电炉、电焊机等来实现加热的一种方法。电加热时，电能转变成热能，并将已获得的热能用于物料的加热，或进一步完成物料特定的加工工艺过程，如熔炼、热处理、焊接等。

电加热大体上可分成两大类。一类是电能在电炉、电热器具上转变成热能后加热物料；另一类是利用电能驱动热泵，把热能从温度较高的物体输送给温度较低的物体。

（3）电力拖动。电力拖动（见图 2-25）是以电动机作为原动机拖动生产机械运动的一种拖动方式，又名电气传动或电力传动。电力拖动主系统是由电动机、机械传递机构、工作机械组成的机电系统。如图 2-25 所示，电动机的输入

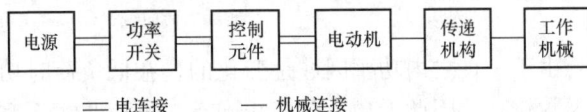

图 2-25　电力拖动（电气传动）

端经过功率开关和控制元件由电网供电，其输出端通过传递机构的一定的传递比与工作机械相连接。按电动机供电电流的制式不同，可分为直流电力拖动和交流电力拖动。电力拖动的应用在节约能源、改善劳动和环境条件、提高产品的质量和产量、节约原材料等方面带来了明显效益。因此，电力拖动已广泛地应用于工业、农业、商业、军事等部门中的加工、运输、设备制造以及改善环境条件等诸多方面。电力牵引（Electric Traction）就是其中一个较大的应用领域。

电力牵引是以电能为牵引动力，驱动机车车辆运行，是现代铁路三种牵引动力形式（蒸汽、内燃、电力牵引）之一。电力牵引是用电力机车（或动车）从布置在电气化铁路沿线的接触网上获取电能，通过牵引电动机，将电能转换为机械能，以驱动机车运行。电力牵引中电力机车的用电取自电力牵引供电系统，能多拉、快跑，提高了运输能力，同时，它的能源利用效率高，过载能力强。

（4）电化学。电化学是研究化学能与电能之间相互直接转换的科学。电化学应用主要有一次电池（原电池）、二次电池（蓄电池）、燃料电池、太阳能电池、电解、电镀、电铸、电解研磨、电热化学（如制造石墨）等。

一、负荷曲线

电力系统负荷随时间变化的情况常用负荷曲线来描述。所谓负荷曲线，即是电力系统的负荷功率（有功功率或无功功率）随时间变化的关系曲线。

负荷曲线按负荷种类可分为有功功率负荷曲线和无功功率负荷曲线；按时间长短可分为日负荷曲线和年负荷曲线等；按计量地点可分为用户的负荷曲线、电力线路的负荷曲线、变电所的负荷曲线、发电厂的负荷曲线以及整个系统的负荷曲线。

1. 日负荷曲线

图 2-26（a）所示为电力系统实际的日负荷曲线。为计算的方便，实际常把连续变化的曲线绘成阶梯形，如图 2-26（b）所示。

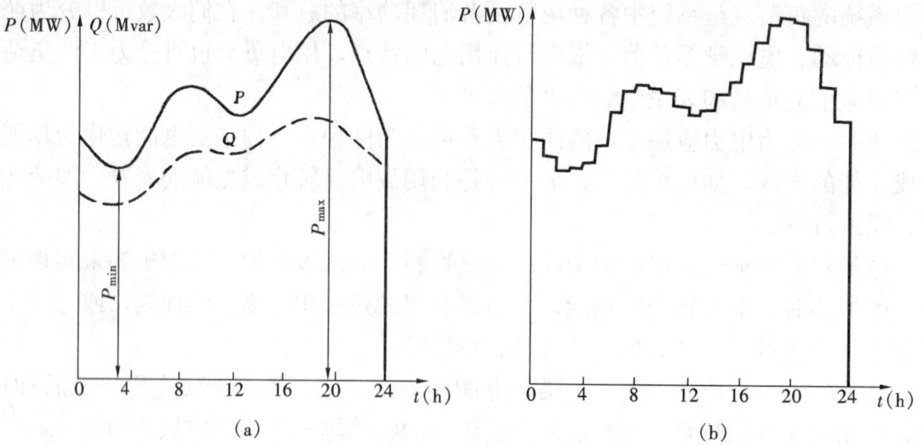

图 2-26　日负荷曲线
（a）实际负荷曲线；（b）常用负荷曲线的形式

由于一日之内功率因数是变化的，在低负荷时功率因数相对较低，而在高峰负荷时，功率因数较高，因此无功负荷曲线同有功负荷曲线不完全相似。两种曲线中相应的极值不一定同时出现。通常，无功功率的日负荷曲线比较平缓，有功功率日负荷曲线在 24h 内变化较大，一般在深夜呈现低谷，在上午和傍晚用电高峰时呈现峰值。

日负荷曲线有三个具有代表性的特征数值，它们是：最大负荷 P_{max}，又称峰荷；最小负荷 P_{min}，又称谷荷；平均负荷 $P_{av} = \dfrac{W_d}{24} = \dfrac{1}{24} \int_0^{24} P dt$。为了说明负荷曲线的起伏程度，常引用负荷率 K_m 和最小负荷系数 α 两个系数，即

$$K_m = \frac{P_{av}}{P_{max}}$$

$$\alpha = \frac{P_{min}}{P_{max}}$$

值得注意的是，电力系统中各用户的日最大负荷、最小负荷一般都不会出现在同一时刻，因此，全系统的最大负荷总是小于各用户最大负荷之和，而全系统的最小负荷总是大于各用户最小负荷之和。

2. 年最大负荷曲线和年持续负荷曲线

年最大负荷曲线描述一年内每月最大有功功率负荷变化的情况。它主要用来安排发电设备的检修计划，同时也为发电厂的建设（新建或扩建）进展以及新增发电机组的投产计划提供依据。图 2-27 所示为电力系统年最大负荷曲线，其中画斜线的面积 A 代表各检修机组的容量和检修时间的乘积之和，B 是系统新装机组总容量。

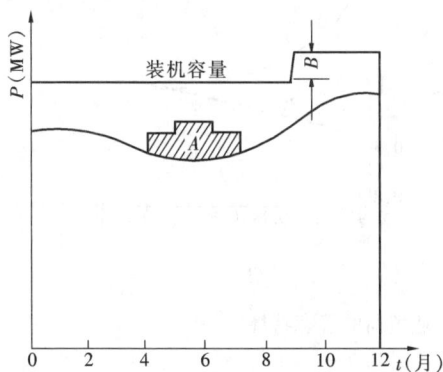

图 2-27 年最大负荷曲线

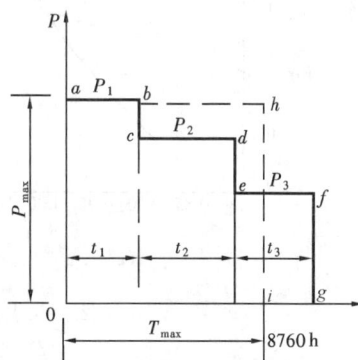

图 2-28 年持续负荷曲线

在电力系统的运行分析中，还经常用到年持续负荷曲线，它按一年中系统负荷的数值大小及其持续小时数顺序排列而绘制成。例如，在全年 8760h 中，有 t_1 小时负荷值为 P_1（即最大值 P_{max}），t_2 小时负荷值为 P_2，t_3 小时负荷值为 P_3，于是可绘出如图 2-28 所示的年持续负荷曲线。在安排发电计划和进行可靠性估算时，常用到这种曲线。

根据年负荷曲线，可以确定系统全年的耗电量为

$$W = \int_0^{8760} P dt$$

如果负荷功率始终保持最大值 P_{max}，经过 T_{max} 小时后，负荷所消耗的电能恰好等于全年负荷实际消耗的电量，则称 T_{max} 为最大负荷利用小时数，即

$$T_{max} = \frac{W}{P_{max}} = \frac{1}{P_{max}} \int_0^{8760} P dt \tag{2-2}$$

各类负荷的 T_{max} 可以通过有关手册查到，见表 2-4。

表 2 - 4		各类用户负荷的年最大负荷利用小时数	
负 荷 类 型	T_{max}（h）	负 荷 类 型	T_{max}（h）
户内照明及生活用电	2000～3000	三班制企业用电	6000～7000
一班制企业用电	1500～2200	农灌用电	1000～1500
二班制企业用电	3000～4500		

二、负荷特性

电力系统负荷取用的功率一般是随系统的运行参数（主要是电压和频率）的变化而变化的，反映这种变化规律的曲线或数学表达式称为负荷特性。当频率维持额定值不变时，负荷功率与电压的关系称为负荷的电压静态特性。当负荷端电压维持额定值不变时，负荷功率与频率的关系称为负荷的频率静态特性。所谓"静态"是指这些关系是在系统处于稳态下确定的。各类用户的负荷特性依其用电设备的组成情况而不同，一般是通过实测确定。图 2 - 29 表示由 6kV 电压供电的综合中小工业负荷的静态特性。

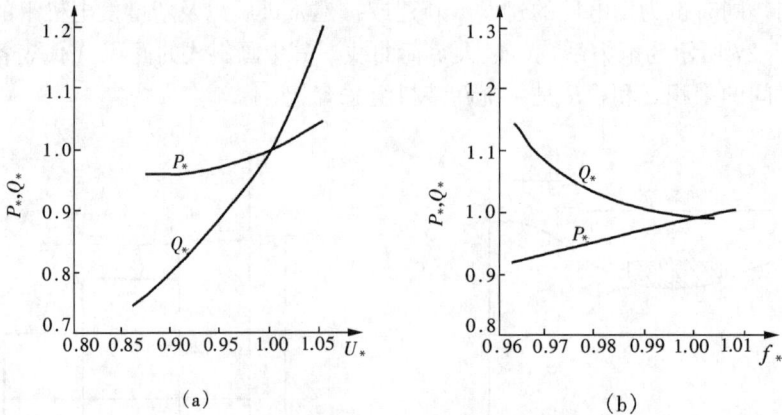

图 2 - 29　6kV 综合中小工业负荷的静态特性
(a) 电压特性；(b) 频率特性

电力系统的负荷特性可以用来分析有功、无功负荷变化对电压、频率的影响，与研究调压、调频的措施有着直接的关系。

第六节　电力系统中性点的运行方式

电力系统中性点是指星形接线的变压器或发电机的中性点。

电力系统中性点的运行方式是一个复杂的系统工程问题，涉及短路电流大小、供电的可靠性、过电压的大小、继电保护与自动装置的配置及动作状态、通信干扰、系统稳定等许多方面的综合技术问题，故须经合理的技术经济比较后确定。

电力系统中性点的运行方式可分为两大类：

(1) 电力系统的中性点有效接地，即中性点直接接地。

(2) 电力系统的中性点非有效接地，包括中性点不接地、中性点经消弧线圈接地、中性点经电阻接地等。

一、各种中性点运行方式的特点

1. 中性点不接地系统

中性点不接地系统 A 相接地时的等值电路和相量图如图 2-30 所示。在正常运行时，网络各相对地电压 $\dot{U}_a$、$\dot{U}_b$ 和 $\dot{U}_c$ 是对称的，其大小为相电压。如线路经过完整的换位，三相对地电容相等，都等于 C_0。则各相对地电容电流对称且平衡（大小相等、相位相差 120°），三相电容电流相量和为零，地中没有电容电流通过，中性点对地电压 $\dot{U}_N=0$。

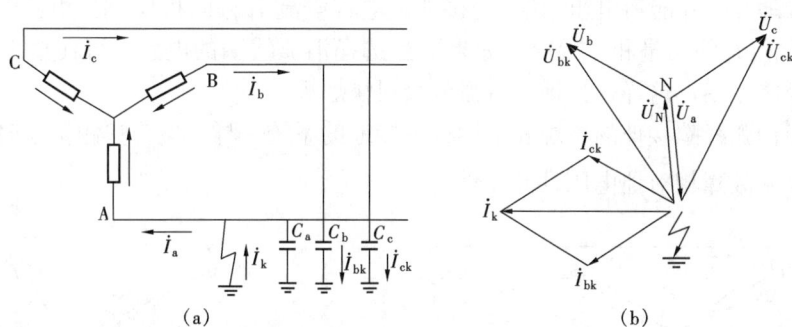

图 2-30 中性点不接地系统 A 相接地时的等值电路和相量图
(a) 等值电路；(b) 相量图

当 A 相接地短路时，故障相对地电压变为零，中性点对地电压值为相电压，未故障两相对地电压值升高 $\sqrt{3}$ 倍，变为线电压，即

$$\dot{U}_{ak} = 0$$
$$\dot{U}_N =- \dot{U}_a$$
$$\dot{U}_{bk} = \dot{U}_N + \dot{U}_b =- \dot{U}_a + \dot{U}_b$$
$$\dot{U}_{ck} = \dot{U}_N + \dot{U}_c =- \dot{U}_a + \dot{U}_c$$
$$\dot{U}_{bk} = \dot{U}_{ck} = \sqrt{3}\dot{U}_a$$

在 A 相接地短路情况下，A 相电容被短接，流过短路点的电流是 B、C 两相对地电容电流的和，即 $\dot{I}_k = \dot{I}_{bk} + \dot{I}_{ck}$。由 $\dot{U}_{bk}$ 和 $\dot{U}_{ck}$ 产生的 $\dot{I}_{bk}$ 和 $\dot{I}_{ck}$ 分别超前它们 90°，大小比正常运行时各相对地电容电流增大了 $\sqrt{3}$ 倍。$\dot{I}_k$ 又较 $\dot{I}_{bk}$ 或 $\dot{I}_{ck}$ 增大了 $\sqrt{3}$ 倍。因此，短路点接地电流有效值为

$$I_k = \sqrt{3}\,\sqrt{3}U_{ph}/X_C = 3U_{ph}\omega C_0 \qquad (2-3)$$

式中，U_{ph} 为相电压；C_0 为每相对地电容。

由图 2-30 (b) 可见，单相接地故障时，线间电压不变，三相用电器工作不受影响，系统可继续供电。但此时应发出信号，工作人员应尽快查清并消除故障。一般允许继续运行时间不超过 2h。

从式 (2-3) 可看到，单相接地故障电流大小与网络电压和相对地电容大小（即线路长度）有关。网络电压等级高、线路长，单相接地故障电流就大；电流大到一定程度，电弧将难以熄灭，形成稳定性电弧或间歇性电弧。稳定性电弧可能烧坏设备或引起两相、三相短路。间歇性电弧可能使电网电容、电感形成振荡回路而产生弧光接地过电压，从而危及电气设备的绝缘，所以都必须设法解决。

2. 中性点经消弧线圈接地系统

为了解决中性点不接地系统单相接地电流大、电弧不能熄灭的问题，最常用的方法是在中性点装设消弧线圈。消弧线圈是一个有铁芯的电感线圈，其铁芯柱有很多间隙，以避免磁饱和，使消弧线圈有一个稳定的电抗值。中性点经消弧线圈接地系统的等值电路和相量图如图 2-31 所示。正常运行时，中性点电位为零，没有电流流过消弧线圈。当某相（如图示 A相）发生单相接地时，则作用在消弧线圈两端的电压为相电压，此时就有电感电流 $\dot{I}_L$ 通过消弧线圈和接地点。$\dot{I}_L$ 滞后电压 90°，与接地点电容电流 $\dot{I}_k$ 方向相反，互相补偿、抵消，接地点电流是 $\dot{I}_k$ 和 $\dot{I}_L$ 的相量和。因此，如果适当选择消弧线圈的电感，可使接地点的电流变得很小，甚至等于零，这样，接地点电弧就会很快熄灭。

中性点经消弧线圈接地的系统和中性点不接地的系统一样，发生单相接地时，接地相对地电压为零，未故障相对地电压升高 $\sqrt{3}$ 倍。

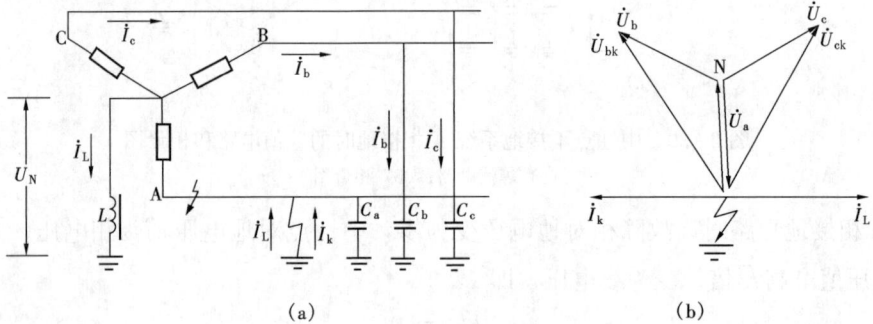

图 2-31 中性点经消弧线圈接地系统
(a) 等值电路；(b) 相量图

根据消弧线圈的电感电流对接地电容电流补偿程度的不同，有三种补偿方式：

(1) 全补偿（$I_L = I_k$）：接地点电流为零。从消弧观点来看，全补偿最好，但实际上并不采用这种补偿方式。因为在正常运行中，由于各种原因造成电网三相电压不对称，中性点出现一定的电压时，可能引起串联谐振过电压，危及电网的绝缘。

(2) 欠补偿（$I_L < I_k$）：接地点尚有未补偿的电容性电流。欠补偿方式也较少采用，原因是在检修、事故切除部分线路或系统频率降低等情况下，可能使系统接近或达到全补偿，从而出现串联谐振过电压。

(3) 过补偿（$I_L > I_k$）：接地点具有多余的电感性电流。过补偿可避免谐振过电压的产生，因此得到广泛应用。过补偿接地点的电感性电流也不能超过规定值，否则电弧不能可靠地熄灭。

3. 中性点直接接地系统

防止单相接地故障电弧不能自动熄灭的另一种方法，就是将系统的中性点直接接地，如图 2-32 所示。在这种系统中发生 A

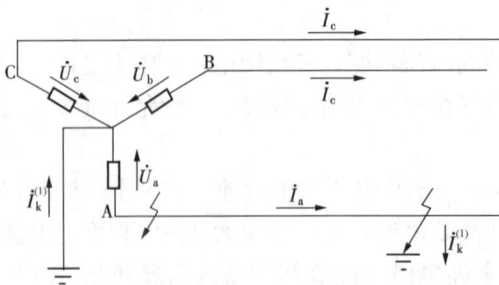

图 2-32 中性点直接接地系统

相单相接地时，故障相经过大地形成单相短路回路。由于单相短路电流 $I_k^{(1)}$ 很大，继电保护装置立即动作，将接地相线路切除，不会产生稳定电弧或间歇电弧。同时中性点接地，其零电位不变，非故障相对地电压也不会升高，仍为相电压。

二、各种中性点运行方式的优缺点

1. 电气设备和线路的绝缘水平

中性点运行方式对电力网的过电压与绝缘水平有着很大的影响。在电力网发展的初期，人们就是首先从过电压与绝缘的角度来考虑中性点接地问题的。电气设备和线路的绝缘水平除与长期最大工作电压有关外，主要决定于各种过电压的大小。对非有效接地的电力网而言，无论是最大长期工作电压或遭受的过电压，均较中性点直接接地时要大。研究表明，中性点直接接地电力网的绝缘水平与不直接接地时相比，大约可降低 20％左右。归结起来，从过电压与绝缘水平的观点看，采用接地程度越高（有效接地）的中性点接地方式越有利。

降低绝缘水平的经济意义随设备额定电压的不同而异，在 110kV 以上的高压电力网中，变压器等电气设备的造价大约与其绝缘水平成比例地增加。因此，在采用中性点直接接地时，设备造价将大约可降低 20％左右。但是，在 3～10kV 的电力网中，绝缘费用占总造价的比例较小，采用中性点直接接地方式来降低绝缘水平，其意义并不大。

2. 继电保护工作的可靠性

在中性点不接地或经消弧线圈接地（非有效接地）的电力网中，单相接地电流往往比正常负荷电流小，因而要实现有选择性的接地保护就比较困难。特别是经消弧线圈接地的电力网困难还更大一些。而在中性点直接接地的电力网中，实现有选择性的接地保护就比较容易，且保护装置结构简单、工作可靠。因此，从继电保护的观点出发，显然采用中性点直接接地方式有利。

3. 供电可靠性与故障范围

众所周知，单相接地是电力网中最常见的一种故障。根据分析，中性点直接接地电力网在单相接地时将产生很大的单相接地电流，个别情况下甚至比三相短路电流还大，因此它相对于非有效接地的电力网而言，存在下列缺点：

（1）电力系统的任何部分发生单相接地时，都必须将它切除，即使采用自动重合闸装置，在发生永久性故障时，供电也将较长时间中断。

（2）巨大的接地短路电流，将产生很大的力效应和热效应，可能造成故障范围的扩大和损坏设备。

（3）一旦发生单相接地，断路器就跳闸，从而增大了断路器的维修工作量。

（4）大的接地短路电流将引起电压急剧降低，可能导致系统暂态稳定的破坏。

反之，非有效接地电力网不仅避免了上述缺点，而且在发生单相接地故障后，还容许电力网继续工作一段时间。因此，总的说来，从供电可靠性和故障范围的观点来看，非有效接地具有明显的优越性。

4. 对通信和信号系统的干扰

当电力网正常运行时，只要三相对称，则不管中性点接地方式如何，中性点的位移电压都等于零，各相电流及对地电压数值相等、相位互差 120°。因而它们在线路周围空间各点所形成的电场和磁场均彼此抵消，不会对通信和信号系统产生干扰影响。但是，当电力网发生单相接地时，所出现的单相接地电流将形成强大的干扰源（主要由故障电流中的零序分量引起）。电流愈大，干扰越严重。因而，从干扰的角度来看，中性点直接接地方式当然最为不利。而非有效接地的电力网，一般不会产生较严重的干扰问题。

当干扰严重时虽然可以增大通信线路与电力线路之间的距离来减小干扰的程度或采取其他抗干扰措施，但有时受环境、地理位置等条件的限制，而难以实现或使投资大量增加。特别是随着工农业生产的发展和现代化程度的提高，这种干扰的影响将日益突出。因此，在有的地区或国家把对通信干扰的考虑，甚至视为选择中性点接地方式的主要限制条件。

三、各种中性点运行方式的适用范围

上面分析了选择中性点运行方式的各种因素，下面将根据电压等级的不同，说明各种中性点运行方式的适用范围。

（1）220kV 及以上的电力网。对于超高压电网，对降低过电压与绝缘水平方面的考虑占首要地位，因为它对设备价格和整个电力网建设的投资影响甚大。而且在这种电力网中接地电流具有很大的有功分量，实际上已使消弧线圈不能起到消弧的作用。所以目前世界各国在超高压电力网中都无例外地采用中性点直接接地方式。

（2）110～154kV 的电力网。对这样的电压等级电力网而言，上述几个因素都对选择中性点接地方式有影响。各个国家由于具体的条件和考虑的侧重点不同，所采用的方式是不一样的。有的国家采用直接接地方式，而有的国家则采用经消弧线圈接地方式。在我国，154kV 电力网是采用经消弧线圈接地的，而 110kV 电力网则大部分采用直接接地方式。在一些雷击活动强烈的地区或没有装设避雷线的地区，采用消弧线圈接地可以大大减少雷击跳闸率，从而提高了供电的可靠性。

（3）20～60kV 电力网。这种电压等级的电力网一般说来线路长度不大，网络结构不太复杂，电压也不算很高，绝缘水平对电力网建设费用和设备投资的影响，不如 110kV 及以上电力网那样显著。另外，这种电力网一般都不是沿全线装设架空地线，所以通常总是从提高供电可靠性出发，采用经消弧线圈接地或不接地的方式。

（4）3～10kV 电力网。对这类电压等级的电力网，考虑供电可靠性与故障后果是主要的因素，一般均采用中性点不接地的方式。当电网的接地电流大于 30A 时，则应采用经消弧线圈接地的方式。

（5）1kV 以下的电力网。由于这种电力网绝缘水平低，保护设备通常只有熔断器，故障范围所带来的影响也不大，因此前述几个方面都不会有显著影响，可以选择中性点直接接地方式，也可以选择中性点不接地的方式。唯一例外的是，对电压为 380/220V 的三相四线制电力网，从安全的观点出发，它的中性点是直接接地的，这样可以防止一相接地时出现超过 250V 的危险电压。

第七节 电能的质量指标和电力系统的特点

一、电能的质量指标

衡量电能质量的指标主要有电压、频率和波形。

1. 电压

电压质量对各类用电设备的安全经济运行都有直接影响。对电力系统负荷中大量使用的

异步电动机而言，它的运行特性对电压的变化是较
敏感的。由图 2-33 曲线可见，当输出功率一定
时，端电压下降，定子电流增加很多。这是由于
异步电动机的最大转矩是与其端电压的平方成正
比的，当电压降低时，电机转矩将显著减小。故
电压下降将使转差增大，从而使得定子、转子电
流都显著增大。这不仅会直接影响运行效率，还
将导致电动机的温度上升，甚至可能烧坏电动机。
反之，当电压过高时，对于电动机、变压器等具
有激磁铁芯的电气设备而言，铁芯磁密增大以致
饱和，从而使激磁电流与铁耗都大大增加（过激
磁），也会使电机过热、效率降低。铁芯饱和还会
造成电压波形变坏。

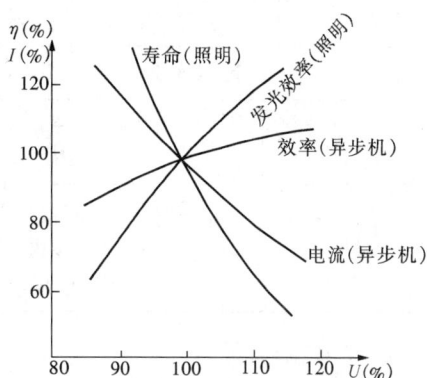

图 2-33　异步机、白炽灯电压特性

对照明负荷来说，白炽灯对电压的变化是很敏感的。当电压降低时，白炽灯的发光效率
和光通量都急剧下降；电压上升时，白炽灯的寿命将大为缩短，如图 2-33 所示。

对于其他各种电力负荷来说，其特性也或多或少地都要随电压的变化而变化。

因此，在电力系统正常运行时，供电电压必须规定在允许的变化范围之内。这也就是电
压的质量指标。我国目前所规定的用户供电电压允许变化范围，见表 2-5。

表 2-5　　　　　　　　　　　　　　　用户供电电压允许变化范围

线路额定电压	电压允许变化范围（%）	负　　　荷	电压允许变化范围（%）
35kV 及以上	±5	低压照明	+5～-10
10kV 及以下	±7	农业用户	+5～-10

由于电力网络中存在电压损耗，为保证用户的电压质量合乎标准，需要采取一定的电压
调整措施。关于这方面的内容，将在第九章中论述。

2. 频率

由同步电机的原理可知，电力系统在稳定运行情况下，频率值决定于所有机组的转速，
而转速则主要决定于发电机组的转矩平衡。每一个电力系统都有一个额定频率，即所有发电
机组都对应一个额定转速。系统运行频率与系统额定频率之差称为频率偏移。频率偏移是衡
量电能质量的一项重要指标。对于电动机来说，频率降低将使电动机的转速下降，从而使生
产率降低，并影响电动机的使用寿命；反之，频率增高将使电动机的转速上升，增加功率损
耗，使经济性降低。频率的偏差对电力系统的许多负荷都将造成经济上、产品质量上的不利
影响。

实际上所有电气传动的旋转设备，其最高效率都是以电力系统频率等于额定值为条件
的，因此，任何频率偏移，都会造成效率的降低，而且频率过高或过低，还会给运行中的电
气设备带来各种不同的危害。

我国电力系统采用的额定频率为 50Hz，为保证频率的质量，其允许偏差见表 2-6。

表 2 - 6   系 统 频 率 允 许 偏 差

运 行 情 况		允许频率偏差（Hz）	允许标准时钟误差（s）
正常运行	大、小系统	±0.5	40
	大系统	±0.2	30
事故运行	30min 以内	±1	—
	15min 以内	±1.5	
	绝不允许低于	—4	

3. 波形

电力系统电能质量要求供电电压（或电流）的波形应为正弦波，这就首先要求发电机发出符合标准的正弦波电压。其次，在电能输送、分配和使用过程中不应使波形产生畸变。假如系统中的变压器发生铁芯过度饱和时，或变压器中无三角形连接的绕组时，都可能导致波形的畸变。此外，随着电力系统负荷复杂化的发展趋势，三相负荷不平衡、可控硅控制的非线性负荷等都将造成电网电压（或电流）波形的畸变。

当供电电源的波形畸变成不是标准的正弦波时，按傅里叶级数分解，可视为电压波形包含着各种高次谐波成分。这些谐波成分的出现，将对电力系统产生污染，影响电动机的效率和正常运行，还可能使系统产生高次谐波共振而危害设备的安全运行。此外，谐波成分还将影响电子设备的正常工作，造成对通信线的干扰以及其他不良后果。

衡量电力系统电压（或电流）波形畸变的技术指标，是正弦波形的畸变率。各次谐波有效值平方和的平方根与其基波有效值的百分比，称为正弦波形畸变率。电压正弦波形的畸变率的计算式为

$$D_v = \frac{\sqrt{\sum_{n=2}^{\infty} U_n^2}}{U_1} \times 100\% \qquad (2-4)$$

1993 年我国颁布了关于谐波方面的国家标准，规定了谐波电压的限值，见表 2-7。

表 2 - 7   谐 波 电 压 限 值

电网对称电压 (kV)	电压总谐波畸变率 (%)	各次谐波电压含有率（%）	
		奇　次	偶　次
0.38	5.0	4.0	2.0
6	4.0	3.2	1.6
10	4.0	3.2	1.6
35	3.0	2.4	1.2
66	3.0	2.4	1.2
110	2.0	1.6	0.8

二、电力系统的特点

由于电能生产本身所固有的特点以及连成电力系统后所出现的新问题，决定了电力系统与其他工业部门有着许多不同的特点：

（1）与国民经济各部门和人民生活关系密切。现代工业、农业、交通运输业以及居民生活等都广泛地利用电作为动力、热量、照明等的能源。供电的中断或不足，不仅将直接影响

生产，造成人民生活紊乱，在某些情况下，甚至会造成极其严重的社会性灾难。例如，2003年8月14日16时11分（北京时间15日4时11分），美国、加拿大发生北美历史上规模最大的停电事故，停电区域涉及美国俄亥俄州、密歇根州、纽约州等8个州以及加拿大魁北克省、安大略省两个省。据北美电力可靠性协会（NERC）统计，此次停电事故累计损失负荷61800MW，超过5000多万人的生活受到影响。据美国经济专家预测，此次美国历史上规模最大的停电事故所造成的经济损失可能高达300亿美元/天。

（2）电能不能储存。由于电能生产是一种能量形态的转换，这就要求生产与消费同时完成。迄今为止，尽管人们对电能的储存进行了大量的研究，并在一些储存电能的方式上（如超导储能等）取得了突破性的进展，但仍未能解决经济高效率的、大容量储存电能的问题。

由于电能难以储存，这就要求在运行时经常保持电源与负荷之间的功率平衡。在规划设计时则要求确保电力先行，否则其他工厂即使建成，也无法投产。再者，由于发电和用电同时实现，还使得电力系统的各个环节之间具有十分紧密的相互依赖关系。不论是转换能量的原动机或发电机，或输送、分配电能的变压器、输配电线路以及用电设备等，只要其中的任何一个元件出现故障，都将影响电力系统的正常运行。

（3）暂态过程非常短暂。由于电是以光速传播的，所以运行情况发生变化所引起的电磁暂态过程或机电磁态过程都是非常迅速的。因此，不论是正常运行时所进行的调整和切换等操作，还是故障时为切除故障或把故障限制在一定范围内以迅速恢复供电所进行的一系列操作，仅依靠人工判断、操作是不能达到满意效果的，甚至是不可能的，必须采用各种自动装置来迅速而准确地完成各项调整和操作任务。电力系统的这个特点，给运行操作带来了许多复杂问题。

根据上述电力系统的特点，在电力系统运行中要求必须保证电力系统运行的安全可靠性，保证电力系统供电的电能质量，保证电力系统运行的经济性等。

第七章　电力系统运行特性及分析

第一节　电力系统的潮流分布

电力系统的潮流分布，指的是电力系统在某一稳态的正常运行方式下，电力网络各处（节点）的功率和电压的分布。

潮流的分布计算，是按给定的电力系统接线方式、参数和运行条件，确定电力系统各部分稳态运行状态参量的计算。通常给定的运行条件有系统中各电源和负荷节点的功率、枢纽点电压、平衡节点的电压和相位角，待求的运行状态参量包括各节点的电压及其相位角以及流经各元件的功率、网络的功率损耗等。

潮流计算的主要目的：

（1）通过潮流计算，可以检查电力系统各元件（如变压器、输电线路等）是否过负荷，以及可能出现过负荷时应事先采取哪些预防措施等。

（2）通过潮流计算，可以检查电力系统各节点的电压是否满足电压质量的要求，还可以分析机组发电出力和负荷的变化，以及网络结构的变化对系统电压质量和安全经济运行的影响。

（3）根据对各种运行方式的潮流分布计算，可以帮助我们正确地选择系统接线方式，合理调整负荷，以保证电力系统安全、可靠地运行，向用户供给高质量的电能。

（4）根据功率分布，可以选择电力系统的电气设备和导线截面积，可以为电力系统继电保护整定计算提供必要的数据等。

（5）为电力系统的规划和扩建提供依据。

（6）为调压计算、经济运行计算、短路计算和稳定计算提供必要的数据。

潮流计算可以分为离线计算和在线计算两种方式。离线计算主要用于系统规划设计和运行中安排系统的运行方式。在线计算主要用于在运行中的系统经常性的监视与实时控制。

一、电力系统的等值电路

采用数学模拟的方法来对电力系统进行分析计算时，首先要将电力系统中的各元件（如输电线路、变压器、发电机等）及其连接方式，用"等值电路"来加以表示。

电力系统各元件通常是三相对称的，因此，可以只研究其中一相的等值电路及其参数。

1. 输电线路参数及等值电路

输电线路的电气参数包括电阻、电导（与电晕、泄漏电流及电缆的介质损耗有关）、电感和电容（由交变磁场和交变电场而引起）。线路的电感以电抗的形式表示，而电容以电纳的形式表示。

输电线路是均匀分布参数的电路，也就是说它的电阻、电导、电抗、电纳都是沿线均匀分布的。每千米（单位长度）的电阻、电导、电抗、电纳分别以 r_1、g_1、x_1、b_1 表示。

（1）电阻：输电线路每相导线单位长度的电阻与导线的材料和截面积有关。

当导线通过交流电时，由于集肤效应和邻近效应等影响，导线的有效电阻与在直流下的直流电阻的比值，随频率的升高而增大，随导线截面积的增大而上升。在频率为 $50\sim60\mathrm{Hz}$ 的交流系统中，导线截面积小于 $400\mathrm{mm}^2$ 的线路，在电力系统的计算时均可用直流电阻代替交流的有效电阻。

工程计算时，导线单位长度的电阻可以由手册中查得，也可以按下式计算，即

$$r_1 = \frac{\rho}{S} (\Omega/\text{km}) \tag{2-5}$$

式中，ρ 为导线电阻率，铜为 $18.8\Omega \cdot \text{mm}^2/\text{km}$，铝为 $31.5\Omega \cdot \text{mm}^2/\text{km}$；$S$ 为导线载流部分的标称截面积，mm^2。

不论手册查得还是按式（2-5）计算的电阻值，均是指周围空气温度为 20℃时的值，t℃时的电阻值 r_t 可按下式计算，即

$$r_t = r_{20}[1 + \alpha(t-20)] \tag{2-6}$$

式中，α 为电阻温度系数，对于铜 $\alpha = 0.00382/℃$；铝 $\alpha = 0.0036/℃$。

（2）电抗：输电线路的电抗是由于导线中通过交流电时，在其内部和外部产生的交变磁场引起的。导线内部的交变磁场只与导线的自感有关，导线外部的交变磁场，不仅与自感有关，还与周围其他导线与其相互作用的互感有关。

三相输电线路的自感和互感的计算方法，在"电磁场原理"等课程中均有介绍，此处不作详细推导。

当三相输电线路对称排列时（或不对称排列，但经过整循环换位后），每相导线单位长度的电抗可按下式计算

$$x_1 = \omega\left(4.6\lg\frac{D_\text{m}}{r} + 0.5\mu\right) \times 10^{-4} \quad (\Omega/\text{km}) \tag{2-7}$$

式中，ω 为角频率，$\omega = 2\pi f$；r 为导线半径，cm 或 mm（r 与 D_m 单位应相同）；μ 为导磁材料的相对导磁率，对有色金属，$\mu=1$；D_m 为三相导线重心间的几何均距，cm 或 mm。

当三相导线间的距离分别为 D_ab、D_bc、D_ca 时，如图 2-34 所示，则几何均距为

$$D_\text{m} = \sqrt[3]{D_\text{ab}D_\text{bc}D_\text{ca}}$$

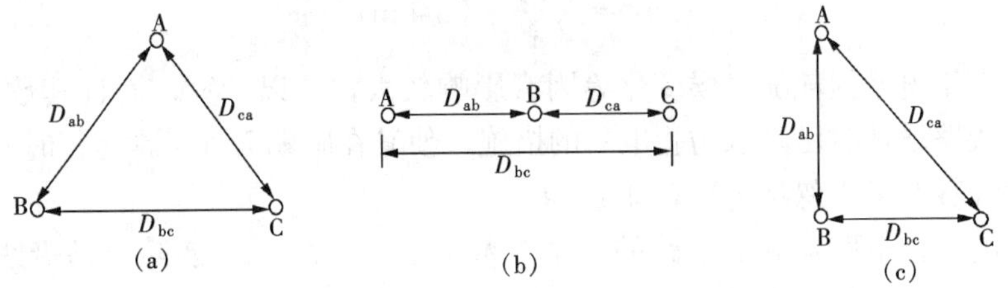

图 2-34 导线排列
(a) 方式 1；(b) 方式 2；(c) 方式 3

如果将 $f = 50\text{Hz}$（$\omega = 314$），$\mu=1$ 代入，则式（2-7）可写为

$$x_1 = 0.1445\lg\frac{D_\text{m}}{r} + 0.0157 \tag{2-8}$$

对于分裂导线线路的电抗，应按如下考虑：

分裂导线的采用，改变了导线周围的磁场分布，等效地增大了导线半径，从而减小了每相导线的电抗。

若将每相导线分裂成 n（若干）根，则决定每相导线电抗的将不是每根导线的半径 r，而是等效半径 r_eq，如图 2-35 所示。

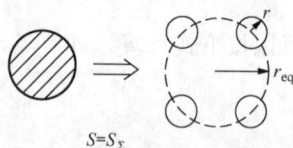

图 2-35　分裂导线的等效半径

于是每相具有 n 根分裂导线的单位电抗为

$$x_1 = 0.1445 \lg \frac{D_m}{r_{eq}} + \frac{0.0157}{n} \qquad (2-9)$$

$$r_{eq} = \sqrt[n]{r(d_{12}d_{13}\cdots d_{1n})}$$

式中，r_{eq} 为分裂导线的等效半径；r 为每根导线的半径；d_{12}，d_{13}，$\cdots$，d_{1n} 为某根导线与其余 $n-1$ 根导线间的距离。

（3）电纳：电力线路的电纳（容纳）是由导线之间以及导线与大地之间的电容所决定的。

经过整循环换位后的三相输电线路，每相导线每千米的等效电容为

$$c_1 = \frac{0.0242}{\lg(D_m/r)} \times 10^{-6} \quad \text{（F/km）}$$

当频率为 50Hz 时，每千米线路的电纳（容纳）为

$$b_1 = \omega x_1 = \frac{7.58}{\lg(D_m/r)} \times 10^{-6} \quad \text{（S/km）} \qquad (2-10)$$

如果采用分裂导线时，式中的 r 用分裂导线的等效半径 r_{eq} 代之。

对于同杆并架的双回线路，每回线的电纳也可以用式（2-10）进行计算。

电缆线路的电纳由制造厂给出。

（4）电导：输电线路的电导是由介质中的有功功率损耗引起的。对于架空输电线路，其主要是电晕损耗。所谓电晕是指架空线路带有高电压时，当导线表面的电场强度超过空气的击穿强度时，导线附近的空气被游离而产生局部放电的现象。

线路开始出现电晕的电压称为临界电压 U_{cr}。当线路运行电压超过临界电压（$U_L > U_{cr}$）时，若三相输电线路单位长度的电晕损耗为 ΔP_g，则每相的等效电导为

$$g_1 = \frac{\Delta P_g}{U_L^2} \quad \text{（S/km）} \qquad (2-11)$$

实际上，由于电晕损耗随气候变化等因素影响较大，难以计算，而且其数值相对较小；另外，在输电线路设计时已采取防止电晕的措施，使其在晴朗天气正常运行时几乎不产生电晕。所以一般计算时可以忽略电导，即 $g_1 = 0$。

输电线路的等值电路：输电线路的 4 个参数 r_1、x_1、b_1、g_1 实际上是沿线路均匀分布的。如果把一条输电线路分成无数的小段（单位长度），则在每一小段线路上，每相导线的电阻 r_1 是与电抗 x_1 串联着的，这相导线与中性线之间并联着电导 g_1 和电纳 b_1。整条线路可以看成由无数个这样的小段串联而成，如图 2-36 所示，这就是输电线路用分布参数表示的单相等值电路。

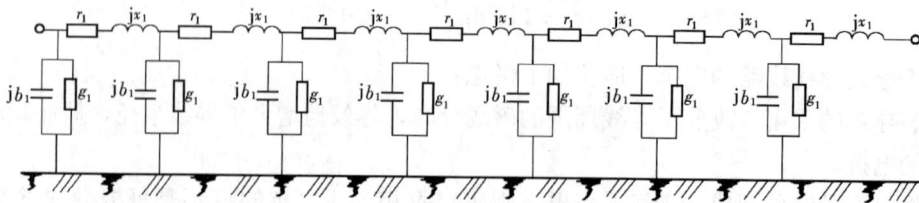

图 2-36　电力线路的单相等值电路

在实际电力系统的工程计算中，输电线路的等值电路常用集中参数表示的 π 型等值电路，如图 2 - 37 所示。其中

$$Z = R + \mathrm{j}x = (r_1 + \mathrm{j}x_1)l$$

$$Y = G + \mathrm{j}B = (g_1 + \mathrm{j}b_1)l$$

式中，l 为线路长度。

【例 2 - 1】　有一长度为 100km、电压为 110kV 的输电线路、导线型号为 LGJ－185，导线水平排列，相间距离为 4m，求线路参数及输电线路的等值电路。

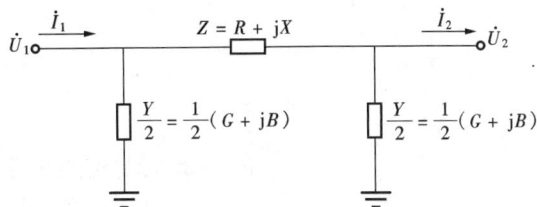

图 2 - 37　输电线等值电路

解　线路单位长度电阻为

$$r_1 = \frac{\rho}{S} = \frac{31.5}{185} = 0.17(\Omega/\mathrm{km})$$

由手册查得 LGJ－185 的计算直径为 19mm，三相导线的几何均距为

$$D_\mathrm{m} = \sqrt{D_\mathrm{ab}D_\mathrm{bc}D_\mathrm{ca}} = \sqrt[3]{2 \times 4000^3} = 5040(\mathrm{mm})$$

线路单位长度电抗为

$$x_1 = 0.1445\lg\frac{D_\mathrm{m}}{r} + 0.0157 = 0.1445\lg\frac{5040}{0.5 \times 19} + 0.0157 = 0.409(\Omega/\mathrm{km})$$

线路单位长度电纳为

$$b_1 = \frac{7.58}{\lg\dfrac{D_\mathrm{m}}{r}} \times 10^{-6} = \frac{7.58}{\lg\dfrac{5040}{0.5 \times 19}} \times 10^{-6} = 2.78 \times 10^{-6}(\mathrm{S/km})$$

不计电导参数，全线路的集中参数为

$$Z = (r_1 + \mathrm{j}x_1)l = 100 \times (0.17 \times \mathrm{j}0.409) = 17 + \mathrm{j}40.9(\Omega)$$

$$Y = \mathrm{j}b_1l = \mathrm{j}2.78 \times 10^{-6} \times 100 = \mathrm{j}278 \times 10^{-6}(\mathrm{S})$$

该线路等值电路的修正系数应取为 $K_\mathrm{Z} = 1$、$K_\mathrm{Y} = 1$，则等值电路如图 2 - 38 所示。

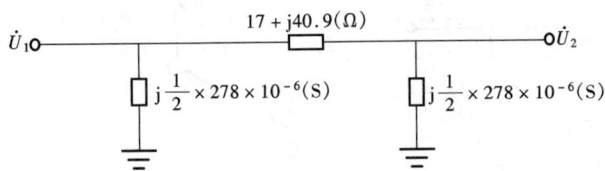

图 2 - 38　[例 2 - 1] 线路等值电路

2. 变压器参数及等值电路

双绕组变压器的电路符号及等值电路如图 2 - 39 所示。

双绕组变压器有电阻 R_T、电抗 X_T、电导 G_T 和电纳 B_T 4 个参数。这 4 个参数可以用变压器的铭牌上 4 个表示电气性能的试验数据计算得到。

这 4 个试验数据是短路损耗 ΔP_k、短路电压 $u_\mathrm{k}\%$、空载损耗 ΔP_0、空载电流 $I_0\%$，计算式为

$$R_\mathrm{T} = \frac{\Delta P_\mathrm{k}U_\mathrm{N}^2}{1000S_\mathrm{N}^2} \quad (\Omega)$$

$$X_\mathrm{T} = \frac{u_\mathrm{k}\%U_\mathrm{N}^2}{100S_\mathrm{N}} \quad (\Omega)$$

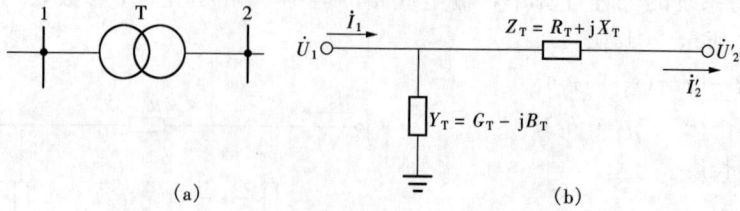

图 2 - 39　双绕组变压器电路符号及等值电路

(a) 符号；(b) 等值电路

$$G_\text{T} = \frac{\Delta P_0}{1000 U_\text{N}^2} \quad \text{(S)}$$

$$B_\text{T} = \frac{I_0\% S_\text{N}}{100 U_\text{N}^2} \quad \text{(S)}$$

式中，ΔP_k 的单位为 kW；S_N 的单位为 MV·A；U_N 的单位为 kV；ΔP_0 的单位为 kW。

3. 发电机的参数及等值电路

由于发电机定子绕组的电阻相对于电抗较小，一般可以忽略不计，因此，在计算中通常只计及其电抗。制造厂一般给出以发电机额定容量为基准的电抗百分数，其定义为

$$X_\text{G}\% = \frac{\sqrt{3} I_\text{N} X_\text{G}}{U_\text{N}} \times 100$$

从而可得发电机电抗有名值为

$$X_\text{G} = \frac{X_\text{G}\%}{100} \times \frac{U_\text{N}}{\sqrt{3} I_\text{N}} = \frac{X_\text{G}\%}{100} \frac{U_\text{N}^2}{S_\text{N}} = \frac{X_\text{G}\%}{100} \frac{U_\text{N}^2 \cos\varphi_\text{N}}{P_\text{N}} \quad (\Omega) \qquad (2 - 12)$$

式中，U_N 为发电机额定电压，kV；S_N 为发电机额定视在功率，kV·A；P_N 为发电机额定有功功率，MW；$\cos\varphi_\text{N}$ 为发电机额定功率因数。

发电机可以用图 2 - 40 (a) 所示的电压源表示的等值电路或图 2 - 40 (b) 所示的电流源表示的等值电路来表示，显然这两种等值电路是可以互换的。

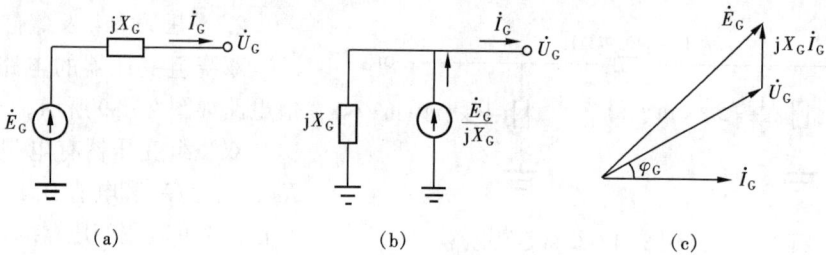

图 2 - 40　发电机等值电路及相量图

(a) 电压源表示；(b) 电流源表示；(c) 相量图

发电机电动势 $\dot{E}_\text{G}$ 可以由式 (2 - 13) 计算得到，其相量关系如图 2 - 40 (c) 所示。即

$$\dot{E}_\text{G} = \dot{U}_\text{G} + jX_\text{G}\dot{I}_\text{G} \qquad (2 - 13)$$

式中，$\dot{E}_\text{G}$ 为发电机电动势，kV；$\dot{U}_\text{G}$ 为发电机端电压，kV；$\dot{I}_\text{G}$ 为发电机定子电流，kA。

4. 负荷的参数及等值电路

在电力系统的稳态分析计算中，负荷常常用恒定的复功率表示，如图 2 - 41 (a) 所示；

有时也用阻抗表示，如图 2-41（b）所示；或用导纳表示，如图 2-41（c）所示。

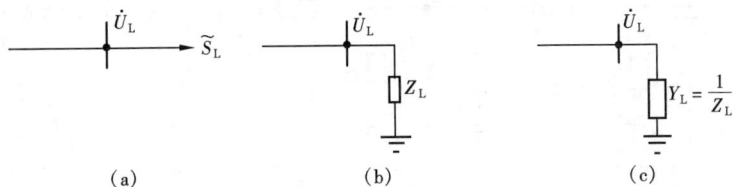

图 2-41　负荷的等值电路

（a）恒定复功率表示；（b）阻抗表示；（c）导纳表示

负荷用恒定功率或恒定阻抗表示时，规定有以下关系

$$S_L = \dot{U}_L \overset{*}{\dot{I}}_L = S_L(\cos\varphi_L + j\sin\varphi_L) = P_L + jQ_L \tag{2-14}$$

$$Z_L = \frac{\dot{U}_L}{\dot{I}_L} = \frac{U_L^2}{\dot{S}_L} = \frac{U_L^2}{P_L - jQ_L} = \frac{U_L^2}{S_L^2}P_L + j\frac{U_L^2}{S_L^2}Q_L = R_L + jX_L \tag{2-15}$$

式中，S_L 为负荷复功率，MV·A；$\overset{*}{\dot{I}}$ 为 $\dot{I}$ 的共轭值；U_L 为负荷端点电压，kV；P_L、Q_L 为负荷有功功率（MW）和无功功率（Mvar）；Z_L、R_L、X_L 为负荷等值阻抗、电阻、电抗。

二、电力系统潮流计算

潮流计算的方法通常有手工计算法和计算机算法两种。

（一）手工计算法

在计算机技术还未发展以前，电力系统的潮流计算，通常是采用"手工"的近似计算。即作出电力系统等值电路后，按照电路的基本关系，推算各元件的功率损耗以及功率分布，计算各节点的电压。

基本计算方法，通过以下例题说明。

【例 2-2】　如图 2-42 所示简单电力系统，各元件参数标于图中，试用有名值计算该系统的潮流分布（已知 $U_3=10.2$kV）。

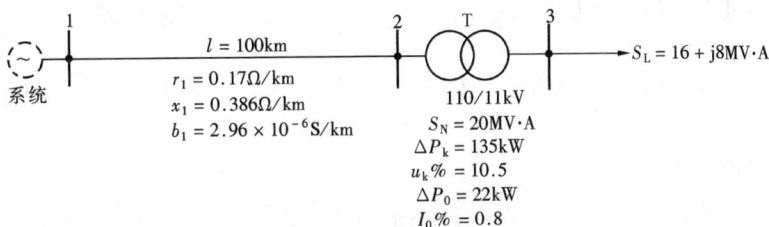

图 2-42　[例 2-2] 图

解　（1）作电力系统的等值电路，如图 2-43 所示。

归算到线路侧的参数计算如下

$$Z_l = R_l + jX_l = (r_1 + jx_1)l = (0.17 + j0.386) \times 100 = 17 + j38.6(\Omega)$$

$$\frac{1}{2}Y_l = jb_1\frac{l}{2} = \frac{100}{2} \times j2.96 \times 10^{-6} = j1.48 \times 10^{-4}(S)$$

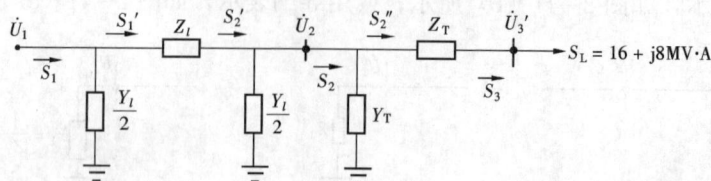

图 2-43　等值电路

$$Z_T = R_T + jX_T = \frac{\Delta P_k U_N^2}{1000 S_N^2} + j\,\frac{u_k\% U_N^2}{100 S_N}$$

$$= \frac{135 \times 110^2}{1000 \times 20^2} + j\,\frac{10.5 \times 110^2}{100 \times 20} = 4.08 + j63.52\,(\Omega)$$

$$Y_T = G_T - jB_T = \frac{\Delta P_0}{1000 U_N^2} - j\,\frac{I_0\% S_N}{100 U_N^2}$$

$$= \frac{22}{1000 \times 110^2} - j\,\frac{0.8 \times 20}{100 \times 110^2} = (1.82 - j13.2) \times 10^{-6}\,(S)$$

（2）潮流分布计算。

设 $\dot{U}_3 = 10.2\,\underline{/0°}$ （kV），则

$$\dot{U}_3' = 10.2 \times \frac{110}{11} = 102\,\underline{/0°}\ \ (\text{kV})$$

$$S_3 = S_L = 16 + j8\ \ (\text{MV} \cdot \text{A})$$

因为
$$\Delta S_T = I_3^2 Z_T = \left(\frac{S_3}{U_3}\right)^2 Z_T = \frac{P_3^2 + Q_3^2}{U_3^2}\,(R_T + jX_T)$$

$$= \frac{16^2 + 8^2}{102^2} \times (4.08 + j63.52) = 0.52 + j1.19\ \ (\text{MV} \cdot \text{A})$$

$$S_2'' = S_3 + \Delta S_T = (16 + j8) + (0.52 + j1.19)$$

$$= 16.52 + j9.19\ \ (\text{MV} \cdot \text{A})$$

$$\dot{U}_2 = \dot{U}_3' + \dot{I}_3 Z_T = \dot{U}_3' + \left(\frac{S_3}{\dot{U}_3'}\right)^* Z_T = \dot{U}_3' + \frac{P_3 - jQ_3}{\dot{U}_3'}\,(R_T + jX_T)$$

$$= \dot{U}_3' + \frac{P_3 R_T + Q_3 X_T}{\dot{U}_3'} + j\,\frac{P_3 X_T - Q_3 R_T}{\dot{U}_3'} = \dot{U}_3' + \Delta \dot{U}_T' + j\delta \dot{U}_T$$

电压降落的纵向分量

$$\Delta U_T = \frac{16 \times 17 + 8 + 38.6}{102} = 5.69\ \ (\text{kV})$$

电压降落的横向分量

$$\delta U_T = \frac{16 \times 38.6 - 8 \times 17}{102} = 4.72\ \ (\text{kV})$$

$$\dot{U}_2 = 102 + 5.69 + j4.72 = 107.69 + j4.72 = 107.8\,\underline{/2.5°}\ \ (\text{kV})$$

$$\Delta S_{YT} = (r_T \dot{U}_2)^* \dot{U}_2 = \overset{*}{Y}_T U_2^2 = (G_T + jB_T) U_2^2$$

$$= (1.82 + j13.2) \times 10^{-6} \times 107.8^2 = (0.02 + j0.15)\ \ (\text{MV} \cdot \text{A})$$

$$S_2 = S_2'' + \Delta S_{YT} = 16.54 + j9.34\ \ (\text{MV} \cdot \text{A})$$

$$\Delta S'_{yl} = \left(\frac{Y_l}{2}\dot{U}_2\right)^* \dot{U}_2 = \frac{1}{2}\overset{*}{Y}_l U_2^2 = -j1.48 \times 10^{-4} \times 107.8^2$$

$$= j1.72 \text{ （Mvar）}$$

$$S'_2 = S_2 + \Delta S'_{yl} = 16.54 + j7.62 \text{ （MV · A）}$$

$$\Delta S_l = \frac{P'^2_2 + Q'^2_2}{U_2^2}(R_l + jX_l) = \frac{16.54^2 + 7.62^2}{107.8^2} \times (17 + j38.6)$$

$$= 0.485 + j1.1 \text{ （MV · A）}$$

$$S'_1 = S'_2 + \Delta S_l = 17.025 + j8.72 \text{ （MV · A）}$$

计算 $\dot{U}_1$ 时，重新假设 $\dot{U}_2 = 107.8 \underline{/0°}$，则

$$\dot{U}_1 = \dot{U}_2 + \frac{P'_2 R_l + Q'_2 X_l}{\dot{U}_2} + j\frac{P'_2 X_l - Q'_2 R_l}{\dot{U}_2}$$

$$= 107.8 + \frac{16.54 \times 17 + 7.62 \times 38.6}{107.8} + j\frac{16.54 \times 38.6 - 7.62 \times 17}{107.8}$$

$$= 113.14 + j4.721 = 113.24 \underline{/2.39°} \text{ (kV)}$$

$$\Delta S''_{yl} = \frac{1}{2}\overset{*}{Y}_l U_1^2 = -j1.48 \times 10^{-4} \times 113.24^2 = -j1.9 \text{ (Mvar)}$$

$$S_1 = S'_1 + \Delta S''_{yl} = 17.025 + j6.82 \text{ (MV · A)}$$

该系统潮流分布，如图 2 - 44 所示。

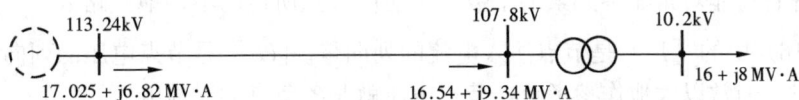

图 2 - 44　系统潮流分布

（二）计算机算法

随着计算机技术的发展，复杂电力系统潮流计算几乎均采用计算机来进行计算，它具有计算精度高、速度快等优点。计算机算法的主要步骤有：

（1）建立描述电力系统运行状态的数学模型。

（2）确定解算数学模型的方法。

（3）制定程序框图，编写计算机计算程序，并进行计算。

（4）对计算结果进行分析。

1. 电力系统潮流的计算机算法的数学模型

将网络有关参数和变量及其相互关系归纳起来所组成的、可以反映网络性能的数学方程式组，也可以说是对电力系统的运行状态、变量和网络参数之间相互关系的一种数学描述。电力网络的数学模型有节点电压方程和回路电流方程等。在电力系统潮流分布的计算中，广泛采用的是节点电压方程。

在《电工原理》课中，已讲过用节点导纳矩阵表示的节点电压方程，即

$$[\dot{I}_n] = [Y_n][\dot{U}_n] \tag{2-16}$$

对于 n 个节点的网络，它可展开成为

$$\begin{bmatrix} \dot{I}_1 \\ \dot{I}_2 \\ \vdots \\ \dot{I}_n \end{bmatrix} = \begin{bmatrix} Y_{11} & Y_{12} & \cdots & Y_{1n} \\ Y_{21} & Y_{22} & \cdots & Y_{2n} \\ \vdots & \vdots & \cdots & \vdots \\ Y_{n1} & Y_{n2} & \cdots & Y_{nn} \end{bmatrix} \begin{bmatrix} \dot{U}_1 \\ \dot{U}_2 \\ \vdots \\ \dot{U}_n \end{bmatrix} \qquad (2-17)$$

节点导纳矩阵 $[Y_n]$ 的对角线元素 Y_{ii} ($i=1, 2, \cdots, n$) 称为自导纳。由式（2-17）可见，自导纳 Y_{ii} 等于在节点 i 施加单位电压 $\dot{U}_i=1$，其他节点全部接地时，经节点 i 向网络中注入的电流，亦等于与 i 节点相连支路的导纳之和。其表示式为

$$Y_{ii} = \frac{\dot{I}_i}{\dot{U}_i} = \dot{I}_i = \sum_{j \in i} I_{ij} = \sum_{j \in i} y_{ij} \quad (U_i = 1, U_i = 0, i \neq j) \qquad (2-18)$$

节点导纳矩阵的非对角元素 Y_{ij} ($i=1, 2, \cdots, n$, $j=1, 2, \cdots, n$, 但 $i \neq j$) 称互导纳。由式（2-17）可见，互导纳 Y_{ij} 在数值上就等于在节点 i 施加单位电压，其他节点全部接地时，经节点 j 注入网络的电流，亦等于节点 i、j 之间所连支路元件导纳的负值。其表示式为

$$Y_{ji} = \frac{\dot{I}_j}{\dot{U}_i} = \dot{I}_j = - y_{ji} \quad (U_i = 1, U_j = 0, i \neq j) \qquad (2-19)$$

由于 $Y_{ij} = Y_{ji}$，因此网络节点导纳矩阵为对称矩阵。若节点 i、j 之间没有支路直接相连时，则有 $Y_{ij} = Y_{ji} = 0$，这样 $[Y_n]$ 中将有大量的零元素。可见，节点导纳矩阵为稀疏矩阵，并且导纳矩阵各行非对角非零元素的个数等于对应节点所连的不接地支路数。

式（2-16）中的 $[\dot{I}_n]$ 是节点注入电流的列向量。$[\dot{U}_n]$ 是节点电压的列向量。网络中有接地支路时，通常以大地作参考点，节点电压就是各节点的对地电压。

以上的节点电压方程是潮流计算的基础方程式。在电气网络理论中，一般是给出电压源（或电流源），为求得网络内电流和电压的分布，只要直接求解网络方程就可以了。但是，在潮流计算中，在网络的运行状态求出以前，无论是电源的电动势值，还是节点注入的电流，都是无法准确给定的。

图 2-45 表示某个三节点的简单电力系统及其等值电路，其网络方程为

$$\left.\begin{aligned} \dot{I}_1 &= Y_{11}\dot{U}_1 + Y_{12}\dot{U}_2 + Y_{13}\dot{U}_3 \\ \dot{I}_2 &= Y_{21}\dot{U}_1 + Y_{22}\dot{U}_2 + Y_{23}\dot{U}_3 \\ \dot{I}_3 &= Y_{31}\dot{U}_1 + Y_{32}\dot{U}_2 + Y_{33}\dot{U}_3 \end{aligned}\right\} \qquad (2-20)$$

即 $$\dot{I}_i = Y_{i1}\dot{U}_1 + Y_{i2}\dot{U}_2 + Y_{i3}\dot{U}_3 \quad (i=1,2,3)$$

因为 $S = \dot{U}\overset{*}{I}$，所以节点电流用功率和电压可以表示为

$$\dot{I}_i = \frac{\overset{*}{S}_i}{\overset{*}{U}_i} = \frac{\overset{*}{S}_{Gi} - \overset{*}{S}_{Li}}{\overset{*}{U}_i} = \frac{(P_{Gi} - P_{Li}) - j(Q_{Gi} - Q_{Li})}{\overset{*}{U}_i} \qquad (2-21)$$

将式（2-21）代入式（2-20），即可得

$$\frac{(P_{Gi} - P_{Li}) - j(Q_{Gi} - Q_{Li})}{\overset{*}{U}_i} = Y_{i1}\dot{U}_1 + Y_{i2}\dot{U}_2 + Y_{i3}\dot{U}_3 \quad (i=1,2,3)$$

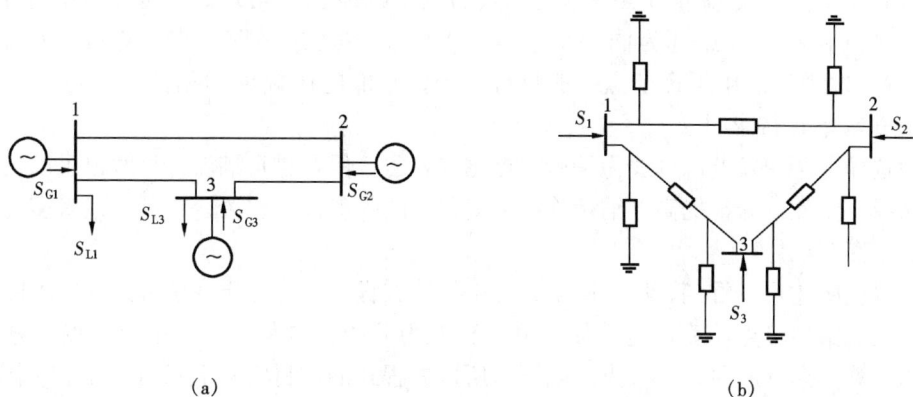

图 2 - 45　简单电力系统及等值电路

(a) 接线图；(b) 等值电路

这是一组复数方程式，如果把实部和虚部分开，便得到 6 个实数方程。但是每一个节点都有 6 个变量，即发电机发出的有功功率和无功功率、负荷需要的有功功率和无功功率，以及节点电压的幅值和相位（或对应于某一参考直角坐标的实部和虚部）。对于 n 个节点的网络，可以列写 $2n$ 个方程，但是却有 $6n$ 个变量。因此，对于每一个节点，必须给定这 6 个变量中的 4 个，使待求量的数目同方程的数目相等，才能对方程组求解。

通常把负荷功率作为已知量，并把节点功率 $P_i = P_{Gi} - P_{Li}$ 和 $Q_i = Q_{Gi} - Q_{Li}$ 引入网络方程。这样，n 个节点的电力系统潮流方程的一般形式可以写为

$$\frac{P_i - jQ_i}{\overset{*}{U}_i} = \sum_{j=1}^{n} Y_{ij} \dot{U}_j \quad (i = 1, 2, \cdots, n) \tag{2-22}$$

或

$$P_i + jQ_i = \dot{U}_i \sum_{j=1}^{n} \overset{*}{Y}_{ij} \dot{U}_j \quad (i = 1, 2, \cdots, n) \tag{2-23}$$

将上述方程的实部和虚部分开，对每一个节点可得 2 个实数方程，但是变量仍还有 4 个，即 P、Q、U、δ。还要给定其中的 2 个，将剩下的 2 个作为待求变量，方程组才可以求解。

2. 节点的分类

根据电力系统的实际运行条件，按给定变量的不同，一般将节点分为以下三种类型。

(1) PQ 节点。这类节点的有功功率 P 和无功功率 Q 是给定的，节点电压 (U, δ) 是待求量。通常变电所都是这一类型的节点，由于没有发电机设备，故发电功率为零。若系统中某些发电厂送出的功率在一定时间内为固定时，则该发电厂母线可作为 PQ 节点。可见，电力系统中的绝大多数节点属于这一类型。

(2) PU 节点。这类节点的有功功率 P 和电压幅值 U 是给定的，节点的无功功率 Q 和电压的相位 δ 是待求量。这类节点必须有足够的可调无功容量，用以维持给定的电压幅值，因而又称之为电压控制节点。一般是选择有一定无功储备的发电厂和具有可调无功电源设备的变电所作为 PU 节点。在电力系统中，这一类节点的数目很少。

(3) 平衡节点。在潮流分布算出以前，网络中的功率损失是未知的，因此，网络中至少有一个节点的有功功率 P 不能给定，这个节点承担了系统有功功率的平衡，故称之为平衡节点。另外，必须选定一个节点，指定其电压相位为零，作为计算各节点电压相位

的参考，这个节点称为基准节点。基准节点的电压幅值也是给定的。为了计算上的方便，常将平衡节点和基准节点选为同一个节点，习惯上称之为平衡节点（亦称为松弛节点、摇摆节点）。电力系统中平衡节点一般只有 1 个，它的电压幅值和相位已给定，而其有功功率和无功功率是待求量。

一般选择主调频发电厂母线为平衡节点比较合适。但在进行潮流计算时也可以按照别的原则来选择，例如，为了提高导纳矩阵法潮流程序的收敛性，也可以选择出线最多的发电厂母线作为平衡节点。

根据以上所述可以看到，尽管网络方程是线性方程，但是由于在定解条件中不能给定节点电流，只能给出节点功率，这就使潮流方程变为非线性方程。由于平衡节点的电压已给定，只需计算其余 $(n-1)$ 个节点的电压，所以方程式的数目实际上只有 $2(n-1)$ 个。

3. 约束条件

通过求解方程得到了全部节点电压以后，就可以进一步计算各类节点的功率以及网络中功率的分布。这些计算结果代表了潮流方程在数学上的一组解答。但这组解答所反映的系统运行状态，在工程上是否具有实际意义还需要进行检验，因为电力系统运行必须满足一定技术、经济上的要求。这些要求构成了潮流问题中某些变量的约束条件，常用的约束条件有：

（1）所有节点电压必须满足

$$U_{imin} \leqslant U_i \leqslant U_{imax} \quad (i = 1,2,\cdots,n) \tag{2-24}$$

这个条件是说各节点电压的幅值应限制在一定的范围之内。从保证电能质量和供电安全的要求来看，电力系统的所有电气设备都必须运行在额定电压附近。对于平衡节点和 PU 节点，其电压幅值必须按上述条件给定。因此，这一约束主要是对 PQ 节点而言。

（2）所有电源节点的有功功率和无功功率必须满足

$$\left.\begin{aligned} P_{Gimin} \leqslant P_{Gi} \leqslant P_{Gimax} \\ Q_{Gimin} \leqslant Q_{Gi} \leqslant Q_{Gimax} \end{aligned}\right\} \tag{2-25}$$

PQ 节点的有功功率和无功功率以及 PV 点的有功功率，在给定时就必须满足式(2-25)条件。因此，对平衡节点的 P 和 Q 以及 PU 节点的 Q 应按上述条件进行检验。

（3）某些节点之间电压的相位差应满足

$$\mid \delta_i - \delta_j \mid < \mid \delta_i - \delta_j \mid_{max} \tag{2-26}$$

为了保证系统运行的稳定性，要求某些输电线路两端的电压相位差不超过一定的数值。这一约束的主要意义就在于此。

因此，潮流计算可以概括为求解一组非线性方程组，并使其解答满足一定的约束条件。常用的计算方法是迭代法和牛顿法。在计算过程中或得出结果之后用约束条件进行检验，如果不满足，则应修改某些变量的给定值，甚至修改系统的运行方式，重新计算。

4. 解算数学模型的方法

解算数学模型的基本要求：

（1）计算方法的可靠性或收敛性。潮流计算在数学上是求解一组多元非线性代数方程组的问题，无论采用什么计算方法都离不开迭代，所以就有计算方法或迭代格式是否收敛，即能否正确地求解的问题。因此，首先要求所选用的方法能可靠地收敛，并给出正确答案。

（2）对计算机存储量的要求。随着电力系统的不断扩大，潮流问题的方程式阶数越来越高，加之描述网络方程的阻抗矩阵是满阵而导纳矩阵是稀疏阵，各种计算方法所占计算机内存相差很大，因此，必须选择占用内存较少的方法才能满足解题规模的要求。

（3）计算速度。在保证可靠收敛的前提下，各种方法的计算速度相差也较大，选用速度较快的方法可大大提高计算效率，并为在线计算创造条件。

（4）计算的方便性和灵活性。电力系统潮流不是单纯的计算而是一个不断调整运行方式的问题。为了得到一个合理的运行方式，往往需要不断地修改原始数据。因此，要求程序提供方便的人机联系环境，便于数据输入、校核和修改以及结果的分析和处理。

解算数学模型的主要方法：

20 世纪 50 年代中期，在用数字计算机求解电力潮流问题的开始阶段，主要采用以节点导纳矩阵为基础的潮流计算高斯—赛德尔迭代法（简称导纳矩阵迭代法）。该方法原理简单，占用计算机内存少，适合当时计算机软、硬件和电力系统计算理论的水平。但导纳矩阵迭代法收敛性差，当系统规模变大时，迭代次数急剧上升，且常有不收敛的情况。

20 世纪 60 年代初期，数字计算机已发展到第二代，计算机的内存和速度都有不少增加和提高，这为占用内存多，但收敛性较导纳矩阵迭代法好的以节点阻抗矩阵为基础的高斯—赛德尔迭代法（简称阻抗矩阵迭代法）的应用创造了条件。阻抗矩阵迭代法改善了收敛性，但因占用内存多，使解题规模受到一定限制。

20 世纪 60 年代初期即开始研究潮流计算牛顿—拉夫逊法（简称牛顿法）。研究表明，牛顿法具有很好的收敛性。直到 20 世纪 60 年代末期，优化节点编号和稀疏矩阵程序技巧的高斯消去法的实际应用，才使牛顿法潮流计算在收敛性、内存需求、计算速度等方面都超过其他方法，成为广泛采用的优秀方法。

20 世纪 70 年代初，在牛顿法的基础上，根据电力系统的特点发展了潮流计算 $P-Q$ 分解法。该方法所占内存为牛顿法的 $1/2\sim1/4$，计算速度也明显加快。由于牛顿法和 $P-Q$ 分解法的显著优点，使得到 20 世纪 90 年代末期为止，它们仍然是实际应用的电力系统潮流计算的主要方法。此外，作为方法的研究和探讨，还提出了非线性快速潮流计算法、最优乘子法、非线性规划法、网流法等。为适应电力网调度自动化的需要，在线潮流计算方法及其应用也得到重视和发展。

20 世纪 70 年代后期至 80 年代以来，大型商用电力系统分析软件包得到广泛应用，其中不少潮流计算程序包，同时备有几种算法供用户选择，以便有助于解决各类潮流计算的收敛性问题。

第二节　电力系统频率的特性及调整

电力系统的频率与发电机的转速有严格的关系，发电机的转速是由作用在机组转轴上的转矩（或功率）平衡所确定的。原动机输出的功率和除励磁损耗和各种机械损耗后，如果能同发电机产生的电磁功率严格的保持平衡，则发电机的转速就恒定不变。但是发电机输出的电磁功率是由系统运行状态决定的，全系统发电机输出的有功功率的总和，在任何时刻都应与全系统的有功功率需求相等，即电力系统的有功功率在任何时刻都应是平衡的。如以 $\sum P_{L}$ 表示电力系统中所有用户的负荷，以 $\sum\Delta P_{d}$ 表示电力网中的有功功率损耗（主要是变压器和线路的损耗），用 $\sum P_{Y}$ 表示发电厂的自用电功率，用 $\sum P_{G}$ 表示发电机发出的总有功

功率，则电力系统的有功功率平衡关系可表示为

$$\sum P_G = \sum P_L + \sum \Delta P_d + \sum P_Y \qquad (2-27)$$

由于电能在目前还不能大量存储，负荷功率的任何变化都将同时引起发电机输出功率的相应变化，这种变化是瞬间完成的。原动机输出的机械功率由于机组本身的惯性和调节系统的相对迟缓的特点，无法适应发电机电磁功率的瞬时变化。因此，发电机转轴上转矩的绝对平衡是不存在的，但是把频率对额定值的偏移限制在一个相当小的范围内则是必要的，也是可能的。

电力系统中的发电与用电设备，都是按照额定频率设计和制造的，只有在额定频率附近运行时，才能发挥最好的功能。系统频率过大的变动，对用户和发电厂的运行都将产生不利的影响。系统频率变化对用户的不利影响主要有三个方面：①频率变化将引起异步电动机转速的变化，由这些电动机驱动的纺织、制纸机械等的产品质量将受到影响，甚至出现残、次品；②系统频率降低将使电动机的转速和功率降低，导致传动机械的出力降低；③工业和国防部门使用于测量、控制等的电子设备将因系统频率的波动而影响其准确性和工作性能，频率过低时甚至无法工作。电力系统频率降低时，将对发电厂和系统的安全运行带来影响，如：①频率下降时，汽轮机叶片的振动变大，影响使用寿命，甚至产生裂纹而断裂。②频率降低时，由异步电动机驱动的火电厂厂用机械（如风机、水泵及磨煤机等）的出力降低，导致发电机出力降低，使系统的频率进一步下降。特别是频率下降到 46～47Hz 以下时，可能在几分钟内使火电厂的正常运行受到破坏，系统功率缺额更为严重，使频率更快下降，从而发生频率崩溃现象。③系统频率降低时，异步电动机和变压器的励磁电流增加，所消耗的无功功率增大，结果引起电压下降。当频率下降到 45～46Hz 时，各发电机及励磁机的转速均显著下降，致使各发电机的电动势下降，全系统的电压水平大为降低。如果系统原来的电压水平偏低，还可能引起电压不断下降，出现电压崩溃现象。发生频率崩溃或电压崩溃，会使整个系统瓦解，造成大面积停电。

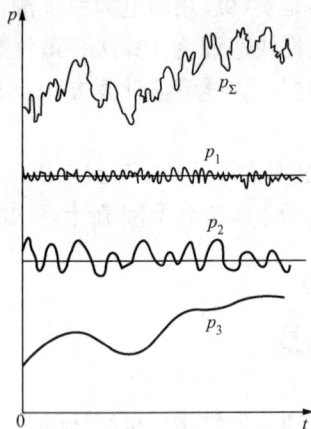

图 2-46　有功功率负荷的变动
p_1—第一种负荷变动；p_2—第二种负荷变动；p_3—第三种负荷变动；p_Σ—实际不规则的负荷变动

电力系统有功功率负荷时刻都在变化，由系统实际负荷变化的曲线（见图 2-46）表明，系统负荷可以看作是由三种具有不同变化规律的负荷组成：第一种是变化幅度很小，变化周期很短，变动有很大偶然性的负荷；第二种是变化幅度较大，变化周期较大的负荷，如电炉、延压机械、电气机车等；第三种是变化缓慢的持续变动负荷，如由于生产、生活、气候等变化而引起变动的负荷。

负荷的变化将引起频率的相应变化，第一种变化负荷引起的频率偏移将由发电机组的调速器进行调整，以改变发电机输出的有功功率，这种调整通常称为频率的一次调整。第二种变化负荷引起的频率变化，仅靠调速器的作用往往已不能将频率限制在允许的范围之内，这时必须有调频器参与频率的调整，以改变发电机输出的有功功率，这种调速通常称为频率的二次调整。电力系统调度部门预先编制的日负荷曲线大体上反映了第三种变化负荷的规律，这一部分负荷将在有功功率平衡的基础上，按照最优化的原则在各发电厂间进行分配，这种调整通常称为频率的三次调整。

　　为了满足频率调整的需要，以适应用户对功率的要求，电力系统装设的发电机的额定容量必须大于当前的负荷，即必须装设一定的备用发电设备容量，以便在发电设备、供电设备发生故障或检修时，以及系统负荷增长后，仍有充足的发电设备容量向用户供电。

　　备用设备容量按用途可分为以下几种：

　　（1）负荷备用：为了能及时地向增加的负荷供电，需设置有备用容量。其大小可根据预测负荷和实际负荷等资料来确定，一般为最大负荷的 2%～5%。

　　（2）事故备用：防止因部分机组由于系统本身发生事故退出运行使用户受到严重影响，维持系统正常运行而增设的容量。其大小可根据系统中机组的台数、容量、故障率及可靠性指标等确定，一般取最大负荷的 5%～10%，但不能小于最大一台机组的容量。

　　（3）检修备用：机组必须按计划检修，一部分机组因检修退出运行时，要用检修备用容量发电。

　　（4）国民经济备用：这是为适应国民经济各部门用电逐月、逐年增长而设置的备用容量。

　　上述四种备用有的处于运行状态，称为热备用或旋转备用，有的处于停机待命状态，称为冷备用。

一、电力系统的频率特性

　　1. 电力系统负荷的有功功率—频率静态特性

　　当频率变化时，电力系统中的有功功率负荷（包括用户取用的有功功率和网络中的有功损耗）也将发生变化。当电力系统稳态运行时，系统中有功负荷随频率变化的特性称为负荷的有功功率—频率静态特性。

　　图 2-47 示出了电力系统负荷的有功功率—频率静态特性。当频率偏移额定值不多时，该特性常用一条直线来表示。也就是说，在额定频率附近，负荷的有功功率与频率呈线性关系。图中直线的斜率为

$$K_L = \tan\beta = \frac{\Delta P_L}{\Delta f} \tag{2-28}$$

或用标么值表示为

$$K_{L*} = \frac{\Delta P_L / P_{LN}}{\Delta f / f_N} = \frac{\Delta P_{L*}}{\Delta f_*} \tag{2-29}$$

式中，K_L、K_{L*} 为系统有功功率负荷的频率调节效应系数。它表示系统有功功率负荷的自动调节效应。如频率下降，负荷从系统取用的有功功率将自动减少。一般电力系统 $K_{L*}=1\sim3$，它表示频率变化 1% 时，负荷的有功功率相应变化 1%～3%。

　　2. 发电机组的有功功率—频率静态特性

　　当系统频率变化时，汽轮机（或水轮机）调速系统将自动地改变进汽量（或进水量），以相应增减发电机输出

图 2-47　电力系统负荷的
有功功率—频率静态特性

的功率，调整结束后达到新的稳态。这种反映由频率变化而引起汽轮机（或水轮机）输出功率变化的关系，称为发电机组有功功率—频率静态特性。

　　如图 2-48（a）所示，图中曲线组是分别对应不同进汽量或进水量的发电机组的静态频率特性。

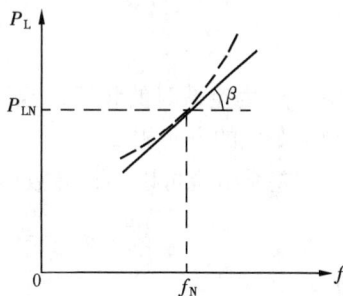

这种频率随发电机功率增大而有所降低的特性是线性的，称为发电机的功率—频率静特性，简称为功频静特性，如图 2-48（b）所示。调速器系统又称为发电机组的频率一次调整系统，或称一次调频系统，是自动进行的。

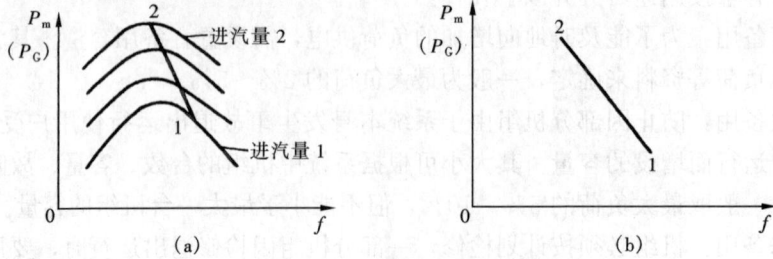

图 2-48　发动机的功频静特性
(a) 调速器作用；(b) 有调速器时的功频静特性

这种代表功频特性的直线的斜率为负数，取

$$K_G = -\Delta P_G/\Delta f \qquad (2-30)$$

式中，K_G 为发电机的单位调节功率，MW/Hz，功率增加和频率上升为正，反之为负，这样使 K_G 始终为正数。

K_G 的标么值为

$$K_{G*} = -\frac{\Delta P_G/P_{GN}}{\Delta f/f_N} = K_G f_N/P_{GN} \qquad (2-31)$$

式中，P_{GN} 为发电机的额定功率；f_N 为系统额定频率；ΔP_G 为发电机功率变化量；Δf 为系统频率变化量。

发电机的单位调节功率的倒数称为发电机组的调差系数，即

$$\sigma = -\frac{\Delta f}{\Delta P_G} = -\frac{(f_N - f_0)}{(P_{GN} - 0)} = \frac{f_0 - f_N}{P_{GN}} \qquad (2-32)$$

$$\sigma_* = -\frac{1}{K_{G*}} = -\frac{\Delta f_*}{\Delta P_{G*}} \qquad (2-33)$$

式中，f_0 为空载时的频率；f_N 为额定功率 P_{GN} 时的频率；负号表示发电机输出功率的变化和频率变化的方向相反。

调差系数也可以用百分数形式表示为

$$\sigma\% = -\frac{\Delta f/f_N}{\Delta P_G/P_{GN}} \times 100\% = \frac{f_0 - f_N}{f_N} \times 100$$

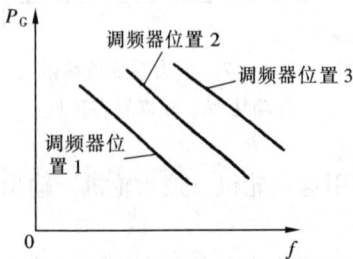

图 2-49　有二次调整时
的功频静特性

发电机的调差系数 $\sigma\%$ 或单位调节功率 K_{G*} 是可以整定的，一般整定为如下的数值：汽轮发电机组，$\sigma\% = 3\%\sim5\%$；水轮发电机组，$\sigma\% = 2\%\sim4\%$。

发电机二次调频是通过调频器来实现的。调频器作用的效果就是改变发电机组的功频静特性，使由一次调整的功频静特性平行移动，如图 2-49 所示。

二、频率的一次调整

上面分别说明了电力系统中发电机组和负荷的有功

功率与频率变化的关系，现将两者同时考虑来说明系统频率的一次调整。

　　发电机组与负荷的有功功率—频率静态特性的交点就是系统的初始运行点，如图 2 - 50 中的 O 点。若在 O 点运行时，负荷的有功功率突然增加 ΔP_{L0}，即负荷的有功功率—频率静态特性突然从 P_L 向上移动至 P'_L（ΔP_{L0} 为负荷功率的原始增量），由于发电机输出的有功功率不能随负荷的突然增加而及时变动，发电机组将减速，电力系统频率将下降。在系统频率下降时，发电机输出的有功功率将因调速器的一次调整作用而增加，同时负荷所需的有功功率将因本身的调节效应而减少。前者沿发电机组的有功功率—频率静态特性向上增加，后者沿负荷的有功功率—频率静态特性 P'_L 而向下减少，最后在新的平衡点 O′ 稳定下来。因此这一调节过程是由发电机和负荷共同完成的。

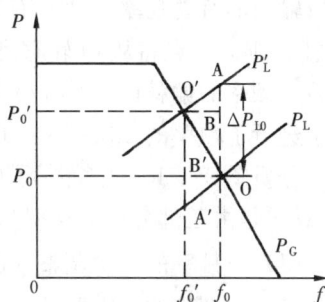

图 2 - 50　频率的一次调整

　　由图 2 - 50 可见，有

$$\Delta P_{L0} = \overline{AO} = \overline{O'B'} + \overline{B'A'}$$
$$= -K_G \Delta f - K_L \Delta f = -(K_G + K_L)\Delta f$$

记 $K_S = K_G + K_L$，则有

$$K_S = -\frac{\Delta P_{L0}}{\Delta f} \qquad\qquad (2 - 34)$$

式（2 - 34）也可以用标幺值表示为

$$K_{S*} = -\frac{\Delta P_{L0}/P_L}{\Delta f/f_N} = -\frac{\Delta P_{L0*}}{\Delta f_*} \qquad\qquad (2 - 35)$$

式中，P_L 为初始运行状态时的总有功功率负荷；K_S 为整个电力系统的有功功率—频率静态特性系数，又称为电力系统的单位调节功率。

　　它说明在频率的一次调整作用下，单位频率的变化可能承受多少系统负荷的变化。因而，已知 K_S 值时，可以根据允许的频率偏移幅度计算出系统能够承受负荷变化幅度，或者根据负荷变化计算出系统可能发生的频率变化。显然 K_S 值大，负荷变化引起的频率变化的幅度就小。因为 K_L 不能调节，增大 K_S 值只能通过减小调差系数解决，但是调差系数过小，将使系统工作不稳定。

　　由于并列运行发电机组的总单位调节功率为

$$K_{G\Sigma} = K_{G1} + K_{G2} + \cdots + K_{Gn} = \sum_{i=1}^{n} K_{Gi} \qquad\qquad (2 - 36)$$

因而增加发电机的运行台数也可提高 K_S 值。但是运行的机组多，效率降低而不经济，这一因素也要兼顾。

三、频率的二次调整

　　当电力系统由于负荷变化引起的频率偏移较大，采取一次调频尚不能使其保持在允许的范围以内时，通过频率的二次调整才能解决。频率的二次调整就是以手动或自动方式调节调频器平行移动发电机组有功功率—频率静态特性，来改变发电机组输出的有功功率，使系统的频率保持为负荷增长前的水平或使频率的偏差在允许的范围之内。

由图 2-51 可见，在频率的一次调整时，当负荷增加 ΔP_{L0}，运行点将移到 O'，即频率下降到 f_O'，功率增至 P_O'。如果此时频率偏移 $\Delta f'$ 超过允许的范围，可操作调频器再增加发电机输出的有功功率，使其有功功率—频率静态特性曲线向右平行移动，发电机增发功率 ΔP_{GO}，则运行点将从 O' 转移到 O''，其对应的功率 P_O''，频率为 f_O''，即进行了频率的二次调整后，频率的偏移由 $\Delta f'$ 减小为 $\Delta f''$，发电机供给负荷的有功功率从 P_O' 增加为 P_O''。显然，由于进行了频率的二次调整，电力系统的频率质量有了提高。

分析图 2-51 中的特性可见，在频率的一次调整和二次调整同时进行时，系统负荷的增量 ΔP_{L0} 是由三部分调节功率与之平衡的：

(1) 由频率的一次调整（调速器作用）增发的功率为 $-K_G\Delta f''$，图 2-51 中的 $\overline{CB}$ 线段。

(2) 由频率的二次调整（调频器作用）增发的功率 ΔP_{GO}，图 2-51 中的 $\overline{OC}$ 线段。

(3) 由负荷自身的调节效应而减少取用的功率为 $-K_L\Delta f''$，图 2-51 中的 $\overline{BA}$ 线段。

用公式表示可以写成

$$\Delta P_{L0} = \Delta P_{GO} - K_G\Delta f'' - K_L\Delta f''$$

或 $$\Delta P_{L0} - \Delta P_{GO} = (K_G + K_L)\Delta f'' = -K_S\Delta f'' \tag{2-37}$$

上两式为具有二次调频的功率平衡方程式。由式（2-37）可得

$$\Delta f'' = -\frac{\Delta P_{L0} - \Delta P_{GO}}{K_S} \tag{2-38}$$

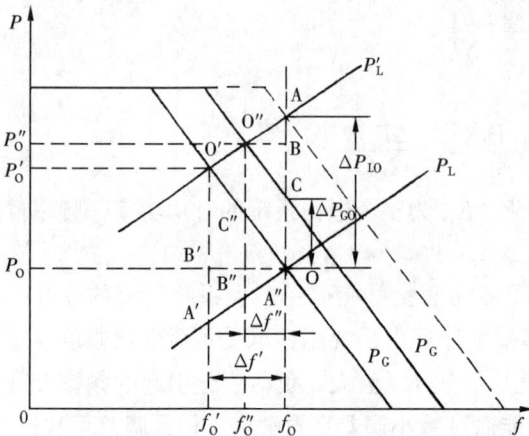

图 2-51 频率的二次调整

如果使用调频器进行二次调频所得的发电机输出功率的增量能完全抵偿负荷增加的增量，即 $\Delta P_{L0} - \Delta P_{GO} = 0$ 时，就能维持原频率不变（即 $\Delta f''=0$），这样就实现了频率的无差调节。无差调节特性如图 2-51 中虚线所示。

电力系统中各发电机组均装有调速器，所以系统中每台运行机组都参与频率的一次调整（满载机组除外）。频率的二次调整则不同，一般只由系统中选定的极少电厂的发电机组担任频率的二次调整。负有二次调频任务的电厂称为调频厂。调频厂又分成主调频厂和辅助调频厂。只有在主调频厂调节后，系统频率仍不能恢复正常时，才起用辅助调频厂。而非调频厂在系统正常运行情况下，则按预先给定的负荷曲线发电。

选择主调频厂时，主要应考虑：

(1) 应拥有足够的调整容量及调整范围。

(2) 调频机组应具有与负荷变化速度相适应的调整速度。

(3) 调整出力时符合安全及经济的原则。

水轮机组具有较宽的出力调整范围，一般可达额定容量的 50% 以上，负荷的增长速度也较快，一般在 1min 以内即可从空载过渡到满载状态，而且操作方便、安全。

火力发电厂的锅炉和汽轮机都受允许最小技术负荷的限制，其中锅炉约为其额定容量的

25%（中温中压）～70%（高温高压），汽轮机为其额定容量的 10%～15%。因此，火电厂的出力调整范围不大。而且发电机组的负荷增减速度也受汽轮机各部分允许热膨胀条件的限制，不能过快，在 50%～100% 额定负荷范围内，每分钟仅能上升 2%～5%。这些特点对担负调频任务都是不利的。

从出力调整范围和调整速度来看，水电厂最适宜承担调频任务。但是在安排各类电厂的负荷时，还应考虑整个电力系统运行的经济性。在枯水季节，宜选水电厂作为主调频厂，火电厂中效率较低的机组则承担辅助调频任务。在丰水季节为了充分利用水力资源，避免弃水，水电厂宜带稳定的负荷，而由效率不高的中温中压凝汽式火电厂承担调频任务。

第三节　电力系统电压的管理及调整

一、电力系统的无功平衡

所谓无功功率的平衡，就是要使系统的无功电源所发出的无功功率与系统的无功负荷及无功损耗相平衡。同时，为了运行的可靠性及适应系统负荷的发展，还要求有一定的无功备用。

1. 电力系统的无功负荷及无功损耗

无功负荷是滞后功率因数运行的用电设备所吸取的无功功率。其中主要是异步电动机的无功功率。一般综合负荷的功率因数为 0.6～0.9。

电网中无功损耗一般有两部分：一是输电线路的无功损耗。输电线路上的串联电抗产生的无功损耗，其数值与线路上传输的电流的平方成正比。输电线路上还有并联电抗器，它消耗的无功与网络电压平方成正比。输电线路上接入的并联电纳，也消耗容性的无功。二是变压器上的无功损耗。变压器上的无功损耗也分为两部分，即励磁支路损耗和绕组漏抗中损耗。其中，励磁支路损耗的百分值基本上等于空载电流 I_0 的百分值，为 1%～2%；绕组漏抗中的损耗，在变压器满载时，基本上等于短路电压 U_k 的百分值，约为额定容量的 10%。

电力系统的无功损耗很大。由发电厂到用户，中间要经过多级变压，虽然每台变压器的无功损耗只占每台变压器容量的 10% 左右，但多级变压器的无功损耗总和就很大了，较系统中有功功率损耗大得多。

2. 无功电源

电力系统的无功电源包括同步发电机、调相机、电容器及静止无功补偿器、线路充电功率等。

同步发电机既是电力系统基本的有功功率电源，同时也是重要的无功功率电源。

调相机实质上是空载运行的同步电动机，是电力系统中能大量吞吐无功的设备，在过激运行时向系统提供感性无功，在欠激运行时则从系统吸取感性无功功率。改变调相机的励磁可以平滑地改变它的无功功率的大小及方向。但在欠激运行其容量约为过激运行时容量的 50% 时，调相机运行有少量有功功率的损耗。

并联电容器只能向系统供给感性无功功率，它可以根据需要由许多电容器连接成组。因此，并联电容器的容量可大可小、可集中也可分散。它供给的感性无功功率与其端电压平方成正比，即

$$Q_C = \frac{U^2}{X_C}$$ (2 - 39)

式中，X_C 为电容器的容抗；U 为端点电压。

静止补偿器由电容器和可调电抗器组成，电容器发出无功，电抗器吸收无功，利用控制回路可平滑地调节它的无功功率的大小。

3. 无功平衡

综合以上所述的无功负荷、无功损耗及无功电源，就可以作系统的无功平衡，即

$$\sum Q_{GC} = \sum Q_L + \sum \Delta Q_l + \sum \Delta Q_T$$ (2 - 40)

式中，$\sum Q_L$ 为无功负荷总和；$\sum \Delta Q_l$ 为电力网线路的无功损耗之和；$\sum \Delta Q_T$ 为电网中所有变压器无功损耗之和；$\sum Q_{GC}$ 为无功电源。

无功电源 $\sum Q_{GC}$ 包括发电机发出的 Q_G，调相机发出的无功 Q_{C1}，并联电容器供给的无功 Q_{C2} 和静止补偿器供给的无功 Q_{C3} 等，即

$$\sum Q_{GC} = \sum Q_G + \sum Q_{C1} + \sum Q_{C2} + \sum Q_{C3}$$

无功功率平衡计算是指当系统在最大无功负荷情况时计算系统中的潮流分布，判断系统中无功功率能否平衡。

负荷功率因数一般只有 $0.6 \sim 0.9$，系统中无功损耗又大，当要求发电机在额定功率因数条件下运行时，必须在负荷处配置一些无功补偿装置，使功率因数得以提高。一般，由高压供电的负荷的功率因数应该在 0.9 以上，其余负荷的功率因数应为 0.85 以上。

无功备用容量一般取最大无功功率负荷的 $7\% \sim 8\%$。

二、电力系统的电压管理

电力系统进行电压调整的目的，就是使系统中各负荷点的电压偏移限制在规定的范围内。但由于电力系统结构复杂，负荷点很多，又很分散，要对每个负荷点的电压进行监视和调整，不仅很难做到，而且也无必要。因此，对电力系统电压的监视和调整实际上是通过监视、调整中枢点的电压来实现的。电压中枢点一般选择区域性发电厂的高压母线、有大量地方性负荷的发电厂母线以及枢纽变电所的二次母线。

对中枢点电压的监控，其实际内容就是根据各负荷点所允许的电压偏移，在计及中枢点到各负荷点线路上的电压损耗后，确定每个负荷对中枢点电压的要求，从而确定中枢点电压的允许变化范围。这样，只要中枢点电压在允许范围之内，便可以保证由该中枢点供电的负荷点电压能满足要求。

对于实际的电力系统，必须选择一批有代表性的发电厂和变电所的母线作为控制电压的中枢点，然后根据各负荷的日负荷曲线和对电压质量的要求，进行一系列潮流分布的计算及电压控制方式等的分析，才能最后确定这些中枢点的允许电压偏移上下限曲线，用以监视和控制中枢点电压。

下面讨论如何确定中枢点电压的允许变化范围。

假定由中枢点 0 向负荷点 A 和 B 供电 [见图 2 - 52 (a)]，两负荷点电压 U_A 和 U_B 的允许变化范围相同，都是 $(0.95 \sim 1.05) U_N$。当线路参数一定时，线路上电压损耗 ΔU_{0A} 和 ΔU_{0B} 分别与 A 点和 B 点的负荷有关。为简单起见，假定两处的日负荷曲线呈两级阶梯形 [见图 2 - 52 (b)]，相应地，两段线路的电压损耗的变化曲线如图 2 - 52 (c) 所示。

为了满足负荷节点 A 的调压要求，中枢点电压应该控制的变化范围是：

在 0~8 时　$U_{0(A)}=U_A+\Delta U_{0A}=(0.95\sim1.05)U_N+0.04U_N$

$=(0.99\sim1.09)U_N$

在 8~24 时　$U_{0(A)}=U_A+\Delta U_{0A}=(0.95\sim1.05)U_N+0.1U_N$

$=(1.05\sim1.15)U_N$

按同样的方法，可以算出负荷节点 B 对中枢点电压变化范围的要求是：

在 0~16 时　$U_{0(B)}=U_B+\Delta U_{0B}=(0.95\sim1.05)U_N+0.01U_N$

$=(0.96\sim1.06)U_N$

在 16~24 时　$U_{0(B)}=U_B+\Delta U_{0B}=(0.95\sim1.05)U_N+0.03U_N$

$=(0.98\sim1.08)U_N$

将上述要求表示在同一张图上 [见图 2-52 (d)]，图中的阴影部分就是同时满足 A、B 两负荷点调压要求的中枢点电压允许变化范围。由图可见，尽管 A、B 两负荷点的电压有 10% 的变化范围，但是由于两处负荷大小和变化规律不同，两段线路的电压损耗数值及变化规律亦不相同，为同时满足两负荷点的电压质量要求，中枢点电压的允许变化范围就大大地缩小了，最大时仅为 7%，最小时只有 1%。

对于向多个负荷点供电

图 2-52　中枢点电压允许变化范围的确定

的中枢点，其电压允许变化范围可按两种极端情况确定：在地区负荷最大时，电压最低的负荷点的允许电压下限加上到中枢点的电压损耗等于中枢点的最低电压；在地区负荷最小时，电压最高负荷点的允许电压上限加上到中枢点的电压损耗等于中枢点的最高电压。当中枢点的电压能满足这两个负荷点的要求时，其他各点的电压基本上都能满足。

如果任何时候，各负荷点所要求的中枢点电压允许变化范围都有公共部分，那么，调节中枢点的电压，使其在公共的允许范围内变动，就可以满足各负荷点的调压要求。但是，如果同一中枢点供电的各用户负荷的变化规律差别很大，调压要求也很不相同，就可能在某些时间段内各用户的电压质量要求反映到中枢点的电压允许变化范围没有公共部分。这种情况下，仅靠控制中枢点的电压并不能保证所有负荷点的电压偏移都在允许的范围内。因此为满足各负荷点的调压要求，必须在某些负荷点增设调压设备。

在进行电力系统规划设计时，由于各负荷点对电压质量的要求还不明确，所以难以具体确定各中枢点电压控制的范围。为此规定了所谓"逆调压"、"顺调压"、"常调压"等几种中枢点电压控制的方式。每一中枢点可以根据具体情况选择一种作为设计的依据。

（1）逆调压：若由中枢点供电的各负荷的变化规律大体相同，考虑到高峰负荷时供电线

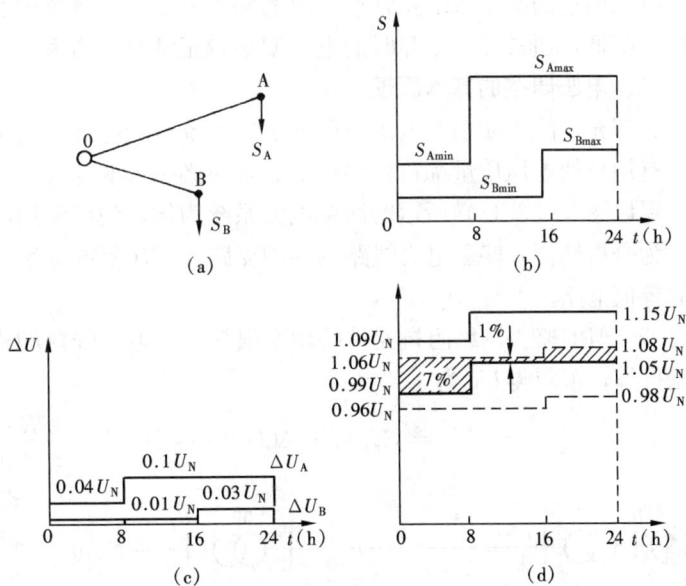

路上的电压损耗大，可将中枢点电压适当升高，以抵偿电压损耗的增大。反之，则将中枢点电压适当降低。这种高峰负荷时升高电压（取 $1.05U_N$），低谷负荷时降低电压（取 U_N）的中枢点电压调整方式，称为逆调压。这种方式适用于中枢点供电线路较长、负荷变化范围较大的场合。

（2）顺调压：适用于用户对电压要求不高或供电线路不长、负荷变动不大的中枢点，可采用顺调压方式，即高峰负荷时允许中枢点电压略低（取 $1.025U_N$），低谷负荷时允许中枢点电压略高（取 $1.075U_N$）。

（3）常调压：介于上述两种情况之间的中枢点，可以采用常调压方式，即在任何负荷下都保持中枢点电压为一基本不变的数值，取 $(1.02 \sim 1.05)U_N$。

以上所述的都是系统正常运行时的调压要求。当系统中发生故障，对电压质量的要求允许适当降低，通常允许故障时的电压偏移较正常时再增大 5%。

三、电压调整的基本原理

具有充足的无功功率电源是保证电力系统有较好运行电压水平的必要条件。但是要做到使所有用户的电压质量都符合要求，通常还必须采取各种调压措施。

现以图 2-53（a）所示的简单电力系统为例，说明常用的各种调压措施所依据的基本原理。为分析简便，略去电力线路的导纳支路、变压器的导纳支路，则可得到图 2-53（b）所示的等值电路。

若近似的略去网络阻抗元件的功率损耗以及电压降落的横分量，则由发电母线处 (U_G) 开始推算，可求得 U_b 为

$$U_b = (U_G k_1 - \Delta U)/k_2 = \left(U_G k_1 - \frac{PR + QX}{k_1 U_G}\right)/k_2 \qquad (2\text{-}41)$$

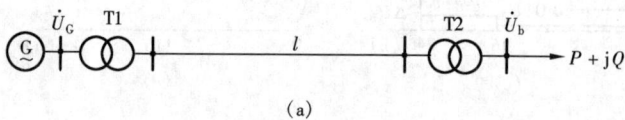

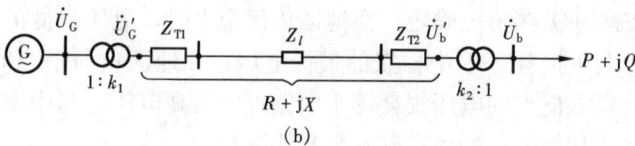

式中，k_1、k_2 分别为变压器 T1 和 T2 的变化；R、X 分别为归算到高压侧的变压器和线路总阻抗。

根据式（2-41）可知，为维持用户处端电压 U_b 满足要求，可以采用以下措施进行电压调整：

（1）改变发电机端电压 U_G；

（2）改变变压器 T1、T2 的变比 k_1、k_2；

图 2-53　电压调整原理解释图

（a）系统接线；（b）系统等值电路

（3）就地补偿无功功率（减少输电线路传输的无功功率）；

（4）改变输电线路的参数（降低输电线路的电抗）。

由式（2-41）还可以看出，通过改变传输的有功功率 P，也可以调节末端的电压 U_b，但实际上一般不采用改变 P 来调压。一方面是因为式（2-41）中的 $X \gg R$，$\Delta U = \frac{PR + QX}{U} \approx \frac{QX}{U}$，改变 P 对 ΔU 的影响不大；另一方面是因为有功功率电源只有发电机，而不能随意设置。电力线路传输的主要是有功功率，若为提高电压而减少传输的有功功率 P，

显然是不适当的。

四、频率调整与电压调整的比较

频率的调节主要是通过调节有功功率来实现的，而电压的调节主要是通过无功功率的调节来实现。因而粗略地看，两者很相似。但是，从实际的系统运行来看，这两种调节却存在着较大的差别，主要表现在下列几个方面：

（1）对连成一体的电力系统，不管在系统的任何地点，系统的频率都是相同的，因而无论在系统的任何地方调节有功功率，均可起到频率调整的作用。但是，系统中各处的电压却是不相同的，在局部地区调节其无功功率，一般来说将只对该处附近地区的电压发生影响。这就是所谓"统一性"（指频率）与"局部性"（指电压）的关系。

（2）无功功率电源基本上不消耗一次能源，无论投资与运行费都较有功功率电源要低得多。所以，在考虑有功功率电源的配置与有功功率负荷的分配时，经济性的因素就较无功功率电源要更为突出。

（3）从数量级来看，容许的频率偏差较之容许的电压偏差要严得多。

（4）就无功功率平衡而言，白天与晚上所遇到的问题是大不相同的。例如，在白天无功功率负荷最大时，最关心的问题是采用哪种无功功率分配方式可以把线路损耗减到最小；反之，当深夜无功功率负荷最小时，如何吸收过剩的无功功率就成了最关心的事。因而，从数学角度看，最优的无功功率分配比最优的有功功率分配还要复杂。

五、频率调整与电压调整的关系

电力系统的有功功率和无功功率需求既同电压有关，也同频率有关。频率或电压的变化都将通过系统的负荷特性同时影响到有功功率和无功功率的平衡。

当系统频率下降时，发电机发出的无功功率将要减少（因为发电机的电动势依励磁接线的不同与频率的平方或三次方成正比变化）；变压器和异步电动机励磁所需的无功功率将要增加，绕组漏抗的无功功率损耗将要减小；线路电容充电功率和电抗的无功损耗都要减少。总的说来，频率下降时，系统的无功功率需求略有增加。如果频率正常时系统的无功功率不足，则在频率下降时，将很难维持整个电力系统的电压水平。

当系统频率增高时，发电机电动势将要增大，系统的无功功率需求略有减少，因此系统的电压将要上升。为维持电压的正常水平，发电机输出的无功功率可以略为减少。

当电力网中电压水平提高时，负荷所需的有功功率将要增加，电力网中的有功损耗略有减少，系统中总的有功功率需求将有所增加。如果有功功率电源不很充裕，将引起系统的频率下降。当电压水平降低时，系统中总的有功功率需求将要减少，从而导致频率的升高。

当系统由于有功功率不足和无功功率不足造成频率和电压水平都偏低时，应该首先解决有功功率平衡的问题，因为频率的提高能减少无功功率的缺额，这对于调整电压也是有利的。如果首先去提高电压，就会扩大有功功率的缺额，导致频率更加下降，而无助于改善系统的运行条件。

应该指出，电力系统在额定参数（电压与频率）附近运行时，电压的变化对有功功率平衡的影响和频率变化对无功功率的影响都是次要的。正因为如此，才有可能分别处理电压调整和频率调整的问题。

第八章　电力系统故障及分析

第一节　电力系统故障的基本概念

为保证电力系统的安全、可靠运行，在电力系统规划设计、运行分析，以及继电保护规划和设计中，不仅要考虑系统在正常状态下的运行情况，还应该考虑系统发生故障时，各种电气量的变化情况，以及由于故障可能产生的后果，并提出相应的对策。

电力系统的故障可分为简单故障和复合故障，简单故障一般是指某一时刻，在电力系统的一个地方发生故障，复合故障一般是指某一时刻，在电力系统两个及以上地方发生故障。

电力系统的简单故障通常分为短路故障（横向故障）和断线故障（纵向故障）。一般情况下，短路故障解析计算方法与断线故障的解析计算方法类同（但由于故障端口的不同，其计算结果有较大差别）。

所谓电力系统"短路"故障，是指电力系统某处相与相或相与地之间的"短接"。电力系统的简单短路故障主要有 4 种，即三相短路 $[k^{(3)}]$、单相接地 $[k^{(1)}]$、两相短路 $[k^{(2)}]$ 和二相接地 $[k^{(1,1)}]$。其形式及边界条件如表 2-8 所示。由于三相短路故障后，三相电路的结构以及三相电压、电流仍然是对称的，所以，通常把三相短路称为对称短路故障，其他的故障形式，称为不对称短路故障。

电力系统短路故障的特征是：故障点电压降低，故障电流急骤升高（其数值可能是正常时负荷电流的几十倍，甚至上百倍）。

表 2-8　　　　　　　　　　　各种短路故障的形式及边界条件

短路类型	符号	短路形式示意图	故障边界条件
三相短路	$k^{(3)}$		$\dot{U}_a = \dot{U}_b$ $\dot{U}_b = \dot{U}_c$ $\dot{I}_a + \dot{I}_b + \dot{I}_c = 0$
两相短路	$k_{ab}^{(2)}$		$\dot{U}_a = \dot{U}_b$ $\dot{I}_a + \dot{I}_b = 0$ $\dot{I}_c = 0$
单相接地	$k_c^{(1)}$		$\dot{U}_c = 0$ $\dot{I}_a = 0$ $\dot{I}_b = 0$

续表

短路类型	符号	短路形式示意图	故障边界条件
两相接地	$k^{(1.1)}_{bc}$		$\dot{U}_b=0$ $\dot{U}_c=0$ $\dot{I}_a=0$

1. 发生短路的主要原因

(1) 电气设备及载流导体因绝缘老化，遭受机械损伤，或因雷击、过电压引起绝缘损坏。

(2) 架空线路因大风或导线覆冰引起电杆倒塌，或因鸟兽跨接裸露导体等。

(3) 电气设备因设计、安装及维护不良所致的设备缺陷引发的短路。

(4) 运行人员违反安全操作规程而误操作，如运行人员带负荷拉隔离开关，线路或设备检修后未拆除接地线就加上电压等。

2. 短路对电力系统的影响

(1) 短路电流可能达到该回路额定电流的几倍到几十倍，某些场合短路电流值可达几万安甚至几十万安。当巨大的短路电流流经导体时，将使导体大量发热，造成导体熔化和绝缘损坏。同时巨大的短路电流还将产生很大的电动力作用于导体，使导体变形或损坏。

(2) 短路时往往同时有电弧产生，它不仅可能烧坏故障元件本身，也可能烧坏周围的设备。

(3) 由于短路电流基本上是电感性电流，它将产生去磁性电枢反应，使得发电机的端电压下降，同时短路电流流过线路、电抗器等时还增大了它们的电压损失，因而短路所造成的另外一个后果就是使网络电压降低，愈靠近短路点处降低得愈多。当供电地区的电压降低到额定电压的60%左右而又不能立即切除故障时，就可能引起电压崩溃，造成大面积停电。

(4) 短路时由于系统中功率分布的突然变化和网络电压的降低，可能导致并列运行的同步发电机组之间的稳定性的破坏。在短路切除后，系统中已失去同步的发电机在重新拉入同步的过程中可能发生振荡，以致引起继电保护装置误动作及大量甩负荷。

(5) 不对称短路将产生负序电流和负序电压，汽轮发电机长期容许的负序电压一般不超额定电压的8%～10%，异步电动机长期容许的负序电压一般不超过额定电压的2%～5%。

(6) 不对称接地短路故障将会产生零序电流，它会在邻近的线路内产生感应电动势，造成对通信线路和信号系统等的干扰。

(7) 在某些不对称短路情况下，非故障相的电压将超过额定值，引起"工频电压升高"现象，从而增高了系统的过电压水平。

为了在短路情况下保证电力系统的安全，首先应当采取限制短路电流的措施。例如：在发电厂内采用分裂电抗器与分裂绕组变压器，在短路电流较大的母线引出线上采用限流电抗器，对大容量的机组采用单元制的发电机—变压器组接线方式，在发电厂内部将并列运行的母线解列，在电力网中采用开环运行方式等。其次，在设计、制造和选择电气设备时，应保证设备在规定的短路条件下满足动稳定性和热稳定性的要求。只有这样，才能确保设备在短路情况下不致破坏。为此，在选择电气设备和载流导体、选择和整定继电保护装置、选择主接线方案等时，都必须事先进行短路电流的计算。

运行经验表明，电力系统各种短路故障中，单相短路占大多数，约为总短路故障数的65％，三相短路只占 5％～10％。

三相短路故障发生的几率虽然最小，但故障产生的后果最为严重，必须引起足够的重视。此外，三相短路计算又是一切不对称短路计算的基础。事实上，从以后的分析计算中可以看到，一切不对称短路的计算，都可以应用对称分量法，将其转化为对称短路的计算。因此，对三相短路的研究具有重要意义。

第二节　电力系统三相短路故障

电力系统是由发电机，变压器、输电线路及负荷构成。系统中发生三相短路故障后，短路点的三相电压均为零，而短路电流将要比原正常运行时的负荷电流增大许多，这些短路电流均由系统中的发电机供给，短路点距离发电厂越近，则短路电流就越大。根据对发电机（机端）三相短路故障的研究分析可知，短路电流中不仅仅只有基波（工频）成分的电流，还包含有一些高次谐波电流和非周期分量的电流（这主要是由于短路瞬间磁链守恒，以及发电机结构不可能完全对称而引起的），但这些高次谐波和非周期分量的电流，在很短的时间内就会衰减为零。因此，常规的三相短路故障解析计算，多是关心故障电流中的基波分量，即主要是计算短路电流周期性（基波）分量初始值的有效值 I''（又称为起始次暂态电流）。而三相短路故障后，可能出现的"短路电流最大有效值"，称作冲击电流（即 i_{imp}），以及短路容量 S_D（或称短路功率）等，可以根据 I'' 的计算结果，近似的求得。

电力系统三相短路故障的分析计算，通常有两种手段：一种是实用的"手算"方法，另一种是建立数学模型、编写程序，采用计算机计算。以下简要地介绍实用的"手算"方法。

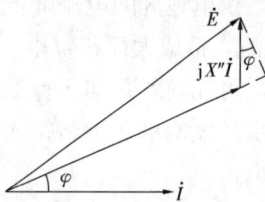

一、起始次暂态电流 (I'') 的计算

1. 确定系统各元件的次暂态参数

（1）同步发电机。在突然短路瞬间，同步发电机的次暂态电动势保持着短路前瞬间的数值（$E_0''=E''_{|0|}$）。根据图 2-54 所示简化相量图，取同步发电机在短路前瞬间的端电压为 $U_{|0|}$，电流为 $I_{|0|}$ 和功率因数角 $\varphi_{|0|}$，利用下式即可计算出次暂态电动势值

图 2-54　同步发电机
简化相量图

$$\dot{E}_0''=\dot{E}''_{|0|}=\dot{U}_{|0|}+\mathrm{j}X''\dot{I}_{|0|} \tag{2-42}$$

式（2-42）可以近似地用标量的形式表示为

$$E_0''=E''_{|0|}\approx U_{|0|}+X''I_{|0|}\sin\varphi_{|0|} \tag{2-43}$$

在实用计算中，汽轮发电机和有阻尼绕组的凸极发电机，次暂态电抗可以取为 $X''=X_d''$。

假定发电机在短路前额定满载运行，$U_{|0|}=1$，$I_{|0|}=1$，$\sin\varphi_{|0|}=0.53$，$X''=0.13$～0.20，则有

$$E_0''\approx1+（0.13～0.20）\times1\times0.53=1.07～1.11$$

如果在实用计算中不能确定同步发电机短路前的运行参数，则可以近似地取 $E_0''=1.08$。不计负载影响时，常取 $E_0''=1$。

（2）异步电动机。电力系统的负荷中包含有大量的异步电动机。在正常运行情况下，异步电动机的转差率很小（$s=2\%\sim5\%$），可以近似地当做同步速运行。根据短路瞬间转子绕组磁链守恒的原则，异步电动机也可以用与转子绕组的总磁链成正比的次暂态电动势以及相应的次暂态电抗来代表。异步电机次暂态电抗的额定标么值为

$$X''=1/I_{st} \tag{2-44}$$

式中，I_{st}为异步电机启动电流的标么值（以额定电流为基准），一般为 $4\sim7$。

因此可近似地取 $X''=0.2$。

图 2-55 示出异步电机的次暂态参数简化相量图。由图可计算它的次暂态电动势为

$$\dot{E}''_0=\dot{E}''_{|0|}=\dot{U}_{|0|}-jX''\dot{I}_{|0|} \tag{2-45}$$

式（2-45）可以近似地用标量形式表示为

$$E''_0=E''_{|0|}\approx U_{|0|}-X''I_{|0|}\sin\varphi_{|0|} \tag{2-46}$$

式中，$U_{|0|}$、$I_{|0|}$ 和 $\varphi_{|0|}$ 分别为短路前异步电动机的端电压、电流以及电压和电流间的相角差。

在正常运行时，异步电动机的次暂态电动势低于它的端电压，而当发生短路故障后，系统电压普遍降低，若在短路点附近的大容量电动机的端电压（俗称残压）低于次暂态电动势时，电动机就会作为电源向系统提供较大的短路电流。由于异步电动机的次暂态电动势在短路故障后很快就衰减为零，因此只有在计算起始次暂态电流（I''）并且机端残压小于按式（2-46）计算的电动势时，才将其作为电源对待，向短路点提供短路电流，否则均作为综合负荷考虑。

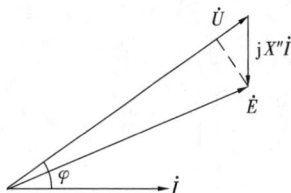

图 2-55　异步电机
简化相量图

在实用计算中，若将短路点附近的大型异步电动机作为电源对待，而又不能确定其短路前的运行参数时，则可以近似地取 $E''_0=0.9$，$X''=0.2$（均以电动机额定容量为基准）。

（3）综合负荷。由于配电网络中电动机的数目很多，要查明它们在短路前的运行状态和故障后的机端残压是很困难的，加之电动机所提供的短路电流数值也不大。所以，在实用计算中，只对于短路点附近能显著地供给短路电流的大型异步电动机，才按式（2-44）和式（2-46）算出次暂态电抗和次暂态电动势（或取 $E''_0=0.9$、$X''=0.2$）。其他的电动机则仍看作是系统中负荷节点的综合负荷的一部分。综合负荷的参数须由该地区用户的典型成分及配电网典型线路的平均参数来确定。在短路瞬间，这个综合负荷也可以近似地用一个含次暂态电动势和次暂态电抗的等值支路来表示。以额定运行参数为基准，综合负荷的电势和电抗的标么值可取为 $E''_0=0.8$ 和 $X''=0.35$。

在电力系统三相短路故障的实用计算时，对于距离短路点较远（电气距离较大）的负荷，为简化计算，有时也只用一个电抗 $X''=1.2$ 来表示。对于远离短路点（电气距离很大）的负荷，进一步的简化计算，甚至可以略去不计（相当于负荷支路断开）。

（4）网络方面。变压器、电抗器和线路属于静止元件，它们的次暂态电抗即等于稳态的正序电抗。线路的对地电容和变压器的励磁支路可以忽略不计，因为一般在短路时网络中的电压较低，这些对地回路电流较小。在计算高压网络时，还可以忽略线路的电阻。

2. 作系统的等值电路

电力系统三相短路故障的实用计算，通常是采用标么制计算，所谓标么制，即指所有的

电气量均用标么值表示$\left(\text{标么值}=\dfrac{\text{实际有名值}}{\text{基准值}}\right)$。等值电路中的参数一般采用近似计算方法（近似计算主要指的是：①在元件参数计算和归算，以及基准值选取等，所有用到的电压均可采用对应电压等级的平均额定电压来进行计算。②忽略不计各元件阻抗参数中的电阻，以及对地的导纳支路）。若选定全系统的基准值为 S_n（常取 $S_n=100\text{MV}\cdot\text{A}$）和 $U_n=U_{av}$，则应注意发电机和负荷（异步电动机）参数的换算，因为已知的标么值参数通常是以其自身额定容量为基准的。

电力系统三相短路故障是一种对称故障，因此只要计算一相即可，作出的等值电路是一相的等值电路。由于三相短路故障时，故障点电压为零，因此等值电路中故障点相当于接地。

3. 网络变换及化简

由于电力系统的接线较为复杂，在短路的实际计算中，通常是将原始等值电路进行适当的网络变换及化简，以求得电源到短路点的转移电抗，而后再计算短路电流。以下介绍几种主要的网络变换及化简方法和转移电抗的基本概念。

（1）网络的等值变换。网络的等值变换是简化网络的一个最基本的方法。等值变换的原则是网络未被变换部分的状态（指电压和电流分布）应保持不变。除了常用的阻抗支路的串联和并联以外，短路计算中用得最多的主要有 Y ⇌ △ 变换和电源的合并。

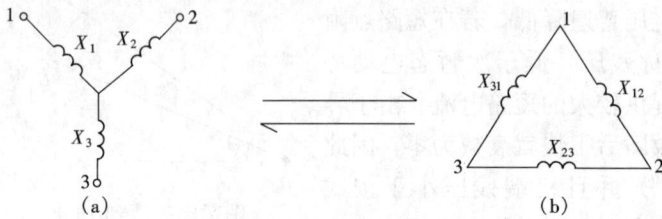

图 2 - 56　Y 形和 △ 形接线

(a) 三相电路 Y 形接线；(b) 三相电路 △ 形接线

1) Y ⇌ △ 变换。根据《电工基础》的有关知识，Y 形接线［见图 2 - 56 （a）］与 △ 形接线［见图 2 - 56 （b）］的等值变换关系为

$$\left.\begin{aligned}X_{12}&=X_1+X_2+\frac{X_1X_2}{X_3}\\X_{23}&=X_2+X_3+\frac{X_2X_3}{X_1}\\X_{31}&=X_3+X_1+\frac{X_3X_1}{X_2}\end{aligned}\right\}\qquad(2\text{-}47)$$

$$\left.\begin{aligned}X_1&=\frac{X_{12}X_{31}}{X_{12}+X_{23}+X_{31}}\\X_2&=\frac{X_{12}X_{23}}{X_{12}+X_{23}+X_{31}}\\X_3&=\frac{X_{31}X_{23}}{X_{12}+X_{23}+X_{31}}\end{aligned}\right\}\qquad(2\text{-}48)$$

2) 电源的合并。多电源并列接在同一母线上时［见图 2 - 57 （a）］，可以等值变换为图 2 - 57 （b）所示的形式，其等值电动势和等值电抗按式（2 - 49）和式（2 - 50）计算。其中

$$\dot{E}_\Sigma=\text{j}X_\Sigma\left(\frac{\dot{E}_1}{\text{j}X_1}+\frac{\dot{E}_2}{\text{j}X_2}+\cdots+\frac{\dot{E}_n}{\text{j}X_n}\right)\qquad(2\text{-}49)$$

$$X_\Sigma=1\bigg/\left(\frac{1}{X_1}+\frac{1}{X_2}+\cdots+\frac{1}{X_n}\right)\qquad(2\text{-}50)$$

（2）网络的简化。常用的网络简化主要有分裂电动势源和分裂短路点。

1）分裂电动势源。分裂电动势源就是将连接在一个电源点上的各支路拆开，分开后各支路分别连接在电动势相等的电源点上。如图2-58（a）所示电路，将电源 E_1 和 E_2 分裂为图2-58（b）所示的形式。

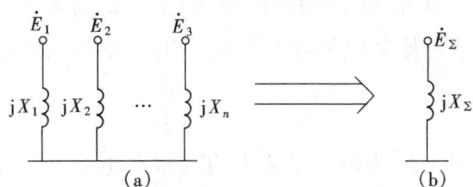

图2-57　并联电源合并的等值电路
（a）接线图；（b）等值电路

2）分裂短路点。分裂短路点就是将接于短路点的各支路在短路点处拆开，拆开后的各支路仍带有原来的短路点。对图2-58（b）所示的等值电路，把 X_5 和 X_6 支路在短路点 k 处分开，便得到图2-58（c）所示的两个独立的电路。这样进一步的计算就容易了。

4. 转移电抗

网络中某一电源和短路点之间直接相连的电抗，称为该电源到短路点之间的转移电抗（X_{ik}）。如图2-59（a）所示的等值电路，经多次 $Y \rightleftharpoons \triangle$ 变换，即可求得电源 E_1、E_2 到短路点的转移电抗 X_{1k}、X_{2k}。在变换过程中，凡两电源直接相连的电抗，因其不影响短路电流的大小故常常不画出。

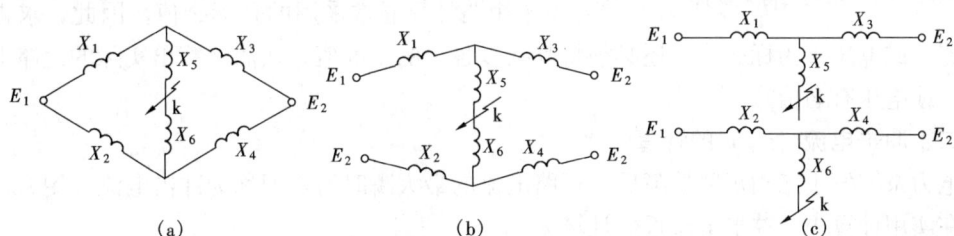

图2-58　分裂电动势源和分裂短路点
（a）不分裂电动势源；（b）电动势源分开；（c）电动势源分开且短路点分开

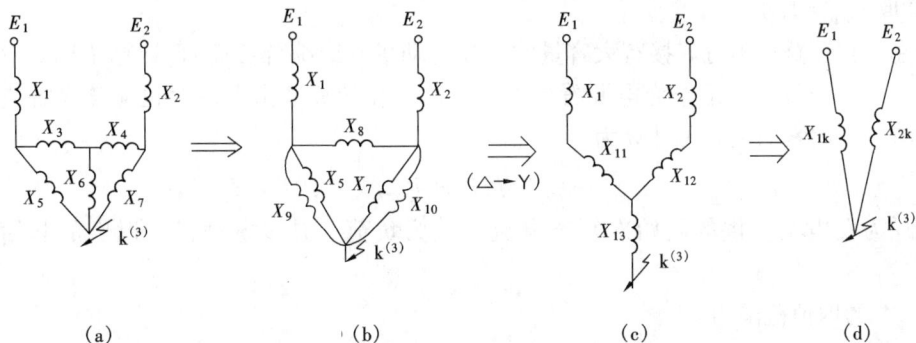

图2-59　计算转移电抗时网络的简化
（a）原电路；（b）X_3、X_4、X_6 作 Y→△变换；
（c）$X_9 /\!/ X_5$、$X_7 /\!/ X_{10}$、X_8 作△→Y变换；（d）$X_1 + X_{11}$、$X_2 + X_{12}$、X_{13} 作 Y→△变换

5. 计算起始次暂态电流（I''）

将电力系统三相短路故障后的等值电路，经网络变换化简之后，可得到只含有发电机电

源节点和短路点的放射形网络，即各电源点与短路点之间用转移电抗表示，如图2-59（d）所示，则各电源点对短路点的起始次暂态电流为

$$I''_i = \frac{E''_i}{X_{ik}} \quad\quad (2-51)$$

式中，E''_i 为电源节点 i 的次暂态电动势（有时将上标"''"省略）；X_{ik} 为次暂态参数表示的电源节点 i 到短路点 k 的转移电抗。

总的起始次暂态电流（即短路电流）即为

$$I'' = I''_1 + I''_2 + \cdots + I''_n = \frac{E''_1}{X_{1k}} + \frac{E''_2}{X_{2k}} + \cdots + \frac{E''_n}{X_{nk}} \quad\quad (2-52)$$

当然，在网络变换化简的过程中，有时也可将某些电源点按前述的方法用式（2-49）、式（2-50）加以合并，最后得到一个等效电源支路，如图2-60所示，则起始次暂态电流（即短路电流）为

$$I'' = \frac{E''}{X} \quad\quad (2-53)$$

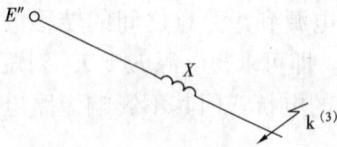

如果还需要计算网络各节点电压和起始次暂态电流的分布，则需将求得的短路电流 I'' 按网络变换化简的步骤逐步还原回去并加以计算。

图 2-60 系统的等效支路

由于短路计算通常采用的是标幺值，因此，求得的短路电流（或电压）为标幺值，还必须将其乘以各级的基准值，从而计算出实际的短路电流有名值（或电压有名值）。

二、冲击电流（i_{imp}）的计算

电力系统发生三相短路故障后，短路电流的最大瞬时值，即称为冲击电流，用 i_{imp} 表示。

在实用计算中，冲击电流近似计算为

$$i_{imp} = K_{imp} \times \sqrt{2} I'' \approx 2.55 I'' \quad\quad (2-54)$$

式中，K_{imp} 为冲击系数，它主要决定于电路的衰减时间常数和短路故障的时刻，$1 \leqslant K_{imp} \leqslant 2$，通常取 $k_{imp} = 1.8$。

若在三相短路点附近，接有大容量的异步电动机（或综合负荷），计算 I'' 时，这些异步电动机（或综合负荷）是作为电源看待的，因此，在计算冲击电流时也应该考虑它们的影响。若考虑其因素的话，可计算为

$$i_{imp} = K_{imp} \times \sqrt{2} I''_G + K_{ipm \cdot L} \times \sqrt{2} I''_L \quad\quad (2-55)$$

式中，I''_G 为发电机提供的起始次暂态电流；I''_L 为负荷（异步电动机）提供的起始次暂态电流。

$K_{imp \cdot L}$ 的取值范围为：

小容量电动机或综合负荷：$K_{imp \cdot L} = 1$；

容量为 200～500kW 异步电动机：$K_{imp \cdot L} = 1.3～1.5$；

容量为 500～1000kW 异步电动机：$K_{imp \cdot L} = 1.5～1.7$；

容量为 1000kW 以上异步电动机：$K_{imp \cdot L} = 1.7～1.8$。

冲击电流的计算结果，主要用来检验电气设备和载流导体的动稳定。

三、短路容量（短路功率）S_k 的计算

短路容量指的是三相短路故障时，起始次暂态电流与短路点正常工作电压（一般用该点的平均额定电压）的乘积，即

$$S_k = \sqrt{3} U_{av} I'' \qquad\qquad (2-56)$$

若用标么值表示时

$$S_{k*} = \frac{\sqrt{3} U_{av} I''}{\sqrt{3} U_n I_n} = \frac{I''}{I_n} = I_*''$$

式中，U_n、I_n 为基准电压、基准电流；U_{av} 为平均额定电压。

短路容量主要用来校验开关电器的开断能力。把短路容量定义为短电流和正常工作电压的乘积是因为，一方面开关电器要能切断这样大的电流，另一方面在开关断流时，其触头应经受工作电压的作用。

【例 2 - 3】 如图 2 - 61 （a）所示的电力系统，节点 k 发生三相短路，试计算短路处的起始次暂态电流和冲击电流。系统各元件的参数如下：

发电机 G1：100MW，$X_d'' = 0.183$，$\cos\varphi = 0.85$；G2：50MW，$X_d'' = 0.163$，$\cos\varphi = 0.8$。

变压器 T1：150MV·A，$U_{k(1-2)}\% = 24.6$，$U_{k(1-3)}\% = 14.3$，$U_{k(2-3)}\% = 9.45$；T2：60MV·A，$U_k\% = 10.15$。

线路 l_1：160km，$X = 0.3\Omega/km$；l_2：120km，$X = 0.417\Omega/km$，l_3：80km，$X = 0.4\Omega/km$，负荷 L1：40MW，$\cos\varphi = 0.7$；L2：80MW，$\cos\varphi = 0.75$。

解 采用标么制计算，选取 $S_n = 100MV·A$、$U_n = U_{av}$。

（1）发电机 G1 和 G2 的次暂态电动势取 $E_1 = E_2 = 1.08$，负荷全部计入，L1 和 L2 的次暂态电动势取 $E_3 = E_4 = 0.8$，额定标么值电抗为 0.35。

1）计算各元件参数。

发电机 G1 $\qquad X_1 = X_d'' \dfrac{S_n}{P_N/\cos\varphi_N} = 0.183 \times \dfrac{100}{100/0.85} = 0.156$

发电机 G2 $\qquad X_2 = 0.163 \times \dfrac{100}{50/0.8} = 0.261$

变压器 T1 $\qquad U_{k1}\% = \dfrac{1}{2} \times (24.6 + 14.3 - 9.45) = 14.7$

$$U_{k2}\% = \dfrac{1}{2} \times (24.6 + 9.45 - 14.3) = 9.875$$

$$U_{k3}\% = \dfrac{1}{2} \times (9.45 + 14.3 - 24.6) = -0.425$$

所以 $\qquad X_3 = \dfrac{U_{k1}\%}{100} \times \dfrac{S_n}{S_N} = \dfrac{14.7}{100} \times \dfrac{100}{150} = 0.098$

$$X_4 = \dfrac{9.875}{100} \times \dfrac{100}{150} = 0.066$$

$$X_5 = 0$$

变压器 T2 $\qquad X_9 = \dfrac{10.15}{100} \times \dfrac{100}{60} = 0.169$

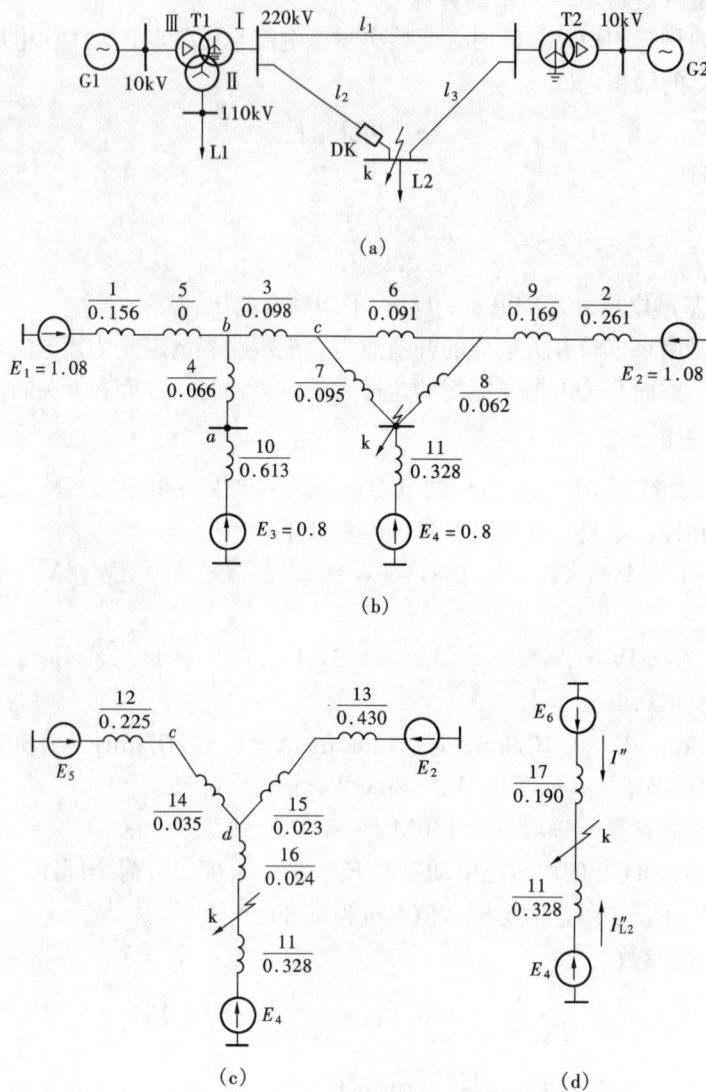

图 2-61　电力系统及其等值电路

(a) 接线图；(b) 等值电路；(c) 简化后的网络；(d) 最简化网络

线路 l_1　$X_6 = Xl \times \dfrac{S_n}{U_n^2} = 0.3 \times 160 \times \dfrac{100}{230^2} = 0.091$

线路 l_2　$X_7 = 0.417 \times 120 \times \dfrac{100}{230^2} = 0.095$

线路 l_3　$X_8 = 0.41 \times 80 \times \dfrac{100}{230^2} = 0.062$

负荷 L1　$X_{10} = 0.35 \times \dfrac{100}{40/0.7} = 0.613$

负荷 L2　$X_{11} = 0.35 \times \dfrac{100}{80/0.75} = 0.328$

2) 作系统等值电路，并化简网络。根据求得的各元件参数，作出系统的等值电路，如

图 2 - 61（b）所示。

进行网络变换及化简

$$X_{12}=\left[\ (X_4+X_{10})\ /\!/ X_1\right]+X_3=\frac{0.679\times0.156}{0.679+0.156}+0.098=0.225$$

$$E_5=\frac{E_1\ (X_4+X_{10})\ +E_3 X_1}{X_4+X_{10}+X_1}=\frac{1.08\times0.679+0.8\times0.156}{0.679+0.156}=1.028$$

$$X_{13}=X_2+X_9=0.261+0.169=0.430$$

$$X_{14}=\frac{X_6 X_7}{X_6+X_7+X_8}=\frac{0.091\times0.095}{0.091+0.095+0.062}=0.035$$

$$X_{15}=\frac{X_6 X_8}{X_6+X_7+X_8}=\frac{0.091\times0.062}{0.091+0.095+0.062}=0.023$$

$$X_{16}=\frac{X_7 X_8}{X_6+X_7+X_8}=\frac{0.095\times0.062}{0.091+0.095+0.062}=0.024$$

化简后的网络如图 2 - 61（c）所示。再进一步化简为

$$X_{17}=\left[\ (X_{12}+X_{14})\ /\!/\ (X_{13}+X_{15})\right]+X_{16}=\frac{0.26\times0.453}{0.26+0.453}+0.024=0.19$$

$$E_6=\frac{E_5\ (X_{13}+X_{15})\ +E_2\ (X_{12}+X_{14})}{X_{13}+X_{15}+X_{12}+X_{14}}=\frac{1.032\times0.453+1.08\times0.26}{0.453+0.26}=1.05$$

进一步化简的网络，如图 2 - 61（d）所示。

3）计算起始次暂态电流。由系统提供的起始次暂态电流为（远处负荷也归入系统）

$$I''=\frac{E_6}{X_{17}}=\frac{1.05}{0.19}=5.526$$

由负荷 L2 供给的起始次暂态电流为

$$I''_{L2}=\frac{E_4}{X_{11}}=\frac{0.8}{0.328}=2.439$$

短路点总的起始次暂态电流（短路电流）为

$$I''_k=I''+I''_{L2}=5.526+2.439=7.965$$

有名值为

$$I''_k=7.965\times\frac{100}{\sqrt3\times230}=7.965\times0.251=1.999\ (\text{kA})$$

4）计算冲击电流。因为负荷容量均大于 1000kW，所以发电机和负荷的冲击系数都取 1.8，则短路点的冲击电流为

$$\begin{aligned}i_{imp}&=1.8\times\sqrt2(I''+I''_{L2})I_n\\&=1.8\times\sqrt2\times(5.526+2.439)\times0.251\\&=5.089(\text{kA})\end{aligned}$$

5）短路容量的计算

$$S_D=I''_k S_n=7.965\times100=796.5\ (\text{MV}\cdot\text{A})$$

（2）近似计算。发电机 G1 和 G2 的次暂态电动势取 $E_1=E_2=1$。由于负荷 L1 离短路点较远，故略去不计，则

$$X_{12}=X_1+X_3=0.156+0.098=0.254$$

$$X_{17}=\left[\ (X_{12}+X_{14})\ /\!/\ (X_{13}+X_{15})\right]+X_{16}=0.2004$$

则由系统提供的起始次暂态电流为

$$I'' = \frac{E_6}{X_{17}} = \frac{1}{0.2004} = 4.989$$

负荷 L2 提供的起始次暂态电流仍为 $I''_L = 2.439$，则可得短路点总的起始次暂态电流（短路电流）有名值为

$$I''_k = (I'' + I''_{L2})\, I_n = (4.989 + 2.439) \times 0.251 = 1.864 \ (\text{kA})$$

短路点的冲击电流为

$$i_{imp} = 1.8 \times \sqrt{2}\, (I'' + I''_L)\, I_n = 1.8 \times \sqrt{2} \times 1.864 = 4.745 \ (\text{kA})$$

将前后两种计算方法所得到的结果相比较误差为：

$$\text{起始次暂态电流误差} = \frac{1.864 - 1.999}{1.999} \times 100\% = -6.76\%$$

$$\text{冲击电流误差} = \frac{4.745 - 5.089}{5.089} \times 100\% = -6.76\%$$

在工程计算中，这样大的误差一般还是容许的。

第三节　电力系统不对称短路故障

电力系统正常运行时，可以认为是三相对称的，即认为各元件三相参数是相同的、三相电路中各点的三相电压和电流是对称的，且具有正弦波形和正常相序。电力系统对称运行方式的破坏主要与故障有关，例如发生不对称短路或个别地方一相或两相断线等。

电力系统对称运行方式遭到破坏时，三相电压和电流将不对称，而且波形也发生不同程度的畸变，即除基波外，还含有一系列谐波分量。在暂态过程中谐波成分更复杂，而且还会出现非周期分量。在本节中，将只限于分析电压和电流的基波（50Hz）分量，并且在暂态过程的任一瞬间都当作正弦波形看待。这样，不对称运行方式的分析计算就可以简化为正弦电动势作用下的不对称电路的分析计算，也就可以用相量法来进行分析计算。由于只是个别地方发生不对称短路或断线，导致系统局部的不对称，而系统其他各元件的三相阻抗及三相之间互感仍然保持相等，所以一般不使用直接求解复杂的三相不对称电路的方法，而采用更简单的对称分量法进行分析计算。

一、对称分量法

对于任意不对称的三相相量 $\dot{F}_a$、$\dot{F}_b$、$\dot{F}_c$（可以是电压、电流等）[见图 2-62 (a)]，均可以分解成三组相序不同的对称分量：正序分量 $\dot{F}_{a1}$、$\dot{F}_{b1}$、$\dot{F}_{c1}$ [见图 2-62 (b)]，负序分量 $\dot{F}_{a2}$、$\dot{F}_{b2}$、$\dot{F}_{c2}$ [见图 2-62 (c)]，零序分量 $\dot{F}_{a0}$、$\dot{F}_{b0}$、$\dot{F}_{c0}$ [见图 2-62 (d)]。它们存在如下关系

$$\left.\begin{aligned}
\dot{F}_a &= \dot{F}_{a1} + \dot{F}_{a2} + \dot{F}_{a0} \\
\dot{F}_b &= \dot{F}_{b1} + \dot{F}_{b2} + \dot{F}_{b0} = a^2 \dot{F}_{a1} + a\dot{F}_{a2} + \dot{F}_{a0} \\
\dot{F}_c &= \dot{F}_{c1} + \dot{F}_{c2} + \dot{F}_{c0} = a\dot{F}_{a1} + a^2 \dot{F}_{a2} + \dot{F}_{a0}
\end{aligned}\right\} \qquad (2-57)$$

其中

$$a = e^{j120°} = -\frac{1}{2} + j\frac{\sqrt{3}}{2}$$

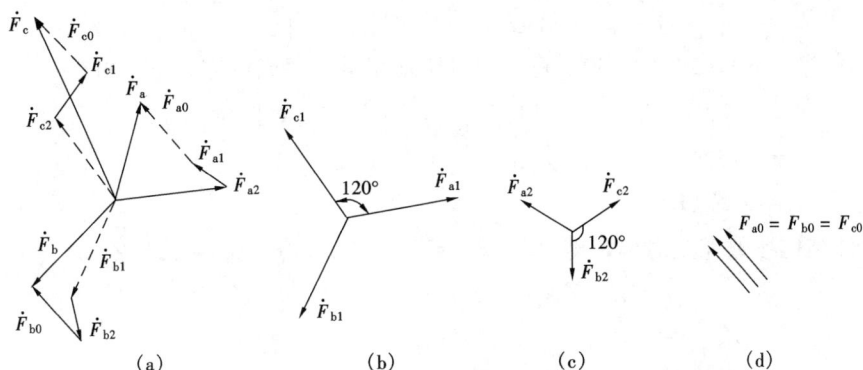

图 2-62　三相不对称相量分解为对称分量

(a) 三相不对称相量；(b) 正序分量；

(c) 负序分量；(d) 零序分量

$$a^2 = e^{j240°} = e^{-j120°} = -\frac{1}{2} - j\frac{\sqrt{3}}{2}$$

$$a^2 + a + 1 = 0$$

式（2-57）用矩阵形式可表示为

$$
\begin{bmatrix} \dot{F}_a \\ \dot{F}_b \\ \dot{F}_c \end{bmatrix} =
\begin{bmatrix} 1 & 1 & 1 \\ a^2 & a & 1 \\ a & a^2 & 1 \end{bmatrix}
\begin{bmatrix} \dot{F}_{a1} \\ \dot{F}_{a2} \\ \dot{F}_{a0} \end{bmatrix}
\tag{2-58}
$$

即

$$[\dot{F}_{abc}] = [a][\dot{F}_{120}] \tag{2-59}$$

式中矩阵 $[a]$ 是一个非奇异矩阵，它存在逆矩阵，所以式（2-57）也可以写成

$$
\begin{bmatrix} \dot{F}_{a1} \\ \dot{F}_{a2} \\ \dot{F}_{a0} \end{bmatrix} = \frac{1}{3}
\begin{bmatrix} 1 & a & a^2 \\ 1 & a^2 & a \\ 1 & 1 & 1 \end{bmatrix}
\begin{bmatrix} \dot{F}_a \\ \dot{F}_b \\ \dot{F}_c \end{bmatrix}
\tag{2-60}
$$

即

$$[\dot{F}_{120}] = [a]^{-1}[\dot{F}_{abc}] \tag{2-61}$$

　　三相电路中的电压和电流均具有这样的变换和逆变换的关系。

二、序阻抗的概念

　　以下以输电线（静止元件）的三相电路为例来说明序阻抗的概念。如图 2-63 所示，各相线路的自阻抗分别为 Z_{aa}、Z_{bb}、Z_{cc}，相间互阻抗为 $Z_{ab} = Z_{ba}$，$Z_{bc} = Z_{cb}$，$Z_{ca} = Z_{ac}$。当三相线路通过不对称的三相电流 $\dot{I}_a$、$\dot{I}_b$、$\dot{I}_c$ 时，其压降为

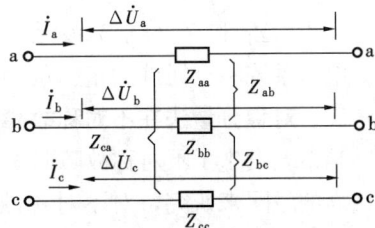

图 2-63　静止三相电路元件

$$
\begin{bmatrix} \Delta\dot{U}_a \\ \Delta\dot{U}_b \\ \Delta\dot{U}_c \end{bmatrix} =
\begin{bmatrix} Z_{aa} & Z_{ab} & Z_{ac} \\ Z_{ba} & Z_{bb} & Z_{bc} \\ Z_{ca} & Z_{cb} & Z_{cc} \end{bmatrix}
\begin{bmatrix} \dot{I}_a \\ \dot{I}_b \\ \dot{I}_c \end{bmatrix}
\tag{2-62}
$$

或写为 $$[\Delta \dot{U}_{abc}] = [Z][\dot{I}_{abc}] \qquad (2-63)$$

应用式（2-59）、式（2-60）将三相电压降相量变换成对称分量，可得

$$[\Delta \dot{U}_{120}] = [a]^{-1}[Z][a][\dot{I}_{120}] = [Z_{sc}][\dot{I}_{120}] \qquad (2-64)$$

$$[Z_{sc}] = [a]^{-1}[Z][a]$$

式中，$[Z_{sc}]$ 为序阻抗矩阵。

当元件结构参数完全对称，即 $Z_{aa}=Z_{bb}=Z_{cc}=Z_s$，$Z_{ab}=Z_{bc}=Z_{ca}=Z_m$ 时

$$[Z_{sc}] = \begin{bmatrix} Z_s-Z_m & 0 & 0 \\ 0 & Z_s-Z_m & 0 \\ 0 & 0 & Z_s+2Z_m \end{bmatrix} = \begin{bmatrix} Z_1 & 0 & 0 \\ 0 & Z_2 & 0 \\ 0 & 0 & Z_0 \end{bmatrix} \qquad (2-65)$$

为一对角线矩阵。将式（2-64）展开，得

$$\left.\begin{aligned} \Delta \dot{U}_{a1} &= Z_1 \dot{I}_{a1} \\ \Delta \dot{U}_{a2} &= Z_2 \dot{I}_{a2} \\ \Delta \dot{U}_{a0} &= Z_0 \dot{I}_{a0} \end{aligned}\right\} \qquad (2-66)$$

式（2-66）表明，在三相参数对称的线性电路中，各序对称分量具有独立性。也就是说，当电路通以某序对称分量的电流时，只产生同一序对称分量的电压降。反之，当电路施加某序对称分量的电压时，电路中也只产生同一序对称分量的电流。这样，便可以对正序、负序和零序分量分别进行计算。

如果三相参数不对称，则矩阵 Z_{sc} 的非对角元素将不全为零，因而各序对称分量将不具有独立性。也就是说，通以正序电流所产生的电压降中，不仅包含正序分量，还可能有负序或零序分量。这时，就不能按序进行独立计算了。

根据以上的分析，所谓元件的序阻抗是指元件三相参数对称时，元件两端某一序的电压降与通过该元件同一序电流的比值，即

$$\left.\begin{aligned} Z_1 &= \Delta \dot{U}_{a1}/\dot{I}_{a1} \\ Z_2 &= \Delta \dot{U}_{a2}/\dot{I}_{a2} \\ Z_0 &= \Delta \dot{U}_{a0}/\dot{I}_{a0} \end{aligned}\right\} \qquad (2-67)$$

式中，Z_1、Z_2 和 Z_0 分别为该元件的正序阻抗、负序阻抗和零序阻抗。

电力系统每个元件的正、负、零序阻抗可能相同，也可能不同，视元件的结构而定。

三、对称分量法在不对称故障计算中的应用

当系统发生了不对称故障时，根据对称分量所具有的独立性，就可以将故障网络分成三个独立的序网来研究，对不对称故障进行分析讨论。例如，有一台发电机接于空载输电线路，发电机的中性点经阻抗 Z_n 接地，故障前的网络是三相对称的，现假定在线路某处发生了 a 相接地短路，即 $\dot{U}_a=0$、$\dot{U}_b\neq0$、$\dot{U}_c\neq0$，如图 2-64（a）所示。

故障点对地电压的不对称，可以看作是在故障点接有不对称的接地阻抗，即 $Z_a=0$、$Z_b=\infty$、$Z_c=\infty$，但系统其余部分的阻抗参数仍然是对称的。根据电工原理中的替代原理，可用一组不对称电压 $\dot{U}_a$、$\dot{U}_b$、$\dot{U}_c$ 来代替故障点的不对称阻抗，该组电压的大小与故障点对地电压相等，如图 2-64（b）所示。

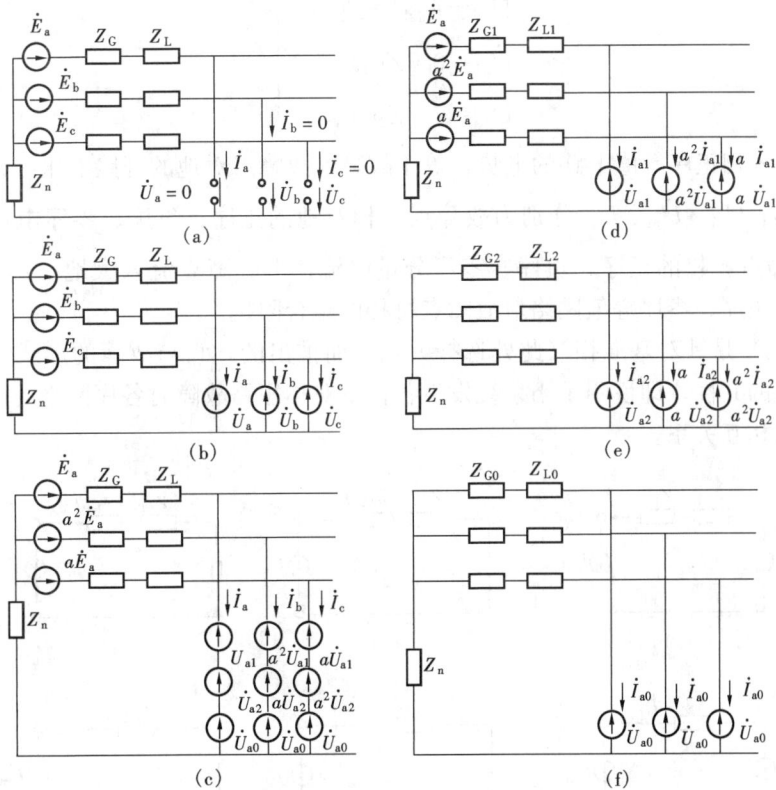

图 2 - 64 应用对称分量法分析不对称故障用图

(a) a 相短路；(b) 替代电路；(c) 对称分量表示电压相量；
(d) 正序网；(e) 负序网；(f) 零序网

应用对称分量法将不对称电压 $\dot{U}_a$、$\dot{U}_b$、$\dot{U}_c$ 和不对称电流 $\dot{I}_a$、$\dot{I}_b$、$\dot{I}_c$ 按式（2-64）分解成正序、负序、零序三组对称分量，如图 2 - 64（c）所示。

根据对称分量所具有的独立性，把故障网络分为正序网、负序网、零序网三个独立的序网，如图 2 - 64（d）、（e）、（f）所示。在正序网中包含有发电机的电源电压（正序）和故障点的正序电压分量，在这样正序电源的作用下，三相正序网中流有正序电流，对应的发电机和线路元件的阻抗就是正序阻抗。在负序网或零序网中，由于发电机没有负序和零序电源，因而只有故障点的负序或零序电压分量。在这些相应的电压作用下，三相负序网或零序网中流有负序或零序电流，电路中对应的是负序或零序阻抗。

对每一个序网，由于三相都是对称的，故可以只取一相来进行分析计算，通常称此相为基准相。基准相原则上可以选择三相中的任意一相，但在电力系统故障分析计算中，一般是选择最特殊的一相作为基准相。例如，a 相接地故障时，取 a 相为基准相，这样就可以作出 a 相的正序网、负序网和零序网，如图 2 - 65（a）、（b）、（c）所示。在正序网和负序网中，因三相对称，流过发电机中性线的电流为零，故可将中性点的接地阻抗 Z_n 略去。在零序网络中，因流过中性线的电流为 3 倍零序电流，故在单相零序网中应在中性点接入 $3Z_n$ 的接地阻抗。求得一相序网后，分别将各序网络从故障端口用戴维南定理等值，就得到图 2 - 65（d）、（e）、（f）所表示的 a 相正序、负序、零等值网络。它们所对应的序网方程为

$$\left.\begin{array}{l} \dot{U}_{a1} = \dot{E}_{a\Sigma1} - Z_{\Sigma1}\dot{I}_{a1} \\ \dot{U}_{a2} = 0 - Z_{\Sigma2}\dot{I}_{a2} \\ \dot{U}_{a0} = 0 - Z_{\Sigma0}\dot{I}_{a0} \end{array}\right\} \tag{2-68}$$

式中，$\dot{E}_{a\Sigma1}$ 为 a 相正序等值电路的电势，等于故障前故障点对地的开路电压（即故障点正常时电压 $\dot{U}_{|0|}$）；$\dot{U}_{a1}$、$\dot{U}_{a2}$、$\dot{U}_{a0}$ 分别为故障点 a 相对地的正序、负序、零序电压；$\dot{I}_{a1}$、$\dot{I}_{a2}$、$\dot{I}_{a0}$ 分别为故障点 a 相的正序、负序、零序分量电流，由故障点流入大地；$Z_{\Sigma1}$、$Z_{\Sigma2}$、$Z_{\Sigma0}$ 分别为正序、负序、零序等值网络对故障点每相的组合阻抗。

式（2-68）是针对基准相（此处选择 a 相）而推出的，它与故障的形式无关，反映了各种不对短路的共性，即说明了当系统发生各种不对称短路故障时各序网络的序电压和序电流都应遵循的相互关系。

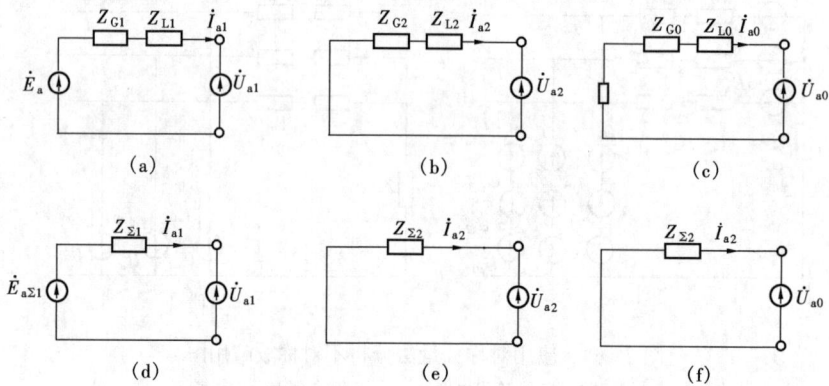

图 2-65 各序网及其等值电路

(a) 正序网一；(b) 负序网一；(c) 零序网一；
(d) 正序等值电路；(e) 负序等值电路；(f) 零序等值电路

式（2-68）只有 3 个方程式，但有 6 个未知数，所以还要根据短路故障的边界条件，找出另外 3 个方程来加以联立求解。

单相接地故障的边界条件（假设 a 相接地）为

$$\begin{cases} \dot{U}_a = 0 \\ \dot{I}_b = 0 \\ \dot{I}_c = 0 \end{cases} \Rightarrow \begin{cases} \dot{U}_{a1} + \dot{U}_{a2} + \dot{U}_{a0} = 0 \\ a^2\dot{I}_{a1} + a\dot{I}_{a2} + \dot{I}_{a0} = 0 \\ a\dot{I}_{a1} + a^2\dot{I}_{a2} + \dot{I}_{a0} = 0 \end{cases} \tag{2-69}$$

则根据式（2-68）与式（2-69）6 个方程联立求解，即可得到故障点基准相（此处是 a 相）的各序电流和电压：$\dot{I}_{a1}$、$\dot{I}_{a2}$、$\dot{I}_{a0}$、$\dot{U}_{a1}$、$\dot{U}_{a2}$、$\dot{U}_{a0}$。

这样故障点各相电流和电压即可按式（2-59）求得，即

$$[\dot{I}_{abc}] = [a][\dot{I}_{120}] \tag{2-70}$$

$$[\dot{U}_{abc}] = [a][\dot{U}_{120}] \tag{2-71}$$

类同，对于两相短路、两相接地，其边界条件分别有

对 $k_{bc}^{(2)}$ 有

$$\begin{cases}\dot{U}_b=\dot{U}_c\\ \dot{I}_a=0\\ \dot{I}_b+\dot{I}_c=0\end{cases}\Rightarrow\begin{cases}a^2\dot{U}_{a1}+a\dot{U}_{a2}+\dot{U}_{a0}=a\dot{U}_{a1}+a^2\dot{U}_{a2}+\dot{U}_{a0}\\ \dot{I}_{a1}+\dot{I}_{a2}+\dot{I}_{a0}=0\\ a^2\dot{I}_{a1}+a\dot{I}_{a2}+\dot{I}_{a0}+a\dot{I}_{a1}+a^2\dot{I}_{a2}+\dot{I}_{a0}=0\end{cases}\quad(2-72)$$

对 $k_{bc}^{(1.1)}$ 有

$$\begin{cases}\dot{U}_b=0\\ \dot{U}_c=0\\ \dot{I}_a=0\end{cases}\Rightarrow\begin{cases}a^2\dot{U}_{a1}+a\dot{U}_{a2}+\dot{U}_{a0}=0\\ a\dot{U}_{a1}+a^2\dot{U}_{a2}+\dot{U}_{a0}=0\\ \dot{I}_{a1}+\dot{I}_{a2}+\dot{I}_{a0}=0\end{cases}\quad(2-73)$$

联立求解式（2-68）与式（2-72）即可得到故障点基准相的各序电流和电压，再根据式（2-70）、式（2-71）即可求得两相短路故障时，故障点的各相电流、电压。

联立求解式（2-68）与式（2-73）即可得到故障点基准相的各序电流和电压，再根据式（2-70）、式（2-71）即可求得两相接地故障时，故障点各相电流、电压。

【例 2-4】 如图 2-66（a）所示的系统中，变压器 T2 高压母线发生 $k_b^{(1)}$ 单相接地故障，试分别计算短路瞬间故障点的短路电流和各相电压，并绘制相量图。已知参数如下：

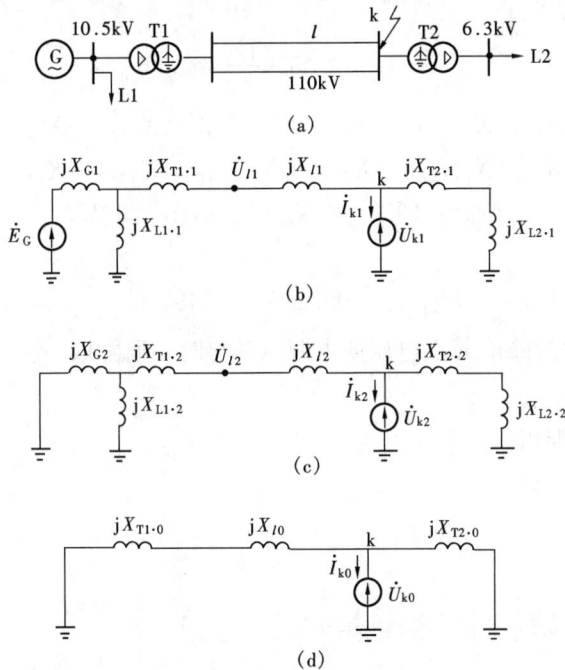

图 2-66 系统图及正序、负序、零序等值电路

(a) 系统接线；(b) 正序等值电路；
(c) 负序等值电路；(d) 零序等值电路

发电机 G：120MV·A，10.5kV，$X_d''=X_2=0.14$；
变压器 T1 和 T2 相同：60MV·A，$U_k\%=10.5$；
线路 1：105km，每回路 $x_1=0.4\Omega/km$，$x_0=3x_1$；
负荷 l_1 容量 60MV·A，l_2 容量 40MV·A；负荷的标么值电抗，正序取 1.2，负序取 0.35；
故障前 k 点电压 $U_{k|0|}=109kV$。

解　根据图 2 - 66（a）所示的系统接线，作其正序、负序、零序等值电路，如图 2 - 66（b）、（c）、（d）所示。

计算参数：取 $S_n = 120 \mathrm{MV \cdot A}$，$U_b = U_{av}$。

对于 G 　　　　　　　　　　　　　$X_{G1} = 0.14$，$X_{G2} = 0.14$

对于 L1 　　　　　　　　　$X_{L1 \cdot 1} = 1.2 \times \dfrac{S_n}{S_N} = 1.2 \times \dfrac{120}{60} = 2.4$

$$X_{L1 \cdot 2} = 0.35 \times \dfrac{120}{60} = 0.7$$

对于 T1 　　　　$X_{T1 \cdot 1} = \dfrac{U_k \% S_n}{100 S_N} = \dfrac{10.5 \times 120}{100 \times 60} = 0.21 = X_{T1 \cdot 2} = X_{T1 \cdot 0}$

对于 l 　　　　　　$X_{l1} = X_{l2} = 0.4 \times 105 \times \dfrac{120}{115^2} \times \dfrac{1}{2} = 0.1905$

$$X_{l0} = 3 X_{l1} = 3 \times 0.1905 = 0.572$$

对于 T2 　　　　$X_{T2 \cdot 1} = X_{T2 \cdot 2} = X_{T2 \cdot 0} = \dfrac{U_k \% S_n}{100 S_N} = \dfrac{10.5 \times 120}{100 \times 60} = 0.21$

对于 L2 　　　　　　　　　$X_{L2 \cdot 1} = 1.2 \times \dfrac{120}{40} = 3.6$

$$X_{L2 \cdot 2} = 0.35 \times \dfrac{120}{40} = 1.05$$

则　　　$X_{\Sigma 1} = \left[(X_{G1} /\!/ X_{L1 \cdot 1}) + X_{T1 \cdot 1} + X_{l1} \right] /\!/ (X_{T2 \cdot 1} + X_{L2 \cdot 1}) = 0.468$

$$X_{\Sigma 2} = \left[(X_{G2} /\!/ X_{L1 \cdot 2}) + X_{T1 \cdot 2} + X_{l2} \right] /\!/ (X_{T2 \cdot 2} + X_{L2 \cdot 2}) = 0.367$$

$$X_{\Sigma 0} = (X_{T1 \cdot 0} + X_{l0}) /\!/ X_{T2 \cdot 0} = 0.166$$

故障前 k 点的电压

$$\dot{U}_{k|0|} = 109/115 = 0.948 \,\underline{/\,0°}$$

当已知条件未给出故障前 k 点电压或电源电动势时，通常取 $\dot{U}_{k|0|} = 1 \,\underline{/\,0°}$。

单相接地故障 $[k_b^{(1)}]$。

1）选择 b 相为基准相；

2）边界条件

$$\dot{I}_a = 0, \qquad \dot{I}_c = 0, \qquad \dot{U}_b = 0$$

3）解算条件

$$\left. \begin{aligned} a\dot{I}_{b1} + a^2 \dot{I}_{b2} + \dot{I}_{b0} &= 0 \\ a^2 \dot{I}_{b1} + a \dot{I}_{b2} + \dot{I}_{b0} &= 0 \\ \dot{U}_{b1} + \dot{U}_{b2} + \dot{U}_{b0} &= 0 \end{aligned} \right\} \Rightarrow \begin{cases} \dot{I}_{b1} = \dot{I}_{b2} = \dot{I}_{b0} \\ \dot{U}_{b1} + \dot{U}_{b2} + \dot{U}_{b0} = 0 \end{cases}$$

4）复合序网，如图 2 - 67 所示。

5）计算序电流、序电压

$$\dot{I}_{b1} = \dot{I}_{b2} = \dot{I}_{b0} = \frac{\dot{U}_{k|0|}}{\mathrm{j}(X_{\Sigma 1} + X_{\Sigma 2} + X_{\Sigma 0})}$$

$$= \frac{0.948}{\mathrm{j}(0.468 + 0.367 + 0.166)} = -\mathrm{j}0.947$$

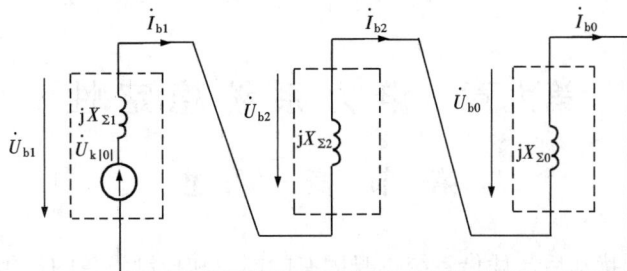

图 2-67　b 相接地复合序网

$$\dot{U}_{b1} = j\dot{I}_{b1} \times (X_{\Sigma 2} + X_{\Sigma 0}) = j(0.367 + 0.166) \times (-j0.947) = 0.505$$

$$\dot{U}_{b2} = -j\dot{I}_{b2}X_{\Sigma 2} = -j(-j0.947) \times 0.367 = -0.348$$

$$\dot{U}_{b0} = -j\dot{I}_{b0}X_{\Sigma 0} = -j(-j0.947) \times 0.166 = -0.157$$

6）故障点各相电流、电压

$$\begin{bmatrix} \dot{I}_a \\ \dot{I}_b \\ \dot{I}_c \end{bmatrix} = \begin{bmatrix} a & a^2 & 1 \\ 1 & 1 & 1 \\ a^2 & a & 1 \end{bmatrix} \begin{bmatrix} \dot{I}_{b1} \\ \dot{I}_{b2} \\ \dot{I}_{b0} \end{bmatrix} = \begin{bmatrix} 0 \\ -j2.84 \\ 0 \end{bmatrix}$$

$$\begin{bmatrix} \dot{U}_a \\ \dot{U}_b \\ \dot{U}_c \end{bmatrix} = \begin{bmatrix} a & a^2 & 1 \\ 1 & 1 & 1 \\ a^2 & a & 1 \end{bmatrix} \begin{bmatrix} \dot{U}_{b1} \\ \dot{U}_{b2} \\ \dot{U}_{b0} \end{bmatrix} = \begin{bmatrix} 0.775 \underline{/107.7^\circ} \\ 0 \\ 0.775 \underline{/-107.7^\circ} \end{bmatrix}$$

短路电流有效值　$I_b = 2.84 \times \dfrac{120}{\sqrt{3} \times 115} = 1.71$（kA）

非故障电压有效值　$U_a = U_c = 0.775 \times \dfrac{115}{\sqrt{3}} = 51.5$（kV）

7）短路点电压、电流相量图，如图 2-68 所示。

其他不对称短路故障的分析计算，读者可按前述［例 2-4］的步骤进行相应的计算。

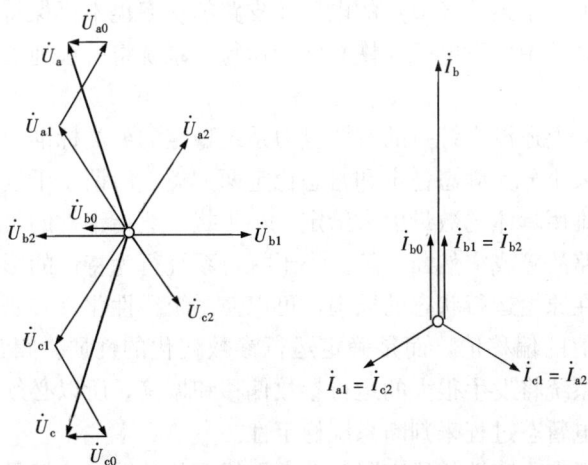

图 2-68　b 相接地短路点电压、电流相量图

第九章　电力系统稳定性

第一节　概　　述

电力系统在受到扰动后，凭借系统本身固有的能力和控制设备的作用，回复到原始稳态运行方式，或者达到新的稳态运行方式，一般用来表示发电机组对系统或系统对系统间的同步运行稳定性。电力系统稳定与扰动的大小、经受扰动的时间、系统的结构与运行方式、电力系统各元件的参数、各种调节和控制装置的性能等很多因素有关。保证电力系统稳定是电力系统正常运行的必要条件。只有在保持电力系统稳定的条件下，电力系统才能不间断地向各类用户提供符合质量要求的电能。

电力系统稳定问题的出现最早应追溯到 20 世纪 20～30 年代。自第一批发电机（或发电厂）并列运行，以及从远方发电厂到负荷中心长距离输电线路的出现，形成最初的电力系统起，开始出现电力系统稳定问题，也就是同步发电机间并列运行的稳定性。电力系统中各同步发电机只有在同步运行状态下，其送出的电功率为定值，同时在系统中各节点的电压及支路的功率潮流也都是定值，这就是电力系统的稳定运行状态。

同步发电机的转速决定于作用在其轴上转矩的平衡，当转矩平衡变化时，转速也将发生相应的变化。正常运行时，原动机的功率与发电动的输出功率是平衡的，从而保证了发电机以恒定的同步转速运行。对于电力系统中并列运行的所有发电机组来说，这种功率的平衡状况是相对的、暂时的。由于电力系统的负荷随时都在变化，甚至还有偶然事故的发生，因此随时都将打破这种平衡状态。发电机将因输入、输出功率的不平衡而发生转速的变化。在一般情况下，由于各发电机组的这种功率不平衡的程度不同，因此转速变化的规律也不同，有的变化较大，有的变化较小，甚至导致一部分发电机加速时，另一部分发电机减速，从而在各发电机组转子之间将产生相对运动。电力系统中各同步发电机只有在同步状态下运行才是稳定运行状态；相反，如果电力系统中并联运行的各发电机间不能保持同步，则各发电机送出的电功率将不是定值，全系统各节点的电压及支路的功率也不再保持定值，都将发生很大的波动。如果不能使系统中各发电机间恢复同步运行，系统将持续地处于失步状态，即该系统将失去稳定的状态。

到目前为止，国际上还没有统一的有关电力系统稳定的分类标准。电力系统稳定一般按电力系统承受扰动的大小分为静态稳定和暂态稳定两大类。所谓小干扰或大干扰只是相对的和有条件的区分，很难用具体的数量值来给定。小干扰一般指正常的负荷波动，大干扰则用以指电力元件中的短路故障或突然断开等。小干扰对系统行为特性的影响一般与干扰的大小和发生的地点无关，在原始运行状态的周围，可以使系统线性化，其研究结果不是确定运行参数对原始稳态运行值的偏移值，而是确定运行参数变化的性质，得出稳定或不稳定的结论。大干扰时，电力系统将发生很大的运行参数偏移和振荡，所以必须考虑系流元件的非线性特性，从系统的机电暂态过程来判断系统稳定性。

一般对电力系统暂态稳定性的研究限制在大干扰后几秒钟内。但是，在现代电力系统中有各种自动调节装置，它们对各种干扰自动做出各自的反应。所以，在这些系统中一个干扰的全部影响有时要在它发生几秒钟甚至更长的时间以后才能反映出来。这种在受到小的或大的干扰后，在发电机本身的阻尼和自动调节和控制装置的作用下，使电力系统的振荡衰减，保持较长过程稳定性的能力也称为电力系统动态稳定。对于这种较长时间的稳定性研究，有时需要考虑一般暂态稳定研究中不考虑的那些系统元件的动态特性，例如锅炉、原子反应堆、水电厂压力管道、继电保护和系统调节装置（如调频和功率调节装置）等元件。在一定的系统参数、运行方式和调节方式下，这种动态过程可以是由小干扰激发的、由微小振荡逐渐增大，也可以是由于大干扰引起的参数变化而激发。对于由小干扰所激发的动态稳定问题，因为振荡初期的系统状态变化很小，不涉及系统的非线性特性，一般可用研究静态稳定的方法来进行研究，所以广义的静态稳定也包括这类情况。

《电力系统安全稳定导则》中对电力系统稳定做了如下规定：

（1）电力系统静态稳定是指电力系统受到小干扰后，不发生非周期性的失步，自动恢复到起始运行状态的能力。

（2）电力系统暂态稳定是指电力系统受到大干扰后，各同步发电机保持同步运行并过渡到新的或恢复到原来稳定运行方式的能力；通常指第一或第二振荡周期不失步。

（3）电力系统动态稳定是指电力系统受到干扰后，在自动调节和控制装置的作用下，保持长过程的运行稳定性的能力。

以上所述的电力系统稳定均以电力系统中任一发电机是否失步为依据。在某些情况下，发电机受到小的或大的干扰而失步后，由于调节装置或人为的干预以及系统本身具有的能力，同步发电机经过短时间的失步运行后，可以再恢复同步运行方式，这种情况称作电力系统再同步。从严格的稳定性定义来看，它是属于不稳定的情况。但从工程实际观点来看，这是一种缩小稳定破坏的后果，迅速恢复电力系统正常运行的措施，所以又称之为"最终稳定"或"综合稳定"。各个电力系统将根据各自的条件来处理和对待这种情况。《电力系统安全稳定导则》中规定在满足一定条件下可以允许局部系统作短时间的非同步运行。

在电力系统运行稳定性问题中，除了上述维持发电机间同步运行的稳定性（亦称功角稳定性）外，广义而言还包括由于系统无功功率不足而引起的负荷节点电压稳定性和故障期间因系统有功功率不足而引起的频率稳定性问题。

第二节　电力系统静态稳定性

电力系统静态稳定性是指电力系统正常运行时受到瞬时性的小干扰后，系统恢复到原始运行状态的能力。能恢复到原始运行状态，则系统静态是稳定的，否则就是静态不稳定的。

一、电力系统静态稳定性的基本概念

设有一简单电力系统如图 2-69（a）所示，图中受端为无限大容量电力系统母线，送端为隐极式同步发电机，并略去了所有元件的电阻和导纳。该系统的等值网络如图 2-69（b）所示。如果发电机的励磁不可调，即它的空载电动势 E_q 为恒定值，则可得出这个系统的功角特性关系为

$$P_{Eq} = \frac{E_q U}{X_{d\Sigma}} \sin\delta \qquad (2-74)$$

$$X_{d\Sigma} = X_d + X_{T1} + \frac{1}{2} X_l + X_{T2}$$

由此可知，这个系统的功角特性曲线如图 2-69（c）所示。

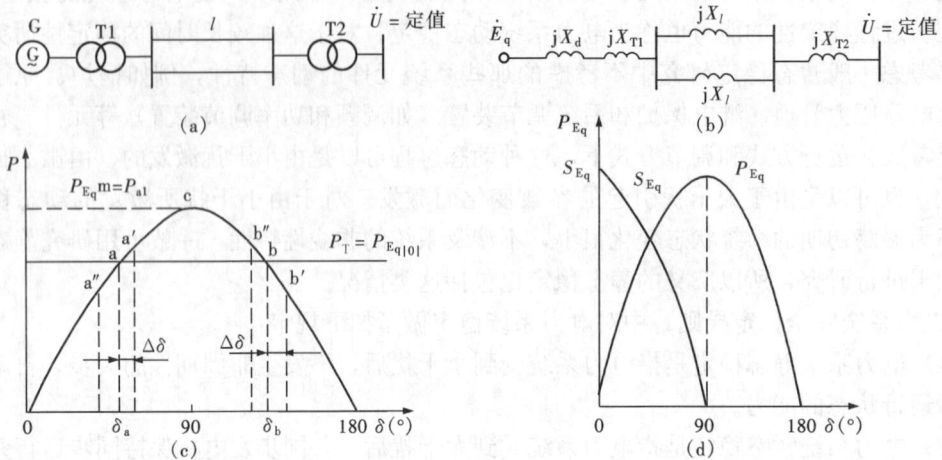

图 2-69 简单电力系统
(a) 接线图；(b) 等值网络图；(c) 功角特性曲线；(d) 整步功率系数

假设不调节原动机输出的机械功率 P_T，并略去摩擦、风阻等损耗。若按输入发电机的机械功率与发电机输出的电磁功率相平衡 $P_T = P_{Eq|0|}$ 的条件，在功角特性曲线上将有两个运行点 a、b，与其相对应的功角 δ_a 和 δ_b。下面分析电力系统在这两点运行时，受到微小干扰后的情况，以及静态稳定的实用判据和静态稳定储备系数的概念。

1. 静态稳定性的分析

分析在 a 点的运行情况。在 a 点，当系统出现一个瞬时的小干扰，而使功角 δ 增加一个微量 $\Delta\delta$ 时，输出的电磁功率将从 a 点相对应的值 $P_{Eq|0|}$ 增加到与 a′点相对应的 $P_{Eqa'}$。但因输入的机械功率 P_T 不调节，仍为 $P_T = P_{Eq|0|}$，在 a′点输出的电磁功率 $P_{Eqa'}$ 将大于输入的机械功率 P_T。因此作用在转子上的过剩功率 $\Delta P = P_T - P_{Eqa'} < 0$，根据转子运行方程的基本关系，在此过剩功率的作用下，发电机组将减速，功角 δ 将减小，运行点将渐渐回到 a 点，如图 2-70（a）中实线所示。当一个小干扰使功率角 δ 减小一个微量 $\Delta\delta$ 时，情况相反，输出的电磁功率将减小到与 a″对应的值 $P_{Eqa''}$，此时作用在转子上的过剩功率 $\Delta P = P_T - P_{Eqa''} > 0$，在此过剩功率的作用下，发电机组将加速，使功角 δ 增大，运行点将渐渐地回到 a 点，如图 2-70（a）中虚线所示。所以 a 点是静态稳定运行点。据此分析可得在图 2-69（c）中 c 点以前，即 $0° < \delta < 90°$ 时，皆为静态稳定运行点。

2. 静态不稳定分析

分析在 b 点的运行情况，b 点也是一个平衡点（$P_T = P_{Eqb}$）。当系统中出现一个瞬时的小干扰，而使功角 δ 增加一个微量 $\Delta\delta$ 时，输出的电磁功率将从 b 点对应的 $P_{Eq|0|}$ 减少到 b′点相对应的 $P_{Eqb'}$，在原动机输出的功率不调节（$P_T = P_{Eq|0|}$）的假设下，作用在转子上的过剩功率 $\Delta P = P_T - P_{Eqb'} > 0$。在 ΔP 的作用下发电机转子将加速，功角 δ 将进一步增大。而随着功角的增大，与之对应的电磁功率将进一步减小。这样继续下去，运行点不可能再回到 b 点，如图 2-70（b）中实线所示。功角 δ 不断增大，标志着两个电源之间将失去同步，电力系统将不能并列运行而瓦解。如果瞬时出现的小干扰使功角减小一个微量 $\Delta\delta$，情况又不

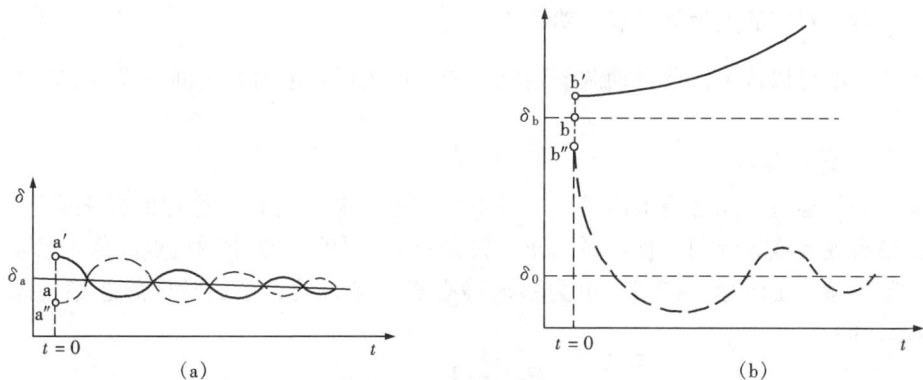

图 2 - 70　功率角的变化过程

(a) 在 a 点运行；(b) 在 b 点运行

同，输出的电磁功率将增加到与 b″点相对应的值 $P_{Eqb''}$，此时过剩功率 $\Delta P = P_T - P_{Eqb''} < 0$，在此过剩功率的作用下，发电机将减速，功角将继续减小，一直减小到 δ_a、渐渐稳定在 a 点运行，如图 2 - 70（b）中虚线所示。所以 b 点不是静态稳定运行点。同理，在图 2 - 69（c）中 c 点以后（$\delta > 90°$），都不是静态稳定运行点。

3. 电力系统静态稳定的实用判据

根据以上分析可见，对上述简单电力系统，当功角 δ 在 $0 \sim 90°$ 范围内，电力系统可以保持静态稳定运行，在此范围内有 $\dfrac{dP_{Eq}}{d\delta} > 0$；而 $\delta > 90°$ 时，电力系统不能保持静态稳定运行，此时有 $\dfrac{dP_{Eq}}{d\delta} < 0$，由此，可以得出电力系统静态稳定的实用判据为

$$S_{Eq} = \frac{dP_{Eq}}{d\delta} > 0 \qquad (2 - 75)$$

式中，S_{Eq} 为整步功率系数，如图 2 - 69（d）所示。

可根据 $S_{Eq} > 0$ 判定电力系统中的同步发电机并列运行静态是稳定的。它是历史上第一个、也是最常用的一个静态稳定判据。虽然，严格的数学分析表明，仅根据这个判据不足以最后判定电力系统的静态稳定性，因而它只能是一种实用判据。事实上，静态稳定的判据不止一个。

根据 $S_{Eq} > 0$ 判据，图 2 - 69（c）中功角特性曲线上所有与 $\delta < 90°$ 对应的运行点，是静态稳定的，所有与 $\delta > 90°$ 对应的运行点是静态不稳定的。而与 $\delta = 90°$ 对应的 c 点则是静态稳定的临界点，在 c 点 $S_{Eq} = 0$，严格地说，该点是不能保持系统静态稳定运行的。

以上的分析没有考虑自动调节励磁装置对电力系统静态稳定的影响。若按前面分析的自动调节励磁装置对功角特性的影响，维护发电机暂态电势 E'_q 为常数得到功角特性为 $P_{E'q}$，这时按静态稳定的实用判据，系统静态稳定的条件应为

$$S_{E'q} = \frac{dP_{E'q}}{d\delta} > 0 \qquad (2 - 76)$$

系统静态不稳定的条件应为

$$S_{E'q} = \frac{dP_{E'q}}{d\delta} < 0 \qquad (2 - 77)$$

当 $\dfrac{\mathrm{d}P_{E'_q}}{\mathrm{d}\delta}=0$ 时，对应的点为临界点，功角为 $\delta_{E'_{qm}}>90°$。

因此，一般可以认为计及自动调节励磁装置的作用后，电力系统静态稳定的功角范围扩大了。

4. 静态稳定储备系数

从电力系统运行可靠性要求出发，一般不允许电力系统运行在稳定的极限附近。否则，运行情况稍有变动或者受到干扰，系统便会失去稳定。为此，要求运行点离稳定极限有一定的距离，即保持一定的稳定储备。电力系统静态稳定储备的大小通常用静态稳定储备系数 K_P 来表示，即

$$K_P = \frac{P_{Eqm} - P_{|0|}}{P_{|0|}} \times 100\% \tag{2-78}$$

式中，P_{Eqm} 为静态稳定的极限功率（即功角特性曲线的顶点）；$P_{|0|}$ 为正常运行时的输送功率，$P_{|0|} = P_T$。

静态稳定储备系数 K_P 的大小表示了电力系统由功角特性所确定的静态稳定度。K_P 越大，稳定程度越高，但系统输送功率受到限制。反之，K_P 过小，则稳定程度太低，降低了系统运行的可靠性。目前我国规定，在正常运行时 K_P 为 $15\%\sim20\%$；当系统发生故障后，由于部分设备（包括发电机、变压器、线路等）退出运行，为了尽量不间断对用户的供电，允许 K_P 短时降低，但不应小于 10%，并应尽快地采取措施恢复系统的正常运行。

研究电力系统受小干扰暂态过程的目的，就是掌握电力系统受小干扰后所发生的暂态过程的特点和性质，并判断系统在某运行状态时，是否静态稳定。这样就可以在设计时，使所设计的电力系统是静态稳定的；在运行中，使运行状态具有静态稳定的能力。

最后还要指出，电力系统在运行中随时都将受到各种原因引起的小干扰，如果电力系统的运行状态不具有静态稳定的能力，那么电力系统是不能运行的。

二、静态稳定的计算

静态稳定计算是分析、预测电力系统静态和动态稳定性的主要方法。在输电系统的规划设计中，通过静态稳定计算，确定输电线路的静态稳定功率极限和静态稳定储备系数，为输电系统的设计提供依据。在实际运行的电力系统中，通过静态稳定计算，确定在静态稳定条件下输电线路可送出的最大功率，分析系统静态稳定破坏或产生低频振荡的原因，合理整定发电机励磁调节器、电力系统稳定器等自动装置的参数从而提高系统阻尼性能。因此，静态稳定计算在电力系统规划和运行分析中占有重要位置。

静态稳定计算方法随电力系统规模扩大、装备更新以及计算分析工具的进步而不断发展。

20 世纪 60 年代以前的静态稳定分析，主要研究同步力矩不足的非周期失步，采用简单的 $\mathrm{d}P/\mathrm{d}\delta$ 实用判据。为了研究负荷电压特性对静态稳定的影响，又引入 $\mathrm{d}Q/\mathrm{d}U$ 实用判据。运用这两种实用判据的计算分析方法属于实用计算法。20 世纪 60 年代以后，由于大规模超高压输电系统的建立，电力系统中产生了一些新的危及系统稳定运行的物理现象，给静态稳定分析增添了新的内容。如互联电力系统的低频功率振荡分析，电力系统稳定器（PSS）的配置及参数整定等，都属于静态稳定分析研究的范畴。对此，实用计算法已不能满足分析的要求。用小干扰法即线性化分析法对静态稳定进行计算分析在理论上比较完善。特别是这种

方法可以详细考虑调节系统的动态特性，因此在分析上述各种问题时，广泛采用了小干扰法。

小干扰法的主要步骤为：

（1）列出电力系统遭受小干扰后的运动方程，这个运动方程包含各参数的微小增量。

（2）将所列的非线性微分方程线性化（因干扰微小，可在原始运行点附近将其线性化）。

（3）求解线性化的微分方程或用其他的方法来研究各参数微小增量随时间变化的规律，来确定这一暂态过程的性质，并判断系统是否稳定。

三、提高电力系统静态稳定性的措施

电力系统具有静态稳定性是保证系统正常运行的必要条件。保证和提高系统静态稳定性，从有功功率来看，主要是提高功率极限值 $P_m = \dfrac{EU}{X_\Sigma}$，因此可以从减小系统各元件的电抗 X_Σ、提高发电机的电动势 E 和提高系统电压 U 三个方面着手。下面来介绍提高电力系统静态稳定性的具体措施。

1. 减小发电机或变压器的电抗

从图 2-71 所示各元件电抗在电力系统电抗 X_Σ 中的相对比例可见，发电机的同步电抗 X_d 所占比重较大。但减小这个电抗将增加发电机的投资，因为同步电抗 $X_d = X_\sigma + X_{ad}$，要减小 X_d，主要在于减小电枢反应电抗 X_{ad}，就不得不增大发电机定子和转子间的空气间隙，这将使发电机增大尺寸，使单位容量的成本增加，即发电机价格要增大。一方面发电机的暂态电抗 X_d' 在系统电抗中所占比重要较同步电抗小得多，

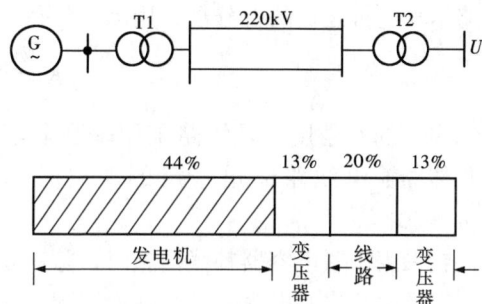

图 2-71　各元件电抗的相对值

所以减小发电机暂态电抗对静态稳定的影响不大。另一方面，由于暂态电抗的主要成分是漏抗，减小漏抗更困难，而且增加的投资更多。

变压器的电抗在电力系统中所占比例相对不大，变压器电抗是漏抗，因此减小很困难，在经济上也不合算。

从上分析可知，减小发电机和变压器的电抗不应作为提高系统静态稳定性的主要措施。但在选用发电机和变压器时，注意选用具有较小电抗的设备以利于静态稳定，还是必要的。

2. 采用自动调节励磁装置

发电机装有自动调节励磁装置后，可以大大提高功率极限。若按同步发电机运行状态变量（如 U_G、δ）的偏移自动调节励磁时，可使 E_q' 为常数，这时相当于使发电机所呈现的电抗由同步电抗 X_d 减小为暂态电抗 X_d'。若按运行状态变量的导数自动调节励磁时，则可以维持发电机的端电压 U_G 为常数，这相当于发电机的电抗减小为零。因为自动调节励磁装置在总投资中所占的比重很小，所以在各种提高静态稳定性的措施中，总是优先考虑这一措施。

3. 减小线路电抗

线路电抗在系统总电抗中所占的比重也较大，因此减小输电线路电抗是提高系统静态稳定的有效措施。目前常采用的减小线路电抗的措施有以下两种：

（1）提高输电线路的电压等级。线路电抗的标么值与线路额定电压的平方成反比，提高线路电压等级就相当于减小线路电抗，从而提高线路的输送功率极限。我国已有不少地区成功地采用了提高线路电压等级的措施，来提高输电线路的输送能力。

（2）采用分裂导线。将一相导线用完全相同的、位置对称布置的 2～4 根导线来代替，如果有效截面不变，则其电阻也不变，但其电抗将减小，电容增大，从而提高了线路的输送功率极限。采用分裂导线还能减少电量损耗。采用分裂导线的线路投资大、施工复杂，所以一般用于 330kV 及以上电压等级的输电线路。

4. 采用串联电容器补偿

在线路中间串联接入电容器以后，线路的总电抗就由原来线路的电抗 X_L 减小到 $(X_L - X_C)$，从而可提高输电线路输送功率的极限。

采用串联电容器补偿可以提高系统的稳定性，还可以用于调压（见第九章的第四节）。但由于这两种补偿的目的不同、使用场合不同，所以考虑问题的角度也不相同。采用串联电容器补偿提高稳定性时，首先要解决的是补偿度问题。所谓补偿度是指串联电容器的容抗与线路本身电抗之比的百分数，用 K_C 表示，即

$$K_C = \frac{X_C}{X_L} \times 100\% \qquad\qquad (2-79)$$

采用多大的补偿度，是线路采用串联电容器补偿时要决定的一个很关键的问题。对于一条具体的输电线路输送一定的功率时，有一个最经济的补偿度，通常经济补偿度为 20%～50%。

在采用串联电容器补偿措施时，除需要考虑补偿度以外，还需要考虑补偿设备的合理分布，以及由于串联电容器的存在而引起运行方面的一系列技术问题。例如，短路时在电容器上引起的过电压问题，接入串联电容器后使继电保护工作条件变复杂的问题，接入串联电容器后使发电机自励磁区域扩大的问题等。

5. 提高系统运行电压水平

电力系统的运行电压水平，不仅是电能质量的一个重要指标，而且对系统运行的静态稳定性也有重大的影响。提高系统运行的电压水平的最基本的措施，是在电力系统中装设充足的无功功率电源，并能随时保证系统在额定电压水平下的无功功率平衡。为此，首先要充分利用已有无功功率电源的潜力。例如，在发电机转子绕组不过载的条件下降低功率因数，让发电机多发无功功率；令处于备用状态的发电机作调相机运行，向系统送出无功功率；动员用户的同步电动机过励磁运行等。其次，根据系统安全、经济运行的要求，装设必要的无功功率补偿装置，并在运行中使中枢点电压不低于某一容许值，并且留有一定的裕度。

6. 改善系统的结构和中间补偿设备

改善系统的结构有很多方法，主要是为了加强系统间的联系。例如增加输电线路的回路数。另外，当输电线路通过的地区原来就有电力系统时，将这些中间电力系统与输电线路连接起来也是有利的。这样可以使长距离的输电线路中间点的电压得到维持，相当于将输电线路分成两段，缩小了"电气距离"。

采用中间补偿设备是在输电线路中间的降压变电所内装设 SVC，则可以维持 SVC 端点电压甚至高压母线电压恒定。这样，输电线路也等值地分为两段，功率极限得到提高，从而提高系统的静态稳定。

第三节　电力系统暂态稳定性

电力系统在某一运行方式下，受到外界大扰动后，经过一个机电暂态过程，能够回复到原始稳态运行方式或达到一个新的稳态运行方式，则认为电力系统在这一运行方式下是暂态稳定的。暂态稳定与干扰的形式有关，一般有三种基本形式：

（1）突然变化电力系统的结构特性，最常见的是短路，包括单相接地、两相接地或三相短路。一般假设短路发生在输电线路上，但也可能发生在母线或其他电力系统元件上。在发生短路后，由断路器断开故障的元件，如果有重合闸装置，可以是重合成功（瞬时性故障），也可以是重合不成功（永久性故障）。无故障断开线路也属于这一类干扰。

（2）突然增加或减少发电机功率，如切除一台容量较大的发电机。

（3）突然增加或减少大量负荷。

一、简单电力系统暂态稳定性的基本概念

如图 2 - 72（a）所示的简单电力系统，在输电线路始端发生短路故障，以此分析暂态稳定的基本概念。

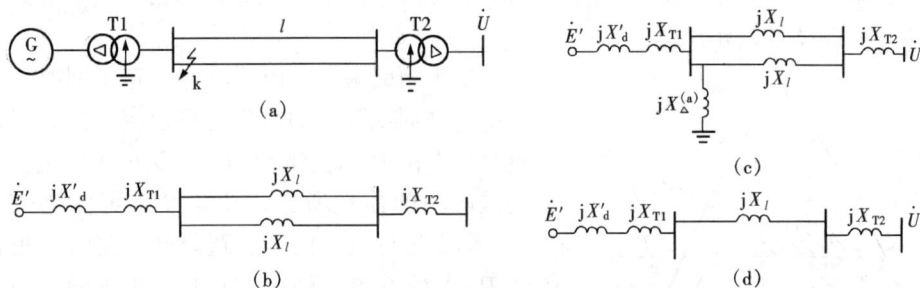

图 2 - 72　简单电力系统及其等值网络

(a) 系统图；(b) 正常运行时的等值电路；

(c) 短路故障时的等值电路；(d) 故障切除后的等值电路

1. 简单电力系统在各种运行情况下的功角特性

（1）正常运行情况（Ⅰ）。如图 2 - 72（a）简单电力系统受到大干扰（短路）之前，其等值电路如图 2 - 72（b）所示。送端电源到受端系统的转移电抗为

$$X_{\mathrm{I}} = X_{\mathrm{d}}' + X_{\mathrm{T1}} + \frac{1}{2} X_l + X_{\mathrm{T2}}$$

根据给定的运行条件和正常的潮流计算，可以计算暂态电抗 X_{d}' 后的电动势 E'，并假定 E' 为常数，于是正常运行时的功角特性方程式为

$$P_{\mathrm{I}} = \frac{E_{\mathrm{U}}'}{X_{\mathrm{I}}} \sin\delta = P_{\mathrm{I\,m}} \sin\delta \qquad (2 - 80)$$

其功角特性曲线，如图 2 - 73 中的 P_{I}。

（2）短路故障时（Ⅱ）。电力系统发生短路故障时的等值电路如图 2 - 72（c）所示。其附加阻抗 $X_{\Delta}^{(n)}$ 与故障的形式有关。这时送端电源到受端系统的转移电抗 X_{II}（Y⇒△变换），即

$$X_{II} = (X_d' + X_{T1}) + \left(\frac{1}{2}X_l + X_{T2}\right) + \frac{(X_d' + X_{T1})\left(\frac{1}{2}X_l + X_{T2}\right)}{X_\Delta^{(n)}}$$

于是故障时的功角特性方程式为

$$P_{II} = \frac{E'U}{X_{II}}\sin\delta = P_{IIm}\sin\delta \qquad (2-81)$$

其功角特性曲线,如图 2-73 中的 P_{II}。

(3) 故障切除后(Ⅲ)。故障切除后的等值电路,如图 2-72(d)所示,此时送端电源到受端系统的转移电抗 X_{III} 为

$$X_{III} = X_d' + X_{T1} + X_l + X_{T2}$$

于是故障切除后的功角特性方程为

$$P_{III} = \frac{E'U}{X_{III}}\sin\delta = P_{IIIm}\sin\delta \qquad (2-82)$$

其功角特性曲线,如图 2-73 中的 P_{III}。

2. 简单电力系统受大干扰后发电机转子的摇摆情况

在正常运行情况下,若原动机输入的机械功率为 P_T,发电机输出的电磁功率应与原动机输入的机械功率相平衡,发电机工作点由 P_I 和 P_T 的交点确定,即为 a 点,与此对应的功角为 δ_0,如图 2-73 所示。

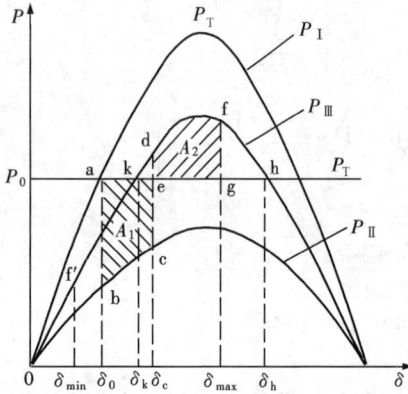

图 2-73 功角特性及面积定则

发生短路瞬间,由于不考虑定子回路的非周期分量,则周期分量的功率是可以突变的,于是发电机运行点由 P_I 突然降为 P_{II},又由于发电机组转子机械运动的惯性所致,功角 δ 不可能突变,仍为 δ_0,那么运行点将由 a 点跃降到短路时功角特性曲线 P_{II} 上的 b 点。到达 b 点后,由于输入的机械功率 P_T 大于输出的电磁功率 P_{IIb},过剩功率($\Delta P = P_T - P_{IIb}$)大于零,由转子运动方程可知,转子开始加速,即 $\Delta\omega > 0$,功角 δ 开始增大。此时,运行点将沿着功角特性曲线 P_{II} 移动。经过一段时间,设功角增大至 δ_c,运行点达到 c 点时(运行点从 b 点运行到 c 点的过程是转子由同步转速开始逐渐加速的过程),故障线路两端的继电保护装置动作,切除了故障线路。在此瞬间,运行点从 P_{II} 上的 c 点跃升到 P_{III} 上的 d 点,此时转子的速度 $\omega_d = \omega_c = \omega_{max}$。到达 d 点后,过剩功率($\Delta P = P_T - P_{IId}$)小于零,根据转子运动方程,转子将开始减速。由于此时 $\omega_d > \omega_0$ 及机组转子惯性的作用,则功角 δ 还将增大,运行点沿 P_{III} 曲线由 d 点向 f 点移动,当转速降到同步速时,运行点达到 f 点(即 $\omega_f = \omega_0$)。由于此时过剩功率($\Delta P = P_T - P_{IIIf}$)仍然小于零,根据转子运动方程,转子仍将继续减速,功角则不再继续增大,而开始减小(运行点从 d 点运动到 f 点的过程是转子减速的过程,到达 f 点时,转速减到同步速 ω_0,此时的功角 $\delta_f = \delta_{max}$ 达到最大)。这样一来,运行点仍将沿着功角特性曲线 P_{III} 从 f 点向 d、k 点移动。在 k 点时有 $P_T = P_{IIIk}$,过剩功率等于零,减速停止,则转子速度达到最小 $\omega_k = \omega_{min}$(运行点从 f 点到 k 点的过程是转子减速的过程)。但由于机械惯性的作用,功角 δ 将继续减小,当过 k 点

后，过剩功率又将大于零，转子又开始加速。加速到同步速 ω_0 时，运行点到达 f′点（$\omega_{f'}=\omega_0$），此时的功角 $\delta_{f'}=\delta_{\min}$ 达到最小。随后功角 δ 又将开始增大，即开始第二次振荡。如果振荡过程中不计阻尼的作用，则将是一个等幅振荡，不能稳定下来，但实际振荡过程中总有一定的阻尼作用，因此这样的振荡将逐步衰减，系统最后停留在一个新的运行点 k 上继续同步运行。上述过程表明系统在受到大干扰后，可以保持暂态稳定。

如果短路故障的时间较长，即故障切除迟一些，δ_c 将摆得更大。这样故障切除后，运行点沿曲线 P_{III} 向功角增大的方向移动的过程中，虽然转子也在逐渐地减速，但运行点到达曲线 P_{III} 上的 h 点时，若发电机的转子还没有减速到同步速，过了 h 点后，情况将发生变化，由于这时过剩功率又将大于零，发电机转子又开始加速（还没有减速到同步转速又开始加速），而且加速愈来愈快，功角 δ 无限增大，发电机与系统之间将失去同步（原动机输入的机械功率与发电机输出的电磁功率不可能平衡）。这样的过程表明系统在受到大干扰后暂态不稳定。

二、等面积定则

当不考虑振荡中的能量损耗时，可以根据等面积定则确定最大摇摆角 $\delta_{\max}$（或最小角度 $\delta_{\min}$），并判断系统的暂态稳定性。从前述的分析可知，功角由 δ_0 变化到 δ_c 的过程中，P_T 大于电磁功率（即过剩功率大于零），使转子加速，过剩的能量转变成转子的动能而储存在转子中。但在功角由 δ_c 向 $\delta_{\max}$ 增大过程中，发电机的电磁功率大于 P_T（过剩功率小于零），使转子减速，并释放转子储存的动能。

转子由 δ_0 到 δ_c 变动时，过剩转矩所做的功为

$$W_a = \int_{\delta_0}^{\delta_c} \Delta M d\delta = \int_{\delta_0}^{\delta_c} \frac{\Delta P}{\omega} d\delta$$

用标幺值计算时，因发电机转速偏离同步转速不大，$\omega \approx 1$，于是

$$W_a \approx \int_{\delta_0}^{\delta_c} \Delta P d\delta = \int_{\delta_0}^{\delta_c} (P_T - P_{\text{II}}) d\delta = A_1(\text{面积 abcea}) \tag{2-83}$$

式中，A_1 为加速面积，即为转子动能的增量。

当转子由 δ_c 变动到 $\delta_{\max}$ 时，转子过剩转矩对应的功率为

$$W_b = \int_{\delta_0}^{\delta_{\max}} \Delta M d\delta = \int_{\delta_c}^{\delta_{\max}} \Delta P d\delta = \int_{\delta_c}^{\delta_{\max}} (P_T - P_{\text{III}}) d\delta = A_2(\text{面积 edfge}) \tag{2-84}$$

其中，$P_T - P_{\text{III}} < 0$，所以 A_2 为减速面积，即动能的增量为负值，说明转子动能减少，转速下降。

当功角达到 $\delta_{\max}$ 时，转子转速重新达到同步转速（$\omega = \omega_0$），说明在加速期间积蓄的动能增量全部耗尽，即加速面积和减速面积的大小相等，这就是等面积定则，即

$$W_a + W_b = \int_{\delta_0}^{\delta_c} (P_T - P_{\text{II}}) d\delta + \int_{\delta_c}^{\delta_{\max}} (P_T - P_{\text{III}}) d\delta = 0 \tag{2-85}$$

也可以写成

$$|A_1| = |A_2| \tag{2-86}$$

以下介绍等面积定则的几个主要应用：

（1）从图 2-73 可以看出，最大减速面积为 A_2（面积 edfge）。如果该面积小于加速面积 A_1（面积 abcea）时，系统就要失去稳定。减速面积的大小与故障切除角 δ_c 有直接的关系，δ_c 越小，减速面积就越大。当在某个角度 δ_{cm} 切除故障时，可使最大可能的减速面积刚好等

于加速面积，则 δ_{cm} 称为极限切除角。利用等面积定则的原理式（2-87），很容易求出极限切除角 δ_{cm}，即

$$\int_{\delta_0}^{\delta_{cm}} (P_T - P_{II})d\delta + \int_{\delta_{cm}}^{\delta_h} (P_T - P_{III})d\delta = 0 \tag{2-87}$$

$$\delta_h = \pi - \arcsin\frac{P_T}{P_{IIIm}}$$

将式（2-87）的积分展开，经整理后可得

$$\delta_{cm} = \arccos\frac{P_T(\delta_h - \delta_0) + P_{IIIm}\cos\delta_h - P_{IIIm}\cos\delta_0}{P_{IIIm} - P_{IIm}} \tag{2-88}$$

为保证系统稳定，要求实际切除角 $\delta_c < \delta_{cm}$。在继电保护装置整定时需知道与 δ_{cm} 对应的切除时间 t_{cm}。要确定 t_{cm}，必须知道功角随时间的变化规律 $\delta = f(t)$，此曲线称为摇摆曲线，必须通过求解转子运动方程才能得到。因转子运动方程是非线性微分方程，一般不能求得解析解，只能用数值计算方法求它的近似解。

（2）若已知 P_{II}、P_{III}、$P_T = P_{|0|}$、δ_0、δ_c，可根据等面积定则分别求出加速面积 A_1（面积 abcea）和最大减速面积 A_2（面积 edfhe），即可判别系统是否暂态稳定。当最大减速面积 A_1（面积 edfhe）大于加速面积 A_2（面积 abcea）时，即

$$\int_{\delta_0}^{\delta_c} (P_T - P_{II})d\delta + \int_{\delta_c}^{\delta_h} (P_T - P_{III})d\delta < 0 \tag{2-89}$$

系统暂态稳定，否则系统暂态不稳定。

（3）若已知 δ_0、δ_c、$P_T = P_{|0|}$、P_{II}、P_{III}，按等面积定则的原理式（2-85）将积分展开后，即可求 δ_{max}。

（4）若已知 δ_k、δ_{max}、P_{II}、P_{III}、$P_T = P_{|0|}$，按等面积定则的原理有

$$\int_{\delta_{max}}^{\delta_k} (P_T - P_{II})d\delta + \int_{\delta_k}^{\delta_{min}} (P_T - P_{III})d\delta = 0 \tag{2-90}$$

将式（2-90）中的积分展开，经整理即可求得 δ_{min}。

三、发电机转子运动方程的数值计算

发电机转子运动方程是非线性微分方程。由于所研究的暂态稳定性是指电力系统在受到大干扰的情况下是否保持稳定的问题，因此不能按静态稳定分析方法那样将受到小干扰的转子运动方程在运行点附近线性化。也就是说不能求得它的解析解，而只能采用数值计算方法求得它的近似解，即摇摆曲线 $\delta = f(t)$。摇摆曲线描述了电力系统受到大干扰后，发电机转子功角摇摆随时间的变化规律。根据它的变化情况就可以判断系统的暂态稳定性，也可以按时间 t 与功角 δ 的对应关系，确定极限切除时间 t_{cm}。

非线性微分方程的数值计算方法有多种，常用的有"分段计算法"、"改进欧拉法"等。此处不再详述。

四、提高电力系统暂态稳定性的措施

电力系统保持受到大干扰时的暂态稳定性比保持受到小干扰时的静态稳定性更为困难。因此，提高电力系统暂态稳定性的措施和提高静态稳定性不同，不是首先考虑带有根本性的措施——缩短电气距离（减小电抗），而是首先考虑减小功率（即能量）差额的临时性措施。

常用的提高暂态稳定的措施主要有五种。

1. 快速切除故障

快速切除故障在提高暂态稳定性方面起着首要的、快定性的作用。根据等面积定则的原理，快速切除故障减小了加速面积，增加了减速面积，提高了发电厂之间并列运行的稳定性。如图 2-74 所示，若在 δ_2 切除故障，加速面积大于减速面积，系统要失去稳定；而若能在 δ_1 切除故障，则不仅加速面积减小，最大可能的减速面积也大为增加，如此时最大减速面积大于加速面积，则系统便能保持暂态稳定。

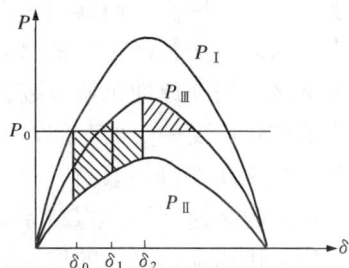

图 2-74　快速切除故障
对暂态稳定性影响

要求在 δ_1 切除故障，就是要求缩短切除故障的时间，这包括应减少继电保护的动作时间和断路器的动作时间。因此，为了实现快速切除故障，人们不断研制和应用新型的快速继电保护装置和快速动作的断路器。

2. 采用自动重合闸

电力系统的短路故障大多数是暂时性的，当切断故障线路，经过一段时间使电弧熄灭和去游离之后，短路故障便消除了。此时再将线路投入运行，它便能继续工作。这对提高系统暂态稳定性和事故后系统的静态稳定性有很大的作用。

图 2-75 示出一个有双回输电线的电力系统，由于自动重合闸（在功角 δ_K）动作成功，使在功角特性 P_{III} 上的运行点，升到正常运行时的功角特性 P_{I} 上，增加了最大减速面积，使原本可能不稳定的电力系统变为能够保持暂态稳定。

在超高压输电线路发生的短路故障中，以单相短路占多数，发生单相短路时，使用按相断开和按相重合的单相重合闸。这种自动重合闸装置可以自动选择出故障相、切除故障并完成自动重合闸。由于只是切除了故障相而非三相，另外两相继续送电，如果短路是暂时性的，重合闸动作后，系统就恢复了正常运行。这对于提高稳定性有显著作用，特别是对于单回输电线路的系统尤其有重要意义。因而采用了按相自动重合闸后，使系统在大多数的短路故障时，避免了远方发电厂和受端系统之间的联系被切断。

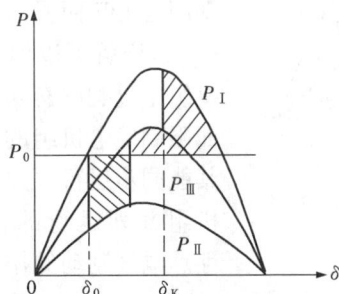

图 2-75　自动重合闸
对暂态稳定性影响

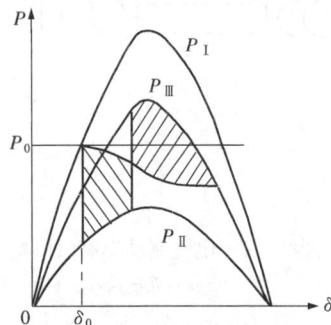

图 2-76　快速关闭
汽门的作用

3. 快速关闭汽门

电力系统受到干扰后，发电机的输出功率突然变化，而原动机输出功率因机械惯性几乎无变化，因而在发电机轴上出现过剩功率，危及系统稳定性。如果原动机的调节十分灵敏、快速和准确,使其功率及时随发电机输出功率的变化而变化,就能大大减小过剩功率,从而防止暂态稳定的破坏。可是,现有的原动机调节装置都具有一定的机械惯性和失灵区,加上原动机调节装置改变输入工质(如蒸汽)的数量到其轴上输出转矩发生相应的变化需要一定的时间,所以很难满足要求。因此,提出了原动机的故障调节设想,研制了快速动作汽门装置。这一装置能在系统故障时,根据故障情况快速关闭汽门,以增大可能的减速面积,保持系统的暂态稳定性,然后逐步重新开启汽门,以减小转子振荡幅度。快速动作汽门的作用如图 2-76 所示,图上原动机的输出功率为一曲线,因而相应的减速面积大为增加。

4. 装设强行励磁装置

发电机都备有强行励磁装置,以保证系统发生故障而使发电机端电压 U_G 低于 85%～90% 的额定电压时,迅速大幅度地增加发电机的励磁电流 I_f,从而使发电机空载电动势 E_q、发电机的端电压 U_G 增加,一般可保持发电机端电压 U_G 为恒定值。这样也增加了发电机输出的电磁功率。因此强行励磁对提高发电机并列运行的暂态稳定性是很有利的。

强行励磁的效果与强励的倍数(最大可能的励磁电压与发电机在额定条件下运行时的励磁电压之比)有关,强励倍数愈大,效果愈好。此外,强行励磁的效果还与强行励磁的速度有关,强行励磁速度愈快,效果就愈好。

由于强行励磁作用,可使发电机的励磁电流 I_f 增大 3～5 倍,时间长了会使发电机转子励磁绕组过热。此外,强励时还增大了短路电流。这些影响都应给予足够的重视。

5. 电气制动

当电力系统中发生短路故障时,发电机输出的有功功率急剧减少,发电机组因功率过剩而加速,如果能迅速投入制动电阻,消耗发电机的有功功率以制动发电机,使发电机不失步,仍能同步运行,便可提高电力系统的暂态稳定性。

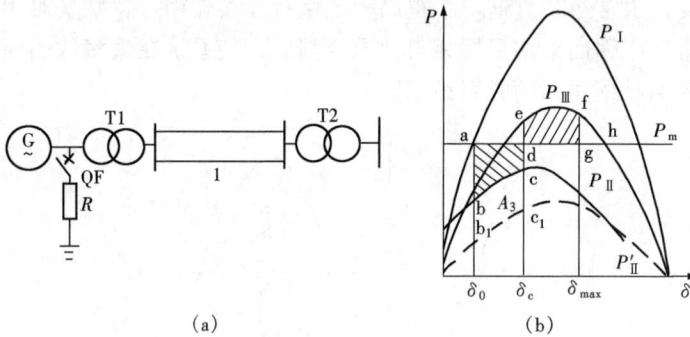

图 2-77 电气制动提高发电机并列运行的稳定性
(a) 系统接线;(b) 功角特性

电气制动的接线如图 2-77(a)所示。正常运行时断路器 QF 处于断开状态。当短路故障发生后,立即闭合 QF 而投入制动电阻 R。这样就可以消耗掉发电机组中过剩的有功功率,从而限制发电机组的加速,使其能同步运行,并提高发电机组并列运行的暂态稳定性。电气制动的作用也可用等面积定则的基本原理来解释。由图 2-77(b)可见,在切除故障角 δ_c 不变时,由于有了电气制动,减少了加速面积 A_3(面积 bb_1c_1cb),使原来可能的不能保持暂态稳定性,变为可以保持暂态稳定性(认为短路故障发生后瞬时投入制动电阻,切除故障时也即切除电阻)。在图 2-77(b)中,P'_{II} 是无制动时的故障后功角特性曲线,P_{II} 是有电气制动时故障后功角特性曲线。P_{II} 也相当于简单电力系统并联电阻后的功角特性曲线,是将 P'_{II} 向上移动一个距离,向左移动一个相位角的结果。运用电气制动提高暂态稳定性时,制动电阻的大小及其投切时间要选择得恰当。否则，可能会发生所谓欠制动，即制动作用过小，发电机仍要失步；或者会发生过制动，即制动过大，发电机虽在第一次振荡中没有失步，却在切除故障和切除制动电阻后的第二次振荡中或以后失步了。

另外，在输电线路送端的变压器中性点经小电阻接地，当线路送端处发生不对称短路接地时［如 $k^{(1)}$、$k^{(1.1)}$］，零序电流通过该电阻将消耗一部分有功功率，这部分功率主要由送端的发电机供给，这样短路时它们的加速就要减缓，或者说这些电阻中的功率损耗起了制动作用，因而能提高系统的暂态稳定性。这一措施也可以看作是对接地性短路故障的电气制动。

以上所举电气制动的措施都是用消耗能量的办法减少能量的不平衡，以提高电力系统暂态稳定性的措施。采用这些措施要增加消耗能量的设施，从而要增加投资。

第四节　电力系统电压稳定性

电力系统在受到干扰后，凭借系统本身固有的特性和控制设备的作用，维持各节点电压在可接受范围内的能力叫做电力系统电压稳定性。当电力系统节点电压不能维持在可接受范围内时，就会出现电压不稳定现象，或电压崩溃。负荷特性对电压稳定性有重要的影响。

沿用一般的电力系统稳定概念，按扰动的类型，电压稳定可进一步定义为：

（1）在一给定运行状态下，如果电力系统在经受任意小的干扰后，负荷邻近处的电压与干扰前相同或很接近，则称是小干扰电压稳定的。

（2）在一给定运行状态下，如果电力系统受到给定的干扰后，负荷邻近处的电压趋近于干扰后的平衡值，则称电压是稳定的。

（3）如果干扰后，电压降低到可接受范围的极限值以下，则认为电压是不稳定的。电压失稳的过程也即电压崩溃，电压崩溃可以是全局性的（大面积停电），也可以是局部性的。

电压失稳过程的时间跨度可从几秒钟到几十分钟，因此又可按时间框架分为暂态电压稳定和中、长期电压稳定。

（1）暂态电压稳定。在受到短路等故障、系统元件投切等干扰后的 $0 \sim 10s$ 间，在系统元件（如发电机、感应电动机、直流换流器等）的动态特性作用下，所出现的电压变化趋于稳定的过程，称为暂态电压。暂态电压稳定在时间的跨度上与电力系统功角暂态稳定相当，它们两者之间往往不易区分清楚，两种现象可能同时存在。

（2）中、长期电压稳定。它主要涉及负荷的增长或功率传输的变化过程，并由于有载调压变压器、发电机励磁电流限制、保护装置等的作用，使电压缓慢地趋于失稳状态。这个过程可持续 $0.5 \sim 30min$。如果适时地进行干预（如投入无功补偿设备），往往可以避免失去电压稳定。

电压稳定主要与下列因素有关：

（1）电网传输功率的能力，如电网传输参数、网络结构等。

（2）电压支持设备的动态行为及相应的限制条件，如发电机的电压和无功调节能力、无功补偿装置、变压器分接头调节等。

（3）负荷的动态行为，包括各种负荷的电压动态特性、负荷的恢复动态等。

　　要保持电压稳定，首先要使系统具有足够的无功电源容量，以及它们相对于负荷的合理地域配置。

　　预防电压失稳的主要措施有：低电压切负荷，以及发电机、直流换流站、静止补偿器等具有无功调节能力设备的调节和控制等。有载调压变压器分接头的调节对中、长期电压稳定性有重要影响，适时闭锁其自动调节能力，有助于避免电压失去稳定的发生。

第十章　电力系统的规划及可靠性

第一节　电力系统规划

电力系统的构成又称为巨大的设备产业，这主要是由于构成电力系统的设备极为庞大，其建设周期长、投资巨大，同时在建成后，必须长年累月地连续运转。因此，在规划时，必须保证日常经济运行的同时，还要考虑负荷和能量的发展方向，通过技术革新，力求经济合理。

电力系统是由各种不同功能的电力设备相互有机地连接起来的整体，因此按电力系统的构成，电力系统规划大致分为电源开发规划和输变电网络规划。在作规划时，不单单为了规划而规划，还必须从整个电力系统出发，力求综合最佳，而且电力建设必须和地区、社会协调，必须在考虑地区开发、环境保护等诸问题的同时进行建设。

1. 作电力系统规划时讨论的事项

（1）电能质量。向用户提供优质的电能，也就是说，用户的电压、频率必须维持正常，对用户的停电次数、停电时间等问题，必须维持在适当水平上。因此，除了提高各个供电设备固有的可靠性之外，当然还要考虑设备发生故障时，电源要有适当的备用容量，输变电设备也必须应当具有适当的余地。

（2）可靠性。要高度重视波及范围广、停电范围大、给社会造成很大影响的大停电事故，这种事故虽然不常发生，但为了防患于未然，即使万一发生了这类事故，为了限制故障范围，有利于快速恢复供电，必须充分地考虑从发电到配电整个电力系统的构成。因此，必须仔细地掌握各电气设备的特性，使电力系统的整体可靠性得以提高。

（3）经济性。向用户连续地提供便宜且高质量的电能是最理想的状态。实际上，电能质量和供电连续性，与电能价格成正比的关系，所以设备投资必须有限制（可靠性水平）地进行。设以可靠性水平作为变量，用户可能获得的利益和设备投资额的关系如图2-78所示，国民经济的利益曲线用某一点表示峰值，该点就代表最恰当的可靠性水平。为了使上述情况达到最经济的程度，除了从发电到配电的所有设备的经济性必须提高之外，还必须从电力系统整体的角度出发，协调各个设备，使系统达到最经济的结构。

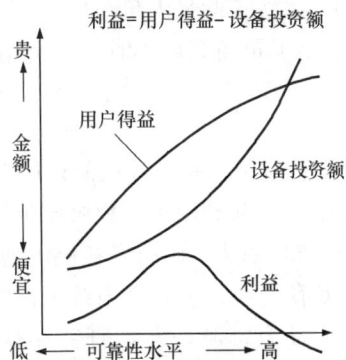

图 2-78　可靠水平与用户得益

（4）发展观点。电力设备建设周期长，使用年数也非常久，所以从长期来看必须是经济的。为此，就要分析将来电能需要的动向，注意技术的进步等，探讨电力系统发展的方向，制定长期的电力系统规划，根据规划进行具体实施（包括网络结构、电源的开发和负荷的增长与布局）。

（5）整体观念。各个电力公司在各自的系统中追求经济性的同时，还必须从更广大的范围出发，利用负荷的不同时性，通过互联关系降低供电备用容量。将互联系统作为整体考虑，开发电源，制定输变电规划，使整个系统的经济性进一步提高。整体上规划时，还应当与当地政府的经济、社会发展规划相协调。

（6）积极采用新技术。电力设备在技术、经济上必须长期处于正常的运行状态，因此，随着电力系统的扩大，必须对出现的技术问题进行研究，制定对策，积极地采用新技术。

（7）环境保护。构成电力系统的设备极为庞大，电源（尤其是火力发电厂）必然对大气环境造成污染，电力网架将对人们的视觉产生污染，电力系统的运行（尤其是发生故障时），将对周围环境产生电磁干扰的危害。因此，电力系统的规划应充分考虑环保因素。

2. 电力系统中长期发展规划的主要内容

电力系统中、长期发展规划指的是 5～20 年的发展规划。

（1）电力需求预测（电力负荷预测）：在电力系统规划中，电力负荷预测是通过研究国民经济和社会发展的各种相关因素与电力需求之间的关系，预测电力用户的需电量和最大负荷。为做好负荷预测需掌握国民经济和社会发展的历史、现状和规划资料以及电力消费水平和特性变化，研究经济政策、经济发展水平、人均收入变化、产业政策变化、产业结构调整、科技进步、节能措施、需求侧管理、电价、各类相关能源与电力的可转换性及其价格、气候等因素与电力需求水平和特性之间的影响，需分析研究电网的扩展和加强、城市电网改造、供电条件改善、农村电气化等对电力需求的影响。

需电量传统的预测方法主要有用电单耗法、电力弹性系数法、回归分析法、时间序列法、综合用电水平法和负荷密度法等。近年来又研究了一些新的预测方法，如计量经济模型法、灰色系统预测法、专家系统法和神经网络法等。

在中长期需用电量预测中，不确定因素较多，宜采用多种方法进行预测，以利于互相校验。过去由预测人员根据经验作出判断和选择，现在发展了优选组合预测方法，将几种方法的预测结果选取适当的权重进行加权平均，或是选择几种预测方法中拟合度最优的方案。

最大负荷值预测方法。当已知规划期的负荷需用电量后，一般可用最大负荷利用小时数法、同时率法预测最大负荷值。

1）最大负荷利用小时法。可用下式来预测规划期的最大负荷

$$P_{max} = \frac{E}{T_{max}} \tag{2-91}$$

式中，P_{max} 为预测期最大负荷；E 为预测期需用电量；T_{max} 为年最大负荷利用小时数，各系统的年最大负荷利用小时数可根据历史统计资料分析确定。

2）同时率法。用所求各供电地区的最大负荷之和乘以同时率，得到整个系统的综合供电最高负荷，再加上整个系统的网损和厂用电后，就可以求得整个系统的发电最大负荷。

（2）动力资源开发：研究在规划期内动力资源的开发利用，以满足电力负荷发展的需求。

研究时，首先要了解本地区一次能源资源开发利用的现状，包括品种、储量、质量、分布及主要部门的能源消耗情况；然后，测算规划期内各部门包括电力部门对一次能源的需求量和可能的供应量，研究动力资源供应与需求间的矛盾，进行能源、电力、运输综合平衡，并据此安排电源。一般，动力资源主要包括煤炭、水力、石油、天然气、核能等，在进行综合平衡时，应以求得能源供应的经济、稳定、可靠为准则。通常，首先研究本地区的动力资源供应，若本地区资源不足，则要考虑从外区采购。有的国家缺乏动力资源，往往采取能源

多样化政策，其电力系统也应考虑能源多样化。在我国，煤是主要动力资源之一，大部分电力系统要依靠山西、陕西、蒙西、宁夏能源基地供煤，而运输能力又长期不足，因此，煤、水、电、运和环境等问题在我国电力系统长期发展规划中，需要突出地进行研究。

（3）电源发展规划：根据可取得的动力资源来安排电源发展规划，提出电源建设的基本方针，内容有发电总容量安排、电源合理安排和新技术开发利用。

1）发电总容量安排。按照电力负荷预测，进行电力电量平衡，以确定发电总容量。对有水电的电力系统，电力平衡设计按枯水年进行。发电总容量由满足系统最大发电负荷需要的工作容量和系统备用容量（一般为系统最大负荷的 25%）组成。在我国，大部分水电在枯水期保证功率较低，只有装机容量的 $1/3 \sim 1/4$，安排系统的发电总容量时应充分考虑足够的补偿容量，并考虑原有机组的退役问题。

2）电源合理安排。这包括两个方面：一是根据电力系统负荷特性（峰荷、腰荷和基荷的分布）来安排峰荷、腰荷和基荷电厂。随着国民经济的发展，电力系统调峰问题日益突出。为此在长期发展规划中需要加以研究。另一是根据负荷分布和动力资源的条件，来确定在动力资源地区或在靠近负荷中心地区建设电厂。

3）新技术开发利用。根据规划中电力发展的需要，从提高能源转换效率和改善环境的要求出发，来研究解决电源发展的新技术问题。例如，循环流化床、综合煤气化的燃气—蒸汽联合循环，核电厂采用固有安全性的反应堆、高温气冷堆和聚变裂变混合堆，以及充分发挥水电厂效益等。

（4）电力网发展规划：它包括输电网发展规划和配电网发展规划两部分。

1）输电网发展规划。研究 5～15 年内电源、电力系统与相邻电力系统之间的最优连接方案，即研究电力系统的电压等级、电力系统的结构等，以满足电力系统的可靠性、经济性与灵活性的基本要求。为此，就必须进行各类技术条件分析计算，包括进行潮流计算分析、无功功率平衡及调相调压计算分析、系统稳定计算分析、短路电流计算分析、工频过电压及潜供电流计算分析和输电可靠性计算分析。在此基础上，对各方案进行经济比较后，选择最佳方案。在规划超高压电力系统时，还要考虑线路走径和变电所位置对环境的影响，如电晕、电磁场影响，可听噪声，无线电电视干扰等。

在对输电网发展规划进行经济比较时要考虑资金的时间价值，对各方案要进行经济比较，从中择优选取。参与比较的各方案应在技术性能上等同并满足可靠性、电能质量和其他供电技术要求。

2）配电网发展规划。研究 5～15 年内大中城市及农村供电发展规划。城市配电网发展规划是在调查现有城网状况的基础上，按照未来负荷预测的水平，从改造和加强现有城网入手，合理选择供电电源、电压等级、城网接线和无功功率补偿与电压调整措施，提出负荷分布图、城网地理接线图和单线图，以及对线路、变电所的预留走廊和所址。电源选择是根据中期规划中论证的电源建设原则，考虑城网负荷密度大小和厂址条件而定。通常，城市电源的类型和容量由中期发展规划确定，而电源的具体选点，则由城网规划完成。电源要考虑有足够的可靠性，当某一电源因事故停电后，其余电源应仍能保证供电，电源要尽量靠近负荷中心。城网供电电压，各地情况不同，城网电压等级和最高一级电压的选择，要根据电网现有实际情况和远景发展慎重研究确定，一般尽可能有计划地简化等级。

我国确定城网由 220（330）kV 的输电网，110、63、35kV 的高压配电网和 10（20）

kV 的中压配电网，380/220V 的低压配电网组成。

农村配电网发展规划与城网发展规划相同，只是负荷密度低，用电负荷比较分散。在农业用电比重大的农村，季节对用电负荷影响较大；在乡镇工业比重大的农村，其用电与城市相同，配电网与城网也大致相同。

（5）环境及社会影响分析：应对规划期内大气环境容量进行研究，分析电力环保"质量容量"空间，提出对总量控制的建议，以及从节地、节水、节能和合理控制污染物排放量的角度分析规划方案在贯彻落实可持续发展战略方面的程度；还宜进行社会影响分析，提出可能影响规划方案的相关因素，如移民、淹没面积、文化教育、健康、宗教、生态环境等，确定各规划方案对社会影响的程度和范围，避免规划方案对社会发展产生重大负面影响。

中期规划还要根据国家政策、规划方案、环境影响、投融资需求及社会对电价的承受能力等，对规划期内建设资金、电价水平、电价结构进行测算和分析。

第二节　电力系统可靠性

一、电力系统可靠性的内容

电力系统可靠性包括充裕度和安全性两个方面。

（1）充裕度，指电力系统维持连续供给用户总的电力需求和总的电能量的能力，同时考虑到系统元件的计划停运及合理的期望非计划停运。充裕度又称静态可靠性，也就是在静态条件下电力系统满足用户电力和电量的能力。

（2）安全性，指电力系统承受突然发生的扰动，如突然短路或未预料到的失去系统元件的能力。安全性也称动态可靠性，即在动态条件下电力系统经受住突然扰动并不间断地向用户提供电力和电量的能力。

二、电力系统可靠性的评估

在电力系统的规划、设计、运行的全过程中，坚持系统、全面的可靠性定量评估制度，是提高电力系统效能的有效方法。在可靠性评估中，除了对可能出现的故障要进行故障分析，采取相应措施，以减少故障造成的影响外，还可对可靠性投资与相应带来的经济效益进行综合分析，以确定合理的可靠性水平，并使电力系统的综合效益达到最佳。为了实现电力系统可靠性评估，首先要确定可靠性目标，然后应用评估手段，依据可靠性准则确定故障准则，并对故障严重性作出评估。

（1）目标和任务。评估电力系统可靠性要贯穿于规划、设计和运行各阶段中。为保证电力系统可靠性达到期望水平，在各阶段都必须实现以下目标：①保证电力系统的充裕度；②保证电力系统的安全性，采取措施使系统能经受住可能的偶发事故而不必削减负荷或停电，并避免对系统和元件造成严重损坏；③保持电力系统的完整性，限制故障扩大，减小大范围停电；④保证停电后系统迅速恢复运行。

各阶段电力系统可靠性评估的任务如下：

1）规划阶段。规划阶段的可靠性评估有四方面的工作任务：①对未来的电力和电量需求进行预测；②收集设备的技术经济数据；③制定可靠性准则和设计标准，依据准则评估系统性能，识别系统的薄弱环节；④选择优化方案。

2）设计阶段。该阶段的重点是发输电系统的可靠性评估，其可靠性设计原则应是：当遭受超过设计规程规定的大扰动时，不利影响扩散的风险最小；应使系统有足够备用容量来限制扰动后果的蔓延；避免停电范围扩大，保护运行人员免遭伤害，保护设备免遭损坏。

3）运行阶段。该阶段对运行系统进行可靠性评估，以便在可接受的风险度下建立和实施各种运行方式，确定运行备用容量，安排计划检修，确定购入和售出电量，确定互联系统的送受电力和电量。

（2）可靠性准则。为在电力系统中达到所需可靠性水平应满足的条件，可靠性评估应以相应的可靠性准则为基础。可靠性准则分为概率性指标或变量的准则和确定性行为或性能试验准则两类。

1）概率性指标或变量的准则：规定满足可靠性目标值的数值参数，或者不可靠度的上界，如供电可用率为 0.999，相应的不可用率为 0.001，即一年中允许停电的上限为 8.76h。这些准则的应用形成了概率可靠性评估的基础。

2）确定性行为或性能试验准则：规定了电力系统应能承受的发电系统或输电系统计划和非计划停运组合的条件。每种故障组合的定义应包括扰动本身以及扰动前的系统运行状况。例如，目前中国及许多国家在电力系统中采用 $N-1$ 准则，就是考虑在 N 个元件（发电机、变压器、线路等）的系统中失去一个元件后，系统必须正常供电，不允许因故障而导致削减用户的电力和电量的供应。$N-1$ 准则属于确定性准则，概念清晰，可操作性好，应用很广。

（3）可靠性评估方法。有两类电力系统可靠性评估分析方法：状态枚举（即解析法）和模拟法（如蒙特卡洛模拟）。通常，如果元件的失效概率很小，或不考虑复杂的运行工况，则状态枚举法效果较好；如果严重事件的数量相对较大，或计及复杂运行工况时，蒙特卡洛模拟法将更为方便。

解析法利用数学模型来描述系统，并使用直接的数值解来评估可靠性指标，做出必要的假设简化后，计算量一般相对较小，但简化假设条件下的分析可能会丢失某些有价值的信息。模拟方法是通过对系统实际过程和行为的模拟来估计可靠性指标的。这种方法从理论上讲可以模拟电力系统规划、设计和运行的所有方面和随机性事件，它们包括元件停运和维修、相关事件和元件行为、失效元件的排序、负荷变化、水力发电发生的能源输入量改变，以及各种不同的运行策略等。

电力系统可靠性是通过定量的可靠性指标来度量的，一般可以是故障对电力用户造成的不良影响的概率、频率、持续时间、故障引起的期望电力损失及期望电能量损失等。

三、电力系统子系统及其评估

电力系统规模很大，习惯上将电力系统分成若干子系统，根据这些子系统的功能特点分别评估各子系统的可靠性。

1. 发电系统可靠性

发电系统的可靠性是指统一并网运行的全部发电机组按可接受标准及期望数量满足电力系统负荷电力和电量需求的能力的度量。研究发电系统可靠性的主要目标是确定电力系统为保证充足的电力供应所需的发电容量。所需发电容量可分为静态容量和运行容量两个方面。静态容量是指对于整个系统所需容量的长期估计，可考虑为装机容量。它必须满足发电机组计划检修、非计划检修、季节性降低功率以及非预计的负荷增长等要求。运行容量则是指为满足一定负荷水平所需实际容量的短期估计。两者的差别除考虑的时间期限不同外，前者待确定的基本量是电力系统的合理装机备用；后者需要确定的则是在短时间内（几小时或 1 天），系统所需的运行备用（旋转备用、快速启动机组及互联电力系统的相互支援等）。在电力系统规划阶段评价不同的电源发展方案时，必须对上述两方面都进行核算，在作出决策后，短期容量的需求就成为运行方面关心的问题。

分析原理和指标：衡量发电系统可靠性的标志是系统的充裕度。发电系统充裕度是在发电机组额定值和电压水平限度内，考虑到机组的计划和非计划停运及降低功率，向用户提供总的电力和电量需求的能力。通常用来衡量系统装机容量充裕度的方法有百分数备用法、最大机组备用法或将此两者结合使用的方法。这些都属于确定性方法，主要根据长期收集、积累的发电系统可靠性资料，负荷预测资料，电源配置以及规划设计人员的经验来确定。另一种是概率方法，即电力不足概率（Loss Of Load Probability，LOLP）法及电力不足频率和持续时间（Frequency and Duration，F&D）法。在发展过程中又在 20 世纪 50 年代提出将对策论和模拟技术引入应用的更为简便的方法，建立了概率方法一个新的分支——模拟法和 20 世纪 60 年代末期提出的建立发电系统模型的递推法。递推法不仅扩展了 F&D 法的应用范围，并使在计算机上实施概率方法变得更为实用和简便。

2. 输电系统可靠性

输电系统可靠性是指从电源点输送电力到供电点按可接受标准及期望值满足供电负荷电力和电量需求的能力的度量。输电系统一般为 220kV 及以上的超高压或特高压系统，它由大容量输变电设施（如变压器、开关设备、输电线路、互感器、避雷器等）组成。研究输电系统可靠性时，假定发电系统和配电系统均运行正常并能满足供电需要，在输电元件发生计划及非计划停运时，对输电系统满足供电需求的充裕度及安全性进行评估。充裕度可用负荷供应能力来度量，而安全性则可用输电系统对规定的严重事件承受能力来度量。

输电系统的可靠性计算较发电系统可靠性复杂和困难得多，这是由于以下两方面原因造成的：

（1）输电系统的充裕度必须经潮流或稳定计算得到，而且电力潮流的分布和电压水平与系统元件的可用率有关。

（2）组成输电系统的元件多，运行状态复杂而且输电系统的覆盖面广，各种故障状态的组合又非常多，因此一个实际的大输电系统的可靠性计算工作量非常大，必须简化状态数，即选取一部分影响较大的，舍弃影响较小的状态。即使采取了上述措施仍需复杂的状态模型、大容量计算速度快的计算机和相应的软件以求得概率性指标。因而在大多数国家仍继续使用确定性准则来评价输电系统的可靠性。最广泛采用的确定性准则可归纳为 $N-1$ 和 $N-2$ 两个准则和其他准则。

$N-1$ 准则：是各国最广泛采用的输电系统的可靠性准则，它模拟失去一个网络元件（如线路、变压器等，有时还考虑无功补偿设备）或一台发电机。大多数国家的 $N-1$ 准则中只考虑失去一个网络元件，只有少数国家考虑发电机停运。

$N-2$ 准则：模拟失去两个系统元件，如失去两个网络元件或一个网络元件和一台发电机。这个准则没有 $N-1$ 准则应用的广泛，因为两个元件同时发生故障的概率是较少的。

有些国家在模拟 $N-2$ 准则时检验的基本情况有些与 $N-1$ 准则的相同，有的还考虑一些对其系统有严重影响的特殊双重事件情况，如两条主要线路相继跳闸，在采用自动低频减负荷后能否防止系统崩溃，连接核电厂至系统的双回线或两条线路同时跳闸的严重情况等。

　　其他准则：除 $N-1$、$N-2$ 两种主要准则外，有些国家还制定了考虑更严重情况的准则，如：①失去一组母线及其相应线路；②可靠性准则一般不考虑的，但发生后会造成系统重大事故的多重故障和连锁跳闸。这两种情况很难从改进网络结构解决而主要依靠提高运行水平和装设电力系统安全自动装置来防止系统崩溃，如保持足够的无功备用、远方切负荷或连锁切负荷、有计划的解列、切机或快速关闭主汽门和电气制动等措施。

　　3. 配电系统可靠性

　　配电系统可靠性是指供电点到用户，包括配电变电所、高低压线路及接户线在内的整个配电系统及设备按可接收标准及期望数量满足用户电力及电能量需求能力的度量。配电系统可靠性主要评估充裕度，它通过可靠性指标来体现。

　　配电系统可靠性指标是用来定量评估配电系统可靠性的尺度。定义配电系统可靠性指标应考虑如下特点：①可以根据配电运行设备状态的观察记录，经计算机统计评价获得的各类设备的可靠性指标来进行配电系统可靠性评估。②可以应用电力系统可靠性理论模型进行评估。目前，我国和世界上许多国家都按各自的国情，定义了数目不同的可靠性指标。比较典型的有：①用户平均停电频率指标（Customer Average Interrupiton Frequency Index，CAIFI），是指配电系统中经受停电的用户在 1 年中停电的平均次数，单位为次/（停电用户·a）。②用户平均停电持续时间指标（Customer Average Interruption Duration Index，CAIDI），是指配电系统中经受停电的用户在 1 年中停电的平均持续时间，单位为 h/（停电用户·a）。③系统平均停电频率指标（System Average Interrupiton Frequency Index，SAIFI），是指配电系统的全部用户在 1 年中停电的平均次数，单位为次/（用户·a）。④系统平均停电持续时间指标（System Average Interruption Duration Index，SAIDI），是指配电系统的全部用户在 1 年中经受停电的平均持续时间，单位为 h/（用户·a）。⑤平均供电可用率指标（Average Service Availability Index，ASAI），是指配电系统在 1 年中用户连续供电总小时与用户要求供电总小时之比，它用概率表示，如 ASAI 为 0.999，表示 1 年中连续供电总小时为 8751.24h。⑥平均供电不可用率指标（Average Service Unavailability Index，ASUI），是指配电系统在 1 年中用户停电总小时与用户要求供电总小时之比，用概率表示，如 ASUI 为 0.001，表示 1 年中用户停电总小时为 8.76h。⑦期望缺供电量（Expected Energy Not Served，EENS），是指因故障造成的向用户少供的电能量，单位为 MW·h。合理的配电系统可靠性指标总是与经济效益相联系的，要考虑可靠性投资和可靠性效益的协调。

第三节　世界上几起大停电事件的经验和教训

　　在现代化的城市中，电能与人类生活、社会活动和经济发展之间相互紧密结合的程度，已经是其他能源不可比拟的，因此电力已成为现代社会物质文明和精神文明的重要支柱，是我国全面建设小康社会的重要物质基础。安全、可靠的电力供应是社会稳定的重要因素之一，事实证明，大面积的停电必将引起社会极大的动荡和经济上的重大损失。2003 年 8 月 14 日 "美加大面积停电事件" 发生后，紧接着 2003 年 8 月 28 日英国伦敦，9 月 1 日马来西亚、澳大利亚悉尼，9 月 23 日瑞典和丹麦，9 月 28 日意大利等都发生了程度不同的大面积停电事件，不仅引起了广大电力工作者，而且引起了各国政府、社会上各界人士对供电可靠性的普遍关注。

一、2003 年世界上几起大面积停电事件概况

1. 美加 8·14 大面积停电事件

美国东部时间 2003 年 8 月 14 日 16 时 10 分（北京时间 8 月 15 日 4 时 10 分）开始，美国东北部和加拿大东部互联电网发生大面积停电事件，累计损失负荷 6180 万 kW，涉及美国密歇根州、俄亥俄州、纽约州、新泽西州北部、马赛诸塞州、康涅狄格州和加拿大东部的安大略省、魁北克省等广大地区，约 5000 万人的生活用电受到严重影响，经济损失严重。美国估计每天损失可达 300 亿美元，加拿大估计安大略省损失为 50 亿加元。

事件首先从美国中部电网 ISO 所属的 AEP、FE、METC 和 ITC 四个电网公司所属区域开始，主要影响美国 PJM 互联系统、新英格兰 ISO、纽约 ISO、中西部 ISO 和加拿大的安大略 ISO，魁北克水电系统也受到一定影响。

据北美电力可靠性委员会（NERC）的信息，事件发展主要过程如下：

（1）事件发生前，停电地区中西部正值高温天气，电网负荷很大，潮流方向是从印第安纳州和俄亥俄州南部通过密歇根州和俄亥俄州北部向底特律地区送电，并通过底特律地区送往加拿大的安大略省。

（2）8 月 14 日 14 时左右，俄亥俄州北部所属 FE 电网公司的 East Lake 电厂一台 55 万 kW 机组跳闸。

（3）8 月 14 日 15 时 06 分，俄亥俄南北联络通道上送克里夫兰的一条 345kV 线路原因不明跳闸。

（4）8 月 14 日 15 时 32 分，俄亥俄南北联络通道另一条 345kV 线路因为严重过负荷导致弧垂过低而跳闸。

（5）8 月 14 日 15 时 41 分和 15 时 46 分，俄亥俄南北联络通道又有两条 345kV 线路相继跳闸，克里夫兰地区出现严重低电压。

（6）8 月 14 日 16 时 06 分，俄亥俄南北联络通道又有一条 345kV 线路跳闸。此时潮流反向从底特律地区向俄亥俄州北部送电。

（7）8 月 14 日 16 时 09 分，俄亥俄南北联络通道最后两条 345kV 线路跳闸。俄亥俄南北联络通道全部断开，潮流发生了大范围转移，通过印第安纳州经密歇根州和底特律地区向俄亥俄州北部送电。

（8）大约 30～40s 以后，因电压下降，密歇根州中部电网大约 180 万 kW 机组相继跳闸，密歇根州中部电网电压开始崩溃。

（9）8 月 14 日 16 时 10 分，底特律地区电压全面快速崩溃，在 8s 之内约 30 条密歇根州与底特律间的联络线跳闸，潮流再次发生大范围转移，从俄亥俄南部经宾夕法尼亚、纽约州、安大略、底特律向克里夫兰送电。

（10）8 月 14 日 16 时 10 分，底特律和安大略交界地区大量机组和线路跳闸，安大略电网和底特律电网解列，底特律和俄亥俄北部地区系统全部崩溃，系统瓦解，所有负荷损失。同时，安大略和纽约电网开始崩溃，负荷几乎完全或大部分损失。据报道，至少有 263 座发电厂，包括 22 座核电站，共 531 台机组在 8 月 14 日事故中停运，累计损失负荷 6180 万 kW。

美国纽约于 8 月 15 日晚 21 时 30 分，在停电 29h 后全面恢复电力供应，16 日上午恢复了正常。加拿大电力部门表示，全面恢复供电还需 4~5 天的时间。因此本次事件被认为是北美历史上最严重的一次电网事故。

据报道，2004 年 4 月 5 日美加联合调查组公布了《"8·14"美加大面积停电最终报告》，报告主体共分九个部分，提出了 46 项措施和建议。在措施建议的研究上主要考虑到了以下四个方面的问题。

1) 政府机构、监管机关、企业界以及相关组织应当坚持大电网的规划、设计和运行工作，以高可靠性标准放在首位的原则。

2) 管理机构和用户应当意识到高可靠性不是免费获取的，它需要各方面机构和组织不间断地加大资本投入和增加运行成本。

3) 任何措施均要在其实施中才能发挥效力，以保证电网性能的完整监测和可靠性标准的强制执行。

4) 大电力系统是现代社会和经济结构中的关键基础设施。

2. 美国历史上一些停电事件

除 2003 年 8 月 14 日美加大面积停电事件外，由于气候及技术等因素，美国电网历史上还曾经发生过一些重大停电事件如下：

(1) 1965 年 11 月 9 日，美国东部 7 个州、数十个城镇的电力供应突然中断。它包括纽约、马萨褚塞、宾夕法尼亚、罗得岛、康涅狄格、缅因、佛蒙特等州约 20 万 km² 的广大地区陷于一片漆黑。停电使这些地区的工业生产停顿，电信、交通瘫痪，商业活动中止，4000 万人口的正常生活受到严重影响。据非正式统计，这次供电中断造成的经济损失达 1 亿美元。

(2) 1996 年 7 月 2 日，爱达荷州输电线路发生的故障使美国西部 15 个州和加拿大及墨西哥部分地区断电，大约 200 万人的工作生活受到影响。

(3) 1996 年 8 月 10 日，美国西部电网（WSCC）9 个州发生停电事故，致使这一地区的空中和地面交通陷入混乱，许多工厂被迫停产，数百万人的正常生活受到严重影响。

(4) 1998 年 1 月，美国东部气候反常，许多输电线因结冰而折断，导致大面积停电。事故给缅因州中部 19 万人、纽约州北部 10 万人及新罕什尔州 2 万人的生活带来不便。

(5) 2003 年 12 月 20 日 18 时开始，加利福尼亚、旧金山市发生大面积停电。由于一个居民区的变电所发生火灾导致电力供应系统故障，致使包括市中心在内的 12 万户用户停电。经过对电力系统连夜抢修到第二天（21 日）早上 7 时大部分用户才陆续恢复供电。

3. 2003 年 8 月 28 日英国伦敦市中心大停电事件

2003 年 8 月 28 日 18 时 15 分，正是下班时间，伦敦中心及东南部地区在没有任何警告的情况下突然停电，伦敦交通陷入混乱。伦敦地区 500~1000 列铁路火车、60% 地铁交通中断，270 个公路交通信号灯停止，路灯熄灭引起公路堵车，25 万上班族被困回家路上，突然一片黑暗的地铁车站被迫紧急疏散人群。地铁乘客的大量涌出，又造成公共汽车拥挤不堪和出租车短缺。在伦敦桥等中心商业区，商店和住宅也陷入黑暗之中。多达约 50 万人受到此次大停电事故的影响。大约在停电 34min 后伦敦的电力系统开始逐渐恢复正常，2.5h 后伦敦恢复了电力供应。

这次停电是由于英国国家电网发生故障，从而造成伦敦部分地区在几分钟内失去电力。在英国国家电网中一个 275kV 的供电系统出现故障，影响了伦敦地区的电力供应。

4.2003 年 9 月 1 日马来西亚大面积停电事件

2003 年 9 月 1 日当地时间 10 时左右，马来西亚 5 个州发生大面积停电，时间持续数小时，对停电范围的用户造成很大影响。经电力部门全力抢修，才陆续恢复了对用户的供电。

5.2003 年 9 月 1 日澳大利亚悉尼发生停电事件

2003 年当地时间 9 月 1 日 17 时 30 分，位于悉尼市苏塞克斯街达林公园一个塔下的混凝土电缆沟着火，导致一座主要变电所故障并断电，致使悉尼 CBD 区至少 50 座大楼停电。停电的街区主要包括卡索里、亨特、乔治、苏塞克斯和肯特等地区。

事故发生时，许多人被困在电梯中，在警察和消防人员的联合行动下得以解救，有的甚至数小时后才被从电梯中救出。一些街区的交通信号灯因停电而停止工作，造成交通阻塞。

火灾直到当地时间 23 时才被扑灭。灭火的主要困难是因为火灾现场的一些电缆仍在工作中，处于带电状态，灭火人员有被电击的危险。据澳大利亚能源公司介绍，由于火势没有得到很好的控制，他们不得不切断城市中心变电所的 15 条馈线电缆，从而扩大了停电面积。

经过澳大利亚能源公司一晚上的抢修，供电在第二天上午 9 时大约恢复了 80%，约 10 个街区需要更多的时间才能恢复供电。

6.2003 年 9 月 23 日瑞典、丹麦大面积停电事件

2003 年 9 月 23 日瑞典、丹麦发生大面积停电，造成数百万人无电可用长达 3h。目前初步查明，是瑞典当地一条 400kV 的输电线路从电网中断开，造成瑞典 3 座核反应堆跳闸。其中两座名为 Oskarshamn-3、Ringhals-3 的反应堆停止供电，另一座名为 Ringhals-4 的反应堆能够运转，但却不能将所发的电送入电网。

Ringhals-4 号反应堆于当地时间下午 16 时恢复供电，Ringhals-3 号反应堆于当天晚上恢复供电。

7.2003 年 9 月 28 日意大利全国大停电事件

2003 年从当地时间 9 月 28 日凌晨 3 时半开始，意大利全国大部分地区停电，致使民航、铁路运输中断，并给当地居民的生活造成严重影响。直到 8h 之后，罗马地区的供电状况才恢复正常。

这次史无前例的大停电导致意大利全国 5800 万人口中绝大多数人的生活刹那间陷入一片黑暗，甚至停滞的状态。数百万人在清晨起来后发现自己的电话变"哑"，电视机屏幕一片漆黑。正在路上行驶的汽车司机小心翼翼地穿越没有信号灯指挥的路口。在这场突如其来的意外事件中，意大利国家电视一台中断了正常播出，转而对这场意大利历史上绝无仅有的全国大停电事故进行现场直播。

据报道说，停电引发了除撒丁岛外全国范围的混乱——电视核广播通信中断；一些政府机构的电话线一直占线或干脆无法接通；3 万多名乘客滞留在上百列火车车厢里；医院启动了紧急备用的发电机；意大利警察也因此进入戒备状态。

意大利发生了全国大停电后，涉及联网的奥地利、法国、意大利、斯洛文尼亚和瑞士等 5 国输电系统运行人员（TSO），在其输电协调联合会（UCTE）的框架内会面和决定成立由 5 国专家组成的独立调查委员会，并约请来自比利时、德国、荷兰和西班牙的专家参加，共同对此次事件进行深入调查，对有关的 UCTE 运行规则进行评价，并在必要时对运行方面的一些习惯做法的改进和规则设置提出了建议。2003 年 10 月 27 日调查委员会按调查结果提出了一份中期报告。

（1）事件的发生。事件发生前意大利北部和西北边境的 15 条 380kV 和 220kV 的国际互联线（尤其是在瑞士的）已经重载。这是由于瑞士与 4 个邻国的电力交换和在意大利电力进口的约定内，电力交易所形成的合流造成的，按照欧洲联网国家的进/出口平衡计划，这些电力主要在法国、德国和波兰发电。在有关的输电网领域内一个特殊问题是绝大部分跨境至意大利输电线的负荷与各线路的额定容量不成比例。这是由于周围电力网，主要是法国、意大利和瑞士本身以及 UCTE 区域的其他部分的总发电模式所决定的。特别在夜间，电力交易导致经常使用瑞士的输电网，而这种方式是瑞士输电系统运行人员难以用自己的办法所能控制的。

（2）大停电的发展过程。从 9 月 28 日 3 时 01 分开始发生了一连串的线路跳闸，随后发生了电网解列和失稳事故。

1）03：01：42，第一条线路 Lavorgo-Mettlen（瑞士）跳闸。此条 380kV Lavorgo-Mettlen 线路是瑞士与意大利电网间的互联线，当时负荷高达其最大额定容量的 80% 左右，导线的发热使弧垂增加，或可能由风力引起的导线摆动造成对下面树枝的距离不够而发生闪络，断路器跳闸，单相重合不成，由保护设备自动将其断开。之后，由运行人员用手动合闸，但因两端相角差太大（42°）而再次失败。

2）03：25：21，第 2 条 Sils-Soazza（瑞士）线路跳闸。第 1 条线路跳闸后，邻近线路的负荷增加，特别是 380kV 的 Sils-Soazza 线路，此时已运行于 110% 的标称容量，这种过负荷因导线的发热有一个根据导线发热时间常数的延迟，因此在有限的短时间内是容许的。

根据设定的空气温度、风速、导线初始温度以及当时线路上的 2590A 电流计算：导线将于 15min 后抵达最高导体温度，即运行人员必须在 15min 内将线路负荷降低至其标称值以下。也就是说自第 1 条线路跳闸起 15min 后，Sils-Soazza 线的导线弧垂已超过其标称允许值。不幸的是，采取的步骤未能将负荷有足够地降低。因此在 24min 后当此线碰树枝亦跳闸，但过负荷仍未消除。

3）03：25：25，第 3 条 Airolo-Mettlen（瑞士）线路跳闸。紧接着第 2 条线路跳闸后瑞士境内的这条 220kV 线路严重过负荷，被过负荷保护于 4s 后跳闸。

4）03：25：26，Lienz（奥地利）-Soverzene（意大利）启动自动断开设备。奥地利有一套特殊的保护方案以防止由于境外潮流的变化影响其国内设备的过负荷。首先采取的措施是断开至意大利的 Lavorgo-Mettlen 线路，这对意大利的供电没有多大影响，因为与此同时意大利电网几乎与 UCTE 电网失去了同步。

5）意大利电网于 03：25：26 失步，于 03：25：33 与 UCTE 解列。当失去相角稳定对电力系统就会产生重大后果，并且这种不稳定常常与快速电压崩溃结合在一起而且广泛地通过电力系统传播，所以很难克服。由于意大利电网与 UCTE 的失步，在意大利与 UCTE 间区域上的所有其他连接线均被保护设备的常规功能断开。意大利电网于 03：25：26 失去相角稳定，与 UCTE 解列。对这种紧急状况一般很难加以控制，最终的大停电已不可避免。

6）解列后 UCTE 主网的情况。虽然除了对意大利以外，此事件对 UCTE 主网无多大影响，但使整个 UCTE 主网进入危急状态。由于意大利电网的分离使 UCTE 主网突然多出先前输入意大利的容量，频率升高到 50.25Hz，稳定于 50.20Hz。由于发电机组和电网控制中心具有自动控制功能，这种状况才得以控制。不过有些发电机组在未得到协调的情况下仍由于高频率或低电压而切机。

7）意大利电网与 UCTE 主网间在解列前后 1s 的动态交互作用导致意大利电网的快速电压崩溃。由于电压超过标准的下降，要严重地影响发电机组的运行，发电机组辅助电源的电压质量可能一瞬间变得不够，例如给水泵、煤场、燃气泵等停运，致使发电机组的各种内部工艺流程的功能受到干扰。主要是由于这种瞬时电压崩溃，许多机组在相当短的时间内跳闸。在到达 47.5Hz 的频率阈值前 50 台中有 21 台大的热力机组跳闸。

这样意大利系统初期失去了进口的电力，接着又因一些机组的跳闸，使得失去的电力大量增加，这种状况已不再可能用自动减荷来控制了，以致在弧岛运行 2.5min 后发生了全国大停电。

（3）全国大停电的主要原因。

1）输电线两端太大的相角差使 Lavorgo-Mettlen 线路重合闸不成功。

2）对 Sils-Soazza 线路过负荷缺乏紧急意识和要求，意大利所采取的措施不适当。线路重合失败后，必须启动预见的达到"$N-1$"安全准则的措施，而不单单是把 Sils-Soazza 线恢复至可持续的过负荷范围之内，还须将系统立即恢复至新的"$N-1$"安全准则的状态。3 时 14 分，虽然电话通知要求意大利减荷 300MW，意大利在接电话 10min 后将输入功率 6700MW 降至 6400MW。明显地，这个措施不足以将系统恢复至新的"$N-1$"安全准则的状态。

3）意大利电网的相角不稳定和电压崩溃。

4）超高压输电线路的走廊没有足够的维护。

二、"美加 8·14 大面积停电事件"等的经验和教训

由于"美加 8·14 大面积停电事件"涉及美、加两国，以及停电地区的多家电网公司、多家发电公司和多家 ISO（独立运行机构），而且事件扩大还可能涉及有关人员的职责、电力系统管理和监管机关等各个方面，但是各国专家们认为，该事件反映出来的问题和给国际电力界的启示是显而易见的。人们应当不断深入研究，认真借鉴。同时要坚持多年来我国在电力建设和电网管理方面行之有效的指导思想和具体做法，以及适应我国国情的保证电网安全的策略和措施，在这个基础上认识我国原来尚未认识的问题，努力做好尚未做好的工作，这样不仅可以避免而且能够杜绝类似事件在我国的大电网上发生。通过对"美加 8·14 大停电事件"等的初步了解和分析，给了很多的启示、经验和教训，其主要有以下几个方面。

1. 美国大停电地区的电网建设滞后，放松了电力设备尤其是输电线路的正常维护

（1）由于前一段时期内，美国电力消费增长了 38%，而输电能力仅增加了 18%。输电网的建设远远落后于电力增长，表明了电网的规划设计与建设改造的无序和滞后，使电网输电能力的余度大为减小，致使夏季高峰许多超高压输电线路都在接近稳定极限的工况下运行。从停电地区的电网结构看，该地区的电网建设缺乏统一和科学的规划，电网结构复杂，电压等级重叠交错，电磁环网不少，因此极易导致线路过负荷运行，并在事故情况下，难以有效处理。

（2）美国一些电网公司没能对输电网进行正常的维护，留下了隐患。例如，为了防止超高压输电线路对地放电，每年必须例行的修剪树枝工作，但已有多年没有坚持开展这一反事故措施了。1996 年，美国西部电网（WSCC）由此而酿成了大停电，2003 年，"美加 8·14 大面积停电事件"又同样因此而造成了 345kV 线路的接地跳闸。

2. 美国电网管理高度分散，电网没有统一调度

（1）在这次美国发生大面积停电的区域内电力网，是由多家电网公司管理，彼此之间缺乏信息交换和协调统一。在大电网中没有一个机构能够全面了解全系统的信息，掌握全系统的运行方式，负责对全系统进行安全稳定计算和复核，全系统也没有按统一要求配置的安全自动装置。因此，在事故情况下，缺乏统一指挥，各电网公司、各 ISO 机构又各自为战，互不沟通，无法协调，极易扩大事故，可以认为这是美国电网管理方面致命的弱点。

（2）美国政府在 1965 年纽约大停电事故后，认识到互联电网之间相互协调的重要性，并迅速宣布成立了 NERC（北美电力可靠性管理委员会），但这只是一个自律性的民间组织，虽然各电力公司十分尊重它的决定，但毕竟缺乏强制力和行政决策权。

3. 美国电网技术改造相对缓慢，电网安全缺乏可靠的保障

由于美国电网老化，电网建设、改造与技术进步缓慢，特别表现在先进技术的实际应用上。目前世界上开发的包括美国研究开发的一些电力系统新技术，在美国电网上的实际应用却很不普遍。这一方面是由于美国电力需求趋于饱和，对采用新技术、新装备的兴趣不高。另一方面，美国电网企业在政府严格管制下盈利微弱，缺乏技术改造和设备升级的资金。部分电网企业债务压力很大，在市场竞争的条件下，为了降低成本，减少大修费用，放松了系统维护，因此更难于进行技术改造和技术更新。

4. 受端电网电压稳定问题并未很好解决

美国是全世界最大的电力生产和消费国，总体上看电网结构紧密，企业的技术水平和管理水平都较高。但随着用电负荷的增加，在电网建设没有同步发展的情况下，远距离输电线路的输送容量不断增大，受端电网对外来电力的依赖程度也不断提高，使得受端电网电压稳定问题日益突出。在电网运行中，不仅要解决频率稳定和暂态稳定，提高系统抗冲击和抗扰动的能力，还必须研究电力系统特别是受端系统的电压稳定问题和采取积极而有效的措施。显然在这方面美国电网仍存在着不足。

思 考 题

2-1　动力系统、电力系统和电力网的基本组成是什么？

2-2　电力变压器的主要作用是什么？主要类别有哪些？

2-3　架空线路与电缆线路各有什么特点？架空线路采用分裂导线有何好处？

2-4　影响输电线路电抗、电阻、电纳、电导大小的主要因素是什么？

2-5　直流输电与交流输电相比较，有什么特点？

2-6　电力系统的结构有何特点？

2-7　我国电力系统有哪些额定电压等级？电力系统元件（设备）的额定电压如何确定？

2-8　什么是电力系统的负荷曲线？最大负荷利用小时数 T_m 指的是什么？

2-9　何谓电力系统的负荷特性（电压特性、频率特性）？

2-10　我国电力系统的中性点运行方式主要有哪些？各有什么特点？

2-11　电能质量的三个主要指标是什么？各有怎样的要求？

2-12　电力系统的主要特点是什么？

2-13　电力系统潮流分布指的是什么？计算机算法进行潮流计算时，节点是怎样分类的？

2-14　电力系统的频率特性是什么？

2-15　电力系统频率的一次调整和二次调整指什么？

2-16　电力系统中枢点电压控制的所谓"逆调压"、"顺调压"、"常调压"指的是什么？

2-17　电压调整的基本原理是什么？有哪些调压措施？

2-18　频率调整与电压调整的关系是什么？

2-19　电力系统短路故障主要有哪几种形式？

2-20　电力系统发生短路故障的原因和危害是什么？

2-21　次暂态电流 I''、冲击电流 i_{imp} 指的是什么？如何计算？

2-22　分析计算电力系统不对称故障时，通常采用的是什么方法？

2-23　序阻抗参数的基本概念是什么？

2-24　三个序网方程是否与故障形式有关？为什么？

2-25　不对称故障的基本分析计算方法是什么？

2-26　电力系统静态稳定性指的是什么？

2-27　电力系统暂态稳定性指的是什么？

2-28　静态稳定的实用判据是什么？静态稳定的储备系数 $K_p\%$ 指的是什么？

2-29　提高电力系统静态稳定性的措施有哪些？

2-30　暂态稳定分析中的等面积定则指的是什么？

2-31　提高电力系统暂态稳定性的措施有哪些？

2-32　电力系统规划时应主要讨论的事项有哪些？

2-33　电力系统中、长期规划的主要内容有哪些？

2-34　电力系统可靠性指的是什么？

2-35　"$N-1$"安全准则指的是什么？

2-36　世界上几起大停电事件对我国电力系统的启示是什么？

第三篇　电气设备及保护控制概述

第十一章　电　气　设　备

一座发电厂内有各种各样的电气设备，它们承担着各自的任务，共同完成从燃料（能源材料）、燃烧、机械能转换成旋转动能、进一步转换成电能向电力系统输送的过程，以满足社会、经济的发展需求。

变电所中的电气设备和输电线路承担变换电压和输送电能的任务。通过把电压升高，可以将电能进行远距离、大容量地输送；通过把电压降低，可以为用户提供合适的电能。

第一节　电气接线图

发电厂内的电气设备有发电机、升压变压器、开关设备、厂用电动机等。变电所内的电气设备则包括降压变压器、高低压开关设备等。它们之间的连接关系确定了电能流向与分配，可以用电气接线图来表示，通常用单线图来表示三相电路。图 3-1 所示为发电机—变压器组电气接线图。电气接线图上，各种电气设备都有规定的图形及文字符号：

G　发电机——保持电力系统电压和频率，输出有功功率和无功功率；

T　电力变压器——变换电压使之升高或降低，以适合于电能输送或使用；

QF　断路器——正常运行闭合或断开电路。在其他设备发生故障时，由继电保护装置控制断路器使之迅速跳闸，将故障设备从系统中切除；

QS　隔离开关——在停运或检修时隔断电路，使被检修设备两侧有明显的断开点；

W　母线——连接设备，汇集或分配电能；

TA　电流互感器——将回路中大电流变换为小电流，便于测量；

TV　电压互感器——将测量点的高电压变换为低电压，便于测量；

FU　熔断器——在电压互感器故障时其熔丝熔断，将电压互感器等与系统隔断。

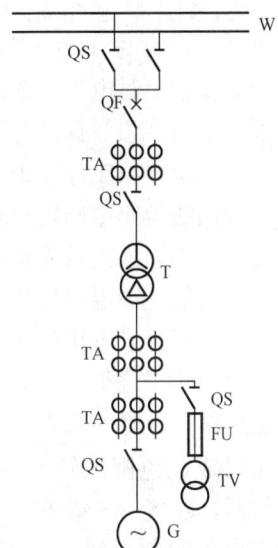

图 3-1　发电机—变压器组电气接线图

第二节　发　电　机

发电机是构成电力系统的最基本部分，企业生产、居民用电使用的电力（有功功率）都是由发电机发出的，也可以说，没有发电机的存在和发展就没有电力系统和现代社会的发展。

一、发电机基本结构

发电机分为卧式和立式两种，汽轮发电机一般为卧式，水轮发电机为立式。600MW 汽轮发电机（卧式）的结构剖面示意如图 3-2 所示。

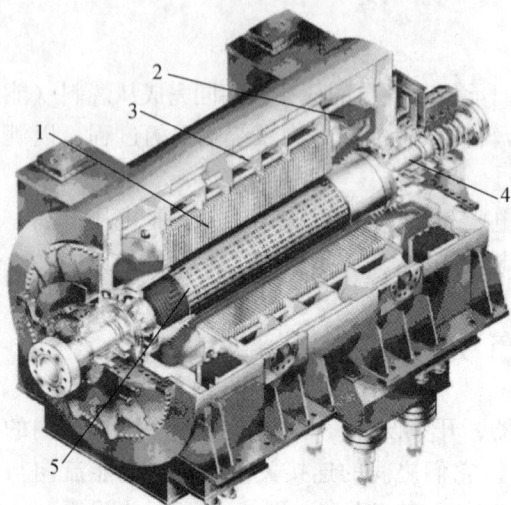

图 3-2　汽轮发电机结构剖面示意图
1—定子铁芯；2—定子绕组；3—冷却风道；4—转子大轴；
5—转子铁芯

从图 3-2 可见，发电机主要由三大部分组成：

（1）发电机转子铁芯绕组。正常运行时，发电机转子铁芯、绕组高速旋转（汽轮发电机转速 3000r/min），因此称为转子。我们在转子绕组中通入直流电流，因此形成了一个电磁铁。电磁铁有 S 极和 N 极，在周围空间中形成磁场，高速旋转的电磁铁（转子）就形成了高速旋转的磁场。

（2）定子铁芯和定子绕组。运行时定子绕组是不动的，因此称为定子。定子铁芯主要提供磁的通路，定子绕组受磁通变化的影响会感应出电动势，若定子绕组外连接导线、接上负荷，就会产生电流，从而向外提供功率。

（3）氢气冷却系统。发电机在运行时，由于导线中流过电流、铁芯中有损耗、摩擦发热等，造成温度升高，因此必须外加冷却物质通过发电机绕组、铁芯等部位，使其得到冷却。

二、发电机工作原理

根据法拉第电磁定律，一个导电体处于变化的磁场中时，其两端将产生变化的电动势。在发电厂内，人们首先把各种能量转换为作用在发电机转轴上的机械能，这些能量包括水能、蒸汽能、高温空气等。在火电厂里，当把蒸汽送入汽轮机时，汽轮机叶片受到蒸汽推动而转动，于是发电机的转轴受到机械转矩作用而高速旋转。同时，在绕于发电机转轴上的绕组（称为转子绕组）中通入直流电流，就会在周围空间中形成一定的磁场，磁场分为 S 极和 N 极两极，就像一块在空间中旋转的磁铁，形成一个旋转的磁场。发电机定子由铁芯和定子绕组组成，包围在转子的外面。在发电机转子旋转时，磁场（S 极和 N 极）是旋转的，于是就有变化的磁力线切割定子绕组，由此定子绕组中就有感应电动势产生，形成了发电机的端电压，如图 3-3 所示。如果这时在发电机定子绕组出线端接上一个用电设备，就有电流产生，电压和电流的乘积就构成了发电机向外输出的功率。我们常称某某兆瓦的发电机，即是该发电机在额定工况运行的情况下，可发出某兆瓦的额定有功功率。例如一台 300MW 的发电机

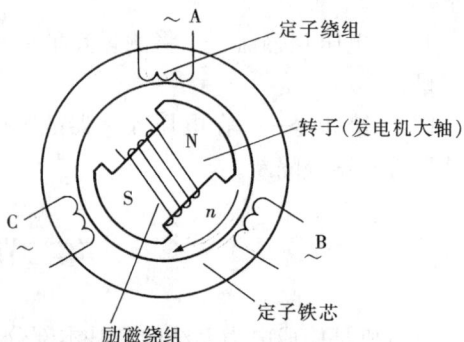

图 3-3　同步发电机原理图

组，在额定参数运行时，它能够向外输出 300MW 的有功功率。

发电机发电的过程就是将原动机转轴上的动能通过发电机转子与定子间的磁场耦合作用，到定子绕组上变成电能的过程。按照原动机的不同，通常同步发电机分为水轮发电机、汽轮发电机、燃气轮发电机及柴油发电机等。由于水轮发电机组、燃气轮机组启动迅速，宜于承担电力系统变动大的负荷。而火电机组以及核电机组（均为汽轮发电机），则由于不能快速启动，宜于承担电力系统的基本负荷。按照冷却介质的不同，同步发电机可分为空气冷却、氢气冷却、水冷却发电机等，其中还可分为外冷式（冷却介质不直接与导线接触）发电机和内冷式（冷却介质直接与导线接触）发电机。

近年来，我国电力系统中发电机单机容量不断增长，单机 300、600MW 的机组已成为系统中的主力机组，900、1000MW 的单机也逐步进入一些大的电力系统。单机容量增长的原因是：①可降低发电机的造价和材料消耗量，如一台 800MW 机组比一台 500MW 机组的单位成本要降低 17％；相比一台 100MW 机组，其材料消耗率只有 60％。②可降低电厂基建安装费用，若以 200MW 机组安装费用为 100％，则 500MW 机组的单位安装费用只需 85％。③可降低运行费用，单机容量大的机组的运行人员数和厂用电率均较单机容量小的机组低。

三、同步发电机的额定运行方式

1. 发电机的额定值

发电机的额定容量是指在额定电压、额定功率、额定功率因数和额定冷却介质温度等条件下，发电机所能长期连续发出的最大功率。发电机的额定数据是由制造厂在其稳定和三相对称运行条件下给出的。

发电机按照制造厂铭牌规定数据运行的方式，称为发电机的额定运行方式。发电机在额定运行方式下运行时，具有效率高、转矩均匀等较好的性能，因此运行部门都力图保持发电机在额定数据下运行。实际运行中的发电机不仅冷却介质温度和功率因数经常发生变化，而且工作电压和频率也常与额定值有偏差，不过发电机在运行时，其运行参数（如电压、电流、频率、冷却介质温度和功率因数等）在额定值附近的一定范围内变动是允许的。发电机的额定运行方式以及在其运行参数允许变化范围内的运行方式，称为发电机的正常运行方式。

发电机运行时，它的铁芯及绕组中都有能量损耗，引起发热，温度升高。发电机负荷电流愈大，损耗愈大，所产生的热量愈多，温度也愈高。过高的运行温度会加速发电机绝缘材料的"老化"过程，缩短其使用寿命，甚至会在运行中发生故障，威胁电机的安全。因此，在发电机运行中，在任何情况下，都不能让其绝缘温度超过规定的最高允许工作温度。

为了能够真正反映发电机绕组的发热情况，还要规定发电机的温升。所谓温升就是发电机各部分的温度与冷却介质入口温度之差。它表示的是发电机内部因损耗而引起的发热情况，因此温升比温度更能说明发电机本身的运行情况。发电机的温升是衡量发电机的主要运行性能指标之一。

由众多同步发电机并联构成的交流电网的频率应该是一个不变的值，这就要求发电机的频率应该和电网的频率一致。我国电网的频率 f 为 50Hz，故有

$$n = \frac{60f}{p} = \frac{3000}{p}$$

式中，p 为发电机极对数。

要使得发电机供给电网 50Hz 的工频电能，发电机的转速必须为某些固定值，这些固定值称为同步转速。例如，2 极发电机的同步转速 $n = 3000\text{r/min}$，4 极发电机的同步转速 $n = 1500\text{r/min}$，以此类推。只有运行于同步转速，同步发电机才能正常运行，这也是同步发电机名称的由来。

由于电网中的负荷运行时需要无功功率（如电动机需要建立磁场），发电机输出有功功率的同时，还输出无功功率，发电机是电力系统中基本的、主要的无功功率电源。发电机的额定参数中 "$\times\times\times$ MW" 表示该发电机的额定输出有功功率为 P_N，发电机还有额定功率因数 $\cos\varphi$，表明输出的无功功率也有额定值。

有功功率　　　　　　　　　　$$P_N = \sqrt{3}U_N I_N \cos\varphi$$

无功功率　　　　　　　　　　$$Q_N = P_N \frac{\sin\varphi}{\cos\varphi}$$

发电机正常运行时的有功、无功功率都应在额定值内。

2. 发电机带负荷与负荷调整

发电机启动后调节转速和电压接近发电机额定值时，依靠自动准同期并列装置可以将发电机并入大电网。并列后，经电网调度员下令，由值班员进行操作或直接由遥调装置动作，使发电机带负荷与调整负荷。

有功功率和频率的调整是通过汽轮机的调速器油动机进行的，即调整汽轮机的进汽量大小，该操作可由值班员或由自动装置协调控制，有功负荷的增加速度通常由汽轮机和锅炉的工作条件决定，但无论是开机或正常运行，增加速度都不能过快。

无功功率和电压的调整是通过改变发电机励磁电流的大小来实现的，该操作可由值班员或由自动调压装置协调控制完成。

3. 同步发电机的非正常工作状态

发电机过负荷运行、异步运行、不对称运行等，都属于同步发电机的非正常工作状态。

发电机在非正常工作状态下运行必然要在某些运行参数上给予限制，以保证发电机不被损坏。发电机非正常工作状态下一般表现为温度升高，因此运行中主要是温度升高程度和非正常运行的时间对定子电流、转子电流进行限制。

元件温度升高包括发电机的定子绕组、转子绕组和冷却媒质（间接反映被冷却对象的状态）的温度升高。若温升程度较小，则允许非正常运行的时间可较长。若运行条件较恶劣，则只能允许短时间的非正常运行。

第三节　发电机励磁系统

发电机是将旋转形式的机械能转换成三相交流电能的设备。为了完成这一转换并满足系统运行的要求，除了需要原动机（汽轮机或水轮机）供给机械能外，它本身还需要有可调节的直流磁场，以使定子绕组能感应出合适的发电机机端电压。产生这个可调磁场的直流励磁电流称为发电机的励磁电流。为发电机提供可调节的励磁电流的设备，构成发电机的励磁系统。

励磁系统一般由两个基本部分组成：第一部分是励磁功率单元（包括整流装置及其交流

电源),它向发电机的励磁绕组提供直流励磁功率;第二部分是励磁调节器,它感受发电机电压及运行工况的变化,自动地调节励磁功率单元输出的励磁电流的大小,以满足系统电压的要求。图 3 - 4 所示为发电机静止励磁系统。

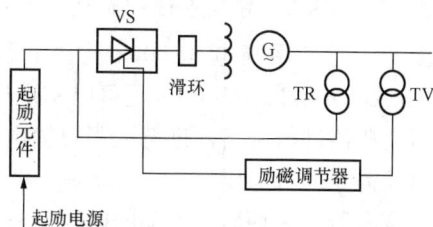

图 3 - 4 发电机静止励磁系统

励磁系统的任务包括:

(1)在正常运行条件下,供给发电机励磁电流,并根据发电机所带负荷的情况调整励磁电流,以维持发电机机端电压在给定水平上。

(2)使并列运行的各同步发电机组所带的无功功率得到稳定而合理的分配。

(3)增加并入电网运行的发电机的阻尼转矩,以提高电力系统动态稳定性及输电线路的有功功率传输能力。

(4)在电力系统发生短路故障造成发电机机端电压严重下降时,强行励磁,将励磁电压迅速增升到足够的顶值,发电机电压得以提高,相应提高电力系统的暂态稳定性。

(5)在发电机突然解列、甩负荷时,强行减磁,将励磁电流迅速降到安全数值,以防止发电机电压过分升高。

(6)在发电机内部发生短路故障时,快速灭磁,将励磁电流迅速减到零值,以减小故障损坏程度。

(7)在不同运行工况下,根据要求对发电机实行过励磁限制和欠励磁限制等、保护发电机组的安全稳定运行。

为了很好地完成上述任务,励磁系统应满足以下基本要求:

(1)有足够的强励顶值电压。强励顶值电压是励磁系统在强励时可能提供的最高励磁电压 U_{max},它与额定工况下的励磁电压 U 之比,称为励磁系统强励电压倍数,其值一般取 2。

(2)具有足够的励磁电压上升速度。通常,评价励磁电压上升速度的两项指标是电压响应比和电压响应时间。

(3)有足够的调节容量。为了适应各种运行工况的要求,励磁系统应保证励磁电流在 1 倍额定励磁电流时能长期运行,以及保证强励允许持续时间不小于 10～20s。

(4)应运行稳定、工作可靠、响应快速、调节平滑,并具有足够的电压调节精度。

发电机的励磁方式按励磁电源的不同分为三种方式:一是直流励磁机励磁方式,多用于中、小型汽轮发电机组;二是交流励磁机励磁方式,其中按功率整流器是静止还是旋转的不同又可分为交流励磁机静止整流器励磁方式(有刷)和交流励磁机旋转整流器励磁方式(无刷)两种;三是静止励磁方式,最具代表性的是自并励励磁方式,后两种励磁方式多用于大型(容量在 100MW 及以上)汽轮发电机组。

第四节 变 压 器

由于我国能源分布不均匀,且发电厂不可能建在城市中心,电力系统中需要远距离传输大功率,又需要满足低电压负荷供电。直接由发电机电压等级远距离供给负荷是不现实的,比如一台 600MW 发电机(视在功率 $S = P/\cos\varphi = 706MV \cdot A$)以 0.4kV、100km 供电,电流为 1018kA，导线直径约需 0.57m，如水桶一般，金属材料和导体电阻发热消耗是不可想象的。若采用高电压 500kV 电压等级输送相同功率，根据 $S = \sqrt{3}UI$，则电流只有 0.82kA，减小为 1/1000，是可以实现远距离输电的。因此，我们需要把发电机端电压通过升压变压器进行升高，进行远距离输电到城市。为了供电，通过降压变压器把高电压降为满足负荷需要的低电压。

变压器是一种静止不动的电器，它利用电磁感应原理把一种交流电压转换成相同频率的另一电压等级的交流电压。

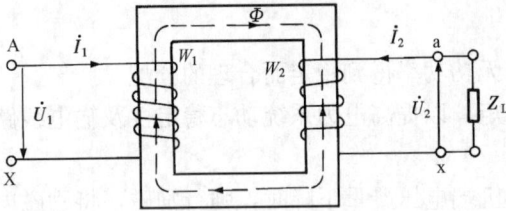

图 3-5　变压器示意图

一、变压器的结构形式及工作基本原理

变压器是应用电磁感应原理来进行能量转换的，其结构的主要部分是两个（或两个以上）互相绝缘的绕组，套在一个共同的铁芯上，两个绕组之间通过磁场而耦合，但在电的方面没有直接联系，能量的转换以磁场作媒介。变压器示意如图 3-5 所示。

在两个绕组中，把接到电源的一个称为一次绕组，而把接到负载的一个称为二次绕组。当一次侧接到交流电源时，在外施电压作用下，一次绕组中通过交流电流，并在铁芯中产生交变磁通，其频率和外施电压的频率一致，这个交变磁通同时交链着一次、二次绕组，根据电磁感应定律，交变磁通在一、二次绕组中感应出相同频率的电动势，二次侧有了电动势便可向负载输出电能，实现了能量转换。利用一次、二次绕组匝数的不同及不同的绕组连接法，可使一、二次侧有不同的电压、电流和相数。

在变压器中，若忽略负荷电流的影响，一次电压和二次电压的比值可以用一次绕组和二次绕组的匝数比来表达，称为变压器的变比。

$$\frac{U_1}{U_2} = \frac{W_1}{W_2} = K$$

在电力系统中，变压器占据着极其重要的地位，无论是在发电厂或变电所，都可以看到各种型式和不同容量的变压器，如图 3-6 所示。

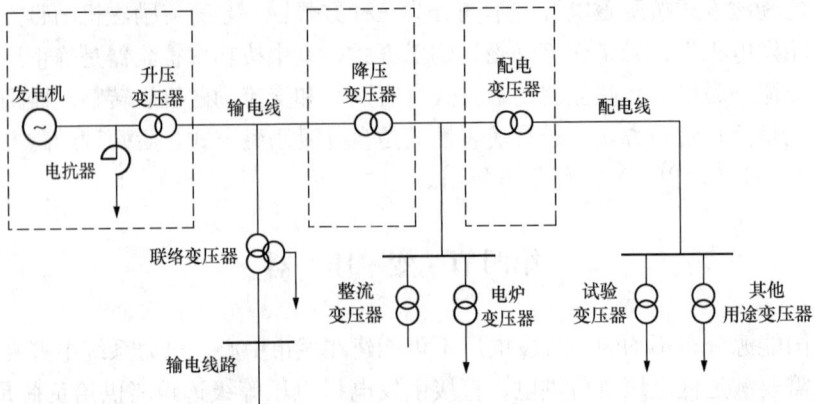

图 3-6　变压器在电力系统中的应用

　　按相数来区分，变压器可以分为三相变压器和单相变压器。在电力系统中，一般应用三相变压器。当容量过大且受运输条件限制时，在三相电力系统中也可应用三台单相变压器连接成三相变压器组。

　　按绕组数目来区分，变压器可以分为双绕组和三绕组变压器。所谓双绕组变压器即在一相铁芯上套有两个绕组，一个为一次绕组，另一个为二次绕组。升压变压器的一次绕组是低压绕组，二次绕组是高压绕组，而降压变压器则相反。容量较大（5600kV·A 以上）的变压器，有时可能有三个绕组，即在一相铁芯上套有三个绕组，用以连接三种不同电压，此种变压器称作三绕组变压器，例如在电力系统中，220、110kV 和 35kV 之间有时就采用三绕组变压器。

　　按冷却介质来区分，变压器可以分为油浸式变压器、干式变压器（空气冷却式）以及水冷式变压器。干式变压器多用在低电压、小容量或用在防火防爆的场所，而电压较高、容量较大的变压器多用油浸式变压器，如图 3-7 所示。

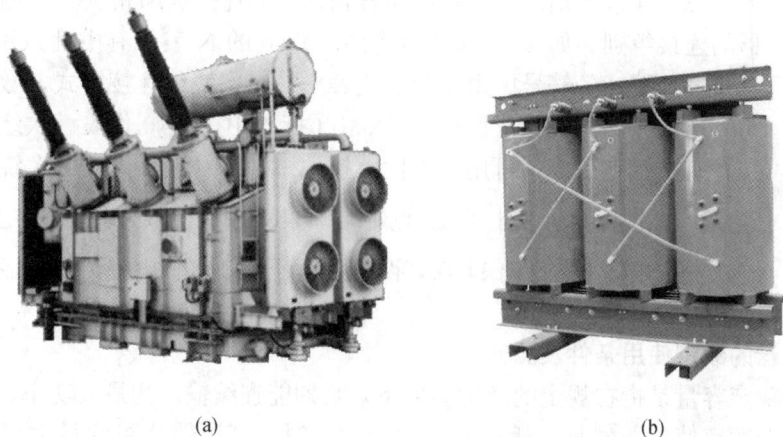

　　　　　　　　(a)　　　　　　　　　　　　　　　　　(b)

图 3-7　变压器
(a) 油浸式变压器；(b) 干式变压器

二、变压器的额定数据

　　为了保证运行安全、经济、合理，变压器都应运行在规定的额定参数内。额定参数标注在铭牌上：

　　（1）额定容量。在额定使用条件下，施加在变压器上的是额定电压、额定频率，输出的是额定电流，温升也不超过极限值时变压器的容量叫额定容量，用 S_N 表示。对三相变压器而言，额定容量为三相额定容量之和，额定容量的单位为 kV·A。

　　（2）额定电压。在三相变压器中，额定电压都是指线电压。按变压器绝缘强度确定的一次电压值叫做一次额定电压，用 U_{N1} 表示，单位为 kV。变压器在空载（调压开关接在额定分接头上）时的二次电压叫做二次额定电压，用 U_{N2} 表示，单位为 kV。为了适应电网电压变化的需要，高压侧一般都安装有供调压用的分接头。

　　（3）额定电流。在额定使用条件下，变压器一次侧输入的电流叫做一次额定电流，用 I_{N1} 表示；变压器二次侧输出的电流叫做二次额定电流，用 I_{N2} 表示，单位均为 A。在三相变压器中，额定电流都是指线电流。

　　（4）阻抗电压百分值。阻抗电压又称短路电压。对双绕组变压器来说，当一个绕组短接时，在另一个绕组中为产生额定电流所需要施加的电压称为阻抗电压或称短路电压，用 U_k 表示，可以理解为运行时额定电流在变压器上产生的电压降。阻抗电压常以额定电压的百分数 U_k % 来表示，可以用于计算变压器电抗。

（5）空载损耗。当用额定电压施加于变压器的一个绕组上，而其余绕组均为开路时，变压器所吸取的有功功率叫空载损耗，用 P_0 表示，单位为 kW，为变压器铁芯的涡流损耗。

（6）短路损耗。对双绕组变压器来说，当以额定电流通过变压器的一个绕组，而另一个绕组短接时，变压器所吸取的功率叫短路损耗，用 P_k 表示，单位为 kW，为绕组导体电阻的发热损耗。

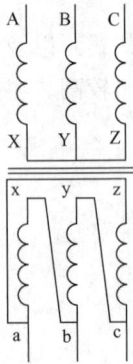

图 3-8　Y/△
变压器

（7）空载电流百分值。当用额定电压施加于变压器的一个绕组上，而其余绕组均为开路时，变压器所流入电流的三相算术平均值叫变压器的空载电流百分值。空载电流常用额定电流的百分数表示 I_0 %，为变压器的励磁电流。

（8）连接组别。代表变压器各相绕组的连接法和相位关系的符号称变压器的连接组别。如 Y 表示星形连接；YN0 的 N 表示有中性点引线；d 表示三角形连接。各符号中由左至右代表一、二次绕组连接方式，数字代表二次与一次电压的相位移。例如，YN0d11 标号中，YN0 代表一次绕组为星形连接，有中性点引线，可用于中性点接地。d11 中的 d 代表二次绕组为三角形连接，11 常称为钟表上的 11 点钟，即表示一次侧线电压 $\dot{U}_{AB}$ 定为 12 点钟，二次侧线电压 $\dot{U}_{ab}$ 指向 11 点，两侧的电压有 30°的相位移。图 3-8 所示为 Y/△变压器。

三、变压器的额定使用条件及温升

变压器的额定容量是指在规定的环境温度下，长期能连续输出的最大功率。

国产变压器额定使用条件是：最高气温为 +40℃ 时，变压器绕组的最大温升不能超过 65℃；以额定容量运行，其使用寿命应在 20 年以上。

变压器运行时，其绕组和铁芯中的电能损耗都将转变为热量，使变压器各部分的温度升高。这些热量大多以传导和对流方式向外扩散，故变压器运行时，各部分温度的分布极不均匀。变压器绕组的温度最高，其次是铁芯，绝缘油的温度低于绕组和铁芯的温度，上部的油温高于下部的油温。变压器运行中的允许工作温度是按上层油温来检查的，由于变压器绕组的平均温度通常比油温高出 10℃，同时为了防止油质劣化，所以规定变压器上层油温最高不超过 95℃。正常运行情况下，为保护绝缘油不致过度氧化，上层油温不宜超过 85℃。试验表明，当变压器绕组绝缘温度在 80～140℃ 范围内，温度每升高 6℃，其绝缘寿命损失增加一倍（即所谓"六度法则"）。可见，变压器的使用寿命主要决定于绕组绝缘的运行温度，绕组的温度越高，绝缘损坏得越快。

一般情况下，我们是通过测量变压器内上部油层温度来检测变压器的发热情况。为了便于检查和正确反映出线圈的温度，不仅要规定上层油温的允许值，还必须规定上层油温的允许温升。这样，不管周围空气温度如何变化，只要上层油温及温升都不超过规定位，就能保证变压器在规定的使用年限内安全运行。

四、变压器的过负荷能力

变压器的过负荷能力和变压器的额定容量具有不同的含义。变压器的过负荷能力是指在较短时间内所能输出的功率，在一定条件下，它可以超出变压器的额定容量。变压器过负荷能力的大小和持续时间，是根据一定的运行情况（负荷变化、周围介质温度等），以及变压器绝缘老化等条件来决定的。

（1）变压器正常情况下的过负荷。变压器的正常过负荷是指变压器有正常的使用寿命，在轻负荷运行期间寿命损失小，因此在负荷高峰时，允许变压器过负荷运行，两者平衡。

（2）变压器的事故过负荷。变压器的事故过负荷是当电力系统发生事故时，为了保证对重要用户的连续供电，允许在短时间（消除事故所必需的时间）内过负荷运行，称为变压器的事故过负荷。事故过负荷时绕组最热点温度不应超过 140℃。

五、变压器分接头调压

电力系统中的负荷一直在变化，因此系统的电压也在变化。为了满足额定电压运行的要求，需要对电压进行调整。改变变压器分接头位置是一种常用的调节手段。

在变压器制造时，我们在高压绕组上引出若干个抽头，可以根据需要进行抽头之间的切换，如图 3-9 所示。

由于 $U_1/U_2 = W_1/W_2$，改变 W_1 匝数可调节 U_1 和 U_2 的比值。例如，设 U_1 不变，增大 W_1，则 U_2 将下降。

变压器分接头调压分为两种：一种是可以在不停运情况下进行档位调节，称为有载调压。由于调节时需要解决电弧问题，装置较复杂。第二种是必须在停运后才能调节档位，称为无载调压。

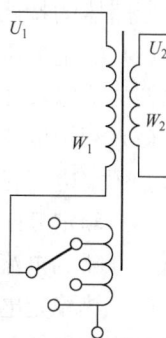

图 3-9　变压器分接头调压示意图

第五节　高低压开关设备

一、高压断路器

高压断路器是电力系统中最重要的实现控制和保护的操作电器。利用断路器的控制作用，可以根据电网运行的需要，将一部分电力设备或线路投入或退出运行；其次，当电力设备或线路发生故障时，通过继电保护装置作用于断路器，将故障部分从电网中迅速切除，保证电网的其他部分正常运行。

1. 高压断路器的灭弧原理

当拉开电路中有电流通过的断路器时，在断路器的触头之间可以看到强烈而刺眼的亮光，这是在触头之间发生了放电，这种放电称为电弧。这时，触头虽然已经分开，但是电流通过触头间的电弧仍继续流通，也就是说电路并未真正断开，要使电路真正断开，必须将电弧熄灭。由于电弧的温度很高，最高可达 10000℃ 以上，如果电弧燃烧时间过长，不仅会将触头烧坏，严重时会将电器烧毁，危害电力系统的安全运行。所以，在切断电路时，如何保证迅速而又可靠地熄灭电弧是一切断路器的核心问题。

电弧是金属触头、触头间物质由于电场强度大、周围温度高而发射电子或分离出离子及带电粒子，由它们高速运动碰撞分离形成的。为了有效、迅速地熄灭电弧，需要采取吹入新鲜的物质（液体或气体），降低温度，加强正、负离子复合过程，加速离子由密集的空间向密度小的方向扩散等措施。

工程上采用的熄灭交流电弧的方法概括有以下几种：

（1）迅速拉长电弧：提高断路器的分闸速度，采用多断口结构等。

（2）吹弧：利用气体（空气、氢气、SF_6 或在高温下固体绝缘材料分解出的气体等）或绝缘油吹动电弧，使电弧拉长、冷却，这是高压断路器的主要熄弧手段。

（3）采用真空：减少碰撞分离的可能性，迅速恢复介质绝缘强度。

（4）弧隙并联电阻：主要用来提高断路器的熄弧能力。通常在 220kV 及以上线路侧断路器上使用。

（5）提高弧隙介质压力：有利于加强正、负离子复合过程。

2. 断路器的基本参数

断路器的特性和工作性能，可用它的基本参数来表征：

（1）额定电压 U_N：断路器可以在 1.1～1.15 倍额定线电压正常工作。额定电压决定着断路器的绝缘尺寸，也决定断路器的熄弧条件。

（2）额定电流 I_N：在环境温度不超过 40℃ 的条件下，断路器容许长期通过的最大工作电流。额定电流将决定断路器导电回路的几何尺寸。

（3）额定开断电流 I_{NOC}：在某个指定电压下能正常开断的最大电流为开断电流，在额定电压下开断的电流称为额定开断电流，它表征断路器的开断能力。

（4）热稳定电流 I_h：表示断路器能承受短路电流热效应的能力。我国规定 4s 内所能承受的热稳定电流为额定热稳定电流。通常断路器的热稳定电流等于它的额定开断电流。

（5）动稳定电流 i_{Fst}：它表明断路器能承受短路电流电动力作用的能力。取短路电流的最大瞬时值，称为极限通过电流。

（6）分闸时间：断路器从得到分闸命令（跳闸线圈通电）起，到电弧熄灭为止的一段时间称为全分闸时间。它是断路器固有分闸时间和燃弧时间之和。

（7）合闸时间：断路器从接到合闸命令（合闸线圈通电）起，到主触头刚接触止的一段时间称为合闸时间。

3. 断路器的型号含义

根据国家技术标准规定，断路器型号由下面的顺序和代号组成：

第一单元——代表产品名称，用下列字母表示：S—少油断路器；D—多油断路器；K—空气断路器；L—六氟化硫断路器；Z—真空断路器；C—磁吹断路器。

第二单元——代表安装场所，用下列字母表示：N—户内式；W—户外式。

第三单元——代表设计系列序号，用数字表示。

第四单元——代表额定电压（kV）。

第五单元——代表补充工作特性，用字母表示：G—改进型；F—分相操作。

第六单元——代表额定电流（A）。

第七单元——代表额定开断电流（kA）。

例如：ZN28-10/1250-31.5 型，即指额定电压 10kV，额定电流 1250A，额定开断电流 31.5kA，28 型户内式高压真空断路器。

4. 断路器的类型

按照所用灭弧介质的种类，断路器可分为以下几类：

（1）油断路器。油断路器利用绝缘油作灭弧介质，相对体积较大，绝缘性能不如真空、SF_6 气体，目前油断路器处于被淘汰的过程。

（2）真空断路器。真空断路器的主要部件是真空灭弧室，由动、静触头、屏蔽罩和玻璃外壳等组成。真空断路器以真空作为灭弧和绝缘介质。所谓真空是绝对压强大大低于100kPa的气体稀薄空间。气体稀薄的程度用"真空度"表示。真空度就是气体的绝对压强与大气压强的差值。气体的绝对压强值愈低，则真空度愈高。气体间隙的击穿电压随着气体压强的提高而降低，当气体压强高于1.33×10^{-2}Pa以上时，击穿强度迅速降低，真空断路器灭弧室内的气体压强不能高于此值。一般在出厂时，其气体压力为1.33×10^{-5}Pa。

真空断路器中电弧是在触头电极蒸发的金属蒸气中形成的，触头材料及其表面状况对熄弧影响很大。要求使用难以蒸发的良导体作为触头材料，如铜—铋（Cu—Bi）合金，铜—铋—铈（Cu—Bi—Ce）合金等；同时，要求触头表面非常平整，如果电极表面有微小的突起部分，将会引起电场能量集中，使这部分发热而产生金属蒸气，这将不利于电弧的熄灭。

真空断路器的特点有：在真空条件下绝缘强度很高，熄弧能力很强；触头开距短（10kV级只有10mm左右），结构轻巧，操作功率小，体积小，重量轻；燃弧时间短，一般只有0.01s，故有半周波断路器之称；熄弧后触头间隙介质恢复速度快；由于触头在开断电流时烧损轻微，所以触头寿命长（比油断路器长50~100倍），机械寿命长；维修工作量少，能防火防爆。

真空断路器形如一只大型电子管，所有灭弧零件都密封在一个绝缘的玻璃外壳内，如图3-10所示。动触杆与动触头的密封靠金属波纹管来实现。在动触头外面四周装有金属屏蔽罩，常用无氧铜板制成。屏蔽罩的作用是为了防止触头间隙燃弧时飞出的电弧生成物（金属蒸汽、金属离子、炽热的金属液滴等）玷污玻璃外壳内壁而破坏其绝缘性能。

真空断路器的触头结构如图3-11（a）所示。触头的中部为一圆环状的接触面，接触面的周围为有螺旋槽的吹弧面，触头闭合时，只有接触面相互接触。当开断电流时，最初在接触面上产生电弧，电流回路呈π形，在流过触头的电流所形成的磁场作用下，电弧沿径向向外缘快速移动，即从位置a向外移动到位置b。电流在触头中的流动路径受到螺旋线的限制，因此，通过电极内的电流路径是螺旋形的，如图3-11（b）的虚线所示。电流可分解为切向分量i_1和径向分量i_2，其中i_2在弧柱上产生沿触头半径方向的磁感应强度B_2，它与电弧电流形成沿切线方向的电动力，在此力的作用下，使电弧沿触头圆周运动，弧柱内金属蒸汽及带电质点不断地向外扩散，逸出弧柱的质点有的冷凝在触头表面上，有的冷凝在屏蔽罩上。当交流电流趋向零点时，电弧随之而熄灭。电弧在触头外缘上不断旋转，可避免电弧固定在触头的某处而烧损触头，同时能提高真空断路器的开断能力。例如：直径为46mm的铜—铋—铈触头，当做成圆盘状结构时，10kV电压的开断电流只能为5.6kA；而当具有螺旋槽结构时，开断电流可超过10kA。

真空断路器具有体积小、质量轻、噪声小，易安装，不需检修（灭弧室），维护方便，不会引起火灾和爆炸危险等优点，尤其适用于操作频繁的场合。但真空断路器分断电感性负

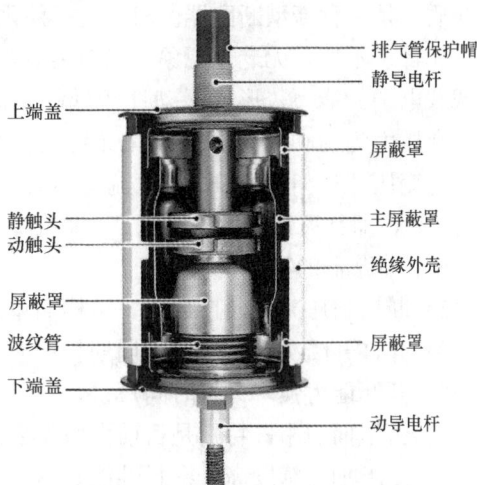

排气管保护帽
静导电杆
上端盖
屏蔽罩
主屏蔽罩
静触头
动触头
绝缘外壳
屏蔽罩
波纹管
屏蔽罩
下端盖
动导电杆

图3-10　真空断路器的原理结构

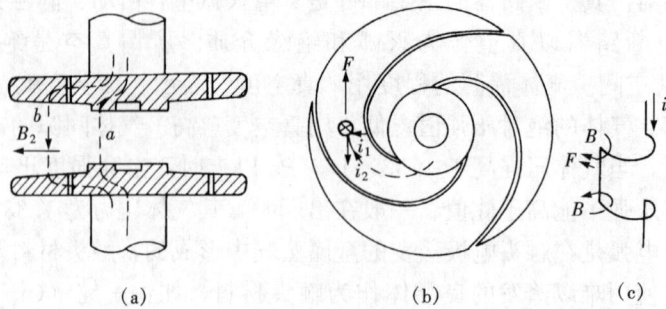

图 3-11　真空断路器的触头结构
(a) 纵剖面图；(b) 下触头顶视图；(c) 电流线与磁场

荷（如电动机、空载变压器等）时会出现因截流时间短引起的过电压。

真空断路器的灭弧室是不可拆卸的整体，不能自行更换其中的任何零件，当真空度降低或不能使用时，只能更换真空灭弧室。

（3）六氟化硫（SF_6）断路器。六氟化硫（SF_6）断路器利用 SF_6 气体作灭弧介质和绝缘介质，是一种新型断路器。SF_6 是一种化学性能非常稳定的惰性气体，在常态下无色、无臭、无毒、不燃，无老化现象，具有良好的绝缘性能和灭弧性能。SF_6 呈很强的电负性，具有截获电子的能力，形成活动性较低的负离子，使正、负离子复合的可能性大大增加。因此，在压力为 100kPa 下，SF_6 的绝缘功能超过空气的 2 倍，当压力约为 300kPa 时，其绝缘能力与变压器油相等。SF_6 在电流过零后，介质绝缘强度恢复很快，其恢复时间常数只有空气的 1%，即其灭弧能力比空气高 100 倍。

SF_6 断路器的特点是：

1）断口耐压高，断口数少，结构简单；

2）允许开断次数多，检修周期长；

3）开断能力强，灭弧时间短；

4）占地面积小，特别是目前大力发展的 SF_6 全封闭组合电器，可以大大减少占地面积；

5）要求加工精度高，密封性能好，对水分与气体的检测控制要求更严。

SF_6 断路器的灭弧方式有两种：一种是气体压力有两个系统——高压系统和低压系统，利用动触头开断时它们之间的压力差形成气流来吹灭电弧；另一种是利用动触头开断时带动压气活塞将灭弧室内局部气体压力提高，经过喷嘴喷向电弧，以达到灭弧的目的。

SF_6 断路器压气式的灭弧室如图 3-12 所示，灭弧室的可动部分由动触头、喷嘴和压气缸组成。分断时，压气室内气体受活塞作用被压缩，气压升高。主动静触头分离后，弧动静触头接着分离，产生电弧，同时高压气流通过喷嘴强烈吹弧，使电弧熄

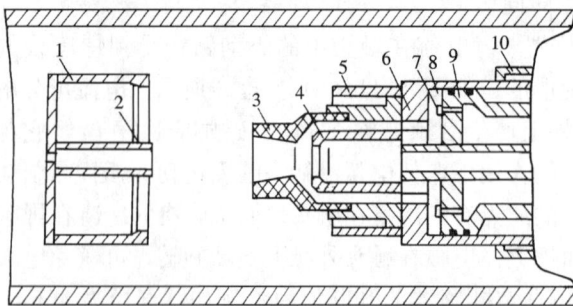

图 3-12　SF_6 断路器压气式的灭弧室断面图
1—主静触头；2—弧静触头；3—喷嘴；4—弧动触头；
5—主动触头；6—压气缸；7—逆止阀；8—压气室；
9—固定活塞；10—中间触头

灭。其特点是：触头在分断过程中开距不断增大，最终的开距比较大，故断口电压可以做得较高，初始介质强度恢复速度较快，喷嘴与触头分开，喷嘴的形状不受限制，可以设计得比较合理，有利于改善吹弧的效果，提高开断能力。但绝缘喷嘴易被电弧烧损。

SF_6 断路器每次开断后触头烧损很轻微，不仅适用于频繁操作，同时延长了检修周期。由于 SF_6 气体具有上述优点，所以 SF_6 断路器发展迅速，在高压和超高压系统中应用广泛。

二、隔离开关

1. 隔离开关的用途、要求

隔离开关是高压开关电器的一种。因为它没有专门的灭弧结构，所以不能用来开合负荷电流和短路电流。它需与断路器配合使用，只有当断路器开断电流后才能进行操作。

在电力系统中，隔离开关的主要用途是：①将停役的电气设备与带电的电网隔离，保证有明显的断开点，确保检修的安全；②在双母线制的接线电路中，利用隔离开关将电气设备或电路从一组母线切换到另一组母线上去（称为倒闸操作）；③接通或开断小电流电路，例如接通或开断电压 10kV、距离 5km 的空载送电线路，接通或开断电压为 35kV、容量为 1000kV·A 及以下的以及电压为 110kV、容量为 3200kV·A 及以下的空载变压器等。

根据隔离开关所担负的任务，应满足下列要求：①隔离开关应具有明显的断开点，易于鉴别电器是否与电网断开；②隔离开关断开点之间应有足够的距离、可靠的绝缘，以保证在恶劣的气候、环境下也能可靠地起隔离作用，并保证在过电压及相间闪络的情况下，不致引起击穿而危及工作人员的安全；③具有足够的短路稳定性。运行中的隔离开关会受到短路电流的热效应和电动力效应的作用，所以要求它具有足够的热稳定性和动稳定性，尤其不能因电动力作用而自动断开，否则将引起严重事故；④隔离开关的结构应尽可能简单，动作要可靠；⑤带有接地刀闸的隔离开关必须相互有连锁，以保证先断开隔离开关、后闭合接地刀闸，先断开接地刀闸、后闭合隔离开关的操作顺序。

2. 隔离开关类型

隔离开关分为户内和户外两大类。

（1）户内隔离开关。它有单极式和三极式两种，一般为刀闸式隔离开关，通常可动触头（刀闸）与支柱绝缘子的轴垂直装设，而且大多采用导体刀片触头，如图 3-13 所示。

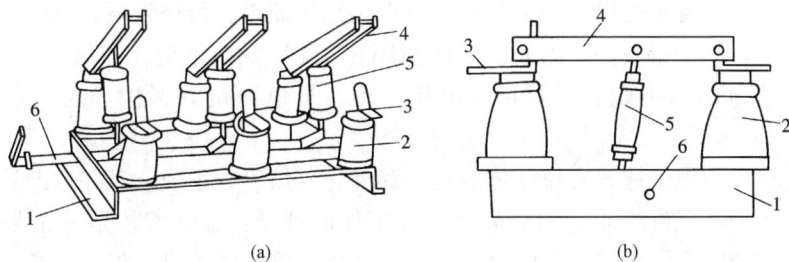

图 3-13 户内隔离开关结构示意图
1—底座；2—支柱绝缘子；3—静触头；4—刀闸；5—转动绝缘子；6—转轴

动触头（一极）为两根平行矩形铜条制成的刀闸，利用弹簧压力，紧夹在静触头两边，使动、静触头形成良好的线接触。动触头刀闸靠操作绝缘子转动，操作绝缘子与刀闸及主轴的拐臂铰接，主拐臂与主轴连接。通过连杆与主拐臂的连接，可以对隔离开关进行分、合操作。

（2）户外隔离开关。户外隔离开关的工作条件比户内隔离开关差，受到气象变化影响大，如冰、风、雨、严寒和酷热等。因此，其绝缘强度和机械强度相应要求比较高。

户外隔离开关有多种形式。图 3-14 所示为双柱式隔离开关单相外形图，每相有两个支持绝缘子，分别装在底座两端的轴承上，并以交叉连杆连接，可以水平转动。两段刀间各固定在一个支持绝缘子的顶端，外装防护罩，以防雨、冰、雪和灰尘。进行操作时，操动机构的交叉连杆带动两个支持绝缘子向相反方向（一个顺时针，另一个逆时针）转动 90°，于是刀闸相应断开或闭合。

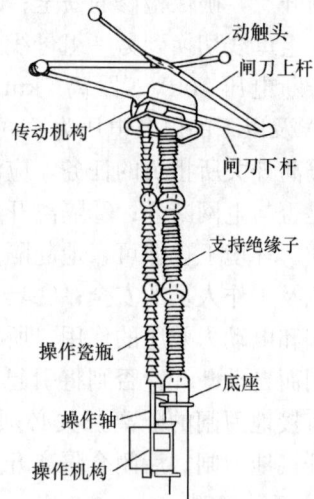

图 3-15 所示为单柱剪刀式隔离开关，动作时动触头上行（合上），动触头下行（打开）。由于为剪刀式结构，因此能有效节约占地面积。

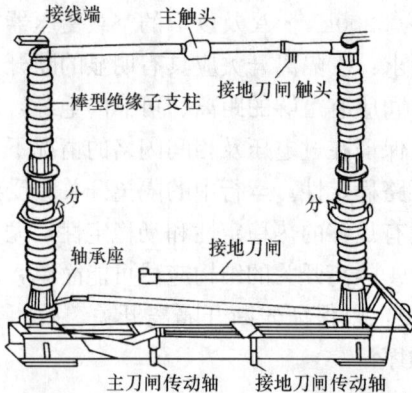

图 3-14　双柱式隔离开关单相外形图　　　图 3-15　单柱剪刀式隔离开关

三、熔断器

熔断器是最简单和最早使用的一种保护电器，在下游电气设备发生短路或过负荷时熔断，保护其他电气设备免受损坏。熔断器的特点是结构简单、价格低廉、维护方便、使用灵活；但其容量小，保护特性差，因而仅广泛使用在 35kV 及以下电压等级的小容量装置中，主要作为小功率辐射形电网、小容量变电所、小容量电动机等保护，也用来保护电压互感器。

熔断器主要由金属熔体、支持熔体的触头和外壳（熔管）组成。某些熔断器内还装有特殊的灭弧物质，如产气纤维管、石英砂等。其工作原理是：金属熔体是一个易于熔断的导体，在正常工作情况下，由于通过的电流较小，熔体温度虽然上升，但不致熔化，电路可靠接通。当电路中发生短路或设备过负荷时，电流增大，熔体的温度上升很高，超过熔体的熔点而熔断，使电路断开。

熔断器分为无填料式和有填料式；螺旋式、插入式和管式；户内式和户外式；固定式和跌落式等。

1. 低压熔断器

低压熔断器无填料式仅由熔体及绝缘瓷套组成，熔体主要是由铝、锡、锌及铅锡合金、低熔点合金等材料制成。居民家用常采用这种熔断器。

　　有填料式熔断器广泛用于工厂企业中低压电器的保护，其填料基本上是石英砂，采用低熔点金属材料、熔化时所需热量少，有利于过载保护，如图 3-16 所示。填料石英砂能吸收电弧能量，熔体产生的金属蒸气可以扩散到砂粒的缝隙中，有利于加速电弧的熄灭。

　　2. 高压熔断器

　　在高压熔断器［见图 3-17（a）］中，熔体往往采用铜、银等，这些材料的熔点较高、电阻较小，制成的熔体截面可较小，有利于电弧的熄灭。但是，这些材料熔点高，少量且长时间过负荷时熔体不会熔断，结果失去

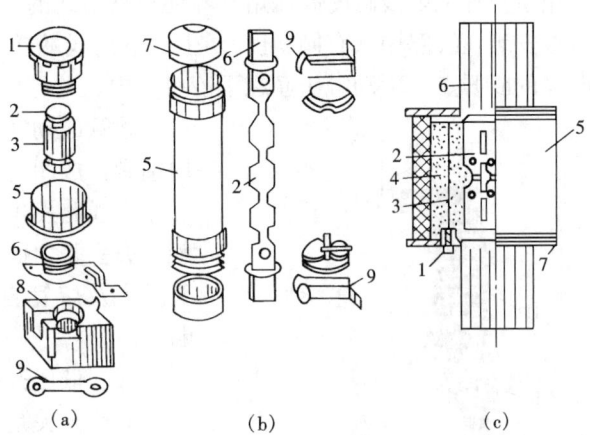

图 3-16　低压熔断器结构

(a) RL1 型；(b) RM10 型；(c) RTO 型

1—指示器；2—熔体；3—指示熔件；4—填料；5—绝缘外壳；
6—触头；7—盖板（帽）；8—底座；9—接线端子

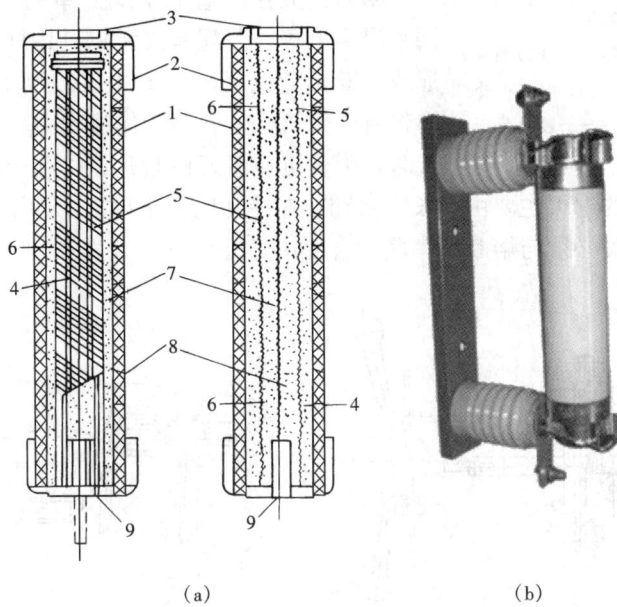

(a)　　　　　　　　　　　　(b)

图 3-17　高压熔断器

(a) 结构；(b) 外形

1—瓷管；2—管罩；3—管盖；4—填料；5—熔体；6—锡球或铅球；
7—石英砂；8—指示熔体；9—指示器

保护作用。采用的改进措施是在铜或银线的表面焊上小锡球或小铅球，由于锡和铅的熔点较低，当熔体发热至锡和铅的熔点以上时，锡或铅球熔化，渗透到铜或银线里，形成合金，在这些点处熔点大大降低，将首先熔断，形成电弧，从而使熔体总体熔化。这种方法称为冶金

效应法，亦称金属熔剂法。

　　用于户外配电线路的高压熔断器还有跌落式的。图3-18所示为其基本结构，通过固定安装板安装在线路中（有倾斜度）。上、下接线端接进出线，上静触头、上动触头构成打开后明显的断开点，下动触头套在下静触头内，并且可转动。

图3-18　跌落式高
压熔断器基本结构

1—上接线端；2—上静触头；3—上动触头；
4—管帽；5—操作环；6—熔断器；7—下
动触头；8—下静触头；9—下接线端；
10—固定安装板；11—绝缘子

　　熔管的动触头借助熔体张力拉紧后，推入上静触头内锁紧，成闭合状态，熔断器处于合闸位置。

　　当线路发生故障时，大电流使熔体熔断，熔管下端触头失去张力而转动下翻，使锁紧机构释放熔管，在触头弹力及熔管自重作用下回转跌落，造成明显的可见断口。

四、低压开关电器

　　低压开关是指电压在400V以下电路上的控制电器，在发电厂和变电所的低压配电装置中广泛应用。低压电器种类繁多，有闸刀开关、接触器、电磁启动器、自动空气开关等。

　　1. 闸刀开关

　　闸刀开关在构造上是最简单的一种手动操作电器，用来隔离电源，若配有灭弧罩且用杠杆操作时，也可接通或分断负荷电流，如图3-19所示。大电流型刀开关多带有弹簧机构，开断操作过程中，当手柄拉到一定位置时，弹簧迅速将刀板断开，以利于熄灭电弧。没有灭弧罩的刀开关，电弧的熄灭主要由拉长电弧和自然冷却电弧来熄灭。为了能在短路或过载时自动切断电路，刀开关必须与熔断器串联配合使用。

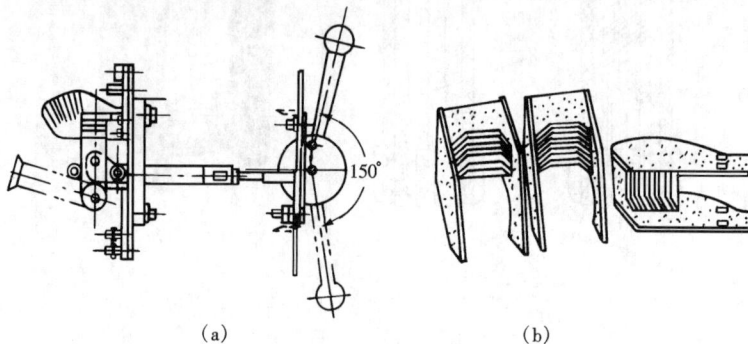

图3-19　闸刀开关
（a）外形结构；（b）灭弧罩外形

　　2. 接触器

　　接触器主要用于频繁的操作，种类繁多，有直流的、交流的，有单相的、三相的，其结构大同小异，主要是由吸持电磁铁、主触头、辅助触头和灭弧罩、外壳等部件组成，如图3-20所示。

　　当需要操作接触器合闸时，使电磁铁线圈通电，衔铁被吸向铁芯，使主触头闭合接通主电路，辅助触头也随之动作，其动作位置与主触头相对应。

当操作接触器跳闸时，电磁铁线圈断电，靠衔铁部分自身的重力或分闸弹簧力作用使主触头断开。主触头分断时产生的电弧受电磁力作用被拉入灭弧罩的金属栅内，电弧被分割成许多短弧而迅速地被熄灭。

接触器合闸线圈在额定电压的85%及以上时，能可靠地吸合，保证主触头在闭合状态。而当外加电压低于额定电压的70%时，因电磁吸合力不足，接触器将自动断开，所以接触器具有欠电压保护作用。

接触器除主触头外，还有若干副辅助触头。主触头闭合后，辅助常开触头也闭合，辅助常闭触头断开；主触头断开后，辅助常开触头也断开，辅助常闭触头闭合。接触器中的辅助触头主要用于电气控制。接触器和各种类型的控制电器配合使用时，可以实现装置的自动控制。

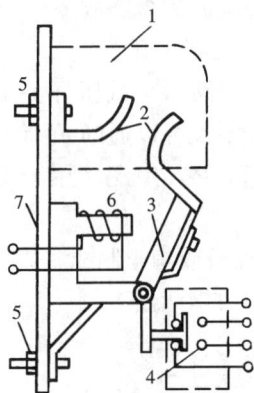

图 3-20　接触器的基本结构

1—灭弧罩；2—主触头；3—电磁铁衔铁；4—辅助
触头；5—接线螺栓；6—合闸线圈；7—支架

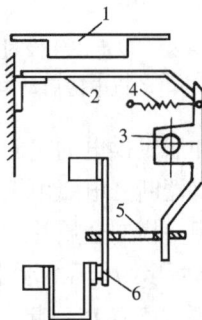

图 3-21　双金属片热继电器

1—发热元件；2—双金属片；3—扣板；
4—弹簧；5—绝缘拉板；6—控制触点

3. 电磁启动器

电磁启动器是电磁接触器和热继电器等组合而成的控制电器，它主要用于远距离控制三相鼠笼电动机的停止和启动，并且具有失压和过载保护的作用；通常与熔断器串接来实现短路保护。

（1）热继电器。热继电器是保护电动机长期过载的一种自动控制电器。它是利用电流通过电阻产生的热效应来切断电路的。热继电器采用的大都是双金属片式，如图 3-21 所示。

双金属片由两种不同热膨胀系数的金属片组成。当受热时，一边的金属膨胀较多，另一边较少，因此金属片弯曲而断开电路。因此热继电器的动作不但与所受热量有关，而且还与受热时间有关，具有反时间的特性。

（2）电动机正反转控制。依靠电磁启动器及其他控制电器可构成电动机的控制保护电路。图 3-22 所示为双重连锁及过载保护的电动机电磁启动电路。

合上电动机刀开关 QK，引入电源。FU 熔断器作为短路保护，热继电器 KR 对电动机作长期过负荷保护。接触器具有欠电压保护及失压（零压）保护作用。

要使电动机既能正转、又能反转，只需将电动机定子线圈接到电源的三相导线中的任意两个导线相序对调一下就行。电磁启动器由两个交流接触器和一个热继电器组成，其控制接线如图 3-22 所示。图中 SAP 为总控制按钮，控制电动机的启停。将正转按钮 SAF 的常闭

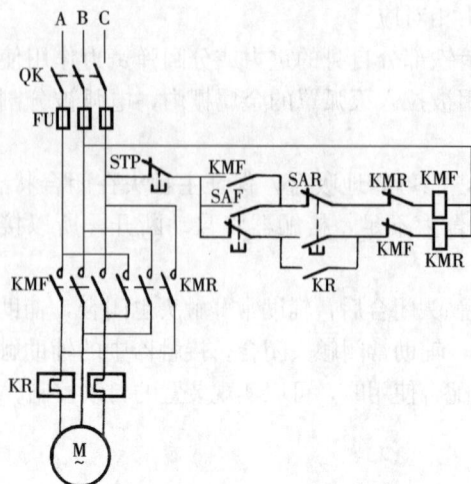

图 3 - 22　双重连锁及过载保护
的电动机电磁启动电路

触头串入反转控制电路中,而将反转按钮 SAR 的常闭触头串入正转控制电路,此种连接方式称为复式按钮机械连锁。图中虚线相连的为同一个按钮的两个不同的触头。为保证正转接触器 KMF 与反转接触器 KMR 的线圈不会同时通电,相应的 KMF 和 KMR 这两副常闭辅助触头分别串接于对方的控制电路中,称为连锁(或称互锁)触头。这种连接方式又称为电气连锁。控制电路基于上述连锁作用,既可直接按下正、反转按钮(不再使用停止按钮),又可以避免电源的短路故障。

4. 低压断路器

低压断路器是低压开关中性能最完善的一种开关,不仅可以通断负荷电流,而且能自动切断故障电路,广泛应用于工厂企业交直流低压配电系统和居民供电的主回路中。

低压断路器断开电弧由灭弧室完成。灭弧室由石棉板或陶土制成,以防止相间电弧造成短路。灭弧栅由横向金属片构成,以限制电弧火花喷出的距离。

图 3 - 23 所示为低压断路器合闸状态,主触头 1 和锁键 2 连在一起,锁键被搭扣 3 锁住,维持合闸状态。弹簧处于被拉长状态,搭扣 3 可以绕转轴 4 转动。

低压断路器的开合操作由电磁铁 14、16 以及搭扣 3 完成。当需要合上低压断路器时,给合闸电磁铁 16 通电,于是锁键 2 向右被拉动,由搭扣 3 将其扣住,保持合闸状态。当要打开低压断路器开断电路时,给分励脱扣器 14 通电,衔铁 9 向下转动,顶开搭扣 3,使锁键 2 在弹簧 6 的作用下向左运动,主触头断开电路,可以实现远距离的控制操作。

低压断路器还有各种保护控制功能,由各个脱扣器驱动杠杆顶开搭扣 3 来完成。这些脱扣器有:过电流脱扣器 7,当主电路中的电流超过某个定值时,低压断路器自动跳开;失压脱扣器 8,当电压低于某个值时使低压断路器迅速跳开;热脱扣器 12,双金属片结构,当过载持续一定时间后使低压断路器跳开。

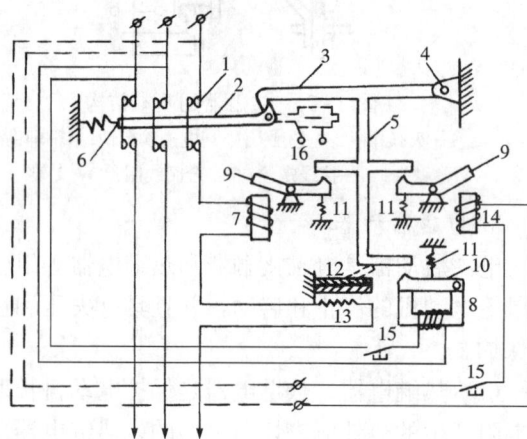

图 3 - 23　低压断路器原理图

1—触头;2—锁键;3—搭钩(代表自由脱扣机构);
4—转轴;5—杠杆;6—弹簧;7—过流脱扣器;
8—欠压脱扣器;9、10—衔铁;11—弹簧;
12—热脱扣器双金属片;13—加热电阻丝;
14—分励脱扣器(远距离切除);
15—按钮;16—合闸电磁铁

第六节　母　线、电　缆

母线用于连接电气设备和汇集分配电能。常用作母线的材料为铜和铝，铜的电阻率低、机械强度高、抗腐蚀性好，但价格较贵。铝的电阻率约为铜的 1.7～2 倍，但较轻且价格较低。因此，一般场合采用铝作为母线的材料，只有在大电流和有腐蚀性气体的屋外采用铜作母线。

硬母线的截面形式有多种，如矩形、槽形、管形等，如图 3-24 所示。一般电压不高、电流不大的配电装置中采用矩形母线；50MW 及以下的发电机出口回路采用单根或多根矩形母线；100MW 发电机电流较大，需采用槽形母线；当单机容量在 200MW 及以上时，由于电流很大，为满足减少

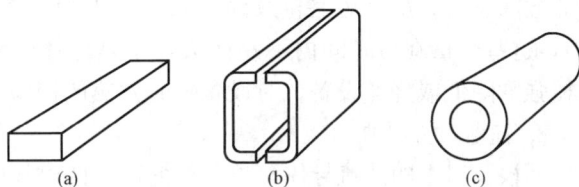

图 3-24　硬母线
(a) 矩形母线；(b) 槽形母线；(c) 管形母线

周围钢结构件涡流发热、抗短路时母线间巨大电动力的要求，需采用圆管形母线或封闭母线。

母线的散热面积和导体的几何形状有关。在截面积相同的条件下，圆柱形外表面最小，矩形、槽形外表面较大。管形母线内表面，只有开槽或强迫风（水）冷却时，才起散热作用。

电缆应满足额定电压、额定电流要求，电缆型号应符合使用条件和敷设环境的要求，如垂直高度、可能受到的拉力、阻燃等。

作 380V 配电线使用的电缆需考虑接地线与接零线，通常可采用五芯电缆。对于三相负荷有较大不平衡的供电情况，中性线需采用和三相线截面相同的电缆。

第七节　开关设备与导体的选择与使用

电力系统网络是由各种电气设备连接构成的，在运行中的各个电气设备的状态好坏决定电力网的可靠性和安全性。

尽管电力系统中各种电气设备的作用和工作要求并不一样，但是总体要求基本相同，即电压要求、温升要求、抗电动力要求等。

1. 电压要求

设备的电压要求就是该设备在运行时所承受的电压应该为额定电压。由于电网电压会因负荷变动或电压调整而高于电网的额定电压，因此对于电气设备要求其允许的最高工作电压不得低于所接电网的最高工作电压。

2. 温升要求

电力系统输送电能通过电气设备连成导电通路来实现。由于构成导电通路的导体本身都有电阻，当电流流过导体时，就会发热，其发热量与电流平方成正比，也与电阻成正比。为了保证导体可靠地工作，必须使其发热不得超过一定数值，此限值称为最

高允许温度。

　　导体的发热有长期发热和短时发热两种形态。

　　导体在正常工作状态下，长期工作电流引起发热使温度升高。提高导体长期允许电流的方法有：减小导体电阻采用小电阻率的导体，如铜、铝等；减小导体接触电阻，如接触面镀银、搪锡等；增加导体的截面积，则电阻可减小，但要注意，截面增大，集肤效应也增加；增大导体的散热面积；提高散热系数。

　　当电力系统中发生短路故障时，短路电流很大。短路电流流过故障设备本身和电源侧其他非故障设备，虽然短路持续时间很短，但由于短路电流很大，发热量仍然很多（包括磁路），这些热量在短时间内不易散去，于是导体的温度迅速上升，使设备的绝缘老化加剧、机械强度降低或烧坏设备。对设备短时发热的校验称为热稳定校验。

　　3. 抗电动力要求

　　两根及以上的载流导体，位于彼此产生的磁场中，就会受到磁场力的作用，这种力称为电动力。电力系统发生短路时，导体中通过很大的短路电流，就会产生巨大的电动力。如果导体的机械强度不够，遭受电动力的作用将会变形或损坏。

　　对设备导体进行抗电动力的校验称为动稳定校验。

　　电气主接线的配电装置是由各种电气设备连接而成，正确地选择电气设备是保证电网安全、经济运行的重要条件。在选择电气设备时，应根据工程实际情况，在保证安全、可靠的前提下，尽量采用新技术，并注意节约投资，选择合适的电气设备。

第八节　互　感　器

　　电力系统运行过程中，运行调度人员需要了解系统的运行情况，自动控制装置需要输入系统实际运行参数以便进行调节，继电保护装置需要实时数据以判别系统中是否发生了故障。电力系统是一个大容量能源转换及输送系统，常称为一次系统，运行电压从 0.4kV 直到 500kV 这样的高电压，电流也可达到几千安培，这样的高电压、大电流是不能直接接入到显示装置、控制调节装置和继电保护装置中去的。由显示、控制调节、继电保护装置构成的回路常称为二次系统。因此必须有一些中间联络元件，来完成把大的电气量转换成能够接受的小测量量的任务，互感器就是这样的联络元件。

　　目前大部分互感器应用变压器原理（即电磁感应原理）来变换电压和电流，这种互感器也称电磁式互感器，其容量都较小。根据所变换的信号不同，互感器可分为电压互感器和电流互感器两大类。

　　一次系统和二次系统间是通过互感器联络的，相应把大的电气量通过电—磁—电的转换变成小的电气量。由于有电磁转换，这样它就起到了一次高压与二次低压的电隔离作用。并且互感器二次绕组必须有一点接地，从而确保了运行人员和二次设备的安全。

　　随着电力系统的不断发展，输电电压等级的不断提高，电磁式互感器的结构型式将越来越复杂和笨重，造价也随之提高。因此，为适应大容量、超高压电力系统的需求，国内外不断地研制出新型的高压和超高压互感器。新型电流互感器主要是从高、低压的耦合上作了改进，其耦合方式可分为光电耦合式、无线电电磁波耦合式和电容耦合式。

1. 电压互感器

目前，电力系统中应用的电压互感器按其工作原理分为电磁式、电容式电压互感器两种。

（1）电磁式电压互感器。电磁式电压互感器是一种特种变压器，一次绕组并接于需采集电压量的高压回路上，其额定电压等于电网电压，电网的额定电压现已标准化，有 10、35、110、220、330、500kV 等。二次绕组接测量仪表、继电保护自动装置，从规范化起见，二次侧额定电压规定为 100V 或 100/$\sqrt{3}$ V。由此电网电压与二次侧额定电压之比即为电压互感器的变比，即

$$K_u = \frac{U_{1N}}{U_{2N}}$$

由于接入互感器二次绕组的设备的阻抗都很大，电压互感器二次回路中电流很小。正常运行时，电压互感器处于接近空载状态。由于处于空载状态，反映到高压侧的电流很小，电压互感器的一次绕组导线线径做得较细，匝数也多，一次绕组对外显示较大的阻抗。若电压互感器二次回路发生短路，将严重损坏电压互感器。因此，电压互感器二次侧是严禁短路的，我们采用熔断器作为电压互感器的保护。

（2）电压互感器的误差与准确级。由于电压互感器存在着励磁电流和内阻抗，使二次电压乘上变比后与一次电压的大小不相等，相位也出现偏移，即电压互感器测量结果出现了误差。通常把测量误差分为电压误差（比值差）和角误差（相角差）。

1）电压误差。电压误差为二次电压的测量值乘额定互感比所得一次电压的近似值 $K_u U_2$ 与实际一次电压值 U_1 之差，并与实际一次电压值 U_1 相比的百分数，即

$$f_u = \frac{K_u U_2 - U_1}{U_1} \times 100\%$$

2）角误差。角误差为二次电压相量与一次电压相量之间的夹角偏移。

影响电压互感器两种误差的运行工况是二次侧负荷大小（负荷越大，电流越大，误差越大）和一次电压 U_1 的值，即与正常工作条件有关。

3）电压互感器的准确级。电压互感器的准确级是在规定的一次电压和二次负荷的变化范围内，负荷功率因数为额定值时误差的最大限值。我国电压互感器的准确等级分为四级，即 0.2、0.5、1.0 级和 3 级。0.2 级用作实验室精密测量，0.5～1.0 级用于发电厂和变电所的显示仪表，3 级用于测量仪表和某些继电保护装置。

（3）电压互感器的额定容量。电压互感器的额定容量是指对应于最高准确级的容量，而误差随其负荷而改变。实际使用中，一般不应使负荷达到这个容量。电压互感器的实际二次负荷是指二次侧所接的测量仪表、继电保护装置等电压线圈所消耗的功率的总和，可以通过计算求得。因此，在选用电压互感器时，应使其二次侧实际负荷不超过额定容量，这样才能保证电压互感器相应的准确等级。

（4）电压互感器的分类和结构。电压互感器的结构型式种类很多，按不同方法可以进行如下的分类：

1）按安装地点，可分为户内式和户外式两种，如图 3 - 25、图 3 - 26 所示。35kV 及以下的电压互感器为户内式，35kV 以上都制成户外式。

2）按相数，可分为单相式和三相式。35kV 及以上的电压互感器都制成单相式，10kV

及以下通常制成三相式。

　　3）按绕组数目，可分为双绕组和多绕组电压互感器。多绕组电压互感器除一次绕组和基本的二次绕组外，还有辅助的第三、四绕组，供电网绝缘检测、同期检测等使用。

图 3-25　户内式电压互感器　　　　图 3-26　户外式电压互感器

　　（5）电压互感器的二次接线方式。电压互感器一次绕组的额定电压应与所接的实际电压相同，即接在相与地之间为相电压，接于线与线之间为线电压。二次绕组的额定电压结合其连接方式保证出口为 100V。由于测量目的可以不同，二次绕组的额定电压也各有不同。电压互感器二次侧所接的仪表设备均以并联的形式接入。

　　电压互感器接线方式按其不同的使用目的，通常有以下几种接线方式，如图 3-27 所示。

　　图 3-27（a）只采用一个单相电压互感器，称为单相接线，用于测量相间线电压，适用于中性点不直接接地系统，其一次绕组接于线与线之间，等于电网的额定电压，二次绕组电压为 100V。

　　图 3-27（b）仍只采用一个单相电压互感器，但其一次绕组接于相与地之间，即接入的是相对地电压，等于电网的相电压，适用于中性点直接接地系统。二次绕组电压仍为 100V，用于测量相对地电压。

　　图 3-27（c）所示为由两个单相电压互感器接成的 Vv 接线（又称为不完全星形接线），适用于中性点不直接接地系统，可省用一台单相互感器。由于电力系统运行的对称性，可测量各个相间线电压，但不能测量相对地电压。一次绕组接于线与线之间，等于电网的额定电压，二次绕组电压为 100V。

　　图 3-27（d）采用的是三相绕组装在一个三相三柱式的电压互感器内，结构上为三个铁芯，其一次绕组接于线与线之间，等于电网的额定电压；二次绕组电压为 100V，为星形接线，只用于测量三相线电压，不能用于监视单相接地情况。

　　图 3-27（e）为三相五柱式的电压互感器。由于采用五个铁芯，因此允许单相接地时的零序磁通通过，可以测量三相线电压和相电压，并且用于监视单相接地情况。这种型式的电压互感器用于 3～10kV 电网中，其一次绕组接于线与线之间，等于电网的额定电压，二次

绕组电压为100V，二次辅助开口三角形绕组额定电压为$U_{N3} = 100/3V$。

图3-27（f）由三个单相电压互感器组成，广泛用于35kV及以上电网中，可以测量三相线电压和相电压，并且用于监视单相接地情况。为了在系统中发生单相接地时，开口三角形两端电压为100V，所以，用于中性点不直接接地系统时，一次绕组额定电压为$U_{N1} = U_{NT}/\sqrt{3}$（中性点接地，但由于阻抗很大，不成为直接接地），二次主绕组额定电压为$U_{N2} = 100/\sqrt{3}$，二次辅助绕组额定电压为$U_{N3} = 100/3V$；用于中性点直接接地系统时，一次绕组额定电压为$U_{N1} = U_{NT}/\sqrt{3}$，二次主绕组额定电压为$U_{N2} = 100/\sqrt{3}V$，二次辅助绕组额定电压为$U_{N3} = 100V$。

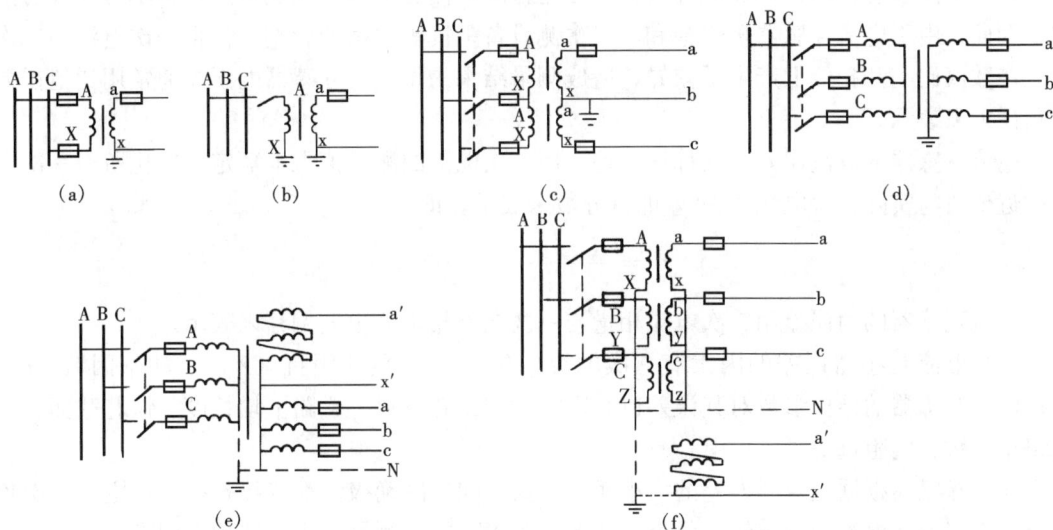

图3-27　电压互感器接线方式

（6）电容式电压互感器。电容式电压互感器是由若干个相同电容量的电容器串联组成的一个电容分压器，接在高压导线与地之间，每个电容器上的电压一般为千伏。则

$$U_C = \frac{U_{ph}}{n}$$

2. 电流互感器

（1）电流互感器的工作原理。电流互感器的工作原理和变压器相似。但其使用方法与变压器完全不同，电流互感器的一次绕组串联在一次电路内，并且匝数很少（贯穿式电流互感器将载流导体直接从中间穿过电流互感器，匝数只有1匝），一次绕组中的电流即是被测电路的电流，与二次侧无关。二次绕组与测量仪表或保护装置等元件串联，仪表和保护装置的电流线圈阻抗很小。在正常运行时，电流互感器二次侧处于近似短路状态，其额定电流规定为5A（1A或0.5A）（后者在弱电二次系统采用）。

电流互感器的额定一、二次电流之比称为电流互感器额定互感比，可用公式表示为

$$K_i = \frac{I_{N1}}{I_{N2}}$$

由于正常处于短路状态，二次侧电压接近零，但是，若由于引接线断线或人为的误操作使电流互感器二次侧开路，此时，由于一次、二次绕组的电磁关系，二次侧开口处将感应出

一个极高的电压，其值可达数千甚至上万伏（其值与电流互感器的额定互感比及开路时一次电流值有关），直接危害人身安全和破坏设备。因此，电流互感器的二次侧是绝对不允许开路的。相应规定：电流互感器的二次回路中不允许安装熔断器；更换仪表设备时，首先用一根导线（或专用短路压板）将接入仪表的两个端子短接，然后才能卸下仪表，保证电流互感器的二次回路不开断，同样，应先安装好仪表，再拆短接导线。

实际应用中，电流互感器一次绕组额定电流已标准化（如100、150A，…），二次电流统一为5A，所以电流互感器的变比也已标准化。选用时要求一次额定电流稍大于实际被测电流。

(2) 电流互感器的误差和准确级。实际运行的电流互感器二次侧接入设备不可能没有阻抗，因此，由于电流互感器短路饱和、二次侧设备阻抗等因素的影响，使得一次电流与二次电流在数值比上和相位上产生了差异，造成测量结果的误差。互感器的误差通常用比值误差和角误差来表示。

电流互感器的电流误差（又称比值差）用二次电流的测量值乘上额定互感比所得一次电流的近似值与实际一次电流 I_1 之差的百分数来表示，即

$$f_i = \frac{K_i I_2 - I_1}{I_1} \times 100\%$$

电流互感器的角误差用二次电流相量与一次电流相量的角度偏移来表示。

影响电流互感器误差的因素有一次电流（I_1）、二次负荷阻抗（Z_{2L}）、功率因数（φ_2）等；电流互感器的结构参数对其误差也有影响，如铁芯材料、磁路平均长度、铁芯截面、二次绕组匝数、内阻抗等。

电流互感器根据测量时误差的大小而划分为不同的准确级。准确级是指在规定的二次负荷范围内，一次电流为额定值时的最大误差。对于不同的测量仪表应选用不同准确级的电流互感器，例如：用于实验室精密测量仪表，应选用0.2级的电流互感器；用于发电机、变压器、厂用电及出线等回路中的电能表，应选用0.5级的电流互感器，测量用仪表如电流表应选用1级电流互感器等。用于继电保护的电流互感器（国家规定采用B级），在正常负荷范围内，其准确级要求不如用于测量的高，一般为3～10级，但在可能出现的短路电流范围内，互感器最大电流误差限值要求不超过−10%、角误差不超过70°。按一次电流倍数从电流互感器10%误差曲线上可查得允许接入的负荷阻抗 Z_{2L} 值，若实际接入的负荷阻抗小于该 Z_{2L} 值，则均能保证其误差不超过10%，所以电流互感器额定容量常用额定二次阻抗来表示。

(3) 电流互感器的二次接线方式。电流互感器的二次接线方式按其不同的使用目的，通常有三种接线方式，如图 3-28 所示。图 3-28（a）只采用一个电流互感器，称为单相接线，用于测量三相负荷对称时的一相电流；图 3-28（b）为星形接线，用于测量三相负荷电流并以此监视三相负荷的不对称情况；图 3-28（c）采用两个电流互感器，分别装在 A、C 两相中，这种接线称为不完全星形接线。在三相负荷对称或不对称系统中，只需取 A、C 两相电流时（如三相两元件功率表或电能表），便可以采用这种接线。采用这种接线时，通过公共导线上的电流表中的电流等于 A 相和 C 相两相电流的相量之和，即为 B 相的电流。

(4) 电磁式电流互感器的分类和结构。电流互感器有很多种结构型式，可根据不同的方

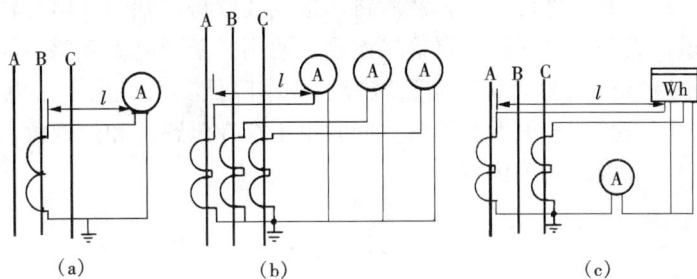

图 3-28   电流互感器与测量仪表接线图
(a) 单相接线;(b) 星形接线;(c) 不完全星形接线

法进行分类,有:

1) 根据安装地点,可分为户内式、户外式和装入式,如图 3-29 所示。10kV 及以下的配电装置多数采用干式或环氧树脂浇注的户内式电流互感器;35kV 及以上的配电装置中,一般均采用瓷套充油绝缘的户外式电流互感器;电压等级在 35kV 及以上的变压器或断路器的套管内装入的电流互感器,称为套管式或装入式。

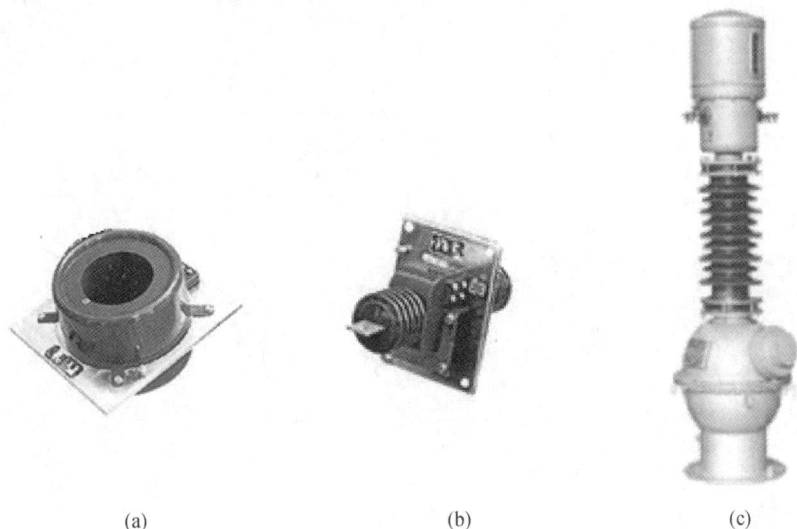

图 3-29   电流互感器
(a) 户内母线式电流互感器;(b) 户内穿墙式电流互感器;(c) 户外电流互感器

2) 根据电流互感器的安装方法,可以分为单匝式和多匝式。单匝式电流互感器一次绕组的结构可分为单根铜导体和母线导体两种、铁芯上绕有二次绕组。这种电流互感器结构简单、尺寸小、价格低、短路时电动稳定度高。但当一次电流较小时,这种结构的电流互感器测量误差较大。因此,额定电流在 600～1000A 以上的电流互感器,一般均制成单匝式。多匝式电流互感器的一次绕组由穿过铁芯的一些线匝制成,铁芯上绕有二次绕组。多匝式电流互感器按一次绕组结构,可分为线圈式、"8"字形和"U"字形三种。

3) 光电耦合式电流互感器的主要原理是利用材料的磁光效应或电光效应,将电流变化转换成光信号，经过光通道进行传送，然后再由接收装置将接到的光信号转变成电信号，并经过放大环节，供仪表和继电保护装置等二次设备使用。新型电流互感器高低压间没有电磁耦合的联系，使绝缘结构大为简化，质量减轻、成本降低。由于采用了电光转换的耦合方式，在测量过程中不需要消耗很大的能量，同时也不存在磁路饱和的现象，因此具有测量范围宽、测量速度快、准确度高等优点。

第十二章　发电厂、变电所的一次系统

发电厂（变电所）中由发电机、变压器、开关设备、母线、输电线路等用于产生电能、输送电能、分配电能的设备组成的系统称为一次系统。

第一节　发电厂、变电所电气主接线

电气主接线是发电厂、变电所中传递电能的通路，连接方式对电力系统的安全、可靠、经济运行等起着决定性的作用。主接线的基本形式图（即模拟图）是由发电机、主变压器、母线、断路器、隔离开关、线路等一次设备的图形符号和连接导线所表示电能生产流程的电路图，在发电厂、变电所中都有挂壁式的模拟屏，在运行监视用的计算机屏幕上也显示电气主接线。通过它可以了解各种电气设备的作用和当前运行状态等。由于电力系统正常运行时三相电是对称的，可以用一相来描述其运行状况，因此，电气主接线图一般采用单线图来表示。当发生不对称故障时，可用单线图上的点来表示故障，另外辅以故障类型的显示。

主接线的基本形式，通常可分为有母线（简称母线）的接线和无母线的接线两大类。有母线主接线有单母线、单母线分段、双母线、增设旁路母线、3/2 接线等；无母线主接线有桥形接线、发电机—变压器单元接线、变压器—线路单元接线、多角形接线等。

1. 具有母线的主接线

发电厂和变电所主接线的基本环节是电源（发电机或变压器）和引出线。母线（又称汇流排）是主接线中连接各个基本环节的中间环节，在进出线很多的情况下，为便于电能的汇集和分配，考虑到进出线安装的方便，因此，通常进出线具有四个回路以上时，应设置母线。

（1）单母线接线。图 3 - 30 所示的这种接线在有母线接线中是最简单的。其特点是电源和引出线回路都接于同一组母线上，每个回路上都装有断路器和隔离开关，如 QF1、QS1、…。对隔离开关来说，一个回路中靠近母线的称为母线隔离开关，如图 3 - 30 中的 QS1、QS2、QS3、QS4、QS5；靠近线路侧的隔离开关称为出线隔离开关，如 QS6、QS7、QS8。由于隔离开关不具备灭弧能力，在运行操作时，必须严格遵守操作规程，保证隔离开关在无电流或等电位状态下进行操作，不能用作有电流回路开合的操作电器使用。例如，出线 1 停运时，可首先断开 QF3，再打开出线侧隔离开关 QS6，最后打开母线侧隔离开关 QS3。

单母线接线的主要优点是接线简单，清晰；需用的电气设备少；建造费用低；操作方便，便于扩建和采用成套配电装置。

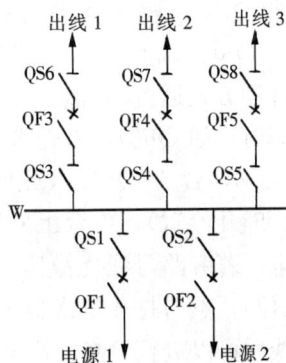

图 3 - 30　单母线接线

　　单母线接线存在下列缺点：母线或母线隔离开关检修时，连接在母线上的所有回路必须全部停止工作；母线或母线隔离开关上发生短路故障时，所有电源回路的断路器在继电保护作用下都将自动跳闸，使整个配电装置在修复期间停止工作。由此可知，单母线接线的工作可靠性和运行灵活性都比较差，无法满足重要用户对供电的要求。故这种接线一般只适用于一台发电机或一台主变压器或出线回路不多的小容量发电厂和变电所中。

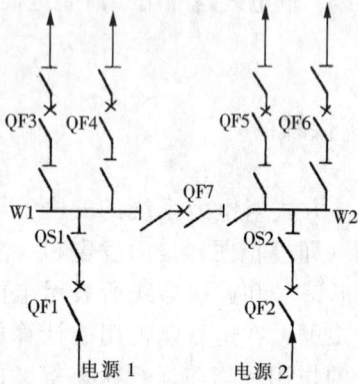

图 3-31　单母线分段接线

　　(2) 单母线分段接线。用断路器分段的单母线接线如图 3-31 所示。图中，QF7 为母线分段断路器。正常运行时，两个分段分别由两个电源供电，对于重要用户用两回线供电，可以从不同分段引出两个回路。母线分段断路器根据系统要求可以使两分段母线并列运行或分列运行。两分段母线并列常用于 110kV 及以上系统，当一分段母线发生故障时，母线分段断路器和连接在故障分段上的电源回路断路器由继电保护装置动作自动跳闸，以保证另一分段母线正常工作和重要用户不间断供电。这种方式可靠性较高，但短路电流较大，继电保护较复杂。10、35kV 供配电常采用分段母线分列运行，短路电流较小，继电保护配置简单。当某一分段母线失去电压（母线故障或失去电源）时，由备用电源自动装置使该分段电源侧断路器跳闸，并投入分段断路器一次，恢复停电母线的电压。若确是母线故障，则分段断路器将再次跳闸。单母线分段接线的段数，主要取决于电源数目和容量。段数分得越多，在某种意义上，故障时停电范围越小。但是，设备投资费用相应增多，运行维护工作量也相应增加，所以通常分为 2～3 段。

　　单母线分段接线的主要缺点是当一段母线或母线隔离开关故障或检修时，该段母线所连接的回路都在检修期间内停电；任一回路的断路器检修时，该回路将中断供电。

　　(3) 带旁路母线的单母线分段接线，如图 3-32 所示。除工作母线 W1、W2 外，增设一组旁路母线 W3。QF7 为 W1、W2 段的分段断路器兼作公用旁路断路器。QS5、QS6、QS11、QS12、QS15、…为旁路隔离开关。正常运行时，旁路母线不带电，分段断路器 QF7 及隔离开关 QS5、QS6 闭合，QS11、QS12、QS15、…均断开，以单母线分段并列方式运行。当某一出线的断路器需要检修时（如 QF3），首先将 QF7 断开，后断开 QS6，合上 QS12（此时 QS6、QS11 均处于断开位置），再合上 QF7，给旁路母

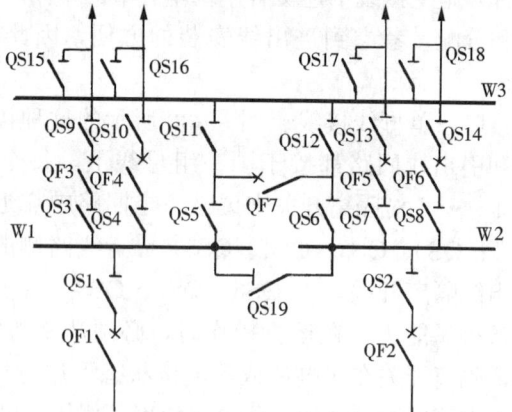

图 3-32　带旁路母线的单母线分段接线

线充电。若旁路母线无故障，则成功接至 W1 段母线，此时可以合上旁路隔离开关 QS15（等电位），然后打开断路器（QF3），再打开 QF3 两侧隔离开关 QS3、QS9，在 QF3 两侧挂接地线后可以进行检修。这里是分段断路器代替了出线断路器使用，保证该线路在断路器检修时不停电。这种接线方式，对某些重要用户，在进出线回路数不多的变电所内，具有足够

的可靠性和灵活性，因此在容量不大的中、小型发电厂和电压等级为 10～35kV 的变电所中，得到了广泛的应用。

（4）双母线接线。双母线接线中，设置两组母线，每个回路经断路器和两组隔离开关分别接到两组母线上，并通过母线联络断路器将两组母线连接起来，构成了双母线接线方式，习惯称为正母线、副母线，如图 3-33 所示。

在正常运行时，把电源和出线回路合理地分配在两组母线上，并通过母线联络断路器使两组母线并联运行（也可根据系统需要打开分列运行）。各回路连接在对应母线上的隔离开关是闭合的，而连接另一母线的隔离开关是断开的。当任一母线上发生故障时，母线联络断路器和连接在该组母线上的电源回路的断路器通过保护装置迅速断开，然后再把接在故障母线上的所有回路倒换到另一组母线上，使其迅速地恢复工作。双母线接线的主要优点是：检修任一组母线时，不会中断向用户的供电；检修任意回路的母线侧隔离开关时，只须开断该条

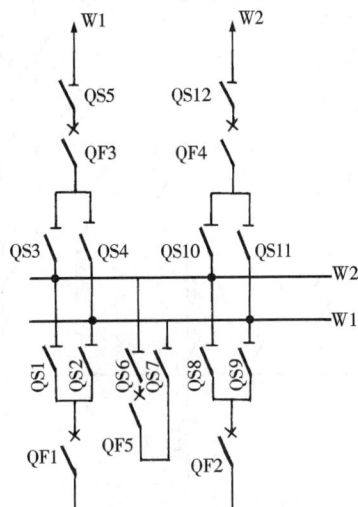

图 3-33　双母线接线

回路两侧的相关元件，因此该回路仅仅在检修期间停电；当某段母线发生故障时，可将其回路切换到另一母线上，从而迅速恢复正常工作，但需短暂停电；检修任意工作回路的断路器时，可利用母联断路器加临时跨接线来替代，而不致使该回路供电长期中断。因此，双母线接线具有较高的可靠性和灵活性；此外，还具有便于扩建等优越性。我国大容量、重要的发电厂和变电所中，110～220kV 高压配电装置接线大多采用双母线接线。

运行中变更主接线方式的操作叫倒闸操作。双母线接线在运行中最重要的操作是切换母线操作。下面以检修 W1 母线为例（设 QS1、QS3、QS9、QS11、母联断路器 QF5 和两侧隔离开关 QS7、QS6 为断开位置），说明其倒闸操作的步骤。如图 3-33 所示，母线 W1 进行检修时，必须首先将 W1 母线上的全部电源和引出线回路切换到母线 W2 上，此操作称为倒母线。倒母线时，应先合上母联断路器 QF5 两侧隔离开关 QS6、QS7，后接通母线联络断路器 QF5，使两段母线等电位。运行人员可按规定的操作程序先接通 W2 母线侧的隔离开关 QS1、QS3，后断开 W1 母线侧隔离开关 QS2、QS4，依次切换完毕。最后将母线联络断路器 QF5 断开，并断开两侧隔离开关 QS7、QS6，这样母线 W1 退出运行。

双母线接线的主要缺点：①这种接线在倒换母线操作过程中，须使用隔离开关按等电位原则进行切换操作，因此，在事故情况下，当操作人员情绪紧张时，很容易造成错误操作。例如，由于操作顺序错误、不符合等电位原则时，将造成带负荷拉隔离开关，引起重大事故；某段母线发生故障时，必须倒换母线，此时，整个配电装置要短时停电。②这种接线使用的母线隔离开关数目较多，使整个配电装置结构复杂，占地面积和投资费用也相应增大。为了克服双母线接线存在的上述缺点，在实用中可以采取如下补救措施：为了避免在倒闸操作过程中的误操作，要求隔离开关和对应的断路器间装设闭锁装置（机械闭锁或电气闭锁），同时要求运行人员必须严格执行操作规程，以防止带负荷开、合隔离开关，避免事故的发生。

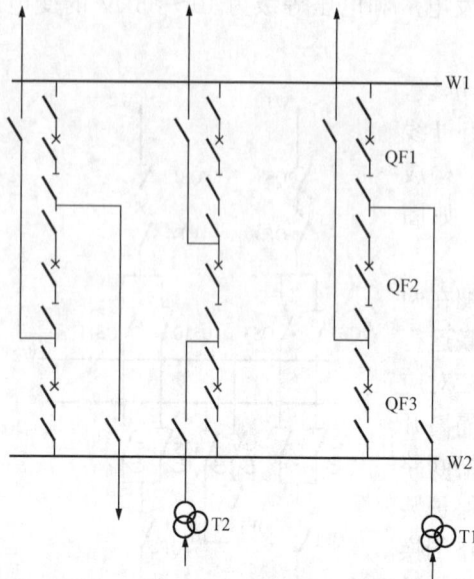

图 3-34 一个半断路器接线

（5）3/2 断路器接线。3/2 断路器接线方式中 2 条母线之间 3 个断路器串联，形成一串，在一串中从相邻的 2 个断路器之间引出元件，即 3 个断路器供两个元件，中间断路器作为共用，相当于每个元件用 1.5 个断路器，因此也称为一个半断路器接线，如图 3-34 所示。在 3/2 断路器接线的一串中，接于母线的 2 台断路器（如 QF1、QF3）称为边断路器，中间的断路器（如 QF2）称为中间断路器或联络断路器。

1）主要运行方式：

①正常运行方式。两组母线和同一串的三个断路器都投入工作，称为完整串运行，形成多环路状供电，具有很高的可靠性。其特点是：任一母线故障或检修，均不至于停电；任一断路器检修也不引起停电；甚至于两组母线同时故障（或一组母线检修，另一组母线故障）的极端情况下，功率仍能继续输送。

②线路停电、断路器合环的运行方式。线路停电时，考虑到供电的可靠性，常常将检修线路的断路器合上，检修线路的隔离开关拉开。

③断路器检修时的运行方式。任何一台断路器检修，可以将两侧隔离开关拉开；一串中任何一台断路器退出或检修时，这种运行方式称为不完整串运行，此时，仍不影响任何一个元件的运行。这种接线运行方便、操作简单，隔离开关只在检修时作为隔离电器。

④母线检修时的运行方式。断开母线断路器及其两侧隔离开关。这种方式相当于单母线允许，运行可靠性低，所以应尽量地缩短单母线运行时间。

2）3/2 断路器主接线的优缺点：

①优点：供电可靠性高；每一回路有两台断路器供电，发生母线故障或断路器故障时不会导致出线停电；运行调度灵活；正常运行时两组母线和所有断路器都投入工作，从而形成多环路供电方式；倒闸操作方便。隔离开关一般仅作检修用，检修断路器时，直接操作即可。检修母线时，二次回路不需要切换。

②缺点：二次接线复杂；特别是电流互感器配置比较多；在重叠区故障，保护动作繁杂；再者，与双母线相比，运行经验还不够丰富。

2. 无母线的主接线

单母线接线和双母线接线中所采用的断路器数目相对来说是比较多的，配电装置的投资也比较大。因此在满足主接线的基本要求条件下，当出线数目不多时，可以优先采用以下几种无母线的主接线形式。

（1）桥形接线。桥形接线是单母线分段接线的一种变形接线方式。图 3-35 所示为内桥和外桥接线。这种接线只适用于两台变压器和两条线路的配电装置中。

1）内桥接线，如图 3-35（a）所示。这种接线的特点是作为桥断路器 QF3 接在近变压器一侧，变压器高压侧仅由隔离开关与桥相连。两台断路器 QF1 和 QF2 分别接在靠近线路

W1、W2 侧，因而线路的投入和切除比较方便。当线路 W1 发生故障或需要检修时，仅需断开该线路断路器 QF1 即可，而不影响其他回路的正常运行。但是当某一台变压器（如 T1）发生故障时，需断开与变压器相连的两台断路器 QF1 和 QF3，使未受到故障的线路也要短时退出工作，待变压器高压侧隔离开关打开后方能再投入。同时，内桥接线在投入和切除变压器时，操作也比较复杂。因此，当线路较长、变压器不需要经常切换时，采用内桥接线才是比较合理的。

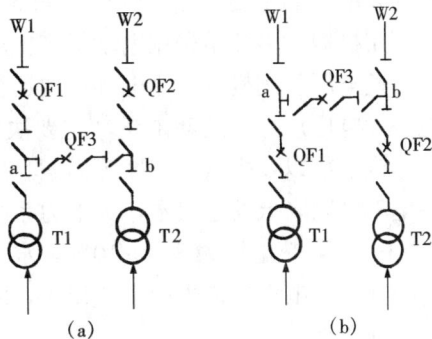

图 3-35 桥形接线
(a) 内桥接线；(b) 外桥接线

2）外桥接线，图 3-35（b）所示。这种接线的特点是桥断路器 QF3 接在线路侧。显然这对变压器的切换是比较方便的，且不影响其他回路的正常工作。但是，当线路 W1 发生故障时，与该线路相关的两台断路器 QF1 和 QF3 都要断开，这就影响了变压器 T1 的正常运行。但是变压器（如 T1）故障时，仅需断开该回路断路器 QF1 即可，不会影响其他回路的正常运行。因此，当线路较短，而变压器需要经常切换或考虑系统有穿越功率流经本厂（所）高压侧时，采用外桥接线是比较合理的。由于这种接线布局简单，具有一定的工作可靠性和灵活性，使用断路器比较少，费用低，又可以作为初期工程的一种过渡接线方式，因此，目前它在我国 35～220kV 的配电装置中（尤其在变电所内）得到较多应用。

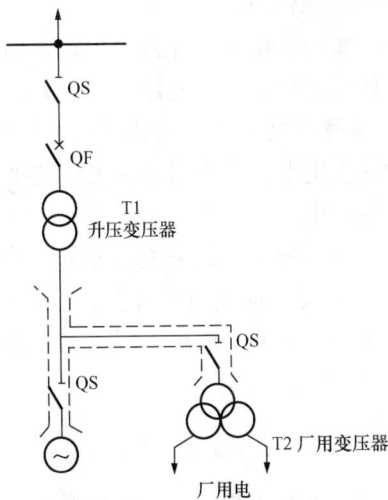

图 3-36 单元接线

（2）单元接线。单元接线特点是几个主要电气元件直接单独串联连接（如变压器、发电机、线路），发电机出口无断路器，其间无任何向外部供电回路（发电厂可以从发电机端引出厂用电回路）。

随着电力工业的不断发展，发电机单机容量不断增大，供电可靠性要求也越来越高，因此，电气主接线接线方式要求简单、可靠，对没有地区负荷直接供电的大容量机组，如 200MW 及以上机组，广泛采用了发电机—变压器单元接线。图 3-36 所示为发电机与双绕组变压器直接连接为一个单元组，经断路器接至高压电网，向系统输送电能。发电机出口支接厂用分支。对于大容量发电机组，为了减少发电机检修和试验时的工作量，发电机出口一般加装隔离开关。

单元接线简单清晰、操作简便。这种接线对限制低压侧短路电流效果显著，开关设备投资减少，并简化了继电保护。

第二节 发电厂、变电所自用电

一、发电厂厂用电概述

现代火力发电厂和水力发电厂的生产过程完全是机械化和自动化的，因此需要许多辅助设备为发电厂的主要设备（锅炉、汽轮机或水轮机、发电机）服务，这些设备称为厂用机械。厂用机械大多数是采用电动机来拖动的。火力发电厂中所采用的厂用机械比水力发电厂的多。发电厂厂用机械的用电和厂内运行操作、试验、修配、照明用电，统称为厂用电或自用电。发电厂厂用电的耗电量，主要决定于发电厂的类型、采用燃料的种类及锅炉燃烧方式、蒸汽参数以及机械化程度等因素。厂用电率是发电厂运行经济性的重要指标之一，降低厂用电率可以降低发电成本，为电力系统提供更多的电能。一般凝汽式火力发电厂厂用电率为 5%～8%，热电厂为 8%～10%，水力发电厂为 0.3%～2.0%。

根据厂用电设备在生产中的作用，以及供电对人身和设备安全的影响，可以将厂用负荷分为下列四类：

（1）Ⅰ类负荷。这类负荷短时停电（含手动操作恢复电源所需的时间）会造成设备损坏、危及人身安全、发电厂被迫停机、停炉等严重后果，如给水泵、凝结水泵、吸风机、水轮发电机组的调速、润滑油泵等设备。这类重要负荷通常配备两套设备，互为备用，并具有两个独立电源分别供电，当一组设备失去电源后，另一组设备由备用电源自动投入而继续工作。

（2）Ⅱ类负荷。这类负荷如较长时间停电（几秒至几分钟），有可能造成设备损坏或影响机组正常运行，如火力发电厂中的工业水泵、疏水泵、灰浆泵、输煤设备以及电动阀门、化学水处理等设备。因此，对于这类负荷可以考虑由两个电源供电，如采用两个分段厂用母线供电，并可以通过手动切换操作来实现继续供电。

（3）Ⅲ类负荷。这类负荷长时间停电不会直接影响生产，如中央修配厂、油处理室、试验室等用电设备。因此，对于第Ⅲ类负荷一般只考虑由一个电源供电。

（4）事故保安负荷。事故保安负荷可分为三类：①允许短时停电的交流保安负荷，如汽轮机盘车电动机和顶轴油泵；②不允许间断供电的负荷，如计算机系统、程序控制装置、机组的保护连锁装置；③直流保安负荷，如发电机组的直流润滑油泵、蓄电池的浮充装置等。为了满足保安负荷供电的要求，对大容量机组应设置事故保安电源。通常事故保安负荷由蓄电池组、柴油发电机组、燃汽轮机组或可靠的外部独立电源供电。

对于不同类型的发电厂，厂用电的重要性也同样有较大的差异。总的来说，要求厂用电源具有安全可靠、运行经济、检修方便和操作灵活等特点，才能适应发电厂在正常、事故、检修等各种情况下的供电要求。而要实现上述供电要求，在很大程度上取决于厂用电源的取得方式和厂用电的接线方式以及继电保护和自动装置的正确配合。

二、发电厂的厂用电接线

1. 发电厂厂用电电压等级

现代发电厂的厂用电，一般都由主发电机通过厂用变压器或电抗器经电缆线路供电。所以厂用电系统电压等级要根据发电机额定电压、厂用电动机的额定电压和厂用电网络的运行可靠性等方面的因素，经技术经济比较后确定。

发电厂中的厂用电动机容量相差很大，从几千瓦到几兆瓦，因而采用一个厂用电电压等级是不能满足要求的，必须根据所拖动设备的功率以及电动机的生产情况来选择电压等级。运行经验表明，容量在 75kW 以下的电动机，电压宜采用 380V 等级；100～200kW 的电动机，电压采用 6kV 等级，1000kW 以上的电动机，电压采用 10kV 等级。

2. 厂用电源及其接线方式

根据可靠性、经济性与取得方式的要求，厂用工作电源应不少于两个。厂用高压工作电源可由主发电机端经厂用高压变压器（或经电抗器）取得电源。这种接线方式可靠性高，重要电动机的自启动也有保证，操作简便，调度方便，投资和运行费用都较低。为了提高运行可靠性，发电机出线至厂用分支均采用分相封闭母线，因而在厂用高压分支线上可以不装设断路器，但应设有可拆连接点，以方便检修和调试。380/220V 低压厂用工作电源一般由高压厂用母线经厂用变压器引接，供给厂用低压动力设备、交流操作电源、照明及其他负荷用电。

（1）厂用电母线分段。在火力发电厂中，锅炉的辅助设备多、用电量大，高压厂用电母线总是按锅炉的台数进行分段。凡同一台锅炉的厂用电动机，都接在同一段母线上，该分段由相应的机组来供电。与锅炉同组的汽轮机的厂用电动机，通常也接在该段母线上。对于重要辅助设备（如循环水泵、凝结水泵）一般配用两套，其中一套设备纯备用，故允许分别接在不同分段上。

（2）厂用电备用电源及其引接。厂用备用电源是作为厂用工作电源事故失电时的后备电源，故又称为事故备用电源。因此，要求备用电源具有供电独立性、一定的可靠性和足够的供电容量。厂用电备用电源接线方式如图 3-37 所示。

（3）启动电源。启动电源是指在厂用工作电源完全失去的情况下，保证机组快速启动时向重要辅助设备供电的电源。容量为 200MW 及以上的大型机组，需要考虑电厂首次启动和全厂停运后的启动电源。启动电源可以从高压主母线上引接启动变压器并兼作备用变压器。

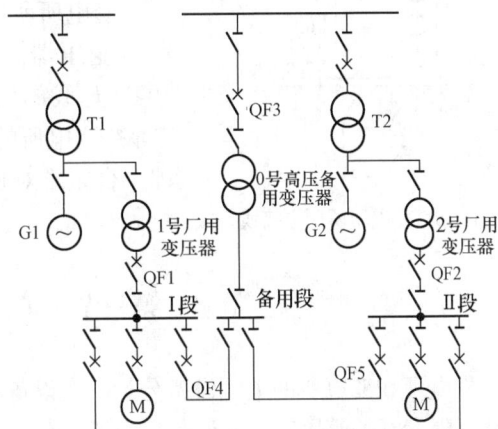

图 3-37　厂用电备用电源接线方式

（4）事故保安电源。200MW 及以上大容量汽轮发电机组，当电网发生事故或其他原因致使火力发电厂厂用电源、厂用备用电源长时间停电时，为了确保在事故状态下能使机组安全停机，事故消失后能迅速有效地恢复供电，发电厂中应设置事故保安电源，以满足事故保安负荷的连续供电。目前在发电厂中，通常采用下列几种类型的事故保安电源：

1）蓄电池组。在发电厂中，蓄电池是独立而可靠的保安电源之一，它不仅作为全厂操作、信号、保护及直流负荷电源，而且在事故情况下，能承担的直流保安负荷约为装置额定容量的 30%～50%，如润滑油泵、氢密封油泵、事故照明等。

2）柴油发电机组。在发电厂中，普遍采用专用的柴油发电机组作为交流事故保安电源。柴油发电机组与汽轮发电机组成对应性配置。一般 200MW 机组，两台机组配置一套柴油发电机组。300MW 及以上的汽轮发电机组，每台机组配置一套柴油发电机组。保安母线段上的经常负荷由本机组厂用工作电源供电。当失去厂用电源时，断路器自动跳闸。经延时确认后柴油发电机组自启动，当电压和频率达到额定值时，柴油发电机组出口主断路器 QF 自动合上，并连锁断路器自投。

3）引接可取的外部独立电源（或称第二个电源）。从不同电压等级的电力系统引进独立的专用线路，作为紧急事故备用保安电源。即使发电厂长时间停电，仍可从系统中取得可取的供电电源。

三、变电所的所用电及其接线

变电所的所用电负荷主要是：变压器的冷却装置，蓄电池的充电设备，整流操作电源，采暖通风、断路器油的加热设备，照明、检修车间用电及供水泵等。对中、小型变电所来说，所用电的总负荷一般为 20kV·A，通常采用一台所用变压器，且多接成 Yyn0，从 10kV 降压为 380/220V 的三相四线制供电。对于大、中型区域性变电所，特别是装有调相机的变电所，所用电负荷较大，重要的所用电负荷也会有所增加，其所用电负荷可达到 315～560kV·A，且对可靠性要求高，这样的变电所应设两台所用变压器，并要求由两个独立电源供电。

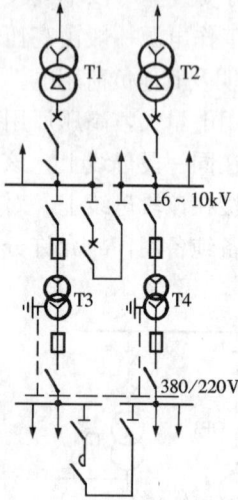

变电所所用电接线方式如图 3-38 所示，接线方式为两台所用变压器。T1、T2 分别为变电所的两台主变压器，在 10kV 母线的两个分段（A、B 段）接两台所用变压器（T3、T4）。变电所的两台所用变压器一般都采用明备用方式运行，即一台正常对负荷供电，另一台备用，并装设备用电源自动投入装置。当工作电源失去时，备用电源自动投入。

图 3-38　变电所所用电接线方式

第三节　直　流　系　统

发电厂和变电所的电气设备分为一次设备和二次设备两类。发电机、变压器、电动机、断路器、隔离开关等属于一次设备。为了安全、经济地发、供电，需对一次设备进行测量、操作和保护，因而需装设辅助设备，如各种测量仪表、控制开关、信号器具、继电器等。这些辅助设备称作二次设备。二次设备互相连接而成的电路叫做二次回路。向二次回路中的控制、信号、继电保护和自动装置供电的电源称作操作电源。操作电源一般采用直流电。

1. 整流装置

为保证对电厂、变电所的控制、信号、继电保护、自动装置等负荷（简称控制负荷），直流油泵等负荷供电，以及保持对蓄电池的充电，均需设置整流装置，把交流电转换成直流电。

2. 蓄电池及交流不停电电源装置

为了在厂（所）用的交流电源失去的情况下，仍然能够为控制、信号、继电保护、自动装置、直流油泵以及直流事故照明等负荷供电，电厂、变电所相应配置蓄电池，其中一组电压为 220V，专供动力负荷及直流事故照明负荷；另一组电压为 110V，为控制负荷专用。蓄电池是一种独立可靠的直流电源，在发电厂和变电所内发生任何事故时，即使在交流电源全部停电的情况下，也能保证直流系统的用电设备可靠而连续地工作。另外，不论如何复杂的继电保护装置、自动装置和任何型式的断路器，在其进行远距离操作时，均可用蓄电池的直流电作为操作电源。因此，蓄电池组在发电厂中不仅是操作电源，也是事故照明和一些直流自用机械的备用电源。

由于在交流主电源失去后仍有重要的负荷需要交流电供电，例如计算机，因此根据要求配置相当容量的交流不停电电源装置（UPS），结合蓄电池，把直流再逆变为交流供负荷使用。

3. 直流系统接线

发电厂、变电所的直流系统一般采用单母线接线。图 3-39 所示为 220V 直流系统接线（110V 直流系统类似）。

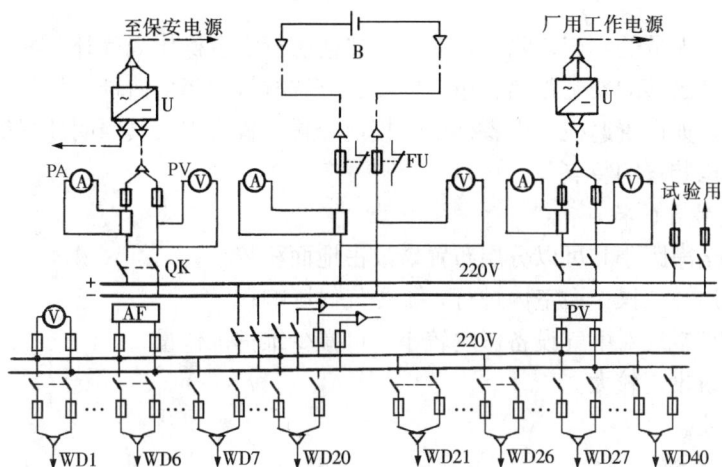

图 3-39　220V 直流系统接线

B—蓄电池组；U—可控硅整流装置；FU—熔断器；PV—绝缘电压监视装置；
AF—闪光装置；QK—开关；PV—电压表；PA—电流表；WD—直流馈线

正常运行时，直流系统由厂用工作母线提供电源，供操作、蓄电池充电使用。当交流电源失去时，蓄电池提供操作电源及保安电源。

直流正负母线正常运行时对地是绝缘的，通过绝缘电压监视装置进行监视。若发生一极接地则应立刻处理，不允许长期运行，因为当同一极的另一点再接地，可能造成继电保护及控制装置误动作，若发生另一极再接地，会造成直流系统短路。

第四节　配　电　装　置

配电装置是发电厂和变电所中用以接受和分配电能的电气装置。它是根据主接线的接线方式，由开关设备、母线、保护测量电器及其必要的辅助设备组合而成的。

一、配电装置的形式

配电装置按其电气设备的安装地点，可分为户内式和户外式两种；按其组装的方式，又可分为装配式和成套式配电装置。电气设备在现场组装的，称为装配式配电装置；所谓成套式，就是由制造厂根据主接线的要求，把每条回路中的电气设备如断路器、隔离开关、互感器等装配在半封闭或全封闭的金属柜中，构成各单元回路柜，称为成套配电装置。

根据我国多年来的运行实践，大、中型发电厂和变电所中，6～35kV 一般采用户内配电装置；110kV 及以上多为屋外配电装置。但在 110～220kV 装置中，当有特殊要求（如战备或变电所深入城市中心）或处于严重污秽地区（如海边或化工区）时，经过技术经济比较，也可以采用屋内配电装置。

二、对配电装置的基本要求

（1）配电装置的设计、建造必须贯彻执行国家基本建设方针，在满足技术条件下，因地制宜，经济合理，便于施工、安装和扩建，便于检修、巡视维护和操作。

（2）保证运行的可靠性。按照系统和自然条件，首先应当正确选择设备，使选用的设备具有合理的参数。其次，应加强维护、检修、预防性试验以及其他运行操作的安全措施，并且符合防火要求。

（3）保证工作人员的安全，除工作人员要严格执行安全操作规程外，配电装置的布置也应力求整齐、具有足够的安全距离、布置紧凑、节省材料和降低造价。另外，还须采取完善的安全用电措施，如设置遮栏、设备标记、接地装置、警告牌及其照明装置等。

三、各种配电装置的特点

1. 屋内配电装置的特点

（1）允许安全净距小和可以分层布置，故占地面积较小；

（2）维修、巡视和操作在室内进行，不受气候影响；

（3）外界污秽空气对电气设备影响较小，可减少维护工作量；

（4）房屋建筑投资较大。

（5）安装方便。

2. 屋外配电装置的特点

（1）土建工程量和费用较小，建设周期短；

（2）扩建比较方便；

（3）相邻设备之间距离较大，便于带电作业；

（4）占地面积大；

（5）室外设备运行条件差，须加强绝缘。对设备维修和操作均受到影响。

3. 成套配电装置的特点

（1）电气设备布置在封闭或半封闭的金属外壳中，相间和对地距离可以缩小，结构紧凑，占地面积小；

（2）所有电器元件已在工厂组装成一整体，大大减小现场安装工作量，有利于缩短建设周期，也便于扩建和搬迁；

（3）运行可靠性高，维护方便；

（4）耗用钢材较多，造价较高。

四、屋内外配电装置的安全净距

配电装置的结构尺寸，是综合考虑设备外形尺寸、检修和运输的安全距离等因素决定的。对于敞露在空气中的配电装置，在各种间隔距离中，最基本的是带电部分对接地部分之间和不同相带电部分之间的空间最小安全净距。在这一距离下，无论为正常最高工作电压或出现内外过电压时，都不致使空气间隙击穿。其他电气距离，是在基本的安全净距值的基础上再考虑一些实际因素决定的。有关安全净距值可查阅技术规程和设计手册。

五、屋内外配电装置的结构

屋内外配电装置的结构，除与电气主接线及所采用的电气设备型式（如电压等级、母线容量、断路器型式、出线回路数和方式、有无出线电抗器等）有密切关系外，还与施工、检修条件、运行经验有关。随着新设备和新技术的采用，运行、检修经验的不断丰富，配电装置的结构和型式也将会不断地发展。

为了表示整个配电装置的结构，以及其中设备的布置和安装，常用平面图、断面图和配置图三种图。

平面图是按比例画出房屋及其间隔、走廊和出口等处的平面布置轮廓。平面图上的间隔只是为了确定间隔数及排列，所以可不表示出所装电器。

断面图是表明配电装置所取断面间隔中各设备的相互连接及具体布置的结构图。

配置图是一种示意图，是按一定方式根据实际情况示意出配电装置的房屋走廊、间隔以及电器和载流导体在各间隔内布置的轮廓。它不按比例画出，故不表示实际安装情况。配置图便于了解整个配电装置设备的内容和布置，以便统计所用设备。

在进行电气设备配置时，应注意以下各点：

(1) 同一回路的电器和导体应布置在一个间隔内，以保证检修安全和限制故障范围；

(2) 尽量将电源布置在一段母线的中部，使母线截面通过较小电流；

(3) 较重的设备布置在下层（如变压器、电抗器），以减轻楼板的荷重并便于安装；

(4) 充分利用间隔的位置；

(5) 布置对称，便于操作，容易扩建。

1. 成套配电装置布置的若干问题

成套配电装置是制造厂成套供应的设备。同一回路的开关电器、测量仪表、保护电器和辅助设备都装配在全封闭或半封闭的金属柜内。制造厂生产出各种不同电路的开关柜或标准元件，设计时可按主接线选择相应电路的开关柜或元件，组成一套配电装置。

成套配电装置分为低压配电屏（或开关柜）、高压开关柜和 SF_6 全封闭组合电器三类。按安装地点不同，又分为屋内式和屋外式。低压配电屏只做成屋内式；高压开关柜有屋内式、屋外式两种，由于屋外有防水、锈蚀问题，故目前大量使用的是屋内式；SF_6 全封闭电器也因屋外气候条件差，电压在 330kV 以下时大都布置在屋内。

开关柜布置在中间、两面有走廊的叫做独立式的配电装置。配电装置只有一排布置的称单列布置，分二排布置的称双列布置。如果用电缆出线，则开关柜靠墙布置，称为靠墙式配电装置。

(1) 低压配电屏。我们常称呼用于 0.4kV 配电的成套设备为低压配电屏。为了节省空间、维修保养方便，成套设备往往按开关容量大小做成规格大小不等的抽屉，结构紧凑，根据尺寸可组合在若干个配电屏内。低压抽屉式配电屏如图 3-40 所示。

由于各个抽屉为一定的规格，因此可以按照需要进行组合。在某个单元需要检修更换时，可以用另一个相同规格的设备（抽屉）进行替换，减少了对用户的停电时间。

(2) 高压开关柜。高压开关目前普遍采用

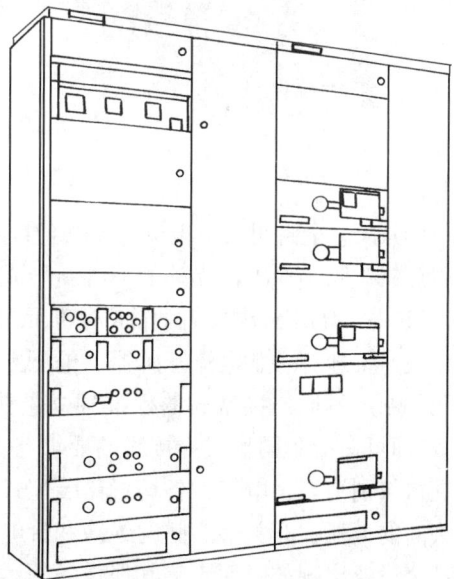

图 3-40　低压抽屉式配电屏

真空断路器,三相三个断路器组装在一个开关柜内。图 3-41 所示为一台高压开关柜的横断面。

1) 手车室。为了检修方便,断路器安装在一个手车上,需要时可方便地拉出。

2) 仪表继电器室。测量仪表、信号继电器和继电保护用的面板装在小室的仪表门上,小室内有继电器、端子排、熔断器和电表。

3) 主母线室。位于开关柜的后上部,室内装有母线和隔离静触头。母线为封闭式,不易积灰和短路,故可靠性高。

4) 出线室。位于柜后部下方,室内装有出线侧静隔离触头、电流互感器、引出电缆(或硬母线)等。

5) 小母线室。在柜顶的前部设有小母线室,室内装有小母线和接线座。

由于手车式结构具有良好的互换性,可缩短用户停电时间、检修方便,并能防尘和防止小动物侵入造成的短路,运行可靠、维护工作量小,故在发电厂、变电所的 3～35kV 配电装置中得到广泛的使用。

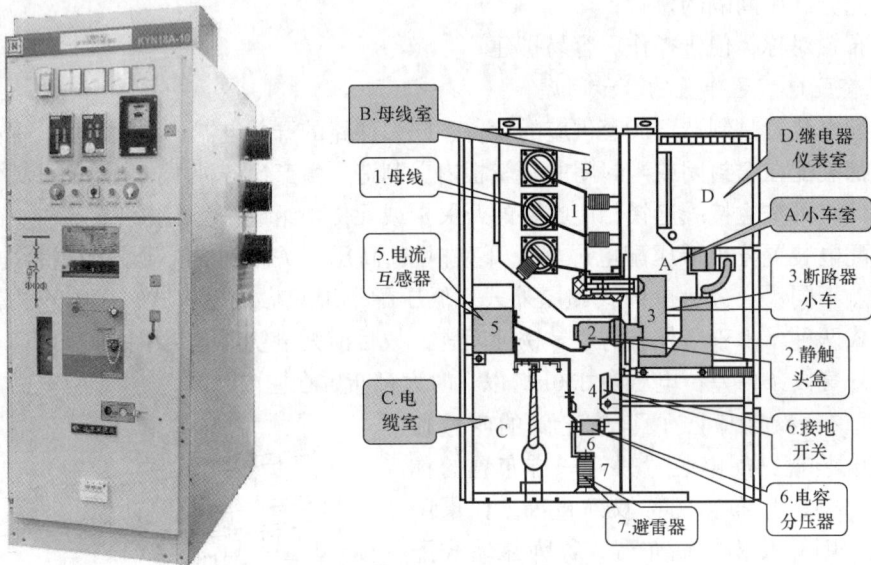

图 3-41　手车式高压开关柜

(3) SF6 全封闭组合电器。SF6 全封闭组合电器是以 SF6 气体作为绝缘和灭弧介质,以优质环氧树脂绝缘子作支撑的一种新型成套高压电器,如图 3-42 所示。

SF6 全封闭组合电器制作成标准元件:母线、隔离开关、负荷开关、断路器、接地开关、快速接地开关、电流互感器、电压互感器、避雷器和电缆终端(或出线套管)等。上述各元件制成不同连接型式的标准独立结构,再辅以一些过渡元件(如弯头、三通、伸缩节等),即可适应不同形式主接线的要求,组合成成套配电装置。近年来 SF6 全封闭组合电器发展得特别快,把电气设备均置于装配式的容器内,容器内充满六氟化硫气体,用于断路器触头间的灭弧、开关触头间的绝缘和带电部分的对地绝缘。各容器间用隔板相互隔离,以减少某个设备出现故障而影响其他设备的运行。

图 3-43 所示为双母线 SF6 全封闭组合电器配电装置的断面图。为了便于支撑和检修,

母线布置在下部，断路器（双断口）水平布置在上部，出线采用电缆。整个回路按照电路顺序，成Ⅱ型布置，使装置结构紧凑。母线采用三相共箱式（即三相母线封闭在公共外壳内），其余元件均采用分箱式。盆式绝缘子用于支撑带电导体和将装置分隔成不漏气的隔离室。隔离室具有便于监视、便于发现故障点、限制故障范围以及检修或扩建时减少停电范围的作用。在两组母线汇合处设有伸缩节，以减少由温差和安装误差引起的附加应力。另外，装置外壳上还设有检查孔、窥视孔和防爆盘等设备。

由图 3-43 可见，当去掉伸缩节及其左边部分时，装置变为单母线结构。

SF_6 全封闭组合电器与常规的配电装置相比，有以下优点：

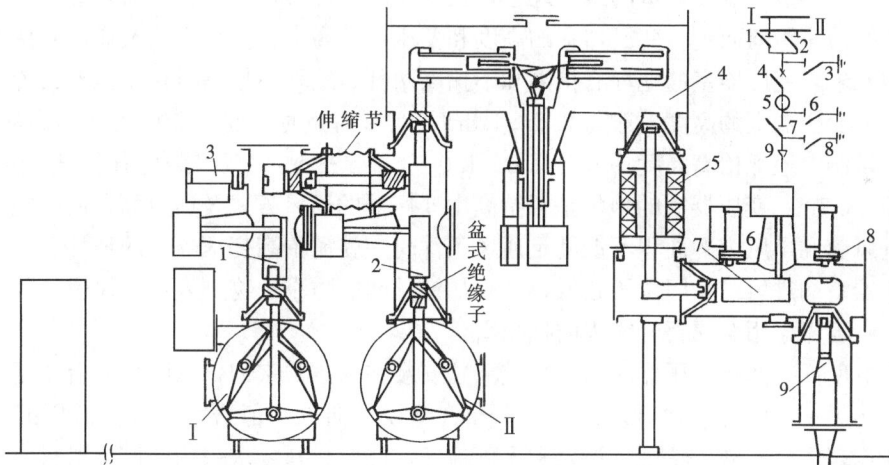

图 3-42 SF_6 全封闭组合电器

1）大量节省配电装置所占地面和空间。全封闭组合电器占用空间与敞开式的配电装置相比，可近似估算为 $10/U_N$（U_N 为额定电压，kV），电压愈高，效果愈显著。

图 3-43 双母线 SF_6 全封闭组合电器配电装置的断面图

Ⅰ、Ⅱ—母线；4—断路器；1、2、7—隔离开关；3、6、8—接地开关；
9—电缆出线；5—电流互感器

2）运行可靠性高。SF_6 全封闭组合电器由于带电部分封闭在金属外壳中，故不会因污秽、潮湿、各种恶劣气候和小动物而造成接地和短路事故。SF_6 为不燃的惰性气体，不会发生火灾，一般不会发生爆炸事故。

3）土建和安装工作量小，建设速度快。

4）检修周期长，维护工作量小，一般可以运行 10 年或切断额定开断电流 15～30 次或正常开断 1500 次。

5）由于金属外壳的屏蔽作用，减少了短路时导体所承受的电动力，运行人员也不会偶然触及带电导体。

6）抗震性能好。

其缺点是：

1）SF_6全封闭组合电器对材料性能、加工精度和装配工艺要求极高，工件上的任何毛刺、油污、金属屑粒和纤维都会造成电场不均匀，使SF_6气体抗电强度大大下降。

2）需要专门的SF_6气体系统和压力监视装置，且对SF_6的纯度和水分都有严格的要求。

3）金属消耗量大，造价较高。

2. 屋内配电装置布置的若干问题

（1）配电装置室布置。通道和出口的布置应便于设备操作、检修和搬运，故需设置必要的通道。用来维护和搬运各种电气设备的通道，称为维护通道；通道内可进行断路器小车替换等操作，称为操作通道；仅和防爆小室相通的通道，称为防爆通道。

为了保证工作人员的安全及工作便利，不同长度的屋内配电装置室，应有一定数目的出口。当长度大于7m时，应有两个出口（最好设在两端）；当长度大于60m时，在中部适当的地方宜再增加一个出口。配电装置室的门应向外开，并装弹簧锁，相邻配电装置室之间如有门时，应能向两个方向开启。

（2）变压器室。变压器室的最小尺寸，根据变压器外形尺寸和变压器外廓至变压器室四壁应保持的最小距离而定。变压器室的高度和变压器的高度、运行方式及通风条件有关。根据通风的要求，变压器室的地坪有抬高和不抬高两种。地坪不抬高时，变压器放置在混凝土的地面上，变压器室的高度一般为3.5～4.8m；地坪抬高时，变压器放置在抬高的地坪上，下面是进风洞，地坪抬高高度一般有0.8、1.0、1.2m三种，变压器室高度一般亦相应地增加为4.8～5.7m。变压器室的地坪是否抬高由变压器的通风方式及通风面积所确定。当变压器室的进风窗和出风窗的面积不能满足通风条件时，就需抬高变压器室的地坪。

变压器室的进风窗，因位置较低，必须加铁丝网以防小动物进入；出风窗，因位置高于变压器，则要考虑用金属百叶窗来防挡雨雪。

当变电所内有两台变压器时，一般应单独安装在变压器室内，以防止一台变压器发生火灾时，影响另一台的正常运行。变压器室允许开设通向电工值班室或高、低压配电室的小门，以便运行人员巡视，特别是严寒和多雨地区，此门材料要求采用非燃烧材料。对单个油箱油重超过1000kg的变压器，其下面需设储油池或挡油墙，以免发生火灾时，使灾情扩大。

变压器室大门的大小一般按变压器外廓尺寸再加0.5m计算，当一扇门的宽度大于1.5m时，应在大门上开设小门，以便日常维护巡视之用。另外，变压器室应避免大门朝西。

3. 屋外配电装置布置的若干问题

根据电气设备和母线布置的高度，屋外配电装置可分为中型、半高型和高型等类型。

中型配电装置的所有电器都安装在同一水平面内，并装在一定高度的基础上，使带电部分对地保持必要的高度，以便工作人员能在地面活动；中型配电装里母线所在水平面稍高于电器所在的水平面。

高型和半高型配电装置的母线和电器分别装在几个不同高度的水平面上，并重叠布置。凡是将一组母线与另一组母线重叠布置的，称为高型配电装置。如果仅将母线与断路器、电流互感器等重叠布置，则称为半高型配电装置。

（1）母线及构架。屋外配电装置的母线有软母线和硬母线两种。软母线为钢芯铝绞线、软管母线和分裂导线，三相呈水平布置，用悬式绝缘子悬挂在母线构架上。软母线可选用较大的档距，但档距愈大，导线弧垂也越大，因而导线相间及对地距离就要增加，母线及跨越线构架的宽度和高度均需要加大。硬母线常用的有矩形的、管形的和分裂管形的。矩形硬母线用于 35kV 及以下的配电装置中。管形硬母线则用于 60kV 及以上的配电装置中，一般采用柱式绝缘子，安装在支柱上，由于硬母线弧垂小且无拉力，故不需另设高大的构架；管形母线不会摇摆，相间距离即可缩小，与剪刀式隔离开关配合可以节省占地面积。

中型屋外配电装置（软母线）在设计中应保证有关尺寸在多数情况下满足最小安全净距的要求。例如：母线和进出线的相间距离以及导线到构架的距离，是按在过电压或最大工作电压的情况下，并在风力和短路电动力的作用下导线发生非同步摆动时最大弧垂处应保持的最小安全净距而决定的，另外，还考虑到带电检修的可能性。

（2）电力变压器。变压器基础一般作成双梁并铺以铁轨，轨距等于变压器的滚轮中心距。为了防止变压器发生事故时，燃油流散使事故扩大，单个油箱油量大的变压器，按照防火要求，设置储油池或挡油墙，其尺寸应比设备外廓大 1m，储油池内一般铺设厚度不小于 0.25m 的卵石层。

主变压器与建筑物的距离不应小于 1.25m，且距变压器 5m 以内的建筑物，在变压器总高度以下及外廓两侧各 3m 的范围内，不应有门窗和通风孔。当变压器油重超过 2500kg 以上时，两台变压器之间的防火净距不应小于 5～10m，如布置有困难，应设防火墙。

（3）电器设备的布置。按照断路器在配电装置中所占据的位置，可分为单列、双列和三列布置。断路器的各种排列方式，必须根据主接线、场地地形条件、总体布置和出线方向等多种因素合理选择。

真空（或 SF_6）断路器有低式和高式两种布置。低式布置的断路器放在 0.5～1m 的混凝土基础上，其优点是检修较方便，抗震性能好，但低式布置必须设置围栏，因而影响通道的畅通。一般在中小型配电装置中，断路器多采用高式布置，即把断路器安装在约高 2m 的混凝土基础上。

隔离开关和电流、电压互感器等均采用高式布置，其支架高度的要求与断路器相同。

避雷器也有高式和低式两种布置。110kV 及以上的阀型避雷器由于器身细长，多落地安装在 0.4m 的基础上。磁吹避雷器及 35kV 避雷器形体矮小，稳定度较好，一般采用高式布置。

（4）电缆沟和道路。屋外配电装置中电缆沟的布置，应使电缆所走的路径最短。电缆沟按其布置方向，可分为纵向和横向电缆沟。一般横向电缆沟布置在断路器和隔离开关之间，大型变电所的纵向（即主干）电缆沟，因电缆数量较多，一般分为两路。

为了运输设备和消防的需要，应在主要设备旁铺设行车道路。大、中型变电所内一般均应铺设宽 3m 的环形道路，车道上空及两侧带电裸导体应与运输设备保持足够的安全净距。同时应设置 0.8～1m 的巡视小道，以便运行人员巡视。其中，电缆沟盖可作为部分巡视小道。

（5）中型配电装置的实例。图 3-44 所示为双列布置的中型配电装置。该配电装置是单母线分段、出线带旁路、分段断路器兼作旁路断路器的接线。

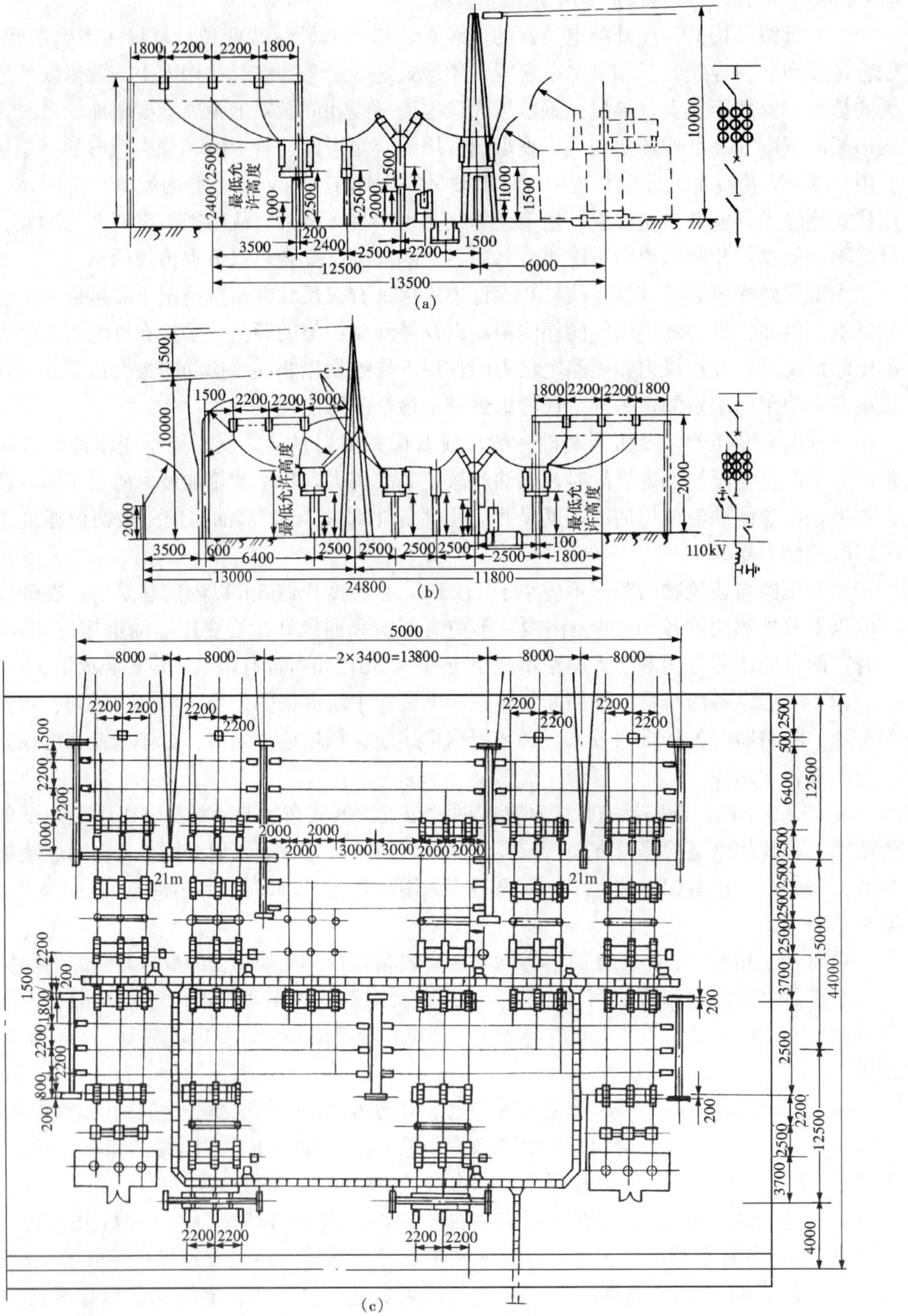

图 3-44 户外中型配电装置

(a) 变压器间隔断面图；(b) 出线间隔断面图；(c) 平面图

由图 3 - 44（a）、（b）可见，母线采用钢芯铝绞线，用悬式绝缘子串悬挂在由环形断面钢筋混凝土杆和钢材焊成的三角形断面横梁上，间隔宽度为 8m。所有电气设备都安装在地面的支架上，出线回路由旁路母线的上方引出，各净距数值如图 3 - 44（b）所示，括号中的数值对应中性点不接地的电力网。变压器回路的断路器布置在母线的另一侧，距离旁路母线较远，变压器回路利用旁路母线较困难，所以，这种配电装置只有出线回路带旁路母线。

第五节　过电压保护与接地保护

一、过电压保护

正常运行中的电力系统，由于雷击、倒闸操作、故障或电力系统参数配合不当等原因，会使电力系统中某些部分的电压突然升高，成倍超过其额定电压，这种电压升高的现象称为电力系统过电压。由于直击雷或雷电感应而引起的过电压称为大气过电压或外部过电压。这种过电压持续时间很短，具有脉冲特性，雷电冲击电流和冲击电压的幅值都很大，所以破坏性大。由于电力系统内部操作或故障而引起的过电压称为内部过电压，内部过电压持续时间较长，过电压的幅值和瞬时功率比外部过电压来得小，但它同样具有较大的破坏性。外部过电压和内部过电压由于产生的原因不同，变化的特性不同，因而所采用的防护方法也不完全相同。

1. 大气过电压

（1）雷电过电压的形成。密集于大地上空的云，若带有大量的负电荷和正电荷，则称为雷云。雷电对大地的放电是造成雷害事故的主要因素。雷电的极性是按从雷云流入大地电荷的符号决定的。实测表明，不论地质情况如何，90% 左右是负极性雷。负极性雷通常可分为三个主要阶段，即先导放电、主放电和余辉放电。当雷云中电荷聚集中心的电场强度达到 25～30kV/cm 时，雷云就会开始击穿空气向大地放电，形成一个导电的空气通道，称为先导放电。先导放电延续时间约几个毫秒。先导放电的通道分布着密集的电荷，当先导放电接近地面时，将转变为大地对雷云的主放电过程。在主放电过程中，通道突然产生明亮闪光和巨大的雷鸣。沿主放电通道流过幅值很大（最大可达几百千安）的雷电流，延续时间为近百微秒。主放电过程造成雷电放电的最大破坏后果。主放电完成后，雷云中剩余电荷沿着雷电通道继续流向大地，称为余辉放电，时间为 0.03～0.15s，但电流较小，约几百安培。

雷击的最大电流和最大陡度是造成被击物体上的过电压、电动力和爆破力的主要因素。而余辉放电过程中流过较长时间的电流，则是造成雷电热效应的一个重要因素。

（2）直击雷过电压和感应雷过电压：

1）直击雷过电压。直击雷是指直接击中电气设备上的雷电，被击电气设备上产生很大的过电压，损坏电气设备或送电线路的绝缘。为防止直击雷，变电所和送电线路网常采用避雷针或避雷线作为直击雷保护。

2）感应雷过电压。在电气设备附近发生对地雷击时，电气设备上有可能感应出很高的电压，其幅值可达 500～600kV，它对电气设备绝缘的破坏性很大。所以感应过电压对 35kV 以下的送电线路和电气设备威胁是很大的，常因感应雷而引起事故。

（3）防雷设备：

1）避雷针与避雷线。避雷针与避雷线是防止直接雷击的设备，由金属制成，并配有良好的接地装置，装设在高于被保护电气设备或建筑物附近，其主要是将雷吸引到自身，使雷

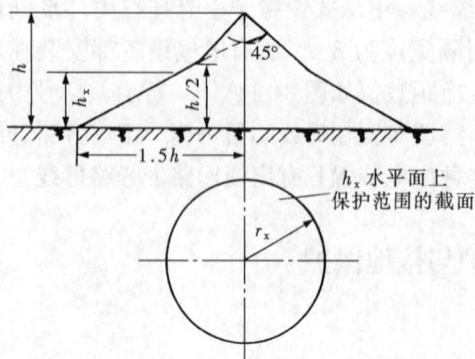

h_x 水平面上
保护范围的截面

图 3-45　单支避雷针保护范围

电流导入地中，保护电气设备及建筑物免遭雷击。

①单支避雷针。其保护范围如图 3-45 所示。

②双支等高避雷针。其保护范围如图 3-46 所示。

③避雷线。主要用来保护输电线路，它由悬挂在被保护物上方的钢绞线、接地引下线和接地体三个主要部分组成。

单根避雷线的保护范围如图 3-47 所示。由避雷线向两侧作与垂直面为 25° 的斜面，即构成保护范围的上部空间；在 $h/2$ 处转折（k 为避雷线高度），与地面上离避雷线水平距离为 h 的直线相连的平面，构成了保护范围的下部空间，总体保护范围近似一个屋脊形空间，被保护物必须处于该保护空间之内。

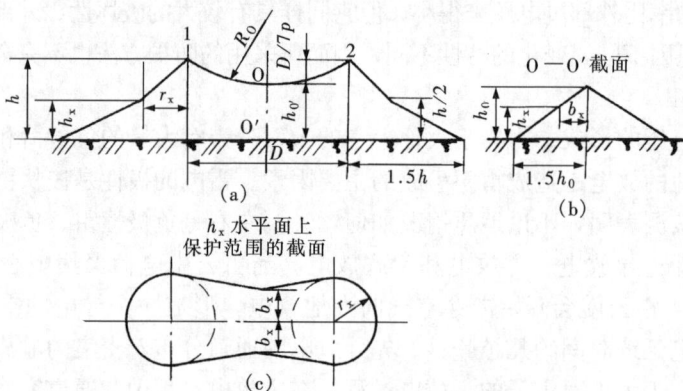

h_x 水平面上
保护范围的截面

图 3-46　双支等高避雷针保护范围

电力系统中采用两根平行的等高避雷线可以保护 110kV 及以上的高压输电线路、变电所或某些建筑物，其保护范围如图 3-48 所示。

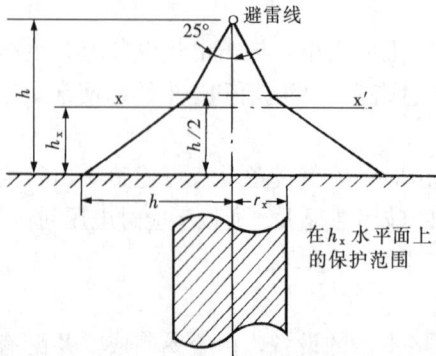

在 h_x 水平面上
的保护范围

图 3-47　单根避雷线保护范围

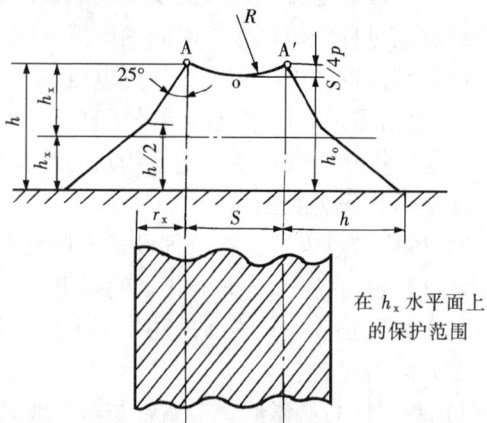

在 h_x 水平面上
的保护范围

图 3-48　两根平行等高避雷线的保护范围

对于 110kV 及以上的架空输电线路，一般在全线装设避雷线（又称架空地线）；35kV 架空线路只在进变电所的 1～2km 线路上装设避雷线；10kV 架空线路的电杆较低，遭受雷击的几率甚小，而且绝缘子的耐压能力较高，所以一般不设避雷线。

在实际应用中，对于建筑物防雷保护，通常采用金属网络，经引下线接至接地体，还可以与建筑物的钢筋焊接在一起，以减小接地电阻。避雷网不仅可防护直击雷，还能起防护雷电感应的作用。

2）保护间隙和避雷器。电力系统内，通常采用保护间隙或避雷器等防雷保护设备与被保护的电气设备并联连接，用来保护电气设备免遭入侵雷电波损坏。

①保护间隙。它由两个金属电极（即主间隙和辅助间隙）组成，其结构形式通常采用角型保护间隙，如图 3-49 所示。保护间隙与被保护设备并联，当雷电波入侵时，间隙先于被保护设备击穿，从而保护了被保护设备。

②阀型避雷器。阀型避雷器由放电间隙和阀片（非线性电阻）两个基本元件串联组成，全部装在密封的瓷套内。瓷套上端用引线与电网导线（或母线）相连，下端经引线接地，其结构原理图如图 3-50（b）所示。

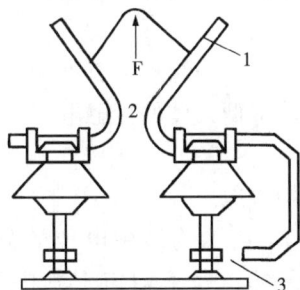

图 3-49 角型保护间隙

1—φ6～φ12mm 的圆钢；2—主间隙；

3—辅助间隙；F—电弧运动方向

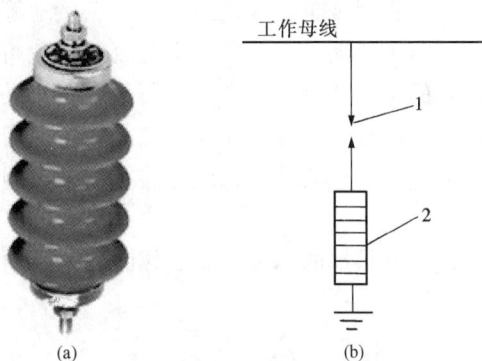

图 3-50 阀型避雷器

（a）外形；（b）结构原理

1—间隙；2—电阻阀片

在电力系统正常工作时，间隙将电阻阀片与工作母线隔离，避免由母线的工作电压在电阻阀片中产生的电流使阀片烧坏。当系统中出现过电压且其幅值超过间隙放电电压时，间隙击穿，冲击电流通过阀片流入大地。由于阀片具有非线性特性，在阀片上的压降与电流成反比，作用在被保护设备上的电压低于其耐受电压，使设备得到保护。当过电压消失后，间隙中由于工作电压产生的工频电弧电流（称为工频续流）仍将继续流过避雷器，此续流受阀片电阻的非线性特性所限制（电流小，阀片电阻就大），远较冲击电流为小，使间隙在工频续流第一次经过零值时将电弧熄灭。

目前我国生产的普通型阀型避雷器有 FZ 和 FS 系列两种。FZ 系列避雷器比 FS 系列的保护性能好，多用作发电厂、变电所电气设备的防雷保护。FS 系列避雷器用在配电线路上作为配电设备的防雷保护。

2. 内部过电压

电力系统的内部过电压是由于系统参数发生变化形成能量转换时的振荡引起的。例如，当系统内开关操作、故障或其他原因，电力系统将由一种稳定状态过渡到另一种稳定状态，在暂态过程中，由于系统内部电磁能量的转换振荡，在某些设备上，甚至在整个系统中出现很高的电压，称为操作过电压。又如当系统的电感、电容参数配合不当，开关操作时，出现各种持续时间很长的谐振形成强烈的振荡及其电压升高，称为谐振过电压。

上述两种形式的内部过电压，其幅值可高达 $3\sim4$ 倍相电压，常常会造成电气设备的损坏，引起事故。因此，必须采取相应的措施限制内部过电压的幅值，以保证电力系统安全运行。

电力系统中产生的内部过电压种类很多，如开合空载长线、开合空载变压器，由于铁芯元件磁路饱和产生的铁磁谐振过电压等。基于这些内部过电压产生的物理过程不完全相同，因此防护和限制这些内部过电压的措施也不完全相同。

二、接地保护

在电力系统中，为了工作和安全的需要，常常须将电力系统及其电气设备的某些部分与大地相连接，这就是接地。根据接地的具体目的可分为如下三种接地：

（1）工作接地。为了保证电力系统正常运行或事故情况下能够可靠地工作，有利于快速切除故障而采用的接地，称为工作接地。例如，发电机和变压器的中性点接地、电压互感器用于测量是否出现单相接地而把中性点接地等。

（2）防雷接地。为了导泄雷电流，避免雷电危害的接地，如避雷针、避雷线和避雷器等防雷设备的接地装置。防雷接地还兼有防止操作过电压的作用。

（3）保护接地。为确保人身安全，将一切正常不带电而由于绝缘损坏有可能带电的金属部分（电气设备金属外壳、配电装置的金属构架等）接地，降低人体的接触电压，称为保护接地。

上述三种接地的基本概念是相同的，下面主要介绍保护接地。

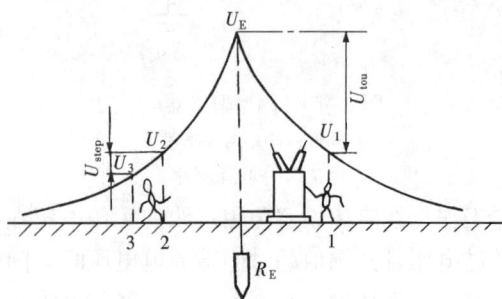

图 3-51　地中电位分布曲线

图 3-51 所示为地中电位的分布曲线。与地面齐平的、处于均匀土壤中的接地电极，若周围土壤电阻率是均匀稳定的，电流经接地电极流入大地时，将以半球形均匀地向外流散。当电流为定值时，接地体周围地表面的电位与距电极的距离成双曲线函数关系。当距电极距离 $r>20\text{m}$ 时，该处地表的电位基本为零。

当人在这个区域内行走时，两脚之间的电位差称为跨步电压。如果电气设备绝缘损坏，当人体接触电气设备时，手脚之间形成接触电压。当跨步电压或接触电压超过人体的安全电压时，将造成人身伤亡事故。

通过上面的分析可知，要减小接触电压和跨步电压，电气设备外壳必须接地，另外应采取减小接地电阻或加装接地均压带（或网）等措施，以便使接地体对地电位分布曲线的陡度平缓。

（1）保护接地。电气设备绝缘部分由于各种原因遭到损坏时，有可能使其金属外壳带电。如果不采用安全接地加以保护（见图 3-52），则电气设备外壳上将长期存在着电压，一旦人接触其带电设备金属外壳，就会有电流流过人体，若人体电阻 $R=1000\Omega$，在 380/

220V 系统中，相电压为 220V，这时流过人体的电流为 200mA。实践证明，当流经人体的电流为 20～25mA 时，人体肌肉会发生痉挛，不能摆脱电源，产生剧痛和呼吸困难。而当通过人体电流达 100mA 左右时，很快会使人呼吸麻痹、心脏停止跳动。因此，为了人身安全，无论在发电、配电还是用电系统中，都必须将电气设备的金属外壳接地，这样就可以保证金属外壳经常固定为地电位，有效地限制了通过人体的电流，确保人身安全。

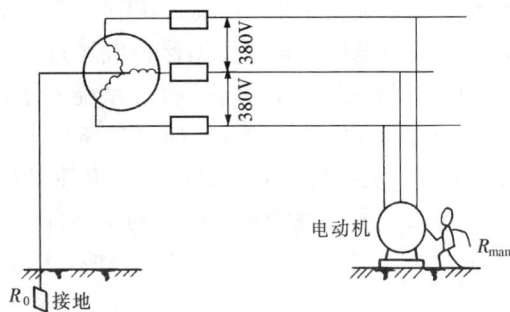

图 3 - 52　金属外壳不接地对人身安全的影响

（2）保护接零。在中性点直接接地的三相四线制 380/220V 电力网中，保证维护安全的方法是采用保护接零，即将用电设备的金属外壳与电源（发电机或变压器）的接地中性线作金属性连接，如果用电设备（如电动机）的一相绝缘损坏发生碰壳时，该相回路中产生单相短路电流，熔断器迅速熔断或低压断路器（自动空气开关）自动断开，而使用电设备从电力网切除。这样就使人接触到的金属部分不致长期出现危险电压。同时，接零回路中的电阻远小于人体电阻，在电路未断开以前的时间内，短路电流几乎全部通过接零回路，通过人体的电流接近为零。基于以上原因，使人体的安全得到保证。

在中性点直接接地的三相四线制电力网中，中性线还应重复接地。若无重复接地［见图 3 - 53（a）］，将发生中性线断线，则断线处以后的用电设备，在一相绝缘对外壳击穿时，外壳对地的电压接近于相电压，对人体安全产生威胁。当有重复接地时［见图 3 - 53（b）］，当重复接地电阻与电源中性点接地电阻相等，中性线断线处后的用电设备，在一相绝缘对外壳击穿时，外壳对地电压降低一半，减轻对人体的威胁程度，但应指出，对人体并不是绝对安全的。如果接地电阻太大，发生绝缘击穿的用电设备外壳对地出现较高的电压，对人体仍构成威胁，所以最重要的是尽可能避免发生中性线断线。

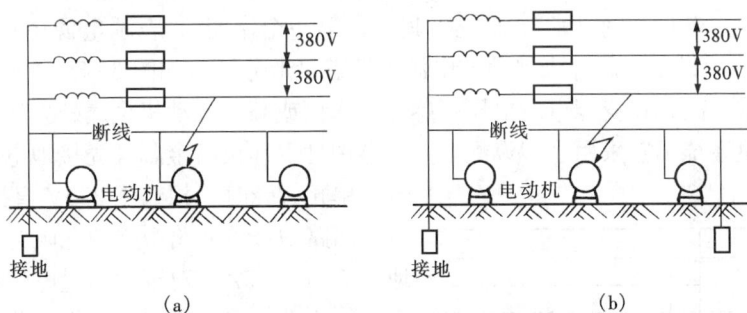

图 3 - 53　重复接地示意图
(a) 无重复接地；(b) 有重复接地

（3）保护接地方式。这里主要介绍低压系统（包含用电系统）的保护接地方式。根据新颁布的 GB4776 规定，保护接地可以分为 TN、TT 和 IT 系统三类。

1）TN 系统。电源系统的中性点直接接地，负载设备的金属外壳通过保护导体连接到此接地点的系统称为 TN 系统。其中，T 表示电源系统的中性点直接接地，N 表示设备在正常情况下不带电的金属外壳用保护线通过中性线与电源系统的中性点相连接。根据中性线（N）和保护线（PE）的布置，TN 系统可分为如下三种型式：①TN-S 系统，是指在整个系统中，中性线和保护线分开，如图 3-54（a）所示。字母 S 表示中性线和保护线是分开的。②TN-C-S 系统，是指系统中一部分中性线和保护线合并为一根导线，如图 3-54（b）所示。字母 C 表示中性线和保护线的功能合在一根导线上。③TN-C 系统，是指在整个系统中，中性线与保护线的功能合并在一根导线上，如图 3-54（c）所示。

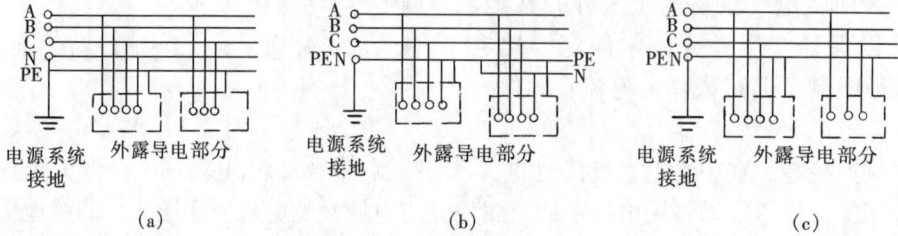

图 3-54　TN 接地系统示意图

(a) TN-S系统；(b) TN-C-S系统；(c) TN-C系统

　　TN 系统的作用是一旦电气设备发生单相碰壳即形成单相短路时，保护设备（熔断器或自动空气开关等）迅速动作并将故障设备从系统中切除，以减小人的触电概率和触电时间。为避免中性线断线时失去保安接零作用，通常在线路终端、干线分支点以及较长线路上每相距一定距离将中性线重复接地。同时，设备外壳应采用专用保护导线与中性线相连接，不能借用别的管道线。

　　对于线路较长、三相负载不对称度较大和具有较长的三次谐波电流通过的场所，中性线中会有较大的电流，即中性线对地（即接零设备金属外壳对地）存在可观的电压，在这种情况下，宜采用两条零线，一条（N）通过负载电流，另一条（PE）接电气设备外壳。如图 3-54（a）所示方式（即三相五线制）在高层建筑和保安要求较高的场所常被采用。

　　2）TT 系统。当电源系统中性点直接接地，而电气设备金属外壳另行接地，与电源系统的接地点不在一起时，称为 TT 系统。其中，第一个字母 T 表示电源中性点直接接地，第二个字母 T 表示设备金属外壳接地与电源中性点接地分开，如图 3-55 所示。这种系统对接地电阻的要求较高，在变配电所电压互感器二次侧或高压电动机金属外壳接地系统普遍采用，而低压配电系统不宜采用。假设配电变压器中性点和设备金属外壳接地电阻分别为 4Ω，发生单相碰壳时，相电压 220V 直接加在图 3-55 所示回路中（该回路中接地电阻为 8Ω），此时接地电流为 27.5A，对于大容量电气设备，保护设备可能不动作或不能瞬时动作，此时在漏电或故障电气设备外壳上将长期地存在 110V 的对地电压，这就很不安全了。由此可见，TT 系统仅在小容量的电气设备上，当接地电流大于电气设备的保护装置动作电流时，才能确保人身安全。

　　3）IT 系统。电源系统的中性点不接地或经

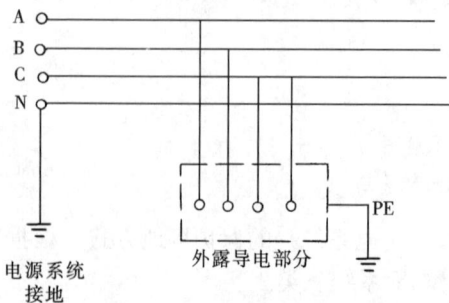

图 3-55　TT 系统示意图

过高阻抗接地,而电气设备的金属外壳接地的系统称为 IT 系统。其中,字母 I 为电源中性点不接地或通过高阻抗接地,T 为设备的金属外壳接地,如图 3-56 所示。当电气设备发生碰壳带电故障时,由于接地电流较小,保护设备一般不动作,在此期间,若人接触带电设备外壳,则因金属外壳接地的分流作用而有利于人体的安全。电气设备的接地电阻越小,对人体越安全。

IT 系统(保安接地)和 TN 系统(保安接零)在同一系统中不能混合使用,只能采用其中的一种。图 3-57 所示为保安接地接零的混合接线方式。此时,若金属外壳接地的设备发生单相碰壳时,由于单相接地电流并不大,保护电器可能不动作,而使故障长时间存在。这时,除了接触该设备的人有触电危险外,由于零线对地电压升高,而使所有接零设备带电,这种情况是不允许的。若在特殊场所需要同时采用两种保安接地方式时,则必须在不接零的设备电路中装设具有自动切除故障的装置,如漏电保护器等。

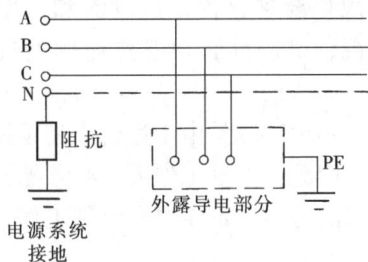

图 3-56 IT 系统示意图

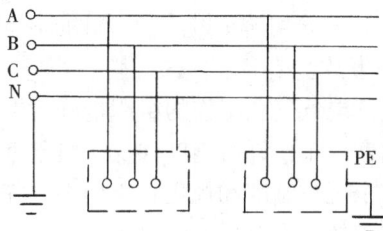

图 3-57 保护接地与接零的混合接线方式

(4)接地装置的布置。接地装置由接地体和连接导线所组成。接地体可分为自然接地体和人工接地体。自然接地体包括埋在地下的金属管道、井管、金属结构和钢筋混凝土基础,但可燃液体和气体的金属管道以及管道接缝处采用非导电性材料衔接密封的情况除外。人工接地体一般情况下应采用圆钢、扁钢水平接地体为主,垂直接地体可采用角钢、圆钢等。

发电厂和变电所的接地装置,除利用自然接地体或各种人工接地体之外,还应敷设水平人工接地网(见图 3-58),人工接地网应围绕设备区域连成闭合环形,并在其中敷设若干均压带。水平接地网应埋于地表以下 0.6m,以免受到机械损坏,并可减少冬季土壤表层冻结和夏季水分蒸发对接地电阻的影响。

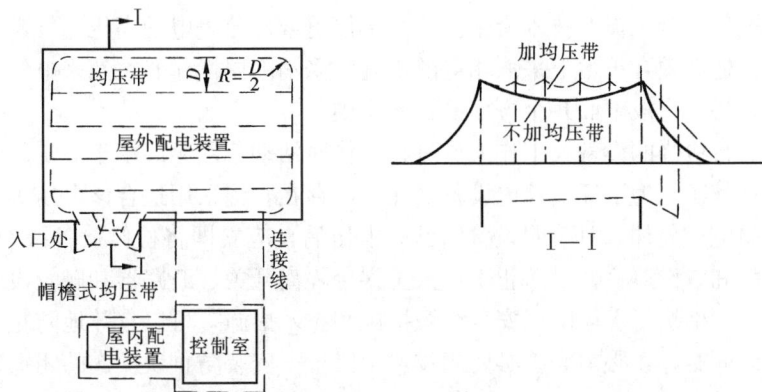

图 3-58 人工接地网及其电位分布

随着电力系统的发展，电力网的接地短路电流日益增大，大接地电流系统的发电厂和变电所内，接地网电位的升高已成为重要问题。为了保证人身安全，应采取以下均压措施：

1）因接地网边角外部电位梯度较高，边角处应做成圆弧形；

2）在接地网边缘上经常有人出入的走道处，应在该走道下不同深度装设两条与接地网相连的"帽檐式"均压带。

第六节　电气安全知识

电气安全包括电气设备安全和人身安全两个方面，这对发电厂、变配电所和用户等来说是极其重要的。因此，在电气设计、施工、运行中必须予以高度的重视。在发电厂、变配电系统中，其安全措施除了保证配电装置中各种电气安全距离符合规定外，电气设备的接地和接零保安措施也必须使用正确，并符合规程要求；各种过电流和过电压的保护措施完备，安全可靠；电气设备的运行操作、巡视、维修都必须严格遵循电气安全规定，以防止事故。

（1）保证电气安全工作的组织措施。电力系统中，不少事故是由于运行人员不能严格执行工作票制度、工作许可制度和操作票制度等造成的。因此，电气工作人员必须熟知并严格执行电气安全工作制度和规程，定期进行安全技术等级的考核，不断提高电气工作人员的技术素质，牢固树立安全生产的思想。

电气工作票是准许在高压电气设备上进行工作的书面命令。其内容包括工作任务、工作范围、安全措施及现场工作负责人等。

在高压电气设备上工作应实行工作许可制度。工作人员在接到工作负责人交来的工作票后，应按工作票上注明的工作地点、安全措施要求进行工作。在完成施工现场的安全措施，如停电、验电、接地、装设遮栏、挂好警告牌和标示牌等，并以手触试停电设备的导电体，证明检修设备无电压后，才可以允许开始工作。

操作票内容是对电气设备进行倒闸操作、对设备事故的紧急拉闸、根据生产情况必须随时进行操作等工作。工作人员进行操作前，必须正确填写操作票。执行操作任务时，除一人操作外，还须设监护一人。

以上三个方面的措施，是保证电气安全工作的重要组织措施。

（2）保证电气安全工作的技术措施。在全部停电或部分停电的高压电气设备上工作，为保证人身安全，还必须在技术上采取相应的措施，来消除误操作和突然来电给工作人员带来的危险。因此，必须完成下面几个方面的技术措施：

首先，对进行检修的设备及工作人员进行工作时活动范围距离小于规定的安全距离的设备均需要停电；其次，为了证实停电设备确无电压存在，应采用适合该电压等级的合格验电器及时地进行验电；另外，对验明设备确已无电压后，应立即将检修设备接地并三相短接；最后悬挂标示牌和装设遮栏，以防止工作人员误合隔离开关、断路器和触及设备。

实践证明，严格执行上述电气安全组织措施和技术措施，可以有效地防止和减少电气事故的发生。与此同时，还必须完善必要的技术手段——安装防止误操作的闭锁装置，这是防止误操作的有效措施。根据运行实践经验，防误操作装置应满足以下五个方面（即"五防"）的功能：①防止带负荷拉、合隔离开关；②防止误拉、误合断路器；③防止带接地线合闸；

④防止有电挂接地线；⑤防止误入带电间隔。

（3）"五防"闭锁。目前"五防"闭锁装置发展很快，采用的结构型式多种，大致概括起来有机械闭锁（包括电钥匙盒）、电磁闭锁、电气闭锁、电脑钥匙、微机闭锁装置等。

1）机械闭锁。在距离相近的断路器和隔离开关的操作手柄外装设机械闭锁杆，只有在按顺序操作时，才能显露出操作手柄。

在机械操作机构上附带限位销，只有当某个操作已完成的情况下，限位销才退出，使下一步操作能够进行。比如在开关柜内，当接地开关处于合上位置时，限位销突出，将限制断路器手车进入，防止带接地线合闸等。

2）电磁闭锁。利用设备带电或不带电来驱动电磁锁的锁扣处于闭锁或非闭锁状态。例如，当开关柜的电缆室带电时，电磁锁的锁扣将把开关柜后门锁住而不能打开，防止误入带电间隔。

3）电气闭锁。在电气设备的控制回路串入触点，只有在上一个操作完成后、满足条件时，本设备的控制回路才能起作用。

4）电脑钥匙。电脑钥匙是一个防误系统。操作人员首先根据操作票操作顺序在模拟屏上模拟操作一遍。若某一操作错误，则系统将拒绝并提示。只有在整个过程均符合操作对象及顺序时，可以将该顺序存入电脑钥匙。操作人员在现场将电脑钥匙插入设备锁孔内，若是正确顺序，则操作能够进行；若顺序不对或位置不对，则锁扣不能被打开，防止违背"五防"要求的操作和防止走错仓位。

5）微机闭锁装置。微机闭锁是利用计算机和通信系统共同完成防止误操作的任务。可设置一台"五防"专用计算机或把"五防"系统软件嵌入电气控制计算机系统内。由于电气控制计算机系统可以通过通信系统得到各个电气设备的当前状态，因此，智能的操作票、工作票开票，灵活地适应电气设备及电气系统接线的状态变化，电气闭锁的远方实现等都由计算机系统完成。

第十三章 电力系统保护与控制

第一节 继电保护基本原理

一、电力系统继电保护的作用、构成及要求

1. 电力系统继电保护的作用

由于电气设备内部绝缘的老化、工作人员的误操作、雷击等原因，电力系统在运行中，可能发生各种故障和不正常运行状态。

最常见的故障是发生各种形式的短路，在发生短路时可能产生以下的后果：

（1）短路电流和所燃起的电弧，使故障设备烧坏。

（2）短路电流流经非故障元件，由于发热和电动力作用，引起设备损坏或缩短使用寿命。

（3）电力系统运行的稳定性可能遭破坏，或引起系统振荡，甚至使系统瓦解。

（4）故障点附近区域的电压大大降低，破坏设备工作稳定性或影响产品质量。

电力系统中设备的工作状态偏离其额定值较多，但没有发生故障，这种情况属于不正常运行状态。例如，负荷超过电气设备的额定值（又称过负荷），就是一种最常见的不正常运行状态，元件载流部分和绝缘材料的温度不断升高，加速绝缘的老化和损坏，就可能发展成故障。此外，系统中出现功率缺额而引起的频率降低，发电机突然甩负荷而产生的过电压，以及电力系统发生振荡等，都属于不正常运行状态。

故障和不正常运行状态，都可能在电力系统中引起事故。事故，就是指系统或其中一部分的正常工作遭到破坏，并造成对用户少送电或电能质量变坏到不能容许的地步，甚至造成人身伤亡和电气设备的损坏。

系统事故的发生，除了由于自然条件的因素（如遭受雷击等）以外，一般都是由于设备制造上的缺陷、设计和安装的错误、检修质量不高、运行维护与操作不当而引起的。

在电力系统中，除应采取各项积极措施消除或减少发生故障的可能性以外，故障一旦发生，必须迅速而有选择性地把故障元件从电网中隔离出来，这是保证电力系统安全运行的最有效方法之一。切除故障的时间常常要求小到十分之几甚至百分之几秒，这么短的时间靠人工反应去迅速处理是不可能的，只有装设继电保护装置才有可能满足这个要求。

保护装置输入所需的模拟量和设备状态量值，根据判断条件（与整定值比较大小、各量之间的逻辑关系等），确定是否输出一个控制断路器打开的控制信号。具有这种继电工作形态的装置称为继电保护装置或继电保护系统。

继电保护装置，就是指能反应电力系统中电气元件发生故障或不正常运行状态，并动作于断路器跳闸或发出信号的一种自动装置。它的基本任务是：

（1）自动、迅速、有选择性地将故障元件从电力系统中切除，使故障元件免于继续受到破坏，保证其他无故障部分迅速恢复正常运行。

（2）反应电气元件的不正常运行状态，发出信号、减负荷或跳闸。此时一般不要求保护迅速动作，而是根据对电力系统及其元件的危害程度规定一定的延时，以免不必要的动作和

由于干扰而引起的误动作。

2. 继电保护装置的基本构成

继电保护装置（系统）基本可由三大部分构成，如图 3 - 59 所示。

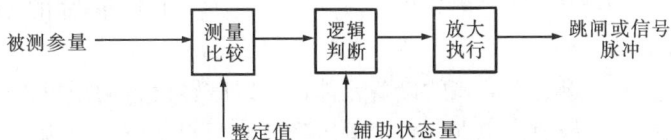

图 3 - 59　继电保护装置构成示意图

（1）被测参量是指继电保护判别动作的依据参量，如电流、电压、频率等模拟信号，这些信号一般从电流互感器、电压互感器的二次侧取到。

（2）保护装置的第一大部分是测量比较单元。在模拟式继电保护装置的这个单元里，输入的模拟量与事先设置好的整定值进行比较后，进入逻辑判断过程。在微机继电保护装置的这个单元里，输入的模拟量则首先被转换成数字量，交由计算机与事先存放于存储器中的整定值进行比较后，进入逻辑判断过程。

（3）逻辑判断单元完成综合判断过程。有些装置只需要单一的判断条件，就可判定是否发生了故障，从而确定是否发断路器跳闸的信号，如检测到元件中的电流很大，高于设置的电流整定值，则判定发生了短路故障。而有些继电保护的动作依据是多方面数据及状态的综合，则需要输入所需的各个辅助状态量，综合后判别是否发生了故障以及延时启动等。

（4）由于继电保护的逻辑判断单元所输出的控制信号容量不足以驱动断路器跳闸的操作机构，因此应设置放大执行单元，放大控制信号，输出跳闸脉冲或信号。

继电保护的运用原理及装置发展到目前可以分为继电器方式、集成电子电路、微型计算机三个阶段。继电器方式采用多个依据原理制成的电磁型、感应型或电动型继电器组成一个继电保护系统，满足对电力元件的保护要求。集成电子电路的发展使原来分别由多个继电器完成的工作用电子电路集成到一起，体积小、功能更完善。微型计算机式继电保护（简称微机保护）具有巨大的计算、分析和逻辑判断能力，有存储记忆功能，因而可用以实现任何性能完善且复杂的保护原理。微机保护可连续不断地对装置本身的工作情况进行自检，其工作可靠性很高。此外，微机保护可用同一硬件通过软件的配置与选用实现不同的保护原理，这使保护装置的制造大为简化，也容易实行保护装置的标准化。微机保护除了保护功能外，还可兼有故障录波、故障测距、事件顺序记录和其他数字式装置通信交换信息等辅助功能，这对简化保护、功能综合、事故分析和事故后的处理等都有重大意义。

3. 对电力系统继电保护的基本要求

动作于断路器跳闸的继电保护，在技术上一般应满足选择性、速动性、灵敏性和可靠性四个基本要求。动作于发信号的继电保护在速动性上的要求可以降低。

（1）选择性。电力系统从发电、输电到供电，负荷需经过多个电气设备串联、并联或构成网络完成。继电保护动作的选择性是指保护装置具有判断故障发生位置的能力，动作时仅将故障元件从电力系统中切除，使停电范围尽量缩小，以保证系统中的无故障部分仍能继续安全运行。

例如，在图 3 - 60 所示的网络接线中，当 k 点短路时，应该由 QF3 和 QF4 断路器跳开故障线路。但是，k 点发生短路时，QF1、QF2、QF3 断路器旁的电流互感器中将流过同样

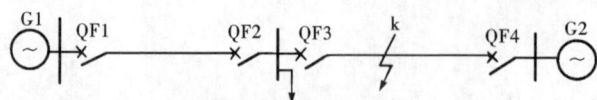

图 3-60　线路继电保护示意图

大小的短路电流，因此，这三个断路器对应安装的继电保护装置应具有判断故障发生在 k 点所在的线路上的能力，并且最后的结果只有 QF3 和 QF4 跳开，切除故障。

（2）速动性。快速切除发生故障的设备元件，可以减轻设备的损坏程度，防止故障的扩散，提高电力系统并列运行的稳定性，减少电压降低对用户工作的影响。

由于设备的限制，到目前为止，我们不可能做到在故障发生后瞬时地切除，这是因为继电保护装置在判断故障发生后，需要把小信号放大为大信号，而且断路器在接到跳闸信号到断路器触头分离、电弧熄灭有一定的时间。因此，故障切除的时间等于继电保护装置动作时间与断路器跳闸时间之和。对不同电压等级和不同结构的电力网络，切除故障的最小时间有不同的要求。一般对 220～500kV 的电力网络为 0.04～0.1s，对 110kV 电力网络为 0.1～0.7s，对 35kV 及以下配电为 0.5～1.0s。

仅动作于信号的保护，例如过负荷保护，对速动性不要求，一般均有若干秒的延时发信。

（3）灵敏性。继电保护的灵敏性，是指对于其保护范围内发生故障或不正常运行状态的反应能力。满足灵敏性要求的保护装置应该是在事先规定的保护范围内部故障时，不论短路点的位置、短路的类型如何，以及短路点是否有过渡电阻，都能够敏锐且正确反应。

保护装置的灵敏性，通常用灵敏系数 K_{SEN} 来衡量，用保护范围内发生最不利动作的故障量测值与保护的动作值的比值来表达。对不同作用的保护装置和被保护对象，对灵敏系数的要求是不同的，在 GBT 14285—2006《继电保护和安全自动装置技术规程》中都作了具体规定。

（4）可靠性。保护装置的可靠性是指在该保护装置规定的保护范围内发生了各种故障或不正常运行状态而应该动作时，它不应该拒绝动作，而在任何其他该保护不应该动作的情况下，则不应该误动作。在实际的运行中，可靠性用动作准确率来描述。

在要求继电保护动作有选择性的同时，还必须考虑继电保护或断路器有拒绝动作的可能，因而就需要考虑后备保护的问题。如图 3-60 所示，当 k 点短路时，距短路点最近的 QF3 应动作切除故障，但由于某种原因，该处的继电保护或断路器拒绝动作，故障线路便不能切除，如果前面一段线路（靠近电源侧）的 QF1 能动作，故障也可切除，能为相邻元件起作用的保护称为远后备保护。

在电力系统中，对发电机、变压器、线路等发、输、配电设备，出于速动性的考虑，一般都设置了尽快动作切除故障的继电保护，称为主保护。为防止本元件的主保护拒绝动作时设备失去保护，相应在同一设备上配置另外的一套保护作为后备保护。这种保护形式称为近后备保护。对大型发电厂中的发电机、大型变电站的变压器，从可靠性考虑，一般对重要电气设备装设两套或多套主保护，即称为保护的双重化或多重化，另外再配置一定的后备保护，以可靠地把故障元件从系统中切除，保证非故障设备的运行安全。

二、继电保护的基本形式

1. 电力线路的继电保护

在输配电线路上发生短路故障时，在线路首端的继电保护测量到电流增加和电压降低，根据这两个特征可以构成线路的保护。检测到电流突然变大而继电保护动作的保护装置称为电流保护。按照动作电流设定依据、保护动作时间、保护范围，电流保护可分为无时限电流速断保护、限时电流速断保护、定时限过电流保护，常称为Ⅰ段、Ⅱ段、Ⅲ段电流保护。一般情况下，线路保护采用Ⅰ段、Ⅲ段电流保护。低电压量测值一般用于在电流保护灵敏度不满足要求时，作为辅助判据使用。

（1）无时限电流速断保护。如图3-65所示的网络接线，当线路上某一点发生短路时，短路点与电源之间的线路中就有短路电流流过。该短路电流大小与短路点与电源之间的距离远近有关，离电源愈近，两点之间的阻抗愈小，则短路电流愈大。以本线路末端短路所产生的短路电流值大小再乘上一个稍大于1的可靠系数就形成本线路的无时限电流速断保护整定值。当检测到短路电流大于保护整定值时，说明故障发生在本区域内，继电保护就发出跳闸的控制信号。由于可靠系数大于1，这种保护的保护范围为本线路的一部分，当靠近线路末端短路时，该种保护不会反应。无时限电流速断保护作为线路的主保护。

（2）定时限过电流保护。在电力系统正常运行时，每段线路上都流过负荷电流I_L，数值一般在几十至几百安培。按照大于线路的正常电流来确定继电保护动作值的保护称为定时限过电流保护。动作值考虑正常运行时电动机的启动电流（通常有$2\sim5$倍的I_N），还需考虑保护装置的一些影响因素。

由于当短路时，流经短路点之前的各段线路中的短路电流都相同，各段线路上安装的过电流保护装置均会启动，因此，附加一个时间延迟的判断条件。离电源较远的过电流保护采用较小的时间延迟，离电源较近的采用较大的时间延迟，每段线路相差一个Δt。这样一来，检测到短路电流且时间最短的保护将动作使断路器跳闸。虽然其他的过电流保护（在故障线路前的各段线路）均启动，但时间延迟较大，在故障线路被切除后，故障已消失，因此，动作条件不满足而取消动作，从而达到具有选择性。

按照时间延迟逐级递增的原则来满足选择性，称为时间阶梯原则，如图3-61所示。

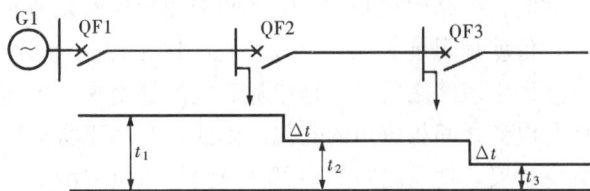

图3-61　定时限过电流保护的时间延迟配合

（3）反时限电流保护。前面所叙述的Ⅰ段、Ⅲ段电流保护中电流的大小和动作时间大小没有直接的关系，而是与保护方式及电网结构有关。反时限电流保护是一种把短路电流大小与时间延迟相关联起来的保护方式。

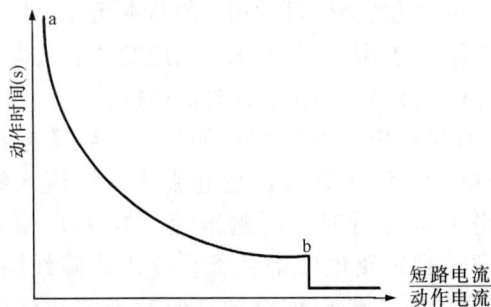

当短路点距保护装置安装处近时，短路电流相对较大，保护动作时间延迟较小。当短路点距保护装置安装处较远时，短路电流相对较小，保护动作时间延迟越大，即保护的动作特性表现为动作时间与短路电流大小成反比关系，因此称为电流反时限电流保护。一般的反时限保护特性如图3-62所示。

该特性分为两段：ab段为反时限特性，短路电流与动作电流之比越小，动作时间越长；

图3-62　反时限保护特性

短路电流与动作电流之比越大，动作时间越短。而当短路电流与动作电流之比大到一定倍数（可设定）时，表现为恒定的、较小的时间延迟，即为速断保护特性。

反时限电流保护常用于 6～10kV 单侧电源供电线路和中小容量电动机上。

（4）零序电流保护。当系统中发生单相接地时，三相输电线中接地相线对地电压为零或很小，而非故障线对地电压保持原来值或有所升高，这样一来就形成了三相电压不对称现象，电流也是如此。根据电路理论，三相不对称的电压或电流均可以分解成三个序分量（正序、负序、零序）。系统中发生单相接地将出现零序分量。由于在正常运行情况下，零序分量不会出现，而在发生不对称接地短路时，零序分量具有较大的数值。利用零序分量构成的保护装置称为零序保护，一般都具有良好的选择性和灵敏性，这正是这种保护装置在高压系统获得广泛应用的原因。

（5）电网的距离保护。电力线路在正常运行时，从线路首端可测量到线路电流与母线电压值，由电压与电流之比值所代表的"测量阻抗"决定于由它供电的负荷的大小和线路的参数。正常运行时的测量阻抗值一般较大。

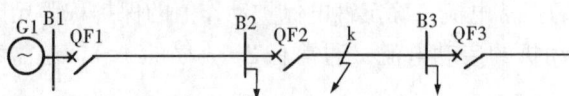

图 3-63   电网距离保护示意图

假定系统在线路 k 点发生三相短路故障时，如图 3-63 所示。从电源 G1 到短路点 k 之间均将流过很大的短路电流 I_k，各变电所母线上的电压也将在不同程度上有很大的降低，距短路点越近时电压降低得越多。设以 Z_k 表示短路点到保护安装处之间的阻抗，则测量阻抗为 $Z_k = \dfrac{\dot{U}_k}{\dot{I}_k}$。

此时，线路始端 $\dot{U}_k$ 与 $\dot{I}_k$ 之间的相位角就是测量阻抗 Z_k 的阻抗角，电压大小与电流大小的比值就是阻抗 Z_k 的大小。测量阻抗的大小正比于短路点到变电所母线之间的距离。

在发生短路之后，总是伴随有电流的增大、电压的降低、线路始端测量阻抗减小，以及电压与电流之间相位角的变化。因此，利用正常运行与故障时的测量阻抗的区别，反应短路点到保护安装地点之间的距离（或测量阻抗的减小）而动作便构成了电网的距离保护。

与电流保护不同，距离保护是测量到的阻抗比设定的动作阻抗小时而使断路器跳闸，电流保护则是电流超过整定值时动作。电流保护动作的依据是短路电流的大小，而短路电流受系统网络结构变化的影响，虽然是同一点故障，但不同的系统运行方式，使电源至短路点的阻抗变化，即短路电流会变化，影响电流保护的灵敏性。距离保护的测量阻抗仅与被保护线路有关，因此广泛运用于 110kV 及以上电压等级的电网中。

（6）高压输电线路的纵联保护。输电线路是电网中远距离输送大功率的基本元件，其对保护的要求是全线速动型的，前面讲的电流或距离保护都不能满足要求，因此发展了纵联保护。纵联保护是依据线路两端的信号来区分正常运行、本线路故障、区外故障的。

1）线路方向高频保护。在正常运行时，一条线路中的电流在一侧是由母线流向线路，则另一侧必然是由线路流向母线。按统一规定电流正方向，当电流从母线流入线路为正，由线路流入母线为负，也就是在线路正常运行时，两侧电流（功率）相差 180°。当线路发生故障时，若线路两侧均有电源，则短路电流都从母线流入故障线路，功率方向（电流相位）相同，由此判断线路两侧的断路器应该跳闸。而对于非故障线路，则两侧的功率方向（电流相位）均保持相差 180°不变，因而判断非故障线路两侧的断路器不应该跳闸。

利用高压输电线路上高频载波电流传送信号，以比较被保护线路两侧功率方向为基本原理构成的高频保护称为方向高频保护。而由非故障线检测功率为负的一侧发出跳闸闭锁信号，将该线路的保护闭锁不动作的称为闭锁式方向高频保护（见图 3-64），而故障线没有闭锁信号，则保护动作跳闸。

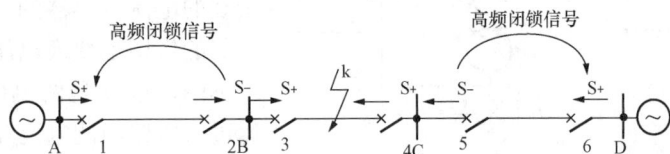

图 3-64 闭锁式方向高频保护

2）高压输电线路的纵联电流差动保护。根据线路两侧电流正方向的定义，将两侧电流以向量相加，则

$$\dot{I} = \dot{I}_1 + \dot{I}_2$$

在正常运行和外部故障情况下，两侧电流大小相等、相位相反，因此相加为零。而在线路内部发生故障时，两侧电流均由母线流向线路，相位相同，因此相加有很大一个值，使保护迅速动作，线路两侧断路器跳闸。

利用高压输电线路中预敷的光纤，传输表达两侧电流值的光信号，在两侧保护装置中电流相加，以计算结果判断为基本原理构成的保护称为光纤纵联差动保护（见图 3-65）。

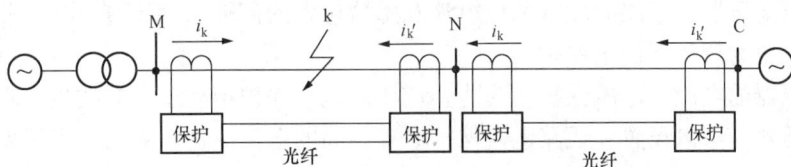

图 3-65 高压线路纵联电流差动保护

2. 电力变压器保护

（1）瓦斯保护。当油浸式变压器的线圈绕组短路时，变压器油箱内部的油在电弧高温作用下被分解，所产生的油气具有较高的压力。当高压油气从变压器上端管道冲出时，冲动安装于变压器油箱外上部管道内的气体继电器，使之发出断路器的跳闸信号，而构成瓦斯保护。反映故障时大的油气流的保护称为重瓦斯保护，重瓦斯保护动作于断路器跳闸。反映线圈匝间短路的较小油气量和变压器漏油的保护称为轻瓦斯保护，轻瓦斯保护仅发信号。变压器瓦斯保护示意如图 3-66 所示。

（2）纵差动保护。变压器在正常运行时，负荷电流总是从一侧流入而从另一侧流出，以电流流入为正、流出为负，则两侧的电流相差 180°，如图 3-67（a）所示。在其他设备发生故障而短路电流流过变压器时（称为外部故障），穿越性短路电流仍然与正常运行时一样从一侧流入而从另一侧流出，两侧的电流相位也相差 180°。当变压器内部短路时，自两侧向变压器内部短路点流入短路电流，两侧电流的相位接近同

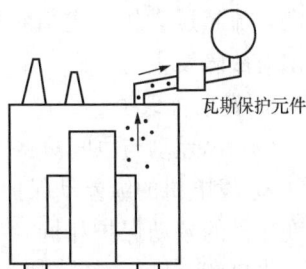

图 3-66 变压器
瓦斯保护示意图

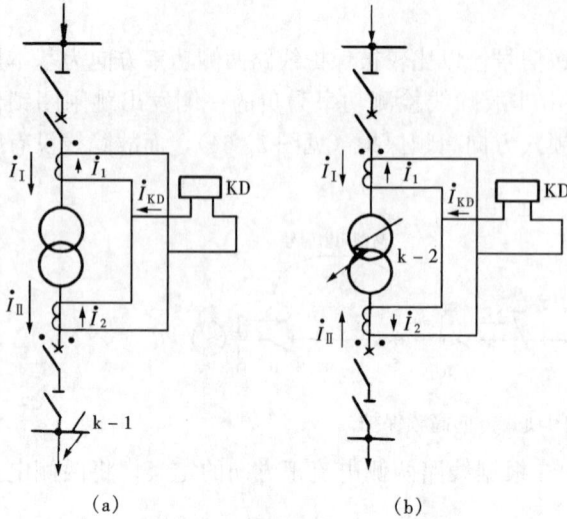

图 3-67　变压器差动保护示意图
(a) 正常运行及外部故障；(b) 内部故障

相，如图 3-67 (b) 所示。

利用在正常运行（及外部故障）和内部短路时，变压器两侧电流相位的不同，可以构成变压器的差动保护，如图 3-67 所示。差动保护接入变压器两侧安装的电流互感器的二次电流，由于变压器的作用是变换电压，因此两侧的电压不同，也就是两侧的电流大小不同，通过变压器两侧电流互感器的变比合适选择，可以使两侧电流互感器的二次侧电流大小基本相等。把这两个二次电流接入差动保护装置，两者相加形成和电流。在正常运行时，由于两个电流相差 180°，大小相同、方向相反，则电流之和为零。同样，当在变压器外部其他元件故障时，虽然流过变压器的短路电流数值很大，但在电流互感器二次侧得到的电流仍然大小相等、方向相反，电流之和仍为零。而在变压器内部发生短路时，电流互感器二次侧得到的电流方向相同（或一侧无电源无电流），电流之和很大，差动保护发出控制信号，使变压器两侧的断路器跳闸，把故障的变压器从系统中切除，保证其他的设备正常运行。差动原理的保护只反应变压器的短路故障（两侧电流互感器包含的范围），而不反应范围之外的故障，且有选择性，成为变压器的主保护。

(3) 变压器的电流和电压保护。为防止变压器差动保护拒动或者对按规定不需要设置差动保护的变压器，可以设置和线路电流保护原理相同的电流保护。对已设置了差动保护的变压器，再安装定时限过电流保护（原理与线路保护Ⅲ段相同），作为变压器的后备保护。对不设置差动保护的变压器，则配置电流速断保护为变压器的主保护，配置定时限过电流保护作为后备保护。

有些情况下，单纯的电流保护的灵敏性不能满足要求，依照短路时电压会下降的特点，增加一个以电压下降为附加判别条件的低电压闭锁过电流保护。此时，过电流的动作电流整定值可以取得小一点（正常运行时的电动机启动在设计上保证电压不会下降到很低），保护的灵敏度可以提高。检测电流超过动作整定值和低电压两条件同时满足，判断出有故障发生。

3. 发电机保护

(1) 纵差动与匝间短路保护。

1) 发电机的纵差动保护。发电机的纵差动保护原理与变压器的差动保护相同，一组电流互感器安装于发电机的出口侧，另一组电流互感器安装于发电机的中性点侧，将两侧电流互感器二次侧电流接入差动保护装置，构成发电机的纵差动保护（见图 3-68），并作为发电

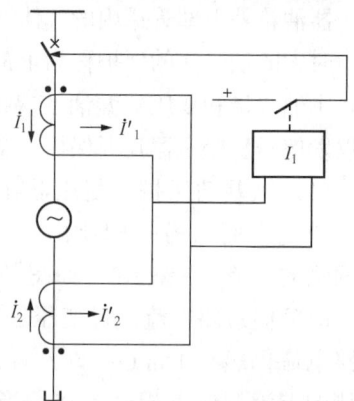

图 3-68　发电机纵差动保护示意图

的主保护。

2) 定子线圈匝间短路保护。大型发电机的定子线圈匝间短路采用纵向零序电压保护，如图 3-69 所示。

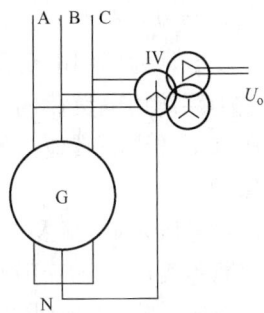

图 3-69　发电机匝间
短路保护示意图

我国发电机的中性点均采用不直接接地运行方式。当发电机定子线圈发生匝间短路时，三相绕组发生不对称，即三相电势不对称，由此发电机端相对于发电机中性点出现零序电压。该保护就是把发电机端的电压互感器中性点与发电机的中性点连接起来，匝间短路时该回路有零序电压、产生零序环流，在机端电压互感器的开口三角形接法的开口处可测得较大的零序电压，从而判断为发电机定子线圈发生了匝间短路而发出使断路器跳闸的控制信号。

(2) 发电机单相接地保护。发电机的定子线圈中性点在正常情况下是不接地或经消弧线圈接地的。当发生定子线圈的单相接地时，会造成另外的两相线圈对地电压升高，对发电机的对地绝缘造成危害。

发电机单相接地保护依据的原理有多种：利用单相接地时出现的电容电流（又称零序电流）构成定子接地保护；利用接地前和接地后发电机三次谐波在发电机中性点与出口之间的分布不同而构成的发电机 100% 定子接地保护。

4. 母线保护

母线是发电厂、变电所中用于线路、变压器等电气设备之间连接并进行电能分配的元件。若母线发生故障且不被及时、正确地从系统中切除的话，相关设备将不能保持正常运行。

对 35kV 及以下电压等级的母线一般不设置专用的母线保护，而利用其电源侧其他设备的继电保护提供保护。

对 110kV 及以上双母线、单母线分段、重要枢纽变电所的 35kV 及以上电压等级的单母线，按系统稳定要求装设专用的母线保护。

母线上一般连接有数量较多的电气元件（变压器、线路、发电机等），根据电路的电流定律：流出某个区域的电流之和必然等于流入这个区域的电流之和，有

$$\sum I = 0$$

在正常运行及电流互感器安装处以外的设备故障时，流入的电流必然与流出的电流相等。

当母线本身发生故障时，有电源的元件均向母线故障灌入短路电流，而无电源的负荷相连元件则电流为零，即有

$$\sum I = I_k$$

根据该原理形成母线保护——差动保护。即把连接到母线上的所有元件安装的电流互感器（变比相同）二次电流加起来接入差动保护装置构成保护，如图 3-70 所示。

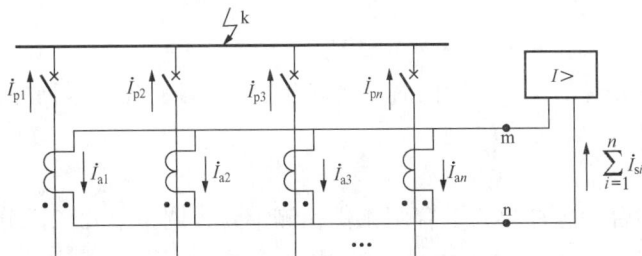

图 3-70　母线差动保护

5. 电动机保护

发电厂的厂用电负荷基本由电动机组成，工厂企业中也有各种各样的电动机，电动机是电力系统用电负荷的主要设备。电动机内部短路会使其严重损坏，会使附近区域内的电压降低，影响其他电气设备的正常运行，因此电动机应装设与其容量及重要性相匹配的保护。

对电压为 400V 及以下、容量为 75kW 及以下的电动机的保护力求简单、可靠，普遍采用熔断器实现。反应于电动机绕组因过负荷而温度升高采用过负荷（过热）保护。

对容量较大、较重要的高压电动机采用专用的电动机保护，可有纵联差动保护、电流速断保护、接地保护等。

第二节　电力系统自动装置

为了保证安全、可靠、经济地发、输、供电，电力系统在正常运行状态或处于故障处理后状态下时，往往需要根据系统电压、频率等进行发电机并入电网、电压和无功功率调节、频率和有功功率调节、备用电源的切换、低频率减负荷等操作，这些操作都可以由自动装置自动实现。

一、发电机的准同期并列

1. 同期并列条件

当发电机启动后转速和电压升到接近额定值时，可准备与电网并列，在满足一定条件下，合上与系统联系的断路器，发电机就并入大电网内同步运行。并列是一项非常重要的操作，必须小心谨慎，操作不当将产生很大的冲击电流，严重时会使发电机遭到损坏。发电机的同期并列方法一般采用准同期方法。

电力系统交流电压的计算式为

$$u = U_m \sin(\omega t + \varphi)$$

可以看出，一个交流电压量由三个因素确定：电压幅值 U_m；角频率 ω；$t = 0$ 时的初相角 φ。若两个电压相等，则三个确定因素都相等。当发电机要求并入电网时，作为理想条件，当断路器两侧电压相同时，并列操作可使冲击电流为零，理想同期并列时应满足三个条件：①待并发电机的电压幅值与系统电压幅值相等；②待并发电机的角频率与系统角频率相等；③待并发电机的电压相位角与系统的电压相位角一致。但是，实际操作中，上述理想条件不可能同时满足，并且发电机有一定的抗冲击能力，因此，允许并列条件可写为：

$$\Delta U < \Delta U_{sy}$$

$$\Delta \omega < \Delta \omega_{sy}$$

$$\delta = (\omega_g t + \varphi_g) - (\omega_x t + \varphi_x) < \delta_{sy}$$

当电压差、角频率差、相角差在允许的偏差范围内时，允许合上并列断路器，这种并列称为准同期并列。

2. 自动准同期并列装置原理

自动准同期并列装置一般可分为合闸脉冲单元、合闸条件检测单元、调整单元三部分，如图 3 - 71 所示。

（1）合闸脉冲单元。并列时，断路器需要一个控制脉冲才能合上。并列前，断路器两侧的电压差有一个从 0 逐渐变大又逐渐变小到 0 的脉动变化过程。由于在接到合闸信号后，断路器有一个固有的合闸时间 ΔT_{DC} 延迟，主触头才能闭合。因此为避免出现冲击电流，必须使控制脉冲信号超前于两侧电压差由大变小到 0 之前发出，合闸脉冲单元就是产生这样一个控制信号。

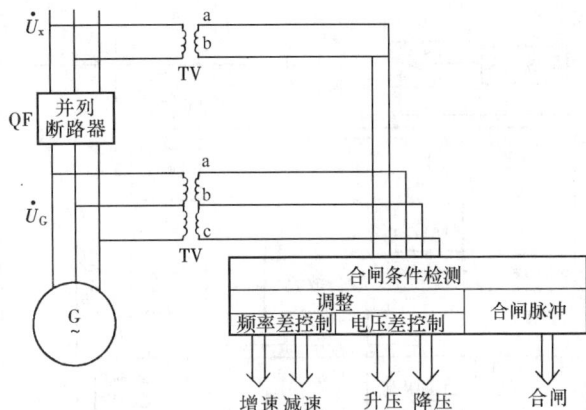

图 3-71 自动准同期并列装置组成

（2）合闸条件检测单元。准同期并列装置发超前合闸信号之前应检查是否满足合闸条件。合闸条件检测单元校核发电机与系统之间的频率差是否小于允许值，发电机与系统之间的电压差是否小于允许值。当校核结果为均小于允许值，则开放使超前合闸信号起作用。若两条件中有一个或两个不满足合闸条件，则闭锁超前合闸信号，使之不起作用。

（3）调整单元。在检查不满足合闸条件之后，发电机的状态应进行调整。对于频率差大于允许值的情况，调整单元首先判别发电机的频率是高于还是低于系统频率，即确定是应该减速还是加速，然后发出相应的调整信号给发电机的调速器调节发电机的转速。对于电压差大于允许值的情况，调整单元首先判别发电机的电压是高于还是低于系统电压，即确定是应该升压还是降压，然后发出相应的调整信号给发电机的励磁调节器调节发电机的端电压。

在经过调整后，准同期并列装置又进入检查是否满足合闸条件的过程。所有的检测、判别、发信号合闸均可实现自动完成。

二、自动电压调节

同步发电机机端电压或发电厂的母线电压的调节由自动励磁调节器完成，称为 AVR（数字式的称为 DAVR）。发电机励磁系统一般由励磁功率单元、自动励磁调节器两部分组成。励磁功率单元为发电机的转子绕组提供直流电流，即通常所说的励磁电流，在发电机铁芯内产生磁场，从而发电机定子线圈感应出相应的电动势。由于电力系统内用电负荷的经常变动，造成发电机的机端电压或发电厂的母线电压的波动。为了保证电压质量，自动励磁调节装置承担起维持电压稳定、控制发电机无功功率输出、提高运行稳定性的任务。

前面已叙述了改变发电机的励磁可以改变发电机的电动势。AVR 的工作过程就是通过检测机端电压的大小，与装置内按照需要设定的电压定值进行比较得出一个差值，由这个电压差值来对发电机的励磁进行调节，从而使电压稳定在我们设定的电压上。

1. 模拟式自动励磁调节装置

模拟式自动励磁调节装置由集成电子电路组成，从功能上可分成几个基本环节，如图 3-72 所示。

（1）测量比较环节。测量比较环节的作用是把发电机端电压互感器二次电压（实际的运行电压）接入整流电路，将交流电压转换成与之成正比的直流电压，与给定的电压整定值相比较，得出电压的偏差信号。

（2）综合放大环节。发电机在运行时对运行参数有一定的限制，如对励磁电流有最大励

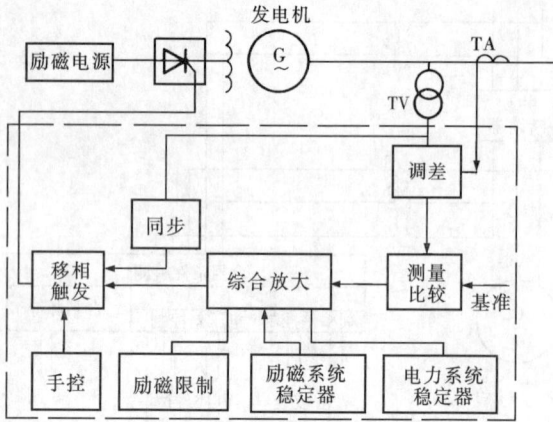

图 3-72　自动励磁调节装置框图

磁电流限制、最小励磁电流限制等。综合放大环节就是把测量比较环节得出的电压偏差信号和这些限制信号进行综合，并将综合后的信号放大成控制信号。

（3）移相触发环节。目前同步发电机的励磁电流基本都是由可控的整流器把交流转换成直流。所谓的可控的整流器是指输出电压的大小是可控的。通过控制可以改变直流电压的大小，由于测量环节反映电压的偏差，能够在发电机输出无功电流不变时，维持机端电压不变。但是，当发电机输出的无功电流变化时，调节器并不能保持电压恒定。发电机的无功调节特性表示发电机电压与输出无功电流的关系，如图 3-73 所示。

从图 3-73 可看出，当发电机输出无功电流增加时，机端电压有所下降，即调节特性是稍有下倾的，下倾的程度表征发电机励磁控制系统的一个重要参数——调差系数。

（4）调差环节。调差环节是在实际运行电压输入测量环节之前串入一个反映发电机输出无功电流的分量，使测量环节测量到的电压能够随着输出无功而变化，从而发电机电压成为无功的函数。

2. 发电机输出无功功率的调节

（1）发电机投入或退出电网运行。发电机投入一个无穷大电网运行时（无穷大电网的电压恒定不变），如图 3-74 所示，并列前使调节特性处于 1 的位置，合上并列断路器，发电机与系统没有无功功率交换，然后向上移动特性，可平稳地增加发电机的无功功率输出到运行要求的数值。

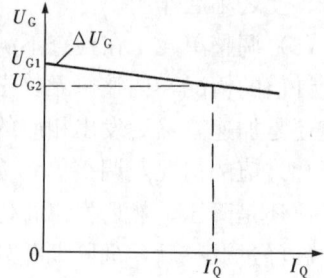

图 3-73　发电机的无功调节特性

控制无功调节特性的上下移动，可以改变发电机无功功率输出，如图 3-74 中的 2、3 曲线。

发电机退出电网运行时，可将调节特性从工作位置逐步下移，即把特性下移到 1 的位置，发电机和大系统没有无功功率交换，机组就可退出运行，并且对电网不会产生无功冲击。

移动无功调节特性的操作是通过改变调节器的整定值来实现的。

（2）多台并联发电机之间无功功率的分配。当多台发电机并联在公共母线上运行时，输出无功功率在发电机之间的分配取决于各自的无功调节特性的下倾程度的大小。

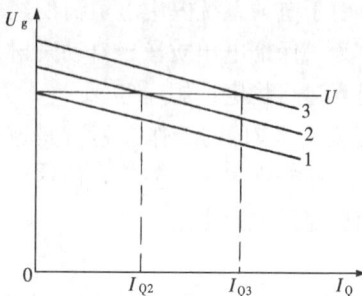

图 3-74　无功调节特性与
无功功率输出关系

设两台发电机并联，无功调节特性分别为图 3-75 的曲线 I 和曲线 II。由于两台发电机端电压相同，每台机组的无功电流是确定的，分别为 I_{Q1} 和 I_{Q2}。

现输出总的无功电流增加 ΔQ，母线电压将下降，电压调节器动作增加发电机的无功输出。发电机承担的无功电流分别为 ΔI_{Q1} 和 ΔI_{Q2}，由图 3-75 可知，调节特性下倾较小的 I 机组将承担较多的无功增量，调节特性下倾较大的 II 机组则将承担较少的无功增量，即机组间的无功功率分配取决于各自的调节特性。

在端电压不变的情况下，改变发电机组的无功调节特性下倾的大小，可改变发电机的无功功率输出。

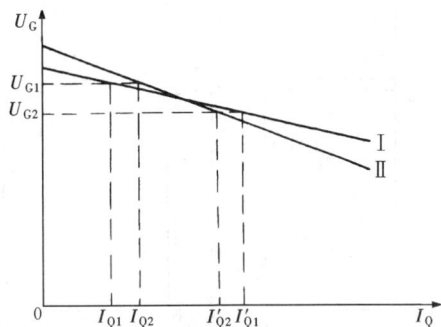

图 3-75 两台正调差特性机组并联运行的无功分配

3. 数字式自动励磁调节装置 DAVR

数字式自动励磁调节装置基本原理与模拟式的相同，其输入信息依然取自发电机端电压互感器和电流互感器，经过转换变成数字量，送入数据处理器进行比较与计算，产生一个闭环的自动调节过程。

数字式自动励磁调节装置具有可靠性高、体积小、功能灵活的特点。整个系统由硬件、软件两部分组成。除自动完成电压调节之外，数字式装置还能实现断路器及相关设备的状态量的输入，并具有接口完成与电厂中心控制机以及其他智能设备的通信。通过网络与电网调度的连接，可实现电压及功率整定值的远方调整。

三、发电机自动调速器

电力系统频率是衡量电能质量的重要指标之一，在负荷功率与发电机功率相等时，系统频率处于全网相同的一个频率。由于负荷是经常波动的，安装有自动调速器的发电机将努力跟随这个变化。但是，由于发电厂的原动机输入功率的改变较缓慢，因此，系统频率在正常情况下也是波动的，是由系统有功功率不平衡引起的，这种频率波动应该在允许的范围内。

1. 发电机自动调速器

发电机自动调速器按发展过程分成机械式调速器、功频—电液调速器、数字式电液调速器三类。

机械式调速器由离心测速器、机械杠杆、错油门和油动机组成，是一种老式的调速器，依靠离心测速器测定系统频率来驱动杠杆、错油门和油动机动作，改变发电机机械功率的输入，从而改变发电机的有功功率输出，调速器仅依靠发电机转速进行调节。此种形式已淘汰。

功频—电液调速器是电子技术发展的产物，改变了单独依靠转速进行调节的单一性，且快速性、精确度大有提高。功频—电液调速器采用电子电路测量发电机的转速和有功功率，并与设定的值进行比较得到差值，经放大、微分和积分调节，产生控制量。由于发电机机械功率的调节部分所需功率较大，到目前为止，仍无适当的电子电路来驱动，因此仍采用错油门和油动机来实现机械功率的调节。功频—电液调速器在未实现微机控制化的发电机上得到大量的使用。

数字式电液调速器是现代技术发展的结果。数字式装置在数据采集、数值计算等方面精确度更高，可考虑的调节因素更多，使发电机的启动计算机程序化、远方控制调节成为可能。

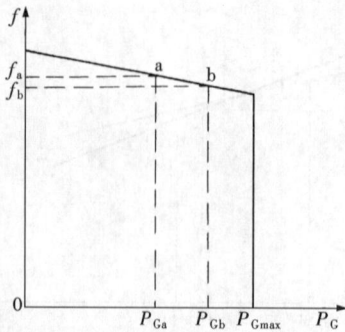

图 3-76　发电机功频调节特性

2. 发电机的功频调节特性

发电机自动调速器的功能是检测系统频率的偏差，从而改变输入发电机的机械功率，相应改变发电机的电磁功率的输出，使系统的有功功率得以在新的水平上得到平衡。

装有自动调速器的发电机的功频调节特性如图 3-76 所示，该特性表明，当负荷功率需求增加 ΔP_L 时，系统频率下降 Δf，发电机自动调速器动作，输出功率随之增加 ΔP_G，频率稳定在比原来稍低的值，因此这种调节是一种有差调节。

四、自动重合闸

电力系统运行经验证明，架空线路上发生的故障大部分是瞬时性故障，如大风引起导线间的短时碰线、鸟类翅膀的放电引起的短路、雷电引起线路绝缘子表面闪络等。当继电保护动作将线路断路器跳开后，故障点电弧自行熄灭，绝缘强度重新恢复，此时，若利用自动重合闸装置自动重新合上断路器，则能够在非人工干预下自动恢复对用户的正常供电，提高了输配电的可靠性。当然，在线路发生永久性故障时，断路器跳开后重合将合在故障上，应由继电保护动作再次将线路断路器跳开。目前线路自动重合的成功率在 60%～90%。

对自动重合闸装置有以下 6 点基本要求：

（1）在下列情况下，自动重合闸装置应闭锁不动作：

1）由值班人员手动操作将断路器跳闸。

2）手动投入断路器，而合闸于故障线路上，随即由继电保护动作将断路器跳开，这时自动重合闸不应动作。因为在这种情况下，大多数是属于永久性故障，可能是由于检修质量不合格，隐患未能消除，或者是接地线没有拆除，因此，再重合一次也不可能成功。

3）当断路器处于不正常状态，如操作机构气压、液压低等，不允许自动重合闸。

（2）当断路器由继电保护动作或其他原因跳闸时，重合闸都应动作，使断路器重新合闸。

（3）自动重合闸的动作次数应符合预先的规定。如一次重合闸就只应该动作一次，当重合于永久性故障而再次跳闸后，就不应该再重合。

（4）自动重合闸装置在动作以后，应能自动恢复，准备好下一次再动作。

（5）自动重合闸装置应与继电保护配合，以实现在重合闸之前（称为前加速）或重合闸之后（称为后加速）加速继电保护动作的功能，以便尽快地切除故障。

（6）在两端供电的线路上采用自动重合闸，应考虑合闸时的同期问题。

五、备用电源自动投入装置 ATS

发电厂和用电企业中存在着一些重要的电气设备，这些设备是不允许停电的，若停电发生则会造成人身伤害和直接经济损失。因此对于这种类型的负荷，通常将其划归为一类负荷或二类负荷。允许停电且不会造成人身伤害或大的经济损失的负荷划归为三类负荷。对于一类负荷或二类负荷，通常采用双电源供电的方式。

对重要负荷供电采用双电源，而正常运行采用暗备用（见图3-77）或明备用（见图3-78）的形式。

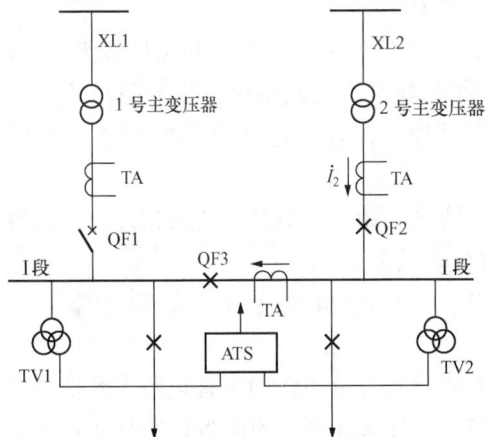

图 3-77 备用电源自动投入（暗备用）　　图 3-78 备用电源自动投入（明备用）

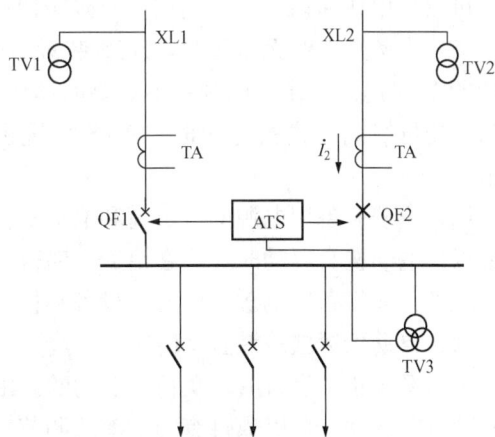

暗备用是指正常运行时两电源均投入使用，某一电源失去时，另一电源提供备用，即互为备用。

明备用是指正常运行时工作电源投入使用，另一电源处于备用状态，在工作电源失去后，备用电源投入使用。

采用 ATS 装置后，有如下优点：

（1）提高供电的可靠性，节省建设投资。

（2）简化继电保护，因为采用了 ATS 装置后，环形网络可以开环运行，变压器可以分列运行，这样，就可以采用简单的继电保护装置。

（3）限制短路电流，提高母线残余电压。在受端变电所，如果采用开环运行和变压器分列运行，将使短路电流受到一些限制，供电母线上的残余电压相应也提高一些。

由于 ATS 装置比较简单、费用低，而且可以大大提高供电的可靠性和连续性，因此，广泛应用于发电厂的厂用供电系统和厂矿企业的变、配电所中。

ATS 装置应满足下列基本要求：

（1）工作母线上不论任何原因失去电压时，ATS 装置都应动作，在断开失电回路的断路器后，备用电源断路器才能投入。主要目的是提高备用电源自动投入装置动作的成功率。假如工作电源发生故障，断路器尚未断开，就投入备用电源，也就是将备用电源投入到故障元件上，这样就势必扩大事故，加重故障设备的损坏程度。

（2）一个备用电源同时作为几个工作电源的备用。在已代替某工作电源后，其他工作电源又被断开，备用电源装置应能动作而自动投入。

（3）备用电源自动投入装置只允许将备用电源投入一次。因为当工作母线发生持续性短路故障或引出线上发生未被断路器断开的持续性短路故障时，备用电源第一次投入后，由于故障依然存在，继电保护装置动作，将备用电源断开，此时若再次将备用电源投入，就会扩大事故，对系统造成不必要的冲击。

（4）备用电源自动投入装置的动作时间以尽可能缩短负荷停电的时间为原则。停电时间短，对电动机自启动是有利的。在工作电源失去后，电动机会产生反电势，其转速则逐渐下降。备用电源自动投入时，备用电源电压与电动机反电势之间的电压差不能太大，否则会产生过大的电流和冲击力矩，导致电动机的损伤。因此，装有高压大容量电动机的厂用电母线，可以采用快速切换、同期切换、残压切换的组合方式。

（5）当备用电源无电压时，ATS装置不应动作。正常工作情况下，备用母线无电压时，ATS装置应退出工作，以避免不必要的动作。当供电电源消失或系统发生故障造成工作母线与备用母线同时失去电压时，ATS装置也不应动作，以便当电源恢复时仍由工作电源供电。

（6）应校验备用电源的过负荷和电动机自启动情况。如备用电源过负荷超过允许限度或不能保证电动机自启动时，应在ATS装置动作时自动减负荷。

此外，如果备用电源（或备用设备）投于故障，一般应使其继电保护快速动作。

六、自动低频减载装置 ZPJH

电力系统正常运行时，负荷是变动的。由于系统内发电机通常均具有热备用容量，对于正常的有功变动，可以通过有功功率的调节来保持系统频率在额定值附近。但是在事故情况下，如发电机故障、重要线路跳闸等，在系统发电热备用容量全部投入后，有可能仍有严重的有功缺额。由于功率的不平衡，导致系统频率大幅度下降。因此只能在系统频率降到某值以下时，采取切除部分负荷的办法来减少系统中的有功缺额，使频率保持在事故允许的限额之内。这种办法称为低频自动减负荷。

1. 系统频率下降过大的影响

电力系统的频率是反映其有功功率是否平衡的质量指标。当系统的有功功率有盈余时，频率就会上升超过额定值。当发送的有功功率有缺额时，频率就会下降低于额定值，当电力系统因事故而出现严重的有功功率缺额时，其频率也会随之急剧下降。频率降低较大对电力系统的运行是很不利的，有时甚至是十分有害的，主要表现在以下几个方面：

（1）系统频率降低使发电厂厂用机械的功率大为下降。当频率低于47～48Hz时，火电厂的厂用机械（如给水泵等）的功率将显著降低，使锅炉功率减少，导致发电厂发电功率进一步减少，致使功率缺额更为严重，于是系统频率进一步下降，这样恶性循环将使发电厂运行受到破坏，从而造成所谓"频率崩溃"现象。

（2）运行经验表明，某些汽轮机长时期在频率低于49～49.5Hz以下运行时，叶片容易产生裂纹，当频率低到45Hz附近时，个别级的叶片可能发生共振而引起断裂事故。

（3）发生电压崩溃现象。当频率降低时，励磁机、发电机等的转速相应降低，由于发电机的电动势下降和电动机转速降低，加剧了系统无功不足情况，使系统电压水平下降。运行经验表明，当频率降至46～45Hz时，系统电压水平受到严重影响，当某些中枢点电压低于某一临界值时，将出现所谓"电压崩溃"现象，系统运行的稳定性遭到破坏，最后导致系统瓦解。

（4）系统频率长期运行在49Hz以下，会使工业生产的效率下降，质量降低，甚或变坏，对国民经济将产生极为不良的影响。

一旦发生上述恶性事故，将会引起大面积停电，而且需要较长时间才能恢复系统的正常供电，世界上一些大型电力系统曾发生过这种不幸事故，应该引起我们高度重视。

综上所述，运行规程要求电力系统的频率不能长时期地运行在49.5～49Hz以下；事故情况下不能较长时间地停留在47Hz以下，瞬时值则不能低于45Hz。所以在电力系统发生有功功率缺额的事故时，必须迅速地断开部分用户，使频率维持在运行人员可以从容处理事故的水平上，然后再逐步恢复到正常值。由此可见，低频自动减负荷装置是电力系统一种有力的反事故措施。

电力系统的用户就其重要性与生产过程的特点来说，可以相对地分成重要用户、非重要用户等几个等级。如医院、铁道及某些不能停电的重要负荷，它们都不应该在自动减负荷装置动作时作为中断其电源的对象。对那些可以短时停电的用户也应根据系统协调的结果，分别情况有次序、按计划地分散安排，尽量减少自动减负荷装置动作时造成的经济上的损失。

2. 电力系统频率动态特性及低频自动减负荷装置动作的结果

电力系统由于系统故障而有功功率不平衡，从而引起系统频率发生变化，从正常状态过渡到另一个稳定值的频率随时间的变化过程，称为电力系统频率动态特性。

电力系统负荷大部分由电动机组成，具有一定的机械惯性，在系统中出现功率缺额时，系统频率 f 的动态特性可用指数曲线来描述，见图 3-79 曲线 a。在系统频率下降过程中，负荷将依照其频率效应减少功率总量吸收。

低频自动减负荷装置的动作原理是设定若干个频率动作值，通过检测系统频率，当系统频率下降至哪一级动作值时，相应切除一定量的负荷。

从图 3-79 曲线看，系统频率动态特性有如下特点：

（1）频率下降的最终值与功率缺额 ΔP_h 成比例。当 ΔP_h 较小时，系统频率下降较少；当 ΔP_h 较大时，系统频率下降较多，特性分别如曲线 a、b 所示。曲线还表明，ΔP_h 值越大，频率下降的速率也越大。

（2）设系统功率缺额为 ΔP_h，当频率下降至 f_1 时切除负荷功率 ΔP_L，如果 ΔP_L 等于 ΔP_h，则

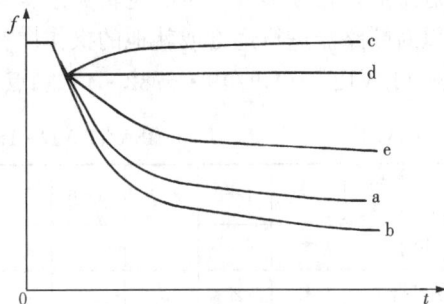

图 3-79　系统频率动态特性

发电机组发出的功率刚好与切除后的系统负荷功率平衡。系统频率按指数曲线恢复到额定频率运行，如曲线 c 所示。

（3）如果在 f_1 时切除负荷功率 ΔP_L 小于功率缺额 ΔP_h 值，则系统的稳态频率就低于额定值。设切除负荷 ΔP_L，正好使系统在频率 f_1 时无功率缺额，则频率 f 维持在 f_1 运行，频率特性如直线 d 所示。若在 f_1 时系统仍有功率缺额，则系统频率将继续下降，启动下一级减载动作或下降至较低的频率而稳定，如曲线 e 所示。比较 a、e 两曲线可说明，如能及早切除负荷功率，可延缓系统频率下降过程。

第三节　发电厂、变电所的控制、信号回路

发电厂、变电所控制、信号回路包括断路器的控制信号回路和中央信号回路。图 3-80 所示为典型的手车式断路器的控制、信号回路。

图 3-80 中 L+、L- 为控制回路直流电源；1SA 为位于控制室的控制高压断路器的 LW 型组合控制开关；KO 为合闸接触器；YR 为断路器跳闸线圈；KJ 为防跳继电器；HR1、HC1 分别为表示断路器位置的红、绿指示灯；SON 和 SOF 分别为开关柜上就地操作的合闸、跳闸按钮；SO 和 ST 为手车位置触点，手车在运行位置 SO 接通，在试验位置 ST 接通。

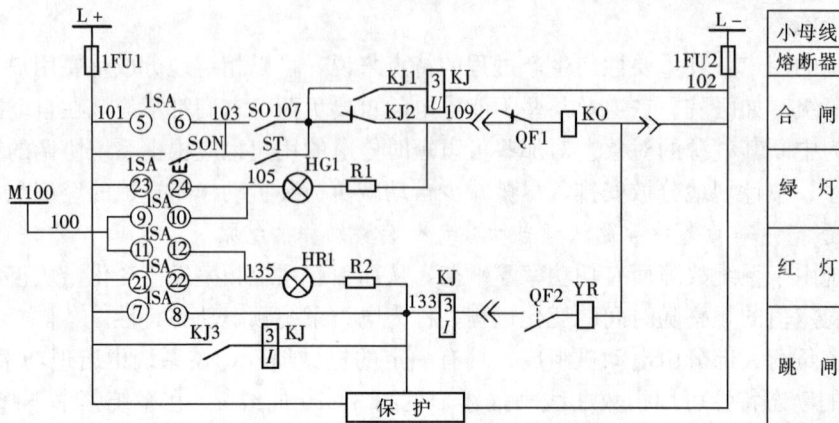

图 3-80 手车式断路器的控制、信号回路

从图 3-80 可看出，断路器的控制回路由直流电源、各种控制开关、继电器、按钮、指示灯组成，相互形成一定的逻辑关系。通过在控制室操作组合控制开关或在就地操作按钮，可以对断路器进行远方或就地的操作。在操作过程中和操作后有指示灯表明断路器的状态。ISA（LW12-16DF/49·6782·4）触点位置见表 3-1。

表 3-1   ISA（LW12-16DF/49·6782·4）触点位置

位置 \ 触点号	手柄	1—2	3—4	5—6	7—8	9—10	11—12	13—14	15—16	17—18	19—20	21—22	23—24
跳闸后	←		×				×			×			×
预备合闸	↑	×				×				×			
合闸	↗		×					×			×	×	
合闸后	↑	×								×	×	×	
预备跳闸	←		×				×			×			
跳闸	↗				×				×		×		×

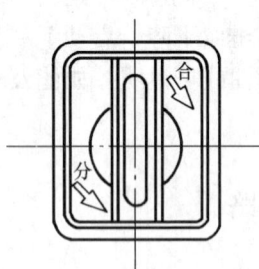

图 3-81 控制开关面板图

图 3-81 所示为控制开关面板图，是运行人员在控制室内进行操作的控制电器。控制开关内有多副触点，分别接入断路器的控制回路中，如图 3-80 中的 1SA 开关，按照面板上所表示的分、合方向旋转一定的角度，可以实现断路器的分、合控制。

为了有效监视电力系统运行状态，我们需要把从电压互感器和电流互感器二次侧测得的电气量给予显示。随着科学技术的发展与应用，电气量的显示出现多元化、平面化、小型化的发展趋势。

电力系统运行监视包括电压、电流、功率、频率等常规量的显示，还包括电网结构图（叠加电气量）、电气量运行趋势、电气量运行统计（棒图、饼图）、故障及过限告警（音响、变色）等。

测量量显示的方法与工具的发展可分为三个阶段：

（1）机械式仪表。机械式仪表的显示是单一的电气量，需要安装多个仪表，如电压表、电流表、功率表等，靠指针的摆动角度来表示电气量的大小，装置占有较多的空间。

（2）数字式仪表。数字式仪表经过对模拟量的数字化转换，直接显示电气量数值，直观、准确度较高，但仍然是单一电气量显示。

（3）显示器显示。运用数字信息系统对众多数据同时处理的特点，将多个需要显示的电气量数值在一个计算机屏幕上显示，可以根据需要选择显示，或多屏幕画面的切换。当电力系统运行参数过限或发生故障时，可以弹出预告、警告、警报画框，信息量大，大大便利了运行人员了解系统运行情况，经过人机对话，及时对系统调整、系统故障进行处理，极大地提高了电力系统安全、可靠、经济运行的能力。

图 3 - 82　测控保护
一体化装置

在过去，测量、控制、保护分别由各个独立装置完成，接线复杂。随着计算机技术的运用，在配电网中开始运用测控保护一体化装置（见图 3 - 82），使用一个装置可以完成对象的测量、控制和远方通信，同时提供完整的继电保护，装置简化、信息的综合运用得到了进一步的发展。

第四节　电力系统调度与自动化

一、电力系统运行状态

电力系统由发电厂、输变电系统、配电系统和各种不同类型的负荷等组成，由各级调度中心对系统的运行进行控制和管理。电力系统是一个大系统，电能的生产、输送及分配是在一个地域广阔、涉及各行各业的区域内进行的，加上电磁过程的快速性，因此对电力系统运行控制的有效性提出了非常高的要求。对电力系统运行的基本要求是：①保证安全、可靠地发、供电；②要有合格的电能质量；③要有良好的经济性。

由于电力负荷始终是变动的，加上出现系统故障的不可预见性，电力系统有多种运行状态，要求电力系统的运行监视及调度控制系统能够进行快速、有效的判别和处理，以实现对电力系统运行的基本要求。

电力系统各种运行状态及其相互间的转变关系如图 3 - 83 所示。

（1）正常运行状态。一个电力系统是由许多发电机、变压器、线路、开关等发供电设备组成的庞大网络，在任何时刻中用户所用电能，即负荷的有功、无功（包括线路损耗）一定与发电机发出的电能相等，这是电能平衡所决定的正常运行状态。在正常运行状态下，电力系统的频率和各母线电压均在正常运行的允许范围内；各电源设备和输变

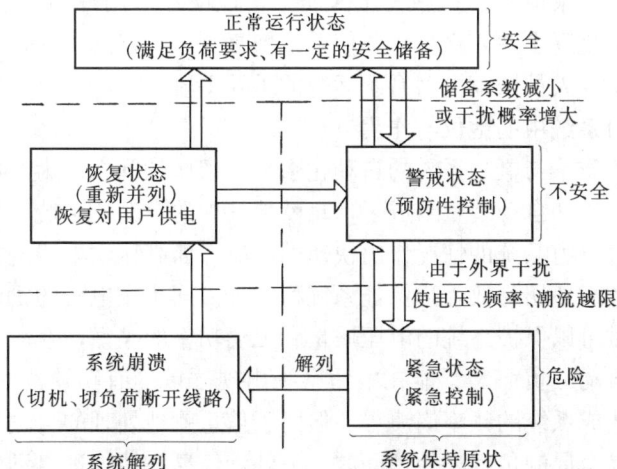

图 3 - 83　电力系统各种运行状态及其相互间的转变关系

电设备又均在额定范围内运行；系统内的发电设备和输变电设备均有足够的备用容量，能承受系统正常的干扰（如断开一条线路或停止一台发电机组）而不致造成不良的后果（如设备过载等）；系统能迅速地过渡到新的正常运行状态。电力系统运行管理的目的就是尽量维持它的正常运行，为用户提供高质量的电能，并使发电成本最经济。

（2）警戒状态。由于负荷或系统运行结构的变动以及一系列非大干扰的积累造成某段时间内的单向自动调节，使系统中发电机所发出的功率虽然与用户相等，电压、频率仍在允许范围内，但安全储备系数大为减少，对外界的抗干扰能力下降了，系统由正常运行状态进入警戒状态。如果再有一个新的干扰，有可能使某些状态越限，如设备过载等，从而使系统的安全运行受到威胁或遭到破坏。

电网调度中心要随时监测系统的运行情况，对系统的安全水平作出评价。当发现系统处于警戒状态时，调度人员应及时采取预防性控制措施（如增加发电机的功率、调整负荷、改变运行方式等），使系统尽快地恢复到正常状态。

（3）紧急状态。当系统处于警戒状态且又发生一个相当严重的干扰（如发生短路故障或一台大容量发电机组退出运行等），使得电力系统的某些参数越限，如变压器过负荷、系统的电压或频率超过或低于允许值。这时电网监控与调度自动化系统就担负着特别重要的任务，它将发出一系列的告警信号。调度人员根据监视器屏幕或调度模拟屏的显示，掌握系统的全局运行情况，及时采取正确、有效的紧急控制措施，则仍有可能使系统恢复到警戒状态，进而再恢复到正常状态。

（4）系统崩溃。在紧急状态下，如果不及时采取措施，或者采取了错误的措施，那么整个系统就会失去稳定运行，造成系统瓦解，形成几个子系统。此时，由于发电机的出力与负荷之间功率不平衡，不得不大量切除负荷及发电机，从而导致整个电力系统的崩溃。系统的平衡条件及参数的约束条件，均遭到破坏。电力系统监控与调度自动化系统的目的之一就是尽可能避免这种状态的出现，万一出现了紧急状态，应尽可能采取正确的有力措施，不使系统瓦解。一旦系统瓦解，控制系统应尽量维持各子系统的功率供求平衡，维持部分供电，避免整个系统崩溃。

（5）恢复状态。在紧急状态之后，或者在系统瓦解之后，待电力系统大体上稳定下来之后，系统转入恢复状态。这时运行人员应采取各种措施，迅速而平稳地恢复对用户的供电，使停运的机组投入运行，使解列的小系统逐步并列运行，并使系统恢复到正常状态。在这个过程中，监控与调度自动化系统也是调度人员恢复电力系统运行的重要手段。

二、电网监控与调度自动化在电力系统中的地位与作用

电力系统运行的可靠性及其电能的质量与电力系统的自动化水平有密切的联系。为了电力系统的安全、经济运行，各种继电保护和自动装置组成了信息就地处理的自动化系统。信息就地处理的自动化系统的特点是能对电力系统的情况作出快速的反应。如高压输电线上发生短路故障时，继电保护能够快速而及时地切除故障，保证系统稳定；而同步发电机的励磁自动调节系统，在电力系统正常运行时可以保护系统的电压质量和无功功率的平衡，在故障时可以提高系统的稳定水平；按频率自动减负荷装置能在电力系统出现严重的有功缺额时，快速切除一些较为次要的负荷，以免造成系统的频率崩溃等。但由于信息就地处理的自动化系统获得的信息有局限性，因而不能以全局的角度来处理问题。另外，信息就地处理自动装置一般只能"事后"处理出现的事件，因不能"事先"从全局的角度对系统的安全性作出评价，因而有其局限性。

以现代电力系统的运行要求来看，仅依靠信息就地处理的自动化系统还不能保证电力系统的安全、优质、经济运行，因为这些装置往往都是根据局部的、事后的信息来处理电力系统的故障，而不能以全局的、事先的信息来预测、分析系统的运行情况和处理系统中出现的各种情况，所以电网监控与调度自动化系统有着它独特的不可取代的作用。电网监控与调度自动化系统又称为信息集中处理的自动化系统，可以通过设置在各发电厂和变电所的远动终端（RTU）采集电网运行的实时信息，通过信道传输到设置在调度中心的主站上（MS），主站根据收集到的全局信息，对电网的运行状态进行安全性分析、负荷预测以及自动发电控制、经济调度控制等。当系统发生故障，继电保护装置动作切除故障线路后，调度自动化系统便可将继电保护和断路器的动作状态采集后送到调度员的监视器屏幕和调度模拟屏上。调度员在掌握这些信息后可以分析故障的原因，并采取相应的措施使电网恢复供电。但是由于信息的采集、传输需要一定的时间，所以目前在发生系统故障时还不可能依靠信息集中处理系统来切除故障。

信息就地处理系统和信息集中处理系统各自有其特点，互相补充而不能替代。随着微机保护、变电所综合自动化等技术的发展，两个信息处理系统之间的相互联系必然会更加紧密。如微机保护的定值可以远方设置，并随着系统运行状态的改变，可以使保护的整定值总是处于最佳状态。可以预料，随着计算机技术和通信技术的发展，电力系统的自动化技术将发展到一个新的水平。

继电保护、安全自动装置、安全稳定控制系统、电网调度自动化系统、电力专用通信网系统、电力市场技术支持系统等现代化技术手段，是保证电力系统在进入电力市场时代后安全、优质、经济运行的支柱，是现代电力系统运行必不可少的手段。

三、电力系统的分层控制

电能的产、输、配电和用电均在一个电力系统中进行的，我国目前已建成五个大电网（华北、东北、华东、华中、西北电网）以及一些省网，并且在大网之间通过联络线进行能量交换（如三峡、葛洲坝到上海的 500kV 输电线将华东和华中两大电网联系起来），目前正在研究发展 750kV 和 1000kV 的特高压输电网络。

我国电网实行五级分层调度管理：国家调度控制中心（简称国调）、大区电网调度控制中心（简称网调）、省电网调度控制中心（简称省调）及地、县电网调度控制中心（简称地、县调），如图 3 - 84 所示。

电网调度管理实行分层管理，因而调度自动化系统的配置也与之相适应，信息分层采集、逐级传送，命令也按层次逐级下达。为了保证电力系统的安全、经济、高质量的运行，对各级调度都规定了一定的职责与功能。

随着我国社会经济的发展和文化的进步，我

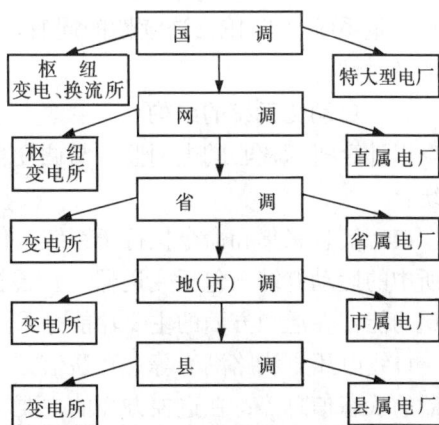

图 3 - 84　电网分层控制示意图

国的电网调度取得了前所未有的发展，以《电力法》和《电网调度管理条例》的发布施行为标志，我国的电网调度进入了依法调度的新时期。我国电网调度的基本原则是统一调度、分级管理、分层控制。

四、统一调度与分级管理

统一调度就是电网调度机构统一组织全网调度计划（或称电网运行方式）的编制和执行；统一指挥全网的运行操作和事故处理；统一布置和指挥全网的调峰、调频和调压；统一协调和规定全网继电保护、安全自动装置、调度自动化系统和调度通信系统的运行；统一协调水电厂水库的合理运用；按照规章制度统一协调有关电网运行的各种关系。

在形式上，统一调度表现为在调度业务上，下级调度必须服从上级调度的指挥。

分级管理，是指根据电网分层的特点，信息可以分层采集，只需把一些必要的信息转发给上一级调度部门。上一级调度只向下一级调度发出总指标，由下一级调度进行控制。若局部的控制系统发生故障，不会严重影响其他控制部分，并且各分层间可以部分地互为备用，从而提高了电力系统运行的可靠性。在电力系统中，即使在紧急状态下部分电网与系统解列，也可以分别地独立运行，因为局部地区也有相应的调度自动化系统，可以对电网实现监控。

五、调度自动化系统与电力市场

随着我国电力系统市场化改革的深入，需要建立相应的电力市场技术支持系统，同时对调度自动化系统又提出了新的要求。电力市场技术支持系统是支持电力市场运营的计算机、数据网络与通信设备、各种技术标准和应用软件的有机组合。

国家电力监管委员会于 2003 年 8 月公布的电力市场技术支持系统功能规范（试行）中规定：电力市场技术支持系统必须对电力市场的数据申报、负荷预测、合同的分解与管理、交易计划的编制、安全校核、计划执行、辅助服务、市场信息发布、市场结算等运作环节提供技术支持；必须符合有关技术标准；必须保证系统及其数据的安全，满足二次系统安全防护要求，采用适当的加密防护措施、数据备份措施、防病毒措施及防火墙技术，提供严格的用户认证和权限管理手段，并考虑信息保密的时效性；结构设计、系统配置、软件编制，必须满足实时监视信息的传送、区域电力市场可靠运营、子系统间的互联、系统的开放性、可扩展性、与未来电力监管系统接口的要求；必须保证整个交易数据的完整，确保各类数据的准确性及一致性，必须确保提供连续的服务；在保证能量管理系统（EMS）实时性以及电能量计量系统（TMR）连续性的同时，保证报价、交易、结算及信息发布的处理和数据传输的及时性。

六、自动化系统的结构

以计算机为核心的电网监控与调度自动化系统的基本结构按其功能可以分成如下四个子系统：

（1）信息采集和命令执行子系统。信息采集和命令执行子系统，是指设置在发电厂和变电所中的运动终端（包括变送器屏、遥控执行屏等）。远动终端 RTU 与主站配合可以实现四遥功能：在遥测方面的主要功能是采集并传送电力电力系统运行的实时参数，如发电机功率、母线电压、线路潮流等；在遥信方面的主要功能是采集并传送继电保护的动作信息、断路器的状态信息等；在遥控方面的主要功能是接收并执行从主站发送的遥控命令，并完成对断路器的分或合操作；在遥调方面的主要功能是接收并执行从主站发送的遥调命令，调整发电机的有功功率或无功功率等。

（2）信息传输子系统。信息传输子系统按其信道的制式不同，可分为模拟传输系统和数字传输系统两类。对于模拟传输系统，远动终端输出的数字信号必须经过调制成模拟信号后，才能传输。对于数字传输系统，则直接以数字信号传输。

（3）信息的收集、处理和控制子系统。收集分散在各个发电厂和变电所的实时信息，对这些信息进行分析和处理，并将结果显示给调度员或产生输出命令对系统进行控制，实现对整个电网的监视和控制。

（4）人机联系子系统。从电力系统收集的信息，经过加工处理后，通过显示装置反馈给调度人员，可以充分、深入和及时地掌握电力系统实时运行状态，作出正确的决策和相应的措施，通过键盘、鼠标、显示屏触摸等操作手段，对电力系统进行控制，使电力系统能够更加安全、经济地运行。

七、电网监控与调度自动化系统的基本功能

电网监控与调度自动化系统由电力系统中的各个监控与调度自动化装置的硬件和软件组成，按其分布特点与实现的功能又可以分成一定的层次，而其高一级的功能往往建立在一定的基础功能之上。

（1）变电所自动化。变电所是电力系统中的一个重要组成部分，实现变电所综合自动化是电网监控与调度自动化得以完善的重要方面。变电所综合自动化采用分布式系统结构组网方式、分层控制，基本功能通过分布于各电气设备的 RTU 对运行参数与设备状态的数字化采集处理、继电保护微机化、监控计算机与各 RTU 和继保装置的通信，完成对变电所运行的综合控制、完成遥测、遥信数据的远传与控制中心对变电所电气设备的遥控及遥调，实现变电所的无人值守。

对于传统的变电所的无人值班的改造，则是考虑从经济的角度出发，在保留原有的基本设备的前提下，通过对控制回路、信号回路以及模拟远动装置数字化改造，实现"四遥"。

（2）配电网管理系统（DMS）。配电网管理系统（Distribution Management System，DMS）是一种对变电、配电到用电过程进行监视、控制、管理的综合自动化系统，其中包括配电自动化（DA）、地理信息系统（GIS）、配电网络重构、配电信息管理系统（MIS）、需方管理（DSM）等几部分。

配电自动化（DA）是配电管理系统中最主要的部分（见图 3-85），其中的数据采集监控系统（SCADA）接收安装于变电所、开闭所的远方终端（RTU）、安装于线路分段开关的馈线终端（FTU）传送来的配电网的运行数据和故障数据，对数据进行综合分析，对运行状态进行判断，相应发出维护配电网安全运行的控制操作。

馈线自动化（见图 3-86）实现"故障定位、故障隔离、负荷转移"功能。我国配电网在经改造后，采用"环网结构、开环运行"方式，即一个负荷可以有两个或几个可供电的电源，两端有电源的多段线路通过多个分段开关分成若干分段，正常运行时，其中的联络分段开关分断，而其他分段开关合上。当某一分段线路发生故障，通过各个分段开关处安装的FTU 传送信息，经过逻辑判断，实现"故障定位、故障隔离、负荷转移"功能，达到故障线段被隔离、而负荷不停电的目标。

地理信息系统（GIS）是把配电网运行状态叠加在地理信息图上，通过基于拓扑网络着色显示，为调度人员提供实时的、直观的运行信息内容。同时，GIS 还能实现配电网的电气设备的管理、寻找和排除设备故障、统计与维修计划等服务。

配电信息管理系统的管理对象为配电网运行数据历年数据库、用户设备及负荷变动，进

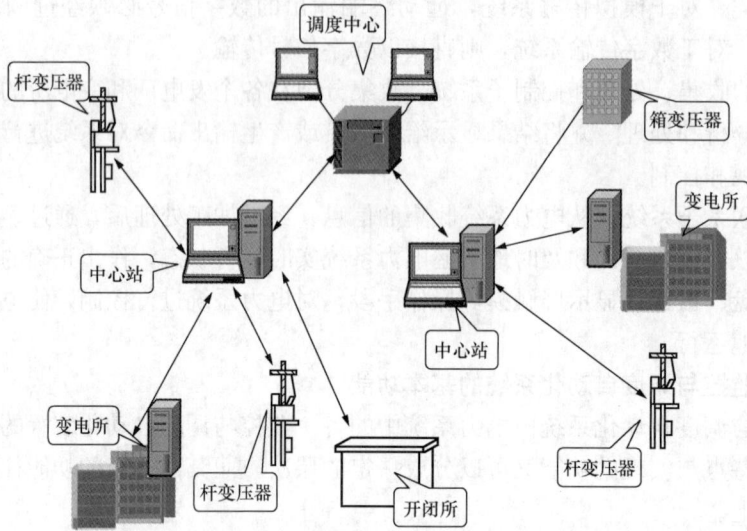

图 3-85 配电自动化结构示意图

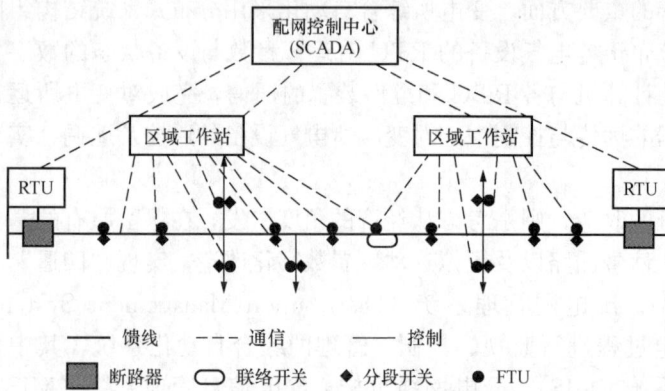

图 3-86 馈线自动化结构示意图

行业扩、供电方式与路径、统计分析等数据显示与建议。

需方管理（DSM）提供电力供需双方对用电市场进行共同管理的手段，包括供电合同下的负荷监控、削峰和降压减载、远方抄表、用户自发电管理等，以达到提高供电质量与可靠性，减少能源消耗及供需双方的供用电费用支出的目的。

（3）能量管理系统（EMS）。能量管理系统是电力系统监视与控制的硬件及软件的总成，主要包括数据采集与监控（SCADA）、自动发电与经济调度（AGC/EDC）、系统状态估计与安全分析（SE/SA）、配电自动化与管理（DA/DMS）、调度模拟培训（DTS）等。

1）数据采集和监控（SCADA）。其主要功能有数据采集 DA（Data Acquisition）；数据预处理及报警（Calculation & Alarm）；事件顺序记录 SOE（Sequeue of Events）；事故追忆 PDR（Post Dsturbance Review）；远方控制（Control）；远方调整（Adjustment）；趋势曲线（Trend）和棒图（Bargraph）；历史数据存储（History）和制表打印（Report）；系统统一时钟（Clock）；模拟盘接口（Mimic board Interface）。

2）自动发电控制（AGC）和经济调度控制（EDC）。对于独立运行的省网或大区统一电网，AGC 功能的目标是自动控制网内各发电机组的功率，以保持电网频率为额定值。

对跨省的互联电网，各控制区域（相当于省网）AGC 的功能目标是既要求承担互联电网的部分调频任务，以共同保持电网频率为额定值，又要保持其联络线交换功率为规定值，即采用联络线偏移控制的方式。

在线经济调度控制 EDC 通常都同 AGC 相配合进行。当系统在 AGC 下运行较长时间后，就可能会偏离最佳运行状态，这就需要按一定的周期（通常可设定为 5～10min），启动 EDC 程序重新分配机组功率，以维持电网运行的经济性，并恢复调频机组的调节范围。

3）电力系统状态估计 SE（State Estirnator）。根据有冗余的测量值对实际网络的状态进行估计，得出电力系统状态的准确信息，并产生"可靠的数据集"，包括网络接线分析、潮流计算、状态估计、负荷预报、短路电流计算、电压/无功优化等。

4）安全分析 SA（Security Analysis）。静态安全分析就是对电网的一组可能发生的事故进行假想的在线计算机分析，校核这些事故后电力系统稳态运行方式的安全性，从而判断当前的运行状态是否有足够的安全储备。当发现当前的安全储备不够时，就要修改运行方式，使系统在有足够安全储备的方式下运行。

动态安全分析就是校核电力系统是否会因为突然发生的大事故而导致失去稳定的计算。

5）调度员培训系统（DTS）。调度员培训系统（DTS）通过对电网的模拟仿真，可使调度员得到离线的运行操作训练，培养调度员处理紧急事件的能力。

八、电力系统通信

电力系统数据通信系统是组成电力系统调度自动化系统和配电网自动化系统的重要部分。电力系统可分为发电厂、高压输电系统、配电系统三大部分。在发电厂、变电所内由各种计算机设备构成内部网络，通过设备之间的数据通信，实现发电、变电的协调控制。

电力系统自动化系统对通信系统构成的要求取决于系统规模、复杂程度和预期达到的自动化水平，主要体现在以下几个方面：

（1）通信可靠性。具有在大量的、远距离传输数据过程中保证数据通道的通畅，误码率低，并具备一定的误码检测和纠错能力。

（2）建设费用较低。即具备较高的价格性能比。不根据实际数据传输的要求，盲目采用过高等级、超过实际容量需要的、复杂的通信系统及设备是不明智的。

（3）满足目前和将来数据传输速率的要求。设备容量和通道容量应适当考虑电力系统的发展及对自动化程度的要求，可以通过规划来逐步实施。

（4）通信方式具有实用性和灵活性。包括一对一、一对多、多对多和网络结构的选择，以及通信通道工作方式的选择。

（5）通信通道不受电力系统故障的影响。当电力系统故障时，强烈的电磁干扰会对附近的通信设备和线路形成影响，造成设备损坏或信息误码。

（6）易操作与维护，建立调度系统的安全防护体系保证通信系统的安全。

1. 数据通信系统构成

简单的数据通信系统由数据终端、调制解调器、通信线路、通信处理机和主计算机组成，如图 3-87 所示。

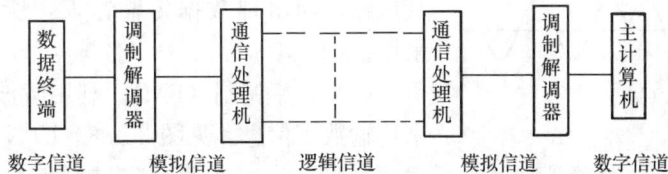

图 3-87 数据通信系统构成简图

（1）数据终端。电力系统被监控设备与数据通信网络之间的接口，能够把电气模拟信号或状态量转换为二进制信息向数据通信网络送出，也能够把从数据通信网络中接收到的控制调节指令（或经转换）向受控对象发出。

（2）调制解调器。较远距离的通信往往采用模拟信号。调制解调器的作用是二进制数据序列调制成模拟信号或把模拟信号解调成二进制数据，是计算机与模拟信道之间的连接桥梁。对近距离的通信，可直接采用数字式通信。

（3）通信线路。采用公用通信线路或专用通信线路，可以是直接连接，也可以是经过通信处理机网络连接。

（4）通信处理机。承担通信控制任务，完成计算机数据处理速度与通信线路传输速度间的匹配缓冲，对传输信道产生的误码和故障进行检测控制，对网络中数据流向与密度根据要求进行信道的建立与拆除。

（5）主计算机。集中数据终端采集到的电力系统运行数据，进行判别、分析与控制。

2. 信道

进行通信的通道又称为"信道"。在数据通信网络中，各站点之间的信息交流都需依靠信道完成。电力系统通信的信道种类很多，由于电力系统通信的重要性和特殊性，其发展以电力系统的扩大和发展为前提条件。

按数据传输媒介的不同，数据传输信道可分为有线信道和无线信道两类。有线信道包括电力线载波、通信电缆、光纤、现场总线等；无线信道包括无线电广播、微波、卫星通信等。按数据传输形式的不同，数据传输信道可分为模拟信道和数字信道两类。

3. 信息调制与解调

由于受通信技术限制，较远距离的信息传送目前尚不能采用数字脉冲形式，电力系统监控设备两端均采用了计算机数字技术，但它们之间的信息通信目前只能是模拟信号。因此一个电力系统数据从一端传送至另一端，必然有一个发送端把数字信息调制为模拟信号，接受端把模拟信号解调还原成数字信息的过程。

数字调制是用二进制信息的值改变载波的参数。载波在工程上采用的是高频正弦信号，其特征量有振幅、频率和相位。信息调制方法基本有三种：

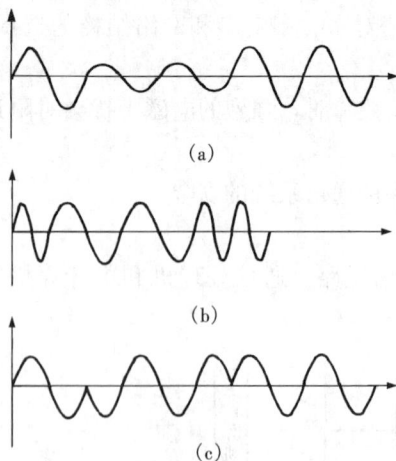

图 3 - 88　　调制方式
(a) 振幅调制 AM；(b) 频率调制 FM；
(c) 相位调制 PM

（1）振幅调制（AM）。这是一种最简单的信号调制方式，以一个固定频率的载波交流信号用不同的振幅表示"1"和"0"［见图 3 - 88（a）］，调制后载波的频率和相位都不变。最特殊的振幅调制表达是用无信号代表"0"，而以有信号表示"1"。由于这种调制后的已调波很易受传输过程中的干扰或衰减等作用影响其振幅，而出现数据传输错误，所以现在一般很少采用。

（2）频率调制（FM）。利用载波信号的频率变化来传输数字信息［见图 3 - 88（b）］，即以两种不同的载频（ω_1，ω_2）来表示二进制信息的"1"和"0"。由于传输的信息与已调波的振幅无关，其抗衰减性能比上述相位调制好，但其抗起伏干扰的性能不及相位调制，且占用频带较宽，频带利用不经济。

（3）相位调制（PM）。利用载波信号的相位变化来表达数字信息的不同数值，载波的振幅和频率不变。例如，以正弦波的正相位表示"1"，而反相位表示"0"，如图 3 - 93（c）所示。

4. 计算机网络

计算机网络是把分散在各处的计算机通过通信信道建立联系，各个计算机可有其各自独立的功能，同时通过网络达到资源共享的结果。计算机网络可有以下基本功能：

（1）数据传送。终端设备与计算机及计算机之间，能够根据约定相互交换数据，从而实现电力系统的数据集中分析和远方控制。

（2）数据共享。网络使大量的、分散的数据迅速、正确地集中、分析和处理，并建有一定数量的数据库，而网络中的计算机可以根据需要充分利用非本机内的数据资源。

（3）软件共享。网络共享软件包括各种语言处理程序、服务程序和应用程序等。

（4）硬件共享。网络使一些贵重的设备为网内的各计算机共享，比如外设打印机、绘图仪、投影仪等，以减少投资，资源互备。当一台计算机发生故障或任务太忙时，网络中的其他计算机可以替代完成任务，保证及时、可靠地进行数据处理或控制。

5. 数据传输的差错控制

在电力系统实时系统中，如出现一个误码有可能导致错误的操作而使系统正常运行遭到破坏，所以要求有很高的传输正确率。为此，需要采取必要的检测和校正误码措施，常用的办法是：在传输信息的同时通过编码器按照一定的规则增加若干校验码，这些校验码与有效的信息码间具有一定的关系。这样，在接收端收到信息后，由译码器检验它们之间的关系是否符合原定的规则；在确认信息可靠无误后，取出有效的信息码输出至数据库或控制电路。如果发现信息受到干扰而有错误时，则应拒绝接收、要求重新发送或设法纠正错误。常用的校验码方式有奇偶校验码、方阵码、线性分组码、循环码、卷积码等。

6. 数据传输规约

在电力网通信系统中，调度端与厂站端之间为了有效地实现信息传输，收发两端需预先对数码传输速率规约、数据结构、同步方式等进行约定，两侧设备应符合和遵守这些约定，称为通信。"四遥"等信息以数字形式传输。一个数据串表示一定的信息，称为信息字。一般形式下，由起始标志、地址字、控制字、若干信息字、监督字以及结束标志组成一个完整的信息结构，称为数据帧。数据帧的实际构成将随使用的通信规约不同而各有不同。在数据通信网络中，若干数据帧组成信息报文，在网络中传输时，一个报文又可以分割成若干个报文分组依次传送。

电力系统根据各调度中心之间、调度中心与厂站控制中心之间、厂站控制中心与各个远方终端之间的数据通信要求，设定各自专用通信规约，在实际工作中必须遵守这些规约。

思 考 题

3-1　发电机的正常运行方式和非正常运行方式怎样区分？用什么方法进行发电机输出有功功率的调整？

3-2　发电机励磁系统由哪几部分构成？对励磁系统的要求有哪些？怎样进行发电机输出无功功率的调整？

3-3　电力系统中变压器的作用是什么？变压器采用什么方法实现变换电压？

3-4　变压器的额定使用条件有哪些？什么情况下可以过负荷运行？

3-5　高压断路器有哪些基本形式？各依靠什么来使电弧熄灭？

3-6　高压断路器和高压隔离开关有哪些不同？各自承担什么任务？

3-7　电磁启动器如何实现电动机的控制与保护？

3-8　低压自动空气断路器有多个脱扣器，各完成什么任务？

3-9　选择开关设备为什么要求进行热稳定和动稳定校验？

3-10　电压互感器和电流互感器各起到什么作用？其二次侧额定值各是多少？在正常运行时，二次侧各处于什么状态？

3-11　发电厂、变电所电气主接线中单母线分段接线和双母线接线各有什么特点？各适用于什么场合？

3-12　双母线接线进行倒闸操作时，如何保证安全？

3-13　在我国有很多终端变电所电气主接线采用内桥式接线的原因是什么？

3-14　发电厂厂用电源有哪些种类？各起什么作用？

3-15　进行配电装置设计与配置时，需要注意哪些问题？

3-16　SF_6 组合电器、手车式开关柜、抽屉式配电屏在我国得到大量使用的原因是什么？

3-17　电气设备防误操作需注意哪几点？

3-18　电力系统中用哪些设备进行大气过电压防护？

3-19　用电设备为什么要外壳接地？在中性点直接接地的三相四线制电力网中，中性线上是否可以安装熔断器？

3-20　继电保护主要由几大部分组成？各部分分别完成什么任务？

3-21　电力系统对继电保护的要求是什么？

3-22　电力系统中输电线路继电保护有哪几种保护可供选择？

3-23　变压器差动保护为什么能区分内部故障和外部故障？

3-24　发电机的准同期并列要求满足哪几项条件？

3-25　在自动电压调节装置作用下，当发电机增加无功功率输出时，能否保持机端电压不变？原因是什么？

3-26　总结一下电力系统中安装各种自动装置的目的。

3-27　电力系统处于正常运行状态的特征是哪些？什么原因使电力系统从正常运行状态变为警戒状态，此时应采取什么措施？

3-28　馈线自动化如何实现"故障定位、故障隔离、负荷转移"？

3-29　在进入电力市场时代后，保证电力系统安全、优质、经济运行的支柱是哪些？

3-30　我国电网调度的基本原则是什么？制定出这些原则的原因是什么？

3-31　电网监控与调度自动化系统主要有哪些功能？

第四篇 电力市场建设概述

从人类社会开始使用电力到 20 世纪的 80 年代以前的很长历史过程中，世界各国的电力工业因其规模经济的特点基本都发展成纵向一体化的地区性垄断企业，这些企业掌握着电力发、输、配、售的全部环节，拥有向本地区用户供电的权利和义务。到 20 世纪 80 年代后期，电力用户要求更廉价的电能，人们也逐渐意识到垄断经营的电力公司存在效率低下等诸多弊端，于是以英国和北欧为先锋，开始探索在不改变大电网优势的前提下，寻求引入竞争、打破垄断经营的电力工业改革。这一对电力工业以实现竞争为目的的改革被称为电力市场化改革。

电力市场化改革的推进过程，就是电力市场建设的过程，电力市场建设的本质是对电力行业四大环节进行解绑，建立起市场化的企业运作方式和公平竞争的价格形成方式。

电力工业资产密集，供电安全、可靠对于一个国家经济发展至关重要，相关利益集团面临资源重新配置的挑战，改革的过程需要诸多新技术和新机制的支持，这些因素都决定了电力工业传统运营方式必须逐渐予以改变才能保证电力系统稳定发展和顺利向新运营方式过渡，所以电力市场化改革是一个逐渐完善的过程，不能一蹴而就。

本篇从电力市场改革的市场化趋向为开篇内容，在讨论市场化建设需要完成的几个基础工作的叙述后，介绍了当前世界电力市场建设的基本状况，在借鉴其经验的基础上，介绍了我国电力市场改革推进的过程及采取的模式，并对市场模拟运行及试运行取得的成果进行了初步评价。

本篇的目的是帮助读者从电力市场化改革过程的角度，认识电力市场建设的意义、电力市场建设的复杂性以及当前电力市场的实践过程，以期达到对电力市场改革的基本认识。

第十四章 电力改革的市场化趋向

第二次世界大战后至 20 世纪 80 年代，世界各国电力工业体制绝大多数采用国有和垂直垄断模式。我国电力工业也是长期在国家垄断体制下执行计划经济管理，中央政府通过政府部门直接掌管电力项目的建设资金投入及其审批，同时制定分类的销售电价。电力销售的收入大部分上交国家和地方政府，实行收支两条线的财务管理；对各级电力部门实行逐级的行政式管理。各级电力部门不是作为企业经营，而是作为社会公益事业管理。

随着社会政治经济的不断发展变化，传统的电力工业管理体制暴露出诸多弊端，如效率低下、电价不透明、发输配售环节内交叉补贴严重等，使得减少政府对能源工业干涉的呼声越来越高。从 20 世纪 80 年代后期，许多国家纷纷尝试进行电力改革和电力市场建设，实现资源的优化配置。

电力市场化改革的步骤和内容，通常是对电力的发、输、配、售环节进行垂直解绑，将公共行业实现私有化，在发电环节建立批发市场，在最终供电环节建立零售市场，允许众多的参与者及新的实体加入，并成立独立的管制机构，使输配电网络能够实现无歧视性接入，完成对输配电网络的激励管制。

第一节　电力工业模式的综合描述

电力工业模式、电力改革，一般涉及电力企业所有制模式、电力工业管制模式、电力企业管理模式和电能产品交换的竞争模式。所有制模式、管制模式、改革模式和竞争模式伴随不同阶段的电力改革，世界各国有着多种选择，并由此构成了丰富多样的电力工业运营模式。

一、电力企业所有制模式

归纳起来，各国电力企业所有制模式通常有如下三种。

1. 政府所有形式

电力工业投资巨大，因其巨大的沉没成本存在，早期一般私人资本不愿承担此类风险，往往由政府通过拨款、贷款或政府担保获得低利率的优惠贷款等方式建立政府所有的电力企业；另外，电力工业具有天然的垄断性，而电力是一个国家发展的血液，私人经营容易控制电价，从而操纵国家经济。因此政府认为对电力工业来说，公有制是最好的一种管理方式。所以，至 20 世纪以前的很长时间里，在许多国家，电力企业常常由政府直接控制管理。

2. 公用事业公司

这是对政企不分、政府垄断经营的电力企业按"公司化改造、商业化运营、法制化管理"进行部分改革的结果；对公司化的电力企业确定商业化的经营目标，建立自主经营机制和法人治理结构；在电力企业与政府之间实施以合同方式取代政企不分的行政干预的系列改革，形成国家对电力公司以独资、控股方式的间接控制。实现上述改变的企业则称其为公用事业公司形式。

3. 民营化和私有化

政府所有制下的电力企业，包括公用电力公司形式，普遍存在低效率和缺乏激励机制，特别是国有独资电力公司。一些实践表明，公有制并不是保护消费者的必要条件，私营电力企业也可以得到控制和合理利用。特别是伴随科学技术的进步，除了输电和配电网络需要保持垄断经营，电力工业中的发电和销售可以引入竞争机制。私人资本的大发展也为私人企业筹措所需的资金进入电力企业创造了条件。因此，对电力工业进行民营化和私有化改造也在世界各国广泛发展开来。

电力市场改革化的过程，通常伴随着将公共所有制实现私有化，以及允许新的私有者的加入，我国正在发电环节逐步实现这一目标。

在大部分国家的所有制改革中，总的趋势是由政府所有制向着公用公司、民营化、私有化的方向发展。私有化的主体对于促进有效的市场竞争作用很大，在一些国家，如德国和比利时，改革之前电力工业就已主要私有化了，后来的电力市场建设就顺利很多。在私有化时期拆分大的公司促进竞争相对比较容易，但有时这样做也会受到抵制，以防国有企业落入外资公司之手，例如，挪威的电力市场改革成功地说明市场开放并不必须私有化，但是在引入竞争以前必须先有主导性的言论和当地所有权。

二、电力工业管制模式

尽管市场结构在促进竞争方面非常重要，而恰当的管制，对于有效竞争是非常重要的。如欧盟在 2003 年的电力市场改革规范中就要求成员国设立独立的管制机构。事实上，对电力输配电网络的激励管制可在该自然垄断领域提升效率、节省成本。而在德国管制环节略显薄弱，缺乏激励计划，导致德国输配电网络收费基本没有变化，停留在欧洲收费最高者行列。一般电力行业的管制涉及成立独立的管制机构，并对输配电网络进行激励管制，管制的方式内容主要有以下五点。

1. 特许权管制

特许权管制是指政府通过特许权授予或执照的核准，允许某企业进入特定产业。其目的是为了避免自然垄断产业的重复投资，防止造成社会资源的浪费。我国目前兴建发电厂、经营供电区必须经政府电力管理部门批准，就是特许权管制。

2. 标准管制

标准管制是指政府管制当局通过法令和标准的制定，实现维持生态、避免污染、确保产品质量以及保护消费者安全的目的。如发电厂的污染排放标准，电力的周波、电压标准等。这对电力企业来讲，无论是垄断经营或自由竞争，都要严格遵守标准管制。

3. 数量管制

数量管制是指政府直接参与资源分配，规定电力系统装机容量的上限或下限，以避免重复建设。如规定电力行业可靠性指标或备用率；在全社会电力短缺时期制定计划用电标准；独立发电企业形成后，通过对新增容量实施招投标实现数量管制。

4. 价格管制

价格管制是指政府对垄断行业的价格进行管制，制订定价公式，以及直接审批价格，实现保护消费者利益和保证企业获得合理报酬的目的。特许权管制一般与价格管制配套进行，即政府对于获得供电营业许可证的企业进行价格管制。对电力行业来讲，在发电或销售领域引入竞争机制以后，电力价格管制一般只对输电、配电等垄断领域进行。

5. 征税与补贴

政府为达到某种特定目标，需要对公用事业或消费者采取不同的征税与补贴措施。如为了保护生态环境，要对污染环境严重的企业征收排污税；为了照顾贫困地区居民用电而实施生命线电价，对农村电气化实行优惠等。

世界各国电力市场改革成功的地方，独立的管制机构发挥了重要的作用。我国国家及各地区电力监管委员会的设立，就是要建立独立的管制体，完成对输配电网络的激励机制，保证网络的无歧视性接入。

三、电力工业发展模式

纵观世界电力工业的发展历程，由发、输、配、售垂直一体化的模式，逐渐完成各个环节的解绑，经历由公有到私有、由垄断到竞争、由低级到高级的发展过程。

1. 垄断模式

在电力市场改革前 100 多年的人类用电历史中，这种各个环节都垄断的垂直集中模式最受欢迎（见图 4-1），这种模式方便大型发电单位的存在，并有利于电力的地区间传输

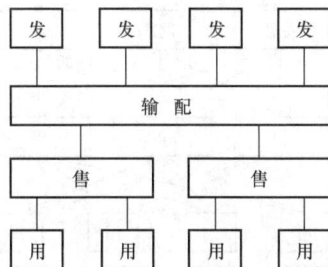

图 4-1 垄断模式框图

及输电网络的广泛铺设,对于农村等经济与基础设施不够发达的地区提供了有力支持。由于统一管理,可有效实现发电来源的多样化,如煤、石油等生化燃料与清洁能源的合理比例。但是所有的环节及用户都没有选择权,没有独立的供电商,整个产业链高度集中,这在一些发展中国家仍然有其存在的必要性和作用。

2. 单一购买模式

单一购买模式(见图 4-2)是只有一个供电商从众多的发电商购买电能,这种模式可通过发电环节的竞争实现发电成本的显著降低,发电业务独立,并且还避免了电力市场完全开放后发、输、配、售各个环节的巨大管理成本以及交易成本。这种模式以长期合同为主,并允许私有资本进入市场,在发电资产之间存在竞争,风险成本由用户负担,大的用电消费者开始试图直接向发电商购电。政府对于电力行业的影响和干预仍然很大,电力工业中的很多决策来自于政府的计划,而不是出于企业自身。

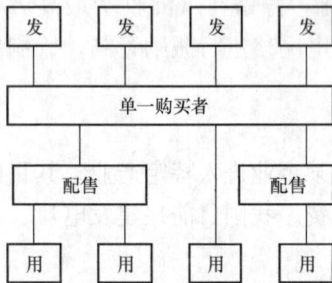

图 4-2　单一购买模式框图

3. 批发竞争模式

这种模式是电力市场的进一步改革,配电部分拥有自由选择发电商的权利,发电商可自主选择谁来输送它们的电力,符合一定条件的终端用户拥有自由选择供电商的权利,如图 4-3 所示。电能的输送需通过无歧视的第三方接入完成,这使得额外的成本如输电网络的接入管理费用以及在现货市场的交易成本显著提高。而技术风险及市场风险造成的风险成本主要由发电商来承担,这要求发电商要比管制机构更好地控制风险,这也导致了发电成本将大幅上升。该模式下政府不直接参与市场的管理,而是通过法律法规和指示性条例进行间接管理。垄断模式和单一购买模式都是单边交易模式,而从批发竞争开始,市场进入多边交易模式。我国目前的华东电力市场改革正进入批发竞争阶段。

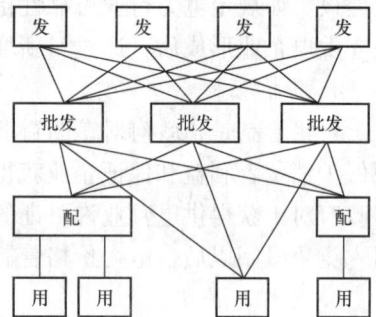

图 4-3　批发竞争模式框图

4. 零售竞争模式

如图 4-4 所示,在该阶段,所有的市场参与者都拥有自主选择的权利,零售商可自由选择发电商,发电商可自由选择谁输送电力,不管是大的企业终端用户,还是小的居民家庭用户,都可自由选择供电商。电能及辅助服务业务完全分离。目前在英国、德国、瑞典、荷兰,以及美国的加利福尼亚等州已实现了零售竞争模式。由于在这种模式下即便是一个家庭用户都面临多个供电选择,由此产生了更多更复杂的合同,在测量系统上也需要高额投入,完成整个市场出清的花费也更高,种种因素造成了巨大的额外成本,这种成本有可能抵消甚至高于对小型用户实现多样选择带来的利益。

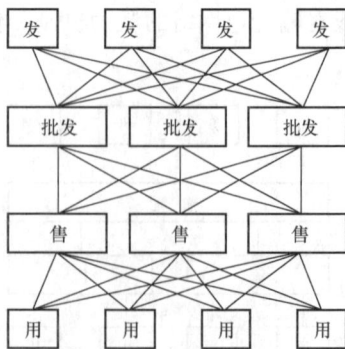

图 4-4　零售竞争模式框图

四、竞争模式

电力工业资本密集的特点，使新企业不易加入；电力生产、输送、使用具有同时性的特点，使生产过程的各环节之间、各交换关系中的买卖双方难以建立选择与被选择关系。为克服上述阻碍，形成有效竞争，目前，电力系统中采用或探讨着一些有利于公平竞争的方式方法，以避免过度垄断导致电力行业的不健康发展。通常在电力工业的各环节有竞标、代输和电力库三种竞争方式。

1. 竞标方式

独占权竞标，这一竞标制度解决电力事业的区域独占经营权的给予和使用。它的操作方式是，对区域独占经营权设定时间期限，每隔一段时间，对届满后的经营权进行公开竞标。

新建资产竞标，这一竞标制度用以解决获得新建电力设施的权力。其竞标对象可以是发、输、配电中的任何一个领域所需新建的设施，一般又以发电设施具多。这种竞标方式可使政府管制机构从政策方面决定发展方向和规模。

2. 代输方式

趸售代输方式是为了开放输电部门的电力输送使用权，为发电部门展开竞争创造条件。趸售代输的前提条件是输电网络必须互相连接，而且有较大的输送能力，使属于某一电力系统内的发电公司，通过另一电力系统输电网络将其所生产的电力出售。

趸售代输在操作上具有一定复杂性，如代输费用的计算、电网是否有拒绝代输的权利等。

零售代输是在趸售代输的基础上要求配电系统必须为非系统内的发电企业提供电力代输服务，即输配设备都能进行代输服务。这一模式下，电力用户可以自由选择发电企业。在可选择购售电对象的电力市场中，发电企业与配电公司、大用户签订购电合同，按照协商电价进行交易；发电企业多发的电力在实时市场出售，用户不足的电力可以从实时市场购买，电价由市场决定。

这一方式的实现技术难度比趸售代输更大，并且可能使电力的交易成本上升。目前，工业发达国家大部分采取阶段性做法，即先开放大型用户，再逐步向小用户开放。英国在电力改革同时，建立了电力市场交易机构，先对大用户开放市场，大用户可以从交易机构购电，也可以从地区供电公司或其他电厂购电；发电厂可以将电卖给交易机构，也可以直接与用户签订双边购售电合同。

3. 电力库方式

电力库方式用以解决电力市场中如何形成公开、公平、公正买卖电力的问题。让输电系统形成一个"电力库"，发电企业构成电力市场的"供给方"，配电部门构成电力市场的"需求方"，"电力库"联系"供给方"与"需求方"，实现电力市场的平衡。电力库可以分成"强制电力库"、"志愿电力库"两种。

强制电力库，输电系统从原有电力公司分离出来，组成一个单一的受管制的"独立输电公司"，专门负责全区的所有输电业务，并负责全系统范围内的所有电力交易。这一模式下调度易于执行，系统的稳定性比较高。电力库应该可以是一个新的负责经济调度的公用电力事业单位。

志愿电力库，在厂网分开的基础上组成一个单一的受管制的"独立输电公司"，专门负责全区的所有输电业务。电力买卖由另一个独立的"电力交易所"来管理。发电企业和电力用户也可以不经过"电力交易所"而直接进行契约交易，这样就需要代输模式的一些基本条件。"独立输电公司"和"电力交易所"必须建立同步的信息系统，以供市场参与者获得必要的调度和交易信息。这种电力库同时具有给予电力用户自由选择权的特点。

第二节　变化中的中国电力工业

我国电力工业长期在国家垄断体制下执行计划经济管理。中央政府通过原电力部等部门，直接掌管电力项目的建设资金投入及其审批；同时制定分类的销售电价。电力销售的收入大部分上交国家和地方政府，实行收支两条线的财务管理，同时实行逐级的审计制度。各级电力部门不是作为企业经营，而是作为社会公益事业管理。

这一体制在一段时期曾使电力工业有计划地建设和运行，支援了国民经济的发展；低廉的电价使广大老百姓受益。随着经济的发展，电力工业体制的缺陷暴露了出来。电力建设资金不足、投资单一、管理低效率等，致使我国的电力的短缺持续了近 40 年，计划用电其实就是有计划的"拉闸限电"，资金的短缺成为电力工业发展的主要瓶颈。

20 世纪 80 年代初，在经济发展和改革的大背景下，政府推动对电力工业发展执行若干特殊的政策，如集资办电、多渠道办电等，对电力工业的发展产生了明显的效果，发电容量的平均增长率高达 9.6%，每年平均发电容量增加 16480MW，也就是全国发电装机容量 8 年间翻一番。经过几年发展，结束了长达近 40 年的电力短缺，并在大多数地方出现了电力的相对富裕。

促使中国电力工业大发展的是两项解除管制的政策。其一是所谓"集资办电"方针，给予优惠政策，开放而且鼓励地方省市以各种方式投资建发电厂；另一是在所谓的"拨改贷"政策下，电力行政部门直接培育了一大批国家级的电力投资公司，如华能集团、中电国际等。在此过程中，各省市利用电费中加收的电力建设基金，成立了一大批地方的电力投资公司，如申能集团、鲁能集团等。综上，通过管制方法的变化，政府利用行政手段，跨越了漫长的原始积累，直接培育了中国式的独立电力生产人，成为促进中国电力工业市场化重组的生力军。变化中的中国电力工业正在向市场化方向迈进。

第三节　国外电力改革与电力市场建设

随着世界政治经济的不断发展与变化，20 世纪 80 年代以来特别是进入 20 世纪 90 年代，传统的电力工业管理体制已经面临着严重的挑战。许多国家因此纷纷进行电力改革和电力市场建设。

一、世界电力工业实行市场化改革的原因

归纳起来，引起各国进行市场化改革的因素有以下几个方面：

一是世界经济全球化和自由化趋势加强，全球生产和消费行为的趋同。随着各国经济开放程度加大，电力项目资金需求在跨国之间发生，建立开放的电力市场成为各国的必要举措。

二是世界科学技术突飞猛进，电力工业的控制技术、信息技术等已经取得实质性突破，制约发、输、配、售环节分开管理的技术"瓶颈"基本解决，为电力工业的市场化改革创造

了物质技术基础。

三是私有化逐步成为各国政府的主流经济政策，推行私有化政策已经成为多数国家的政治意愿。英国撒切尔夫人在 1979 年执政后，就推行私有化经济政策，1981 年英国宇航公司作为第一家国有大型企业进行了私有化。1989 年又通过电力法，开始推行电力工业私有化改革。综合各国改革实践，电力体制改革大都与各国实行私有化密切相关。

四是长期以来实行国有化和垄断经营，给各国经济的发展带来的弊端日益突显出来，主要是效率低下、服务意识淡薄、服务水平和质量普遍不高；电价不断提高，影响了国家经济竞争力；国家财政负担加重，有的国家由此产生缺电局面。因而，降低电价、提高服务质量和效率的改革压力日益强大。

二、世界各国电力工业市场化改革发展趋势

综合分析世界各国电力工业市场化改革，一般具有以下共同特点或发展趋势：

在所有制改革方面，各国改革的基本目标是，通过实现电力工业民营化、私有化，减轻国家财政负担，提高电力工业整体效率和电力服务质量，降低电价，提高国家经济的国际竞争力。

在企业管理方面，主要是改变长期存在的发、输、配垂直一体化管理模式，在发电环节和售电环节引入竞争，输电和配电环节仍然实行垄断经营。

对原有电力公司的发电部分进行资产重组，成立两个以上独立发电公司，同时允许新的发电公司进入，实现发电领域的完全竞争。

打破原有配电公司的售电垄断，成立新的不拥有配电网络的售电公司，尝试构筑售电环节竞争局面。

大用户可以根据自己的喜好选择供电方式，可以直接与发电公司或电力市场交易中心签订购电协议，也可以选择售电公司供电，提高电力用户供电选择权。

成立国家（输电）电网公司和多家配电公司，通过立法，输、配电网公司必须按法定要求向所有发电公司和购电者完全开放，提供服务，收取相应费用，维持输、配电网的垄断经营。

成立电力市场交易中心，主要负责电力市场的具体运作，如按照一定规则对发电机组进行发电排序、对各电力市场主体交易业务进行结算等。

成立电力市场监管机构。电力管制方面，主要是发电和售电领域实行许可证制度，发电价格通过市场竞争形成；输电价格和配电价格仍然进行管制。政府在放松对电力工业管制的同时，大都成立专门的电力市场监管机构，履行对电力市场的监督职责。

三、国外电力市场建设状况

由于改革以前，世界各国原先具有的、体现电力工业模式特征的所有制、管制、发展模式、竞争形式不尽相同，加之各国的现实社会经济状况，以及对改革总体和阶段性目标设定的差异，国外电力改革形式多样。概括起来，有英国的政府推进方式和美国的政府放松管制方式。不同的电力改革方式形成的电力市场建设结果，仍然可以从所有制、管制、发展模式、竞争等方面进行综合描述和分析。

1. 英国电力市场

英国的电力市场改革总体上分为三个阶段：第一个阶段从 1990 年 4 月到 2001 年 3 月，以电力库（Pool）运行模式为特征，成为电力库时期；第二个阶段称为从 2001 年 3 月到

2005 年 4 月，以实施新的电力交易协议（the New Electricity Trading Arrangement，即"NETA"），发电商与用户可签订双边合同为特征，称为 NETA 时期；第三个阶段从 2005 年 4 月至今，以实施英国电力贸易和传输协议（British Electricity Trading and Transmission Arrangements，即"BETTA"），全英国的电力系统归一家公司统一经营为特征，称为 BETTA 时期。

英国电力市场化改革始于撒切尔时代，于 1988 年 2 月政府发表《电力市场民营化》白皮书，一年后议会通过了"1989 年电力法"，从 1990 年 4 月开始，电力法生效，在英格兰和威尔士，电力工业通过拆分为三家发电公司、一家输电公司以及十二家地区配电公司，实现了私有化重组，建立起电力市场运营机制。初始市场运行采用电力库模式，几乎所有电力交易都通过电力库进行，电力库是个日前市场，批发电价在日前确定，根据机组的竞价信息，所有机组将按照竞价的高低进行排队，在考虑预测负荷及系统备用的条件下进行机组组合，在实时交易时，国家电网公司作为系统调度员负责实时调度，实现市场平衡。经过 11 年运行，电力库运行算是成功的，但是在这个单边市场中参与竞争的发电商太少，导致发电商拥有巨大的市场控制力，在天然气等燃料价格大幅下降的同时，电价却继续增长，并且波动剧烈，这引起了市场中众多不满的声音。

从 1998 年开始，针对电力库运行中的问题，相关机构对电力库进行了重新评估，并开发了一个"新的电力交易协议"，该协议于 2001 年 3 月正式实施生效，建立了一个新的有负荷侧参与的双边市场，市场的核心是双边合同，合同的时间跨度可从当天到几年以后，市场包括金融市场和现货市场，国家电网公司作为系统运营商，通过调度中心实现电力供需平衡，并接受交易时段系统实时运行状态的买、卖电能报价，还通过签订一些有关调频、备用等辅助服务合同，实现电网实时运行时平衡系统功率。新的电力市场代替了原先电力库由市场操作员统一管理的集中型市场，这项改革增加了市场中发电商的竞争压力，提高了负荷侧的参与。NETA 市场的运行效果是显而易见的，实施后电力批发的价格降低了 30%～40%。

Pool 电力库和 NETA 电力市场改革都是在英格兰和威尔士进行的，随着这两个地区市场开放的完成，英国政府及独立监管机构把改建苏格兰电力市场提上了议事日程。经过近 4 年的准备，于 2005 年 4 月，新的 BETTA 市场正式启动，把在英格兰和威尔士地区的成功经验和模式在苏格兰地区推广，建立了全英国统一的电力贸易、平衡与结算系统和统一的电力传输定价方法及电网使用合同体系，拥有唯一的独立于发电和供电的统一输电系统运营机构，这些举措打破了苏格兰区内的电力行业垄断，改善了整个英国范围内长、中、短期电力期货与现货交易的流通，英国的电力工业走向了一个全新的发展时期。

2. 美国电力市场

美国电力工业改革最初的兴趣源于零售电价较高和批发电价与零售电价差异较大的区域，如加州、纽约州、新泽西州等地。初始电力市场改革的目标是降低零售电价、补偿沉没成本，引进新的发电商，形成一个竞争的批发和零售市场来实现公众利益最大化。美国的电力市场改革是以州为单位进行的，也可划分为能源法案生效阶段、888 号和 889 号法令阶段、2000 号法令阶段三个阶段。

初期独立发电商的数目开始增多，并形成了有效竞争，但是他们进入电网却受到限制，于是，1992 年美国通过了能源政策法案，规定了所有的电力公司必须提供输电服务，美国联邦能源管理委员会（Federal Energy Regulatory Commission，FERC）可以命令电力公司输送独立发电商的电力。这之后输电服务在部分州得以发展，但是非歧视性的电网准入标准仍不完善，而且申请程序复杂，输电服务的定价方法也不一致。

在此基础上，1996 年 FERC 出台了 888 号和 889 号法令，这两个法规规定了互惠的开放准入输电服务价格和辅助服务价格，并且规定发电和输电必须从功能上分离，所有的发电商得到一样的待遇。这两个法令的颁布取得了显著效果：批发市场的交易量明显增加，电价的制定过程也趋于透明化，电力交易安排得到显著改善，期货交易也大增。但是由于交易量的扩大改变了网络的潮流分布，输电网络的安全、可靠性面临极大的挑战，也不能保证输电商以最低成本来扩建电网，备用服务缺乏效率等。

随着批发、输送与零售电力市场重组的推进，888 号法令的不完善性日益显著，FERC 通过发展地区输电组织 RTO（Regional Transmission Organization）来解决这一问题，在 1999 年签订 2000 号法令，这个法令规定了一个标准化市场设计，采纳节点边际价格作为首选电能定价方法，建立了以可交易输电权为核心的标准输电容量市场，包含日前和实时两个市场的标准电能市场和调频与运行备用的标准辅助服务市场。在 2000 号法令的框架下，经过 8 年的运行，美国逐渐形成了几个以州为单位的运行良好的地区电力市场，如宾夕法尼亚、新泽西、马里兰 PJM 电力市场，纽约州电力市场，新英格兰州电力市场，德克萨斯州电力市场，加州电力市场等，这些市场都发展了双边交易，实时市场，零售市场，辅助服务市场，金融输电权市场，以及拥有场外的金融工具。

加州电力市场在改革初期遭遇了 2000～2001 年的电力危机，市场失控，加州的进口电量剧减的情况下，州内的发电商让 35％的装机容量处于停机状态，电能供不应求的状况导致加州的两大电力公司（PG&E 和 SCE）以数倍于零售价格的成本向发电商购电，而零售价格受管制，使这两大电力公司到 2001 年春负债 200 亿美元，濒临破产。加州市场初期的失败因素是多方面的，如发电权过于集中，发电商操纵市场，州与联邦政府的某些管制条例相矛盾，批发市场中缺乏最终用户的参与，但最主要的原因是初期加州市场中缺乏长期的供电合同来规避风险。2002 年 5 月，加州独立系统运营商提交了“市场全面设计计划”的市场重建计划，共分三个阶段：第一阶段的改革项目有“自动削减市场力程序”和“实时市场运行程序”与“调度偏差惩罚”；第二阶段的目标是创建日前期货市场；第三阶段目标是在期货市场和实时市场中，采用完全网络模型，实时节点边际价格和点到点金融输电权。后在 2004 年夏将第二、三阶段的改革思想合并，称为“市场重新设计及技术更新”，在 2007 年 2 月将其投入系统运行。目前加州电力市场成功实现由区域型定价转向节点型定价，市场运行良好。

第十五章　电力市场建设的基础性工作

目前，关于电力市场还没有一个公认的、严格的定义。这里我们引述这样两种对电力市场的描述：

"电力市场是以法律、经济等为手段，以公平竞争、自愿互利为原则，实现电力系统中发、输、配、用电各环节协调运行的管理机制和执行系统。

电力市场是相对于传统的垄断性电力工业而言的，是实现电力工业结构性重组而引入商业竞争机制后的一大类新型电力工业资产结构、经营管理和运行管理模式的总称。"

两种对电力市场的描述虽然角度不同，但都将电力市场视作是一种管理机制或管理模式，总之，是一种管理体系。因此，电力改革，或称市场化改革的目的，就是建立一套新的电力交换或交易制度，一种新的包括生产、传输、供应在内的电力工业运行管理机制。简言之，电力改革或称市场化改革的目的是管理机制建设，也就是电力市场建设，它是一个逐步建立和完善的过程。

根据以上对电力市场的描述，概括起来，电力市场包括以下要点：

电力市场首先是一个市场，由代表各自利益的市场主体参与其中，政府的参与需通过采用非行政的经济和法律手段实行电力工业管理。

电力市场的基本原则是公平竞争，优化资源配置。

电力市场是一个交易场所，电能不能长时存储，因此交易的结算与货物（电能）的交割不能同时完成，而是通过计算机系统和通信系统等手段辅助实现交易。

电力市场代表了新型电力工业结构，它在不同地方和不同的时间，会形成不同形式的制度框架、组织结构，其形式和内容在发展变化之中。

传统的电力工业通常是按地域建立垄断性的发、输、供电一体的垂直管理体系。最典型的是在电网所及的广泛地域只有一个拥有发、输电以及配电的电力公司，它有一个或一套控制中心以实现运行调度，完成诸如负荷预测、状态估计、发电调度、无功控制、自动发电控制、开停机计划、事故预想和紧急安全控制等功能。简而言之，一个垄断的电力工业，垄断了一个或数个地域电力的生产、输送、分配和销售，然后通过公共电价体系，用一个包括所有服务成本的集总式电价销售给用户。电力市场建设就是改变这一运作形式，它有许多工作要做，总结起来，最为基础的工作有以下几项。

第一节　电力市场主体的确立

要将传统的电力工业向电力市场过渡发展，首先是依法实施电力工业的重组，将垄断一体化的电力体系进行资产和组织分离，形成独立的实体组织，包括企业组织和中介服务组织等。目的是确立电力市场中功能明确、独立负责的市场主体。依据市场主体功能和组织目标的不同，将市场主体分为利益主体和特殊主体进行讨论。

一、电力市场的利益主体

根据电力市场竞争的要求，按电力从生产到使用各环节的不同功能，将垂直一体化的电力公司纵向分离成发、输、配、售电等为竞争性的独立化实体，鉴于这些独立实体是以经济利益为目标的企业组织，因此，称其为电力市场的利益主体。各类利益主体构筑要求和特征如下：

1. 发电主体

实施电力市场化改革，通常认为将发电功能从垂直一体化的电力公司中分离出来实现发电竞争是最初步的做法。为使电力市场形成良性、有效竞争，在对垂直一体化的电力公司进行发电分离时，要求将发电分离为足够多的独立发电公司，在管制方法上，还要保证使新的独立发电公司可以不断加入。足够多的发电公司，可防止左右市场价格的绝对占优者存在，防止对小的电力生产者的压制。

2. 输电主体

无论是传统电力系统还是在电力市场中，输电网络的单一性和垄断性是难以改变的。足够规模的输电网可以通过优化调度获得更多的经济和安全效益。发电和购电之间的交易协议不可能自行选择某些特定的线路通过。这就要求独立的输电公司的输电价格必须受到政府直接监管，输电电网公司必须对所有使用者实行非歧视性的公平服务。

3. 配电主体

和输电网类似，在一个供电区内，它也具有垄断性，由于可以直接与用户联系，在一些电力市场中，可以是一个独立经营电力销售的实体，它有权自主签订各种供用电合同和协议。

在另一些开放程度更高的电力市场，某一地区的配电公司还应当有义务为其他地区的配电公司向本地区用户配电提供服务，并可以收取合理的配电费用。当配电公司不具备电力销售经营权时，它就类似输电主体，依靠收取配电服务费支持企业发展。

4. 售电主体

为了克服配电公司既具有配电网络，又具有电力销售经营权带来的垄断特征，还可以在电力市场设立了售电主体，它是在配电公司之外允许以电力经纪人形式成立的电力销售经营公司，它不拥有任何电力设备，但是它有权经营电力的购与售。它的存在可使所有电用户拥有购电选择权成为现实。

综上所述，发电是一个高度竞争性的领域，输电是消除网络阻塞等技术上最具挑战性的领域，而电力销售在赋予选择权利的同时是最具直接社会经济效益的领域。

一般讲，开放电力市场先从开放发电市场开始，最后开放电力销售市场。电力市场完全竞争的理想情况可以扩展到家庭用户自由选择供电方，最终反馈并影响电力工业的兴衰，然而这种理想状况的出现还需要有很多社会、经济和技术条件，它也许还不会很快大量出现，但是个别国家或地区已经开始了初步的试验。

二、电力市场的特殊主体

垄断一体化的电力公司被分离，形成电力市场中互相竞争又互相合作的利益主体。为了保证电力市场的正常运营，还必须建立相应的保证市场化运营正常进行的非赢利机构，称其为电力市场的特殊主体。不同的电力市场需要设立不同的特殊主体。为了实现电力市场的正常运营，需要特殊主体完成的工作主要有：

（1）制定次日现货市场的交易协议和计划。

（2）远期合同和期货合同交易的管理。

（3）交易的结算。

（4）交易信息的管理，包括统计分析与发布。

（5）保证系统的安全可靠运行。

（6）执行电力交易中心的交易计划，在安全、可靠检验通不过的情况下有权对交易中心的计划提出异议。

（7）各种辅助服务的购买。

为了上述主要功能的实现，通常设立两大特殊主体，系统交易中心和系统运行中心。交易中心负责1～4项工作，运行中心负责5～7项工作。

总的来讲，系统交易中心负责交易协议和计划的制定及结算，而系统运行中心负责系统的安全和交易计划的执行。系统运行中心的主要任务是系统的安全控制，但是不允许以安全为借口，不公平地阻碍一个或多个市场成员正常协议的执行。然而公平性并不是一律平均对待，它必须由系统运行中心按照一些既定的规则来实现，只要系统运行中心执行这些规则，那么有可能要削减或修改某些协议，比如在网络造成拥挤或者约束越限时，特别是系统安全受到威胁时，系统运行中心有权修改交易协议。

第二节　电力市场模式选择

如前所述，电力市场可概述为是使电力生产各环节、各部门间实现竞争和协调相结合的运营所需要的管理机制和执行系统总和。电力市场建设，应根据实行改革的具体条件，设计出电力市场模式。电力市场模式可以从电力市场的组织结构、电力市场的交易形式和电力市场建设的区域界定三个方面进行描述。

电力市场的组织结构，指的是传统一体化垄断的电力工业体系如何分离，确立哪些市场主体，它们被赋予哪些职能；所谓电力市场的交易形式，指的是分离后的市场主体之间关系如何建立，实行何种交易方式，设计那些交易品种；所谓电力市场的市场区域界定，指的是电力市场交易平台建立在哪个行政或地理区域上。

在一定的改革阶段，电力市场模式是某种特定的、根据电力行业改革的阶段性进程所设计的模式。

一、电力市场的组织结构

我们知道，一般开放电力市场先从开放发电竞争开始，最后开放电力销售市场。这就是说，对一体化垄断的电力工业体系分离也是逐渐进行的。

我们说发电分离型电力市场，实际是从电力市场的组织结构角度进行描述，并未涉及交易方式和建立在哪个行政或地理区域上。所以，根据电力市场的组织结构角度，对电力系统传统的一体化垄断模式实行不同的分离方式，可以得到具有不同市场主体组合的电力市场，它们是发电分离型、发配分离型和完全分离型，它们产生的利益主体和具有的基本特点如下：

第一种，可被称为发电分离型，其市场利益主体组合为发电企业和电网企业，其中电网企业掌握输、配、售电权，电网企业具有购电选择权。

第二种，可被称为发配分离，其市场利益主体组合为发电企业、输电企业和配电企业，其中配电企业掌握区域售电权，发电企业具有售电选择权，配电企业具有购电选择权。

第三种，可被称为完全分离型，其市场利益主体组合为发电企业、输电企业、配电企业、售电企业和用户，这种情况下，各主体间形成多层次的购售电选择权。

二、电力市场的交易形式

对于不同的电力市场组织结构当然会采用不同的电力市场的交易形式。但是，同一电力市场组织结构，由于市场主体之间关系、交易方式设计、电力市场特殊主体组建的不同，也可采用不同的电力市场的交易形式，这就使电力市场模式表现得丰富与复杂。

例如，电力市场组织模式为发配分离型时，可选择的比较典型的市场交易形式主要有：

（1）发电商以竞争性的报价销售给"买电机构"，而供电商以一个被管制的电价从"买电机构"批量购买电力，然后再零售给用户。

（2）发电商同样以竞争性的报价销售给"买电机构"，然而供电商以一个竞争性电价从"买电机构"批量购买电力，然后再零售给用户。

在上述的交易方式之外，还允许发电商和供电商进行直接贸易。

在上述的交易方式之外，还允许发电商和大用户进行直接贸易。

三、电力市场的市场区域界定

根据我国电力调度系统的现实状况，我国电力市场建立的区域界定，可有如下几种方式：

第一种方式是每个省一个电力市场，这个省的发电公司均往交易中心报价，一个省一个市场，进行竞价上网。这个方案不足以解决跨省送电问题，如西电东送等，所以当前否定掉了。

第二种方式就是全国一个电网，一个市场，在理论上也是成立的，但目前没有可能，也没有必要。

第三种方式就是以已经存在的区域电力集团公司为基础进行市场竞争，建设区域电力市场，这是 2002 年国务院电力改革方案选择的方式，例如，当前正在试行的东北、华东区域电力市场建设就是在执行 2002 年电力改革方案。

第三节　电力市场中的交易方式

在电力市场中，发电厂商竞价上网或直接与供电公司、大用户双边交易，主要可归纳为三类非实时交易形式：

（1）双边合同交易。它是指一个供电公司、大用户向一个发电厂商用合同方式购电签订的合同构成的交易。典型的双边合同交易都是长期的，它基于预测的时变的负荷，签订购电量和电价的承诺是长期合同，它不随市场条件的变化而变化，并且也不可以再进行交易。这类交易可以视作实物交易。

（2）期货交易。与合同交易类似，但这种交易不能被看作是一类实物交易，它是通过保证金和违约金的支付进入、退出市场，是通过套期保值规避风险或获利。

（3）现货交易。这类交易是基于各发电厂商的报价，通过电力交易中心制定次日的交易，确定各个时段发电厂商以什么样的价格上网发电，然后由调度机构执行的一类实物交易。

相对于非实时交易的是实时交易。对合同电量和实际电量不相符的市场参与方，将按系统平衡时接受的电力买卖的价格支付费用，并且支付系统运营商平衡系统的成本。为了平衡合同电量和实际电量不相符产生的需求，系统运行中心为了保持系统的瞬间平衡，要求有关市场参与方进行瞬间电力买卖报价，由此而发生的电力交易就是实时的现货交易。

第四节 电力市场中的电价问题

一、电力市场上网电价

电力实现市场化运营的过程中，确定发电厂上网电价是重要问题之一。在不同的电力市场模式及不同的交易方式下，电力交易的竞争性程度表现不同，其电价受政府的管制程度也不同。在市场组织结构上为发、输、配、售电完全分离，交易方式上完全实现选择性强的双边合同的理想电力市场模式中，电价理论上可实现完全市场定价。现实情况是，电力市场的发展过程中，许多被选择的电力市场模式在实际交易中仍然需要制定共同认定的电价。比如充当单一买家的"买电机构"如何与发电商确定购电合同中的合约电价，电力市场中的现货交易、合同交易、实时交易都需要一定的基准电价标准。在我国电力市场的当前阶段，合同电量所占比重很大，如何科学合理地确定上网电价是保证电力市场公平发展的重要基础工作。

1. 传统体制中上网电价存在的问题

20世纪80年代中期，我国对发电厂上网电价实行了一些特殊政策，一是对新建电力项目实行还本付息电价，使新发电公司能够具备偿还贷款本息的能力，以鼓励社会各方面集资办电；二是通过提高电力价格，实现燃运加价，以保证电力企业的简单再生产。这些措施调动了各方面办电的积极性，推动了多家办电和多渠道集资办电格局的形成。但是，它也形成了不利于电力市场公平竞争的局面。

首先是新建电力项目造价日益攀升。还本付息电价实际上是以个别成本为基础，由于对成本和造价没有明确的规定和约束，工程概算越来越高，造价逐年攀升。为保证还本付息和投资方的回报，新建项目的电价越批越高。20世纪90年代初期建成的项目，上网电价一般在0.3元/（kW·h）左右，1997年投产项目的上网电价平均为0.41元/（kW·h），甚至有些高的已在0.6元/（kW·h）以上。

其次是新老发电公司差价过大，老发电公司电价上涨压力较大。老发电公司由于是国家拨款建设，没有还本付息的压力，加之过去造价较低，所以电价也较低。按照当前价格水平，根本无力更新设备，提高技术水平。

2. 发电公司上网电量的几种处理模式

电价改革的基本原则，一是吸引社会各方面资金投资于电力建设，促进电力工业的发展；二是结合电力管理体制改革，在发电环节逐步引入竞争机制，建立抑制工程造价和运营成本上升的约束机制；按社会平均成本核定各电网统一上网电价标准。抑制和约束电力工程造价逐年攀升的根本出路是要把建设项目建成后的事后定价改为事前定价，把按个别成本定价改为按社会平均成本定价，实行同网同质同价。

电力改革使发电企业以独立发电公司的形式出现，形成了发电公司与电网公司之间的平等经济关系，电价改革是电力商业运行的首要条件，电价不改革，电力行业的商业化、公司化改革就无法实施。完善电价体制，在发电公司和电网之间建立上网电价结算机制是电力改革发展的必然。

关于独立发电公司上网电量的处理方式有多种，有的是实际使用的，有的正在探讨之中，有的已明显不适合当今的改革形势，有的代表着发展的方向。

（1）电网承诺发电设备利用小时。这种方式在早期引进外资建厂时用得最多，但大家很快发现这种方式存在诸多弊端：一是随着电网内发电机组的增多和负荷需求的变化，实际发电利用小时在不断变化，并且呈逐渐减少的趋势。因此，承诺固定的小时是不科学的，同时也给经济调度及合理利用能源造成不利影响，给电网安全带来隐患；二是这仍属一种行政管理方式，不能充分调动发电方的积极性，不能达到网厂分开的真正目的。因此，这种方式不可取已成为共识。

（2）同类型机组同等发电利用小时。这种方式相对合理，但操作起来有一定难度。首先是同类型的定义问题。随着电网的发展和发电技术的改进，同容量但不同性能机组将陆续投入运行，而这些机组很难有可比性。其次，存在与第一种方式相同的问题。

3. 关于两部制电价

两部制电价（分为容量电价和电量电价）是按照发电公司的可发电容量（千瓦）及上网的发电量（千瓦时）分别计付电费的电价制度。这是国际上较为广泛采用的模式。这种方式的最大特点：一是如果机组可用率高，满足调度要求，则能保证发电公司的投资回收和合理的利润；二是电网调度灵活，不受利用小时的限制；三是采用竞价上网，能充分调动发电公司的积极性。

实行两部制电价，发电领域需要具备以下几个条件：在电网供电区内，发电项目的审批、建设必须以电网购电容量和购电电量为依据；电网对其供电区域内用电负荷的中、长期预测比较准确；新发电公司的造价基本合理；要有科学、完善、规范的电价形成机制。

容量电价随市场变化的两部制电价，这种方式是一种新的提法，也是有人主张在两部制电价没有实行前的过渡方式。它具有两部制电价的优点，同时也适应了目前的电价体制，体现了市场风险共担的原则。

二、电力市场输电定价

在电力市场中输电服务必须合理收费，输电定价有三个基本要求：

（1）它能做到输电网公司年收支平衡，即年收支的一致性要求。在输电网不断扩展时，输电收费还应包括新建输电网投资的回报和扩建资金的筹集。

（2）提供长期和短期的丰富的经济信号，引导输电网的用户合理利用输电网资源。

（3）面对复杂的输电网和交易网，具有可行性和透明性。

传统输电定价有四种方法：

（1）邮票法。邮票法与输电距离无关，无需计算输电网的潮流。

（2）协议路径法。协议路径法只与商定线路的潮流、距离有关，而与其他线路无关，因此也无需计算全网潮流分布。

（3）界面潮流法。界面潮流法是在某基本潮流基础上用附加传输潮流的增量计算，因此需要计算输电网的潮流变化，但是与传输距离无关。

（4）兆瓦—千米法。兆瓦—千米法是在上述界面潮流法的基础上，不仅考虑了所有线路上潮流的变化，而且考虑了线路的长度。

所有这些传统方法都是将年支出，包括建设输电网的资金投入的还本付息年金，总的非生产性年经营成本以及输电损耗、运行维护成本等用某种方式在所有输电网设备使用者之间分摊。这些方法最大的问题是没有完全经济信号，无法引导电网用户合理利用输电网资源。

边际成本原理计算输电电价是正在被研究且具有应用前景的方法。

电力工业的市场化是一个世界性的潮流，在不少国家已取得了明显效果，但是在电力市场定价理论和相关机制研究方面还有很多有待解决的问题，一些在理论上还没有被充分研究的方法被人们凭经验创造和使用，因此有必要大力提倡和支持有关的实践总结和理论研究。

第五节　电力市场监管问题

由于电力工业的发、输、配电几乎同时完成的自然属性，以及电力与人民生活、国民经济、社会发展息息相关的社会特征，在电力发展的历史过程中，传统垄断体制下的电力工业历来在政府的监督管理之下，在电力市场体制下，包括不同开放程度的电力市场在内，同样需要政府的监管管理，不同的仅仅是监管机构的地位、监管的内容和监管的方式。

一、传统垄断体制下的监管

在传统垄断体制下，特别是国家垄断体制下，由政府直接任命电力工业的官员，制定和执行各项法规和政策，审批重大电力建设项目，管理各种电力资金与基金，成为电力工业的直接领导者、组织者和管理者。由于政企不分，监督管理职能、行政管理职能、企业管理职能交织在一起，监管的独立性功能并没有显现出来。

二、电力市场体制下的监管

现代电力市场体制下，政企逐步实现分开，政府监管的必要性凸显出来了，作为专业监管职能机构的电力监管部门建立起来了。为了实现有效监管，还应对电力市场体制下监管机构的归属与独立性进行讨论。

电力市场体制下监管机构的归属问题，不同国家有不同的做法，多数国家设在政府机构之中，其特点是便于强调管理职能；少数国家设在议会之下，作为议会的常设机构，其特点是便于强调法规职能。

电力市场体制下监管机构的独立性表现在，监管必须强调两点：一是它的独立性，它必须独立于电力市场中的所有利益主体，也必须独立于电力市场中的所有特殊主体。独立性包括机构、人员、职能和经费上的彻底独立。独立性同时也意味着它的权威性。二是它的专业性，不仅要求熟悉各种法规和政策，而且要熟悉电力系统和电力市场的结构和运作，防止以技术和安全为由阻碍电力市场的公平交易。电力监管机构向各级各类电力市场派驻监管代表是国际上通用的做法。

三、电力监管机构的职能

（1）向有关权力机构提出制定和修改电力法规和政策的建议，如修订电力法，制定市场监管规则、市场准入规则、市场信息管理规则等。

（2）监督与电力系统有关的电力法规和国家法律的实施，行使法规和法律赋予的有关管辖权利。主要的目的是：

1）依法保护消费者和用户的权益，监督其义务的履行；

2）依法保护投资者和经营者的权益，监督其义务的履行；

3）依法保证市场竞争的公平、公正与公开，保证无歧视、无保护并促进电力市场的健康运作与发展；

4）依法保护生态环境，控制电力生产与消费引起的环境污染；

5）其他有关法规与法律的实施与监督执行。

（3）电力市场准入特许权的审批。

（4）监督各项电力资本市场和电力基金的运作与审计。

（5）宏观技术经济政策与参数的调控与监督执行，其中主要有：

1）各类电价政策和定价方法的审定，包括某些定价方法中应由政府给出电价调控参数的审定与监督执行。

2）与电力市场长期发展有关的规划政策的审定，包括应由政府给出的电力市场规划调控参数的审定与监督执行。

3）与电力市场投资和筹资有关的财政政策的审定，包括有关电力资本市场和电力基金调控参数的审定与监督执行。

4）与电力系统安全可靠性水平有关的宏观技术标准与参数的审定与监督执行。

5）其他宏观技术经济政策和参数的调控与监督执行。

6）横向（同类各电力公司之间）与纵向（发、输、售）电力公司之间的协调，其中包括水火电资源的协调、互联电网的协调、省际的协调、通信网的协调等，有时还包括电力市场成员之间较大冲突的仲裁。

7）指导各类非官方、非赢利的用户监督组织的活动，包括建立有关听证制度，指导听证会的举行，督促听证结果的执行。

8）电力市场宏观数据的统计与发布，指导性的年度报告与市场研究。

9）其他有关的监管职能。

第十六章　我国电力市场建设实践

电力改革、电力市场建设是与人们生活密不可分，是破除垄断、提高效率的一项复杂改革，受到人们的广泛关注。电力改革的呼声来自社会的方方面面，尤其是企业界，电价是导致电力用户不满的直接原因。各种类别的电力投资者希望能从源头理顺电价，这只有通过电力改革和电力市场建设才能得以解决。

中国政府是电力改革的积极呼吁者和支持者，因为 2002 年年末之前，在全国性大公司中，只有国家电力公司一家未被切分。曾有资料显示，电力行业集中了我国大量国有资产，每年电力行业投资全国固定资产投资比重又很高，但电力行业回报却很低。我国发电量和装机容量已跃上仅次于美国的世界第二位，电力严重短缺的局面已经摆脱，结构性失衡问题依然存在。电力改革的复杂性要求我们将工作分阶段推进，电力市场建设的必要性要求我们必须做好这一工作。

第一节　我国电力改革与电力市场建设回顾

一、以发展电源建设为目的的改革

始于 20 世纪 80 年代的改革，主要内容是集资办电、多渠道筹资办电，其结果是促进电力工业发展，形成多家办电格局，电力供应紧张局面得到阶段性改变，产生"一厂一价"、"一机一价"的现象。

二、以市场化为目的的改革

中国电力体制改革或称以市场化为目标的改革，若从 1997 年 1 月国家电力公司挂牌成立算起，至今已 12 年多了。1998 年 8 月 26 日，国家电力总公司向国家经贸委上报了《实行网厂分开建立发电侧电力市场的实施方案框架（试行）》并获得通过后，以国电公司为主导确立的省为实体的改革迅速推进。但由于配套改革未能及时跟进，试点工作暴露出大量的问题。在 2000 年 6 月 16 日国务院的一次会议上，国电公司主导下的电力改革被否定。之后由国家计委牵头，会同国家经贸委等有关部门和单位组成电力体制改革协调领导小组负责制定新的改革方案。当协调领导小组开始着手酝酿新的电力改革方案时，12 月中旬爆发的美国加州电力危机对中国电力体制改革进程发生了重大影响。电力改革不仅是打破垄断，更应顾及安全性的观点对电力改革推进产生很大影响。至此，中国电力改革陷入一段长时间的沉寂，人们通过对加州危机的反思，也在重新认识中国进行电力改革的必要性、可操作性。2002 年新年过后，国家计委新的电力改革方案经过各方面讨论，终于在 4 月 12 日正式出台。新方案提出：厂网分开，竞价上网，打破垄断，引入竞争。根据这一方案，我国电力体制实施厂网分开，重组发电和电网企业；实行竞价上网，建立电力市场运行规则和政府监管体系，初步建立竞争、开放的区域电力市场，实行新的电价机制；制定发电排放的环境折价标准，形成激励清洁电源发展的新机制；开展发电企业向大用户直接供电的试点工作，改变电网企业独家购买电力的格局；继续推进农村电力管理体制的改革。

"厂网分开"，主要指将国家电力公司管理的资产按照发电和电网两类业务划分，并分别进行资产重组。厂网分开后，原国家电力公司拥有的发电资产重组为中国华能集团公司（华能）、中国大唐集团公司（大唐）、中国国电集团公司（国电）、中国华电集团公司（华电）、中国电力投资集团公司（中电投）等中央直属五大发电集团。在电网方面，成立国家电网公司和南方电网公司。国家电网公司作为原国家电力公司管理的电网资产出资人代表，按国有独资形式设置。由国家电网公司负责组建华北（含山东）、东北（含内蒙古东部）、西北、华东（含福建）和华中（含重庆、四川）五个区域电网有限责任公司或股份有限公司。理顺电价机制是电力体制改革的核心内容，新的电价体系将划分为上网电价，输、配电价和终端销售电价。首先在发电环节引入竞争机制。对于仍处于垄断经营地位的电网公司的输、配电价，要在严格的效率原则、成本约束和激励机制的条件下，由政府确定定价原则，最终形成比较科学、合理的销售电价。

2002 年年末，原国家电力公司被拆分成 5 家发电集团公司、2 家电网公司和 4 家辅助公司，同时，国务院领导下的国家电力监管委员会正式成立。正当准备总结过去经验，加速开展更为规范的电力改革时，2003 年发生的"电荒"又使电力改革减速。

从 2002 年国务院 5 号文颁布的电力改革方案分析，中国的电力改革有下述特征：中国的电力改革是在政府积极推动下进行的，形式是将原来国家所有、政府运营管理的代表中国电力工业主要力量的国家电力公司实施纵横拆分。纵向拆分，当前实现的仅仅是厂网分离；横向拆分，形成电力生产主业的发电、电网企业和电力建设企业等的辅助企业，从与国外电力改革比较，中国电力改革类似英国和澳大利亚的电力改革。

中国的电力改革新方案导致中国电力工业发生了如下变化：

（1）从所有制形式看，新方案将国家所有和政府管理的国家电力公司改变为公用公司形式；从发展趋势看，电网公司会继续保留公用公司形式，而发电企业等正逐步通过企业上市等形式进行更进一步的所有制形式的改革。

（2）从管制模式看。我国电力工业无论是 1997 年之前的电力部形式，还是 1997 年后的国家电力公司形式，其监管职能包含在代表政府职能的电力部或电力公司内，即企业管理和监督管理交织在一起。新建电力设施需要层层政府报批，电力工业行业标准由电力部或国家电力公司颁发。新方案公布后，电力监管职能将由国务院领导下的电力监管委员会实施。

（3）从企业管理模式看，新方案对国家原电力公司进行改革，将其拆分后形成五家发电集团和两家电网公司，虽然为两家电网公司，由于两家电网公司各自拥有一定的覆盖区域，不在同一区域内，是不同地域独占权的分配，并不是竞争对手，不构成输电竞争；而同一电网区域内存在属于两个以上发电集团的发电企业，形成发电竞争局面。因此，形成的企业管理模式属于多家发电公司和一家电网公司的模式。

（4）从竞争模式看，总体是执行强制电力库竞争形式。同时，研究输电电价的确定方法，逐步形成大用户直接向发电企业购电的局面。

在电力改革方案形成的过程中，伴随着各种争论，政府部门、企业和学者出于各自的角度和对电力改革不同的理解，提出许多看法，有的观点针锋相对，分歧很大。即使在今天大的方案已经被确定的前提下，如何具体实施和操作依然需要不断探索。

三、我国电力市场建设实践

我国电力市场建设实践一直处于试点和模拟运行中。1998 年 8 月 26 日，原国家电力总公司提出的《实行网厂分开建立发电侧电力市场的实施方案框架（试行）》获得通过后，以原国家电力公司为主导，以省为实体的电力市场运行试点工作选择在浙江、上海、山东和东北三省进行。各地的试运行一般起始于 2000 年左右，由于 2002 年出台的电力改革新方案主张建设区域电力市场。2003 年，电监会选择东北地区作为区域电力市场建设的试点。2004年东北电力市场开始了模拟运行，并于 2005 年转入试运行，2006 年年度竞价后，由于产生较大数额市场亏空难以消化等原因，东北电力市场暂停了试运行。随着《电力业务许可证管理规定》、《电力市场监管办法》和《电力市场运营基本规则》等电力市场监管规定于 2005年 12 月 1 日起施行，我国区域电力市场建设由试点步入稳步发展阶段。2005 年 8 月 31 日，《华东电力市场运营规则》由国家电力监管委员会正式印发，华东电力市场于 2005 年 10 月进入模拟运营。我国第三个区域电力市场——南方电力市场于 2005 年 11 月 21 日在广州模拟运行正式启动，标志着我国电力市场建设取得了新的进展。

中国电力市场运行实践是短暂的，虽然一些试点地区积累了很有价值的经验，但区域电力市场建设又有许多新问题需要探索和研究。

以省为实体建设电力市场被区域电力市场建设取代，但厂网分开是一致的，以后的输配分离也是要执行的。这就是说，关于电力市场模式的市场区域范围发生变化，而电力市场的组织结构和交易方式仍然具有普遍适用性。因此，为以省为实体的电力市场运行设计的方法对区域电力市场建设同样具有指导意义。

第二节　发电侧电力市场

习惯上，称发电公司从电网中分离出来，即厂网分离，发电公司间形成部分或全部竞价上网的运行模式称为发电侧电力市场。它是电力市场的最基本形式和主要内容。

首先建立发电侧电力市场，既是电力市场建设循序渐进的需要，也是我国电力工业发展的要求。我国从 20 世纪 80 年代开始实行集资办电、多渠道办电等政策以来，形成了多家办电、产权多元化的格局。实行竞价上网，引入市场机制，可以达到在发电侧引入竞争机制，适应国家建立市场经济体制的要求；通过市场机制引导投资；淘汰高能耗机组；实现"公平、公正、公开"调度和交易；促进发电企业提高效率，降低成本等目的。

仅实现发电公司从电网中分离出来的发电侧电力市场，由于输电、配售及用电仍然一体化，发电商以竞争性的报价销售给"买电机构"，而供电商以一个内部的电价从"买电机构"批量购买电力，然后再零售给用户；所以只在发电商之间形成竞争，如何形成竞争型的上网电价是主要解决的问题。

2001 年以前，英国曾推行的是电力库模式，发电商以竞争性的报价销售给"买电机构"，其上网电价形成方式是许多国家学习的样板。

1. 英国电力市场的发电上网电价

在发达国家中，英国的电力市场具有代表性，1990 年 4 月 1 日实行了电力工业的私有化改组，比较彻底地实现了厂与网的分离，输电网的角色发生了重大变化，由传统的统一调度转变为商业化的市场经营，具体由新成立的电力联营体运作，其工作核心是确定全网的电力价格，其工作方式如下：

每天上午 10：00 以前，各发电公司商将每个发电单元第二天的报价上报给联营体。联营体对次日每半小时的负荷作出预测，用上述电价和数据运行一个开停机规划软件，按全网运行费用最小原则得出次日每半小时共 48 个发电计划，也就是优良加载顺序，排在最后半小时的边际发电机组的报价就是系统在这半小时内的系统价格，记为 P_m，再加上少量与容量成本有关的附加值即形成联营体购入电价 P，并于下午 4：00 向全网发布。P 的计算公式为

$$P = P_m + LOLP \cdot (V - P_m)$$

式中，P_m 为次日某时段 t 系统价格，即次日每半小时发电计划中最后加载机组的最高报价；$LOLP$ 为次日对应时段的电力不足概率；V 为负荷损失价值，由政府决定。

式中的第二项反映发电系统的容量价值，发达国家（包括英国）发电容量已趋饱和，上述第二项是很小的，因而不鼓励盲目投资建厂。上述次日发电上网电价每天有 48 个。但是需要强调的是，对于每个半小时的时间间隔全网只有一个上网电价，而不论各个发电公司原先的报价是多少。

发达国家近 20 年已步入后工业化时期，耗能工业普遍停滞，不少国家年负荷增长率已低于 1％，加上在电力上的过度投资，电力容量已近于饱和，因此 P 中反映容量成本的第二项很小，因而可以为发电公司所接受。然而在发展中国家（如中国），情况大不一样，不仅历史欠账颇多，而且都不同程度地迎来了经济的发展。我国在 20 世纪 90 年代前后 8 年间，全国总装机容量翻了一番，因而发电的容量成本往往可以与电量成本相比拟，有时还要多。因此，有关容量的成本和效益必须仔细地处理，它直接关系到发电公司和用户的利益，也关系到发展中国家电力资源的合理利用和可持续发展问题。上式的计算方法，加上政府对 V 的干预，完全不能为发展中国家的发电公司和用户所接受。

仅仅考虑运行成本最小的优化模型不能适用，而必须采用容量固定成本和电量可变成本综合优化的模型。

2. 我国电力工业的特殊性及竞价上网方法

我国电力工业的现状表现在：富余发电容量较小；供需矛盾相对缓和；处于低水平的供需平衡；电网结构存在薄弱环节；发电企业之间的发电成本差别大，难以在同一起跑线上展开竞争；发电企业之间、网厂之间利益关系复杂，历史遗留问题多；电网经营企业与发电公司（特别中外合资合作发电企业）已有较长期的约定或签订了承诺发电设备利用小时的购电合同。因此，需要寻找合适的电力市场竞价方法及上网电价形成方法。

我国的各试点运行的电力市场中，一般采用限量竞争方式。

限量竞争方式就是上网电量的一部分由发电公司与电网经营企业签订购电合同包销，价格仍执行政府批准的上网电价，其余部分电量由发电公司报价，实行竞价上网。限量竞价模式又有体现不同竞争力度的操作方式。

第一种方式：将机组的年度合同电量分解到交易时段。制订预调度计划时，完全根据发电企业的报价安排开机和机组功率，购电费按交易时段结算。机组上网电量在合同电量之内的部分按合同电价结算，超出合同电量的部分按竞争电价结算，实际电量小于合同电量时，其差额电量按合同电价减去竞争电价予以补偿。

第二种方式：将机组的年度合同电量分解到天。制订预调度计划时，根据合同电量的完成情况和电网约束等因素由电网调度中心计划安排开机容量和开机的机组组合，但机组功率根据发电企业报价确定。购电费按天结算，机组上网电量在合同电量之内的部分按合同电价

结算，超出合同电量的部分按竞争电价结算；实际上网电量小于合同电量时，其少发的合同电量可以向后结转，在以后安排机组合同电量时补齐。

第三节　差价合约结算在发电侧电力市场竞价中的应用

限量竞争模式中的第一种方式在我国的浙江发电市场建立了具体的、并且行之有效的发电侧电力市场交易系统。该方式被国内外专家好评，它也是当前区域电力市场建设可以借鉴和采纳的方法。该方法的核心内容是差价合约结算办法。

差价合约结算的发电侧电力市场竞价方式，是指各发电公司之间采用竞价的方式，将自己全部所发电力在现货交易市场售给单一购买者（过去试行这一方法时，单一购买者为省电力公司）。另外，发电公司与单一购买者之间每年签订一个包括合约电量和电价的合同。结算时考虑合约电价与市场价之间的差价补偿。即该模式除实行交易市场与发电公司之间的现货交易结算外，同时实行单一购买者与发电公司之间的合约交易。最终结算按市场价和合约电价两个因素进行结算。

浙江发电市场建立了该方式下较为完善的市场化运营规则和监管规则体系。

差价合约结算的竞价上网方式相比较当时另外一些电力市场的实验性方式，它是市场化程度较高的一种方法。第一，该模式完全改变了发电公司向省调度中心报机组特性，调度中心确定开停机和出力计划的传统行政命令型运行方式。在非特殊情况下，发电公司自主掌握开停和功率的主动权；第二，该模式所实行的全部电量竞价上网，使各发电公司的分时段合约电量必须通过报价实现上网；第三，该模式所实行的现货交易、合约交易及差价合约结算方式已与国外电力市场的交易方式类似；第四，该模式每天 48 个时段的全电量交易和健全的合约交易，促使其建立起比较健全完善的运行规则和监管体系；第五，该模式可以随着合约电量占总发电量比例的逐渐减少，以及双边合约的产生，使该交易方式自然向电力市场深化发展过渡。

一、现货交易原则

现货交易是这样进行的：

市场运作按交易日进行。每个交易日为一个日历日，分为 48 个交易时段，每个交易时段为 30min。发电公司应按其单个注册机组提供每一交易日各交易时段的报价；注册机组每一交易时段可分成 10 个容量段，每个段的容量值称为段容量，每个容量段有一个价格，此价即为段价。发电公司必须至少提前 1 个工作日申报各个段价、段容量，从一段到下一段，段价必须单调递增，段价不应大于"市场清算价格上限"。

调度时段开始前，电力调度交易中心把发电机组的报价（段价）从低到高排序，根据排序确定发电顺序，以满足系统负荷需求。如果受到网络约束，电力调度交易中心可以根据约束条件调整注册机组的发电顺序。

在交易时段上，为满足系统负荷需求，被排入发电的所有发电机组中最高的报价，被确定为该时段的市场清算价格（又称市场现货价）。每个交易时段为一结算周期，由电力调度交易中心进行统一结算、收支。

二、合约市场交易原则

发电市场中单一购买者与发电公司之间每年签订的一定数量的电量、电价合约构成合约交易，结算时按合约和市场两个因素进行。合约有授权合约和双边合约两种，授权合约价格由政府定价，双边合约是指允许电用户直接向发电公司购电并由买卖双方通过谈判议价。过去几年实验运行的发电侧电力市场是由省公司作为单一购买者的，因此属于授权合约方式。实际执行中，政府授权省电力公司与发电公司签订合同。合同的重要内容有合约电量与电价。合同中的合约电量由省电力公司根据预测的计划年度统调电量为基数，按预先设定的合约比例确定。合约电价在尊重过去既有承诺基础上由合同双方商议，并报请政府物价监管部门批准。发电公司的年度合约电量由电力调度交易中心根据负荷需要和各发电公司合约电量所占的市场份额，计算出各发电公司计划年度内每天 48 个时段的各时段合约电量。

双边合约将在供电侧电力市场建立后采用。

三、差价合约结算对发电公司收入的控制

差价合约是一种避免和控制电力市场价格波动风险的手段；差价合约使现货市场电价波动趋向平坦，差价合约的合约电量将稳定地按合约价格结算，超过合约的电量以市场价结算。当前我国电力市场竞争中采用这一方法，有助于保证发电公司具有一定的、有保障的收入，并将每一发电机组的利润控制在一定的范围之内。

1. 差价合约方式下发电机组发电收入

$$I = Q_g P_m + Q_c(P_c - P_m) \tag{4-1}$$

式中，I 为发电机组某时段的总收入，元；P_c 为合同规定的发电机组的合约电价，元/（MW·h）；Q_c 为合同规定的发电机组分解到时段的合约电量，MW·h；Q_g 为发电机组某时段的实际上网电量，MW·h；P_m 为所有发电机组报价形成的市场现货电价，元/（MW·h）。

从式（4-1）可看出：发电机组收入可分两部分：一是现货结算部分；另一是差价结算部分。

当市场现货电价高于合同签订的合约电价，即当 $P_m > P_c$ 时，一部分是交易市场与发电公司按市场现货价格结算，另一部分是发电公司将把市场价格高于合约价格的差价乘以合约电量的收入返还给单一购买者。

当市场现货电价低于合同签订的合约电价，即当 $P_m < P_c$ 时，一部分是交易市场与发电公司按市场现货价格结算，另一部分是单一购买者把市场价格低于合约价格的差价乘以合约电量的收入追付给发电公司。

该含义可用图 4-5 直观反映。

式（4-1）还可推导为

$$I = Q_c P_c + P_m(Q_g - Q_c) \tag{4-2}$$

式（4-2）的第一项 $Q_c P_c$ 是合约交易合同给予发电机组有保障的收入，它稳定地按合约电量和电价结算。但是，当发电机组因各种原因，其实际上网电量小于合约电量时，发电公司将出钱按市场现货价格向市场购入不足合约部分的电量；其实际上网电量大于合约电量时，发电公司将可得到按市场现货价格向市场出售超发电量的收入。

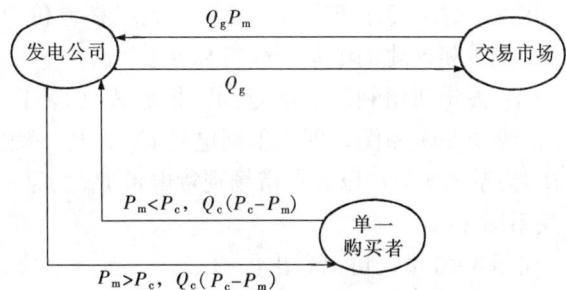

图 4-5　现货、合约交易关系图

这种结算方式，通过合约减少了市场价格变动对发电公司收入产生影响的风险，同时可通过提高或减少合约电量来控制市场竞争力度。

2. 差价合约方式下发电机组利润变动范围

发电公司希望自己的发电机组能较多实现利润，因此，什么情况下宁可实际上网电量小于合约电量而出钱按市场现货价格购入不足合约部分的电量；什么情况下使实际上网电量大于合约电量而获得按市场现货价格出售超发电量的收益，是发电企业关心的问题。电力市场的市场现货电价和发电机组的单位发电变动成本是影响这一问题的两个重要因素。

（1）发电机组的利润公式。

发电机组时段利润公式为

$$P_R = Q_g P_m + Q_c(P_c - P_m) - Q_g P_i - C \qquad (4-3)$$

或

$$P_R = Q_g(P_m - P_i) + Q_c(P_c - P_m) - C \qquad (4-4)$$

式中，P_R 为发电机组时段利润，元；P_i 为某发电机组单位变动成本，元/（MW·h）；C 为分摊至每个时段的发电机组固定成本，元/（机组·时段）。

（2）购电合约给予发电机组的收益保障。发电机组实际上网电量恰好是合约电量，即 $Q_g = Q_c$ 时，由式（4-3）可得发电机组利润为

$$\begin{aligned} P_R &= Q_c P_c - Q_g P_i - C \\ &= Q_c(P_c - P_i) - C \end{aligned} \qquad (4-5)$$

也即，当发电机组按合约电量执行实际上网电量时，无论市场现货电价如何变化，发电机组均可获 $Q_c(P_c - P_i) - C$ 的利润。这就是说，发电公司只要设法通过一定的报价策略使发电机组按合约电量上网了，电力市场的市场现货电价无任如何波动都不影响发电机组的这部分收益。这部分收益是发电机组的基本收益保障。所以，除非发电公司机组发生重大缺陷，发电量不能完成合约电量 Q_c，否则基本可获该利润，此处称 $Q_c(P_c - P_i) - C$ 为发电机组的合约目标利润，记为 P_R^*。

若某时段市场现货电价恰好为某机组发电单位变动成本，即 $P_m = P_i$ 时，由式（4-3）可得发电机组利润为

$$\begin{aligned} P_R &= Q_c(P_c - P_m) - C \\ &= Q_c(P_c - P_i) - C \end{aligned} \qquad (4-6)$$

由式（4-6）可见，若市场现货电价始终与该机组发电单位变动成本一致时，机组无论发电多少，发电机组也只获 $P_R^* = Q_c(P_c - P_i) - C$ 的合约目标利润的收益。

因此，$Q_g = Q_c$、$P_m = P_i$ 是发电机组在差价合约结算方式下，发电机组利润随上网电量、市场价格变化的电量、电价临界点。

（3）发电机组利润变动范围。根据式（4-3）可获得发电机组时段利润与市场现货电价、上网电量关系图，即在上网电量 Q_g 为某一确定值情况下的时段利润 P_R 与市场现货电价 P_m 关系图4-6，以及在市场现货电价 P_m 为某一确定值情况下的时段利润 P_R 与上网电量 Q_g 关系图4-7。

在图4-6中，可以看出：

在市场现货电价 $P_m = 0$ 的点上，发电机组利润为

$$P_R = P_R^* - (Q_g - Q_c)P_i$$

因此，根据 Q_g 与 Q_c 的大小关系，在 $P_m=0$ 的点上，发电机组利润值是完全不同的。

当 $Q_g>Q_c$ 时，在 $P_m=0$ 的点上，$P_R<P_R^*$，P_R 在 P_R^* 下，如图 4-6 所示。

当 $Q_g<Q_c$ 时，在 $P_m=0$ 的点上，$P_R>P_R^*$，P_R 在 P_R^* 上，如图 4-6 所示。

因为 Q_c、P_c、C 都是常数，且 P_i 相对市价变化很小，此处视为常数。

而且，上网电量 $Q_g>$ 合约电量 Q_c，对 Q_g 为一定值时，时段利润 P_R 与市场现货电价 P_m 是单调上升的直线；上网电量 $Q_g<$ 合约电量 Q_c，对 Q_g 为一定值时，时段利润 P_R 与市场现货电价 P_m 是单调下降的直线；上网电量 $Q_g=$ 合约电量 Q_c 时，时段利润 P_R 与市场现货电价 P_m 无关，是 $P_R=P_R^*$ 的水平线，如图 4-6 所示。

显然，$Q_g>Q_c$ 时：

若当时的 $P_m>P_i$ 区域，则 $P_R>P_R^*=Q_c(P_c-P_i)-C$，即此时发电机组利润大于目标合约利润；

若当时的 $P_m<P_i$ 区域，则 $P_R<P_R^*=Q_c(P_c-P_i)-C$，即此时发电机组利润小于目标合约利润。

反之，$Q_g<Q_c$ 时：

若当时的 $P_m>P_i$ 区域，则 $P_R<P_R^*=Q_c(P_c-P_i)-C$，即此时发电机组利润小于目标合约利润；

若当时的 $P_m<P_i$ 区域，则 $P_R>P_R^*=Q_c(P_c-P_i)-C$，即此时发电机组利润大于目标合约利润。

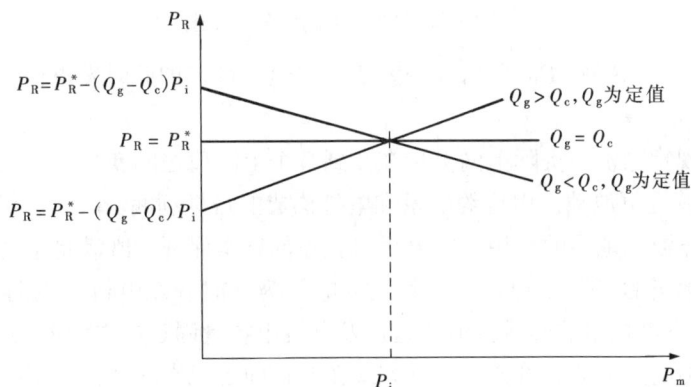

图 4-6 利润—市场价关系图

在图 4-7 中，也可以看出：

在上网电量的点上，发电机组利润为

$$P_R=P_R^*-Q_c(P_m-P_i)$$

因此，根据 P_m 与 P_i 的大小关系，在 $Q_g=0$ 的点上，发电机组利润值是完全不同的。

当 $P_m>P_i$ 时，在 $Q_g=0$ 的点上 $P_R<P_R^*$，P_R 在 P_R^* 下，如图 4-7 所示。

当 $P_m<P_i$ 时，在 $Q_g=0$ 的点上 $P_R>P_R^*$，P_R 在 P_R^* 上，如图 4-7 所示。

而且，市场现货电价 $P_m>$ 发电单位成本 P_i 时，对 P_m 为一定值，时段利润 P_R 与市场现货电价 P_m 是单调上升的直线；市场现货电价 $P_m<$ 发电单位成本 P_i 时，对 P_m 为一定值，时段利润 P_R 与市场现货电价 P_m 是单调下降的直线；市场现货电价 $P_m=$ 发电单位成本 P_i

时，时段利润 P_R 与上网电量 Q_g 无关，是 $P_R = P_R^*$ 的水平线，如图 4-7 所示。

显然，$P_m > P_i$ 时：

若当时的 $Q_g > Q_c$ 区域，$P_R > P_R^* = Q_c(P_c - P_i) - C$，即此时发电机组利润大于目标合约利润；

若当时的 $Q_g < Q_c$ 区域，$P_R < P_R^* = Q_c(P_c - P_i) - C$，即此时发电机组利润小于目标合约利润。

反之，$P_m < P_i$ 时：

若当时的 $Q_g > Q_c$ 区域，$P_R < P_R^* = Q_c(P_c - P_i) - C$，即此时发电机组利润小于目标合约利润；

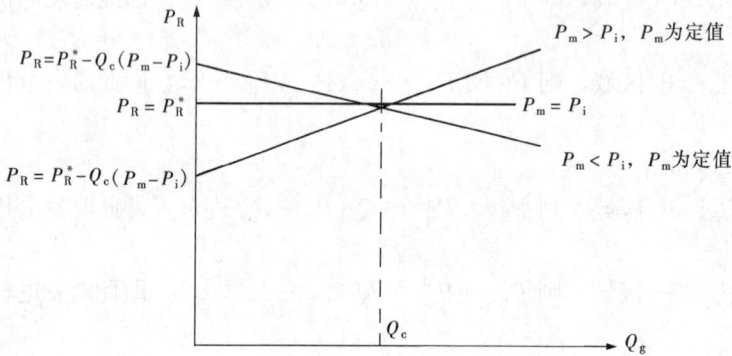

图 4-7　利润—上网电量关系图

若当时的 $Q_g < Q_c$ 区域，$P_R > P_R^* = Q_c(P_c - P_i) - C$，即此时发电机组利润大于目标合约利润。

综上，市场现货电价、实际上网电量在 0 到某个上限值之间变化时，发电机组的时段利润总是在 $P_R = P_R^*$ 上下波动。由合约电量和电价构成的目标利润 P_R^* 起着保证发电机组的基本收益和控制收益波动范围的作用。发电机组收益的基本保证，既满足了对过去发电设备利用小时购电合同承诺的一定兑现，当实际上网电量为 0 时，发电机组的时段利润不一定为 0，这实际体现了发电机组的容量价值或是对发电机组容量固定成本的补偿。

相比较于英国电力市场竞价方式，此方式在容量固定成本的补偿上更准确反映我国现实电力工业发展状况。因此，这一竞价及结算方式，在竞价方式上实现了很高程度的市场化；在结算方式上，做到了对发电机组的容量补偿。这一方式是适合于当前我国电力工业现实状况的，也是当前区域电力市场建设可采纳的方式。

第四节　华东区域电力市场建设实践

区域电力市场建设较有代表性的是华东区域电力市场，它于 2006 年 4 月开始试运行，是在原浙江发电市场模式的基础上开展的，其中发电侧的市场竞价模式是以节点电价为基础，以差价合约来控制风险的结算方式。

一、市场总体设计

华东电力市场地理范围覆盖上海市、江苏省、浙江省、安徽省和福建省〔简称四省一市或五省（市）]。华东电力市场一期目标是建立区域统一的电能交易平台，实现部分电量竞争，实现新的电价机制，建立相关法规体系和监管组织结构。二期目标是增加竞争电量的比例，增加电能交易品种，开展大用户、独立配售电企业与发电企业的双边交易，开展辅助服务和输电权交易。三期目标是实现售电环节竞争，开展电能金融合同交易，建立成熟的电力市场。目前华东市场正处于一期目标的实现当中。

华东区域电力市场是一个在统一平台上进行日前全电量报价，按竞价结果处理落实年度合同和日前竞争中标电量的关系，竞价交易与合约交易相结合，多方参与，协调运作，公平透明，并从电网实际出发分期实施，逐步推进竞争力度的综合电力市场。市场的参与主体由各省（市）电力公司及拥有单个装机容量在 10MW 以上 A 类发电机组的发电公司构成，装机容量在 10MW 以下的各省 B 类发电机组不参与竞争，市场的总体设计思路如图 4-8 所示。

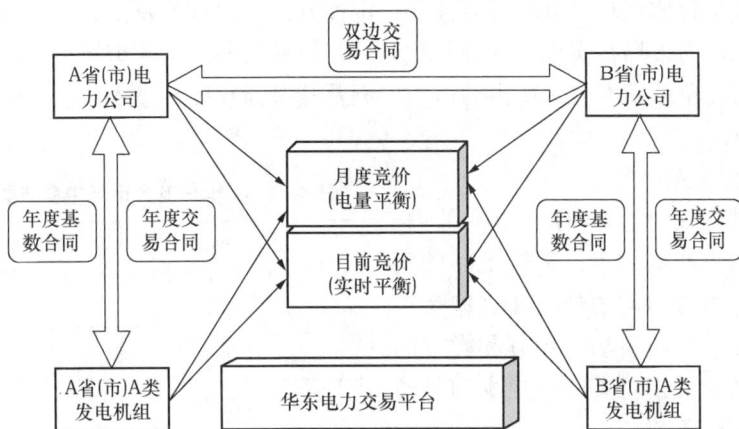

图 4-8 市场的总体设计思路

在华东市场中，发电合同分为年度合同和竞价合同：①年度基数和年度交易合同：年度基数合同是指省（市）电力公司与本省（市）发电企业之间签订的年度购售电合同；年度交易合同是指省（市）电力公司与本省（市）发电企业之间签订的用于跨省（市）双边交易的年度内各类购售电合同。对于发电商来说，年度基数合同与年度交易合同，能够保障发电设备投资人的基本收益。②月度竞价和日前竞价合同：月度竞价合同是在跨省（市）电力公司与跨省（市）发电主体之间通过交易平台签订的每月按照高峰和低估时段不同报价成交的合同。日前竞价合同是发电商通过交易平台日前竞价成交的以发电机组为单位、按日前全电量竞价上网签订的合同。月度竞价和日前竞价两种合同电量占总发电需求量的 10% 左右。年度合同和月度竞价决定了竞价发电机组的基本收入，而最终利润水平如何，则要看竞价发电机组在日前交易市场中实现排序上网时的量价组合状况。

通过交易平台进行月度竞价时，各发电厂商和电力公司分别针对峰、谷时段提交售电报价曲线和购电报价曲线，交易中心对其进行报价排序，得到两者的交点即为成交点，最终再综合电网约束等因素，确定成交电价和各机组中标电量，如图 4-9 所示。

通过交易平台进行日前竞价时，各省（市）电力公司在申报日完成执行日（申报日后两个工作日）96 个交易点的省（市）负荷需求的申报，各发电厂商在竞价日（申报日后一个工作日）完成执行日一天从零点开始的 96 个时段提交包括机组功率报价，由华东电力调度

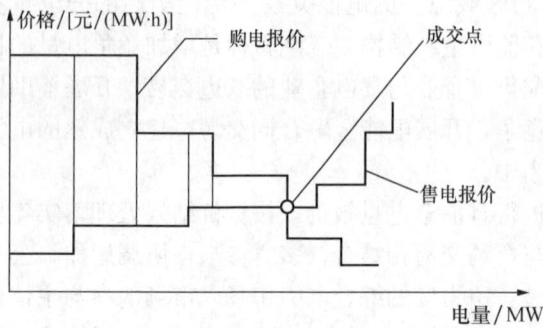

图 4-9　月度竞价购售电交易曲线

交易中心计算分省（市）的日竞价清算价格和节点电价。在执行日完成日竞价中标计划的电能传输。

二、市场结构

电力市场结构设计的优劣与否，很大程度上决定了电力改革能否顺利进行，能否取得良好绩效。提前对市场结构进行评价和调整，可预防出现如英国早期改革发电商市场力太大导致的市场缺陷以及加州改革初期出现的批发电价失控及大规模停电事故。传统的商品市场结构的衡量指标有市场集中度、进入壁垒和产品差异化程度。电力的差异化体现在供电的可靠性及稳定性方面，但这涉及发、输、配、售的各个环节。因此，华东电力市场在实现厂网分开改革后，所形成的发电侧市场结构可从市场中参与买卖双方的数量、单一发电公司所占的市场份额及其垄断程度、进入市场的壁垒等几个方面来衡量。

1. 买方和卖方的数量

一般来说，在设计良好的市场范围内，有数量众多的卖方和买方，以促进足够的竞争，使发电容量相对均匀的分布在这些参与者当中。而设计不良的市场，买方和卖方的数量较少，发电容量相对集中在更少的公司中，市场集中度较高。

华东电力市场中的买方就是 5 家省（市）的电力公司，卖方就是各省（市）内的共 106 家发电公司。华东电力市场中卖方数量见表 4-1。

表 4-1　华东电力市场中卖方数量

区　域	卖方（家）
上海	16
江苏	37
浙江	21
安徽	19
福建	13

2. 市场份额分配

如果一个市场内单一参与者拥有的市场份额越多，它所拥有的操纵市场的力量就越大，受利润的驱动抬高电价的动机就越强，从而将导致市场运行的效率偏低。反之，竞争越充分的市场，市场的运行效率越高。以 2006 年的数据为例，华东区域内参加竞价的发电机组共有 214 台，总装机容量为 6161 万 kW，其中上海占 13%，江苏占 45%，浙江占 18%，福建占 11%，安徽占 13%。图 4-10 表示各省（市）内最大的发电商的装机容量所占本地区的份额。

从图 4-10 中可以看出，在华东区内，各省内发电商数目众多，而且最大的发电商的装机容量没有绝对优势，从中可以看出华东电力市场拥有一个竞争比较充分的市场结构。

3. 市场进入壁垒

整个电力行业因为其巨量的资产投资需要从而造成的沉没成本巨大而限制了进入的可能性，另外，在发、输、配、售的垂直环节各自拥有不同的最优生产规模，尽管输配环节拥有显著的规模经济而形成自然垄断，但发电和售电环节并不尽然，从而也是在发电和售电环节

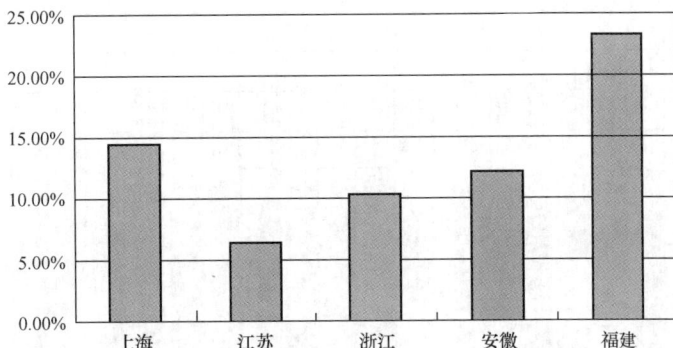

图 4 - 10　各省市最大发电商装机容量所占本地区的份额

引入竞争的原因。

发电领域最大的进入壁垒除巨大的资金壁垒外，政策壁垒也是不容忽视的因素。在华东市场发电领域及全国范围内，对于发电领域的参与者由国家电力监管委员会颁发发电类电力业务许可的方式进入。另外出于节能减排及市场高效的考虑，在华东及全国范围对小容量、低效率、高排放的小火电机组进行关停，将小火电机组发电量指标转让给大容量、高效率、环保型大机组代发，开展发电权交易。总体来看，因为电力这种商品及其生产的特殊性决定了发电领域的市场壁垒较高。

三、市场绩效

微观经济学理论认为，竞争和牟取利润的动力将导致内部效率（企业内部的生产效率）和外部效率（整个市场的效率），从而以较低的价格和成本将利益传递给顾客和整个经济。开放的绩效可通过几种方式进行测量。对电力价格的影响是最重要的单项绩效指标。华东电力市场的预期结果是得到较低的电能竞争平均价格和使价格收敛到一定范围。当然，电价的结果也取决于主要燃原料成本的变化以及燃原料的运输成本。

从 2004 年 5 月华东电力市场开始了一年多月度模拟竞价，各参与主体按高峰和低谷时段进行月前购售电竞价，自 2004 年 6 月至 2005 年 12 月的月度竞价结果如图 4 - 11 所示。

从华东区一年多的月度模拟价格变化来看，在模拟初期各省市的高峰、低谷价格由各省市差别较大慢慢趋向于相同，这显示了整个华东区内电能得到较均衡分配。并从长期的趋势来看，高峰和低谷价格均具有收敛趋势。价格的降低（或者更准确一点，是价格—成本的利润空间降低）意味着效率的获得并且相关收益传递到消费者身上。市场开放本身就是价格的再平衡过程，这也是成本映射定价的结果。

月度模拟成功后，华东电力市场又进行了日前调电实验，每台 A 类竞价机组每天提交96 点报价曲线，每报价点可有多达 10 段的报价。现以 2006 年 12 月的 7 天调电实验进行分析，如图 4 - 12 所示。

七天来江苏、浙江、安徽和福建四省的平均节电电价总体呈收敛趋势，显示市场的配置机制明显在日前运行中发挥重要作用，上海市的电价曲线与其他省市的相差悬殊，这是由于输电线路堵塞问题造成，也说明了网络堵塞问题可在节点电价定价模式中得到充分反映。

事实上，由于发电商受竞价上限 [如日前竞价上限为 482 元/（MW·h）] 限制，而燃煤燃油等原料价格近几年快速增长，华东电力市场竞价价格变化受到供需力量对比及原料价格增长的巨大影响，对于竞价价格这一指示市场配置效率最重要的指标，仍需进一步深入

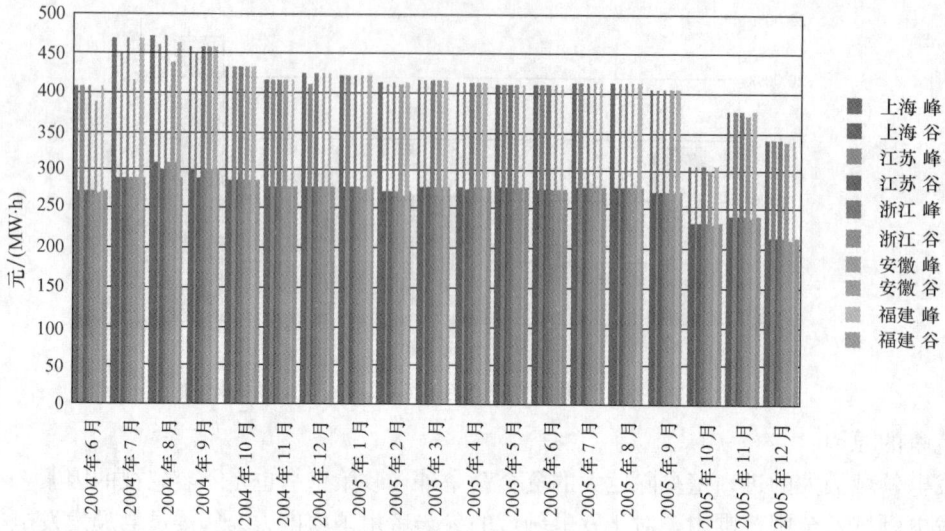

图 4-11　华东电力市场月度模拟价格变化
（数据来源：国家电监会华东电监局，2006 年 1 月）

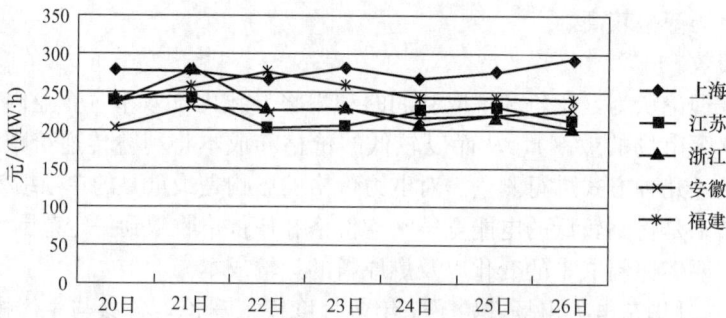

图 4-12　华东电力市场日前调电价格变化
（数据来源：国家电监会华东电监局，2006 年 12 月）

分析。

四、华东电力市场试运行中的问题

电力市场改革在起步阶段，遇到问题在所难免。自 2004 年始 5 年多的月度竞价与日前竞价的模拟运行与试运行当中，集中暴露出来的问题如下所述。

1. 信息公开不充分，市场未实现有序运作

市场信息公开充分是市场的基本原则，市场相关信息越透明，电力市场化运行越良好。但目前市场公开信息非常缺乏，月度竞价市场只有下月预测电量一个信息，日前市场只有系统预测负荷，且该值与实际偏差较大，发电商报价可依据的有价值信息太少，导致报价盲目。

2. 竞价电量与合约电量的安排比例不固定

合约电量的获得是发电商保证基本收入的来源，在竞价的不同时间段，给发电商的合约电量安排波动在 85%～90% 之间，当合约电量稍微偏少时，发电商就感觉利益受损，再加上省外低竞价机组的竞争，有些发电商产生了恐慌情绪。

3. 日前竞价中出现了发电商的博弈行为，资源未能得到优化配置

从每次日前竞价的调电试运行价格看，市场价格一天比一天低，后期已低于发电企业的变动成本，扭曲了市场的价格信号。这与发电商缺乏足够的科学报价依据有关，但更多的是抢发电量的竞争过度行为，在竞争中有发电商报价为零后，马上有其他的发电商跟进，因此在后期的日前竞价中多次出现零报价行为。发电商的利润普遍下降，有些企业将进入亏损，不利于发电企业安全、稳定组织生产，无法实现资源的优化配置。

4. 实时平衡不够优化，阻塞问题未能有效解决

由于市场的不完善，负荷偏差及潮流阻塞出现较多，造成日前出清计划偏差较大，调度干预较多，但实时平衡目前还未制订行之有效的操作规则，过多的调度干预给公平调度与结算带来过多的麻烦，机组投用 AGC 辅助服务的相应规则也未出台，目前仍是无偿投入使用状态。另外，网络阻塞问题也未得到更好的处理，网络调度不够优化。

5. 监管机构有关政策不明朗，技术支持系统不完善

在日前竞价试运行中只结算合约电量部分，监管机构试图先看到竞价运行效果，而未明确表示竞价电量按照实际市场结果清算，态度的不明朗也是导致有关电厂抢发电量的原因。技术支持系统报价网关不稳定，缺省报价功能未开发，支持系统的稳定可靠性有待提高。

第五节　电力市场开放与可再生能源发电

从全球范围来看，各国政府在制定能源政策时着重考虑的三大因素就是经济效益、供电可靠以及环境保护，在不同的历史阶段，世界各国的电力工业发展的侧重点有所不同。从2000 年以来，更多的讨论在于环境保护，也就是人类在电力生产中的可持续发展问题。由于煤、石油、天然气等石化燃料的短期不可再生，且现有储备逐年减少，以及产生的二氧化碳导致的气候变暖、冰层融化将给全球带来严重灾难，因此全球已把大力发展再生能源发电提上了日程。如旨在限制全球二氧化碳等温室气体排放总量的《联合国气候变化框架公约》（《京都议定书》）从 2005 年 2 月正式生效，该协议书规定了具体的、具有法律约束力的温室气体减排目标，要求相关缔约国在 2008～2012 年间总体上要比 1990 年二氧化碳排放水平平均减少 5.2％。各国也越发重视发展水电、生物发电、风电、光伏发电、地热发电和潮汐发电等，目前水电由于成本低廉的优势，在世界各地技术已经非常成熟，如挪威 99％的电力来自于水电。

在目前电力市场开放的条件下，一方面大部分可再生能源发电的不连续性和不恒定性对于电网要求的供电可靠稳定在技术上是个巨大挑战。另一方面，如不考虑石化能源造成的环境成本，可再生能源发电成本普遍高于石化能源发电成本，如目前风电成本为 0.5～0.8 元/（kW·h），光伏发电成本约为 3.0～5.0 元/（kW·h），这使得可再生能源发电在电力竞争中也缺乏价格优势。基于技术条件、经济成本以及可持续发展的综合考虑，各国政府通常是制定强制上网政策来保障可再生能源利用的发展，如通过政策明确了电网企业必须承担为可再生能源发电上网提供方便和服务并购买可再生能源发电。我国已于 2005 年 2 月通过了《中华人民共和国可再生能源法》，于 2006 年 1 月 1 日开始实施，并且明确规定了"上网电价"和"全网平摊"的法规条款，这必将推动中国可再生能源产业的快速发展。在未来的几十年乃至更长的时间，风能与太阳能的开发利用将在我国乃至全世界占据主导地位。

一、风能

作为可大规模开发的风电目前已覆盖 70 多个国家。德国和美国是风能利用领域的领先者，在风电发展、风电技术和政府政策等方面积累了丰富的经验技术。我国的风能资源也非常丰富，根据中国可再生能源专业委员会与美国国家可再生能源实验室（NREL）测算，我国陆地拥有 14 亿 kW 的风能储备，加上海上风力，总资源量将达到 20 亿 kW 以上。而至 2006 年年底，我国风电装机容量 259.6 万 kW，仅占陆地可利用风能的 0.19％ 左右，发展潜力巨大。中国风力资源分布的四类地区划分见表 4 - 2。

表 4 - 2 中国风力资源分布的四类地区划分

地区	平均风速（m/s）	具体地区	风 能 特 点
丰富区	>6.5	三北地区	包括东北三省、河北、内蒙古、甘肃、青海、西藏和新疆等省/自治区近 200km 宽的地带，风功率密度在 200～300W/m^2 以上，有的可达 500W/m^2 以上，可开发利用的风能储量约 200GW，占全国陆地可利用储量的 79％
		山东辽东半岛及东南沿海省市	包括沿海近 10km 宽的地带，年有效风功率密度在 200～500W/m^2 以上，可开发利用储量为 11GW，约占全国陆地可利用储量的 4％。这些地区经济发达，风电与水电具有较好的季节互补性
		东南沿海近海	该地区海上资源极其丰富，水深 2～15m 的海域面积辽阔，按照与陆上风能资源同样的方法估测，10m 高度可利用的风能资源约为 700GW。该地区是电力负荷中心，有较强的高压输电网，风电在电网中的比例很小，技术问题相对较小
较丰富区	5.5～6.5	东南内陆地区；三北南部地区；青藏高原区	
可利用区	3.0～5.5	两广沿海区；大小兴安岭山地区；中部地区	
贫乏区	<3.0	川云贵和南岭山地区，雅鲁藏布江和昌都区；塔里木盆地西部区	

风电的利用方式主要有离网型风电和并网型风电两种。

离网型风电的主要用户是电网未覆盖地区的牧民、渔民和农民，以户用风电机组解决家庭照明和收看电视的电源问题。

并网型是风电就近上网，电网公司收购全部上网电量，上网电价按发电成本加还本付息、合理利润的原则确定，高出电网平均电价部分，其差价采取均摊方式，由全网共同负担。图 4 - 13 为我国各年风电装机的增长情况，尤其从 1995～2006 年装机容量年均增长 46.8％，我国的风电发展日新月异。

二、太阳能

与其他可再生发电能源从成本的角度比较，短期内太阳能的发电成本较高，国内 2004 年的成本是 5 元/（kW·h），这个价格将在后续因为应用规模的扩大而逐年降低，根据欧盟联合研究中心的预测，50 年后全球 60％ 以上的电力来自太阳光伏及太阳热能发电。我国拥有十分丰富的太阳能资源，近 30 年，太阳年总辐照量平均在 1050～2450kW·h/m^2 之间；大于 1050kW·h/m^2 的地区占国土面积的 96％ 以上。中国陆地表面每年接受的太阳能辐射相当于

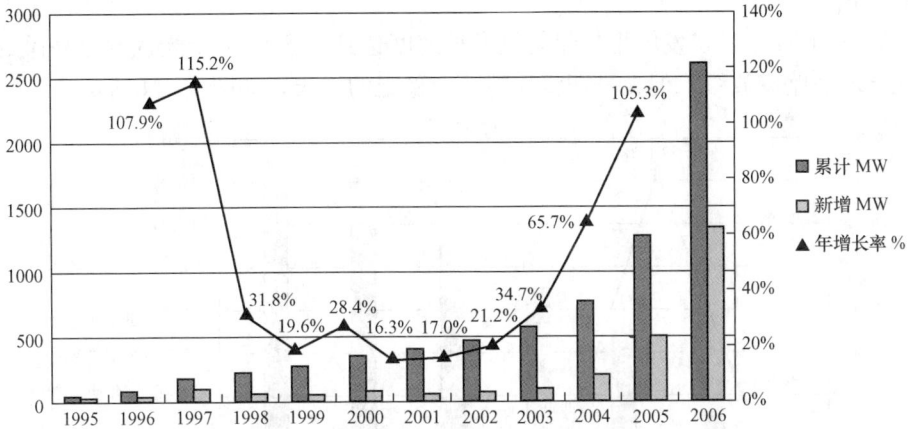

图 4-13　我国各年风电装机的增长情况

1.7 万亿 t 标准煤。按年太阳总辐照量空间分布，我国可以划分为四个区域，见表 4-3。

表 4-3　　　　　　　　　　　　　中国的太阳能资源区划

名　称	指标/(kW·h/m²·a)	占国土面积/%	地　区
最丰富带	≥1750	17.4	西藏大部分、新疆南部以及青海、甘肃和内蒙古的西部
很丰富带	1400～1750	42.7	新疆北部、东北地区及内蒙古东部、华北及江苏北部、黄土高原、青海和甘肃东部、四川西部至横断山区以及福建、广东沿海一带和海南岛
丰富带	1050～1400	36.3	东南丘陵区、汉水流域以及四川、贵州、广西西部等地区
一般带	<1050	3.6	川黔区

我国目前对 2020 年太阳能发电规划目标为 2GWp，其中光伏发电 1.8GWp，热发电 0.2GWp。光伏电能的利用也主要以并网系统和离网系统两种为主。

并网光伏电能系统与地方电网连接，使得发出的富余电量都可出售给电网，夜晚则可从电网买电。逆变器将光伏发出的直流电转换为交流电，以供一般电器之用。通常，电力公司购买太阳能电费远高于用户从电力公司购电的价格，在德国和西班牙，所有的太阳能电力都输入公共电网卖给电力公司。并网光伏发电系统包括建筑光伏系统（BIPV）和地面光伏系统（包括盐碱地、荒滩地、大型荒漠光伏电站等）。2004 年在西藏羊八井地区建设了一座 100kWp 高压并网的光伏发电站并投入运行，是我国在大规模并网地面光伏发电领域应用的第一个示范案例。

离网系统应用在没有主电网时，光伏发电系统通过充电控制器与蓄电池连接，生产的电可蓄存起来供以后使用。离网系统通过逆变器提供交流电，供一般家电使用。典型的离网系统用于通信中继站，偏远地区和农村供电。农村供电通常包括供单个家庭用电的小型光伏户用系统，或可以供几家用电较大的独立电站。

除此之外，还有一种混合光伏发电系统模式，光伏系统与生物质能发电系统、风力发电系统或柴油发电系统等其他发电系统组合，以保证持续的电力供应，混合系统可以采取并网或离网的形式。

自 2000～2006 年光伏发电平均年装机增长速度达到 29％，由于光伏发电高昂的成本限制，近几年增速略有放缓，但在长期将保持一个稳定的增长，如图 4－14 所示。

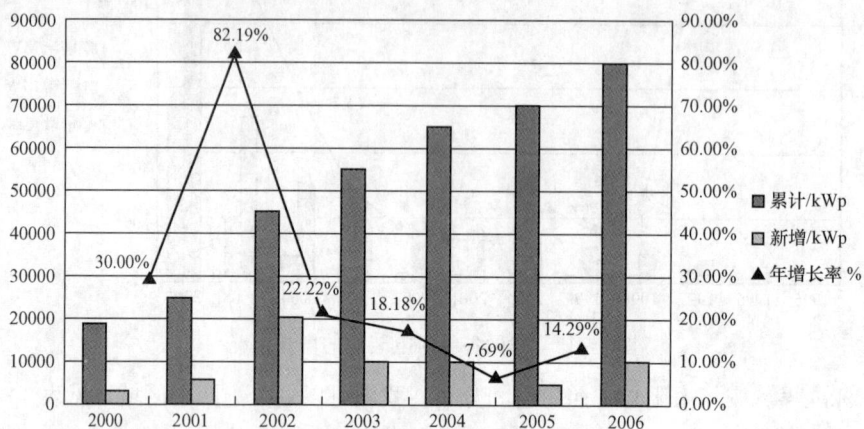

图 4－14　我国各年光伏发电累计装机统计

思 考 题

4-1　何为电力市场化改革?

4-2　电力市场建设的本质是什么?

4-3　电力工业模式可从哪几方面进行综合描述?

4-4　电力企业管理模式有几种类型?

4-5　世界各国实行电力市场化改革的原因有哪些?

4-6　世界各国实行电力市场化改革的趋势有哪些?

4-7　何为电力市场?

4-8　电力市场主体及分类有哪些?

4-9　电力市场利益主体可划分为几类?

4-10　电力市场特殊主体主要完成哪些工作?

4-11　应该怎样描述电力市场模式?

4-12　电力市场中主要交易方式是什么?

4-13　以"个别成本为基础"为发电厂确定上网电价会出现什么问题?

4-14　何为电力市场运营系统?

4-15　2002电力体制改革最新方案的主要内容是什么?

4-16　当前的电力改革使我国电力工业发生了哪些变化?

4-17　我国电力市场实践有哪几个标志性事件?

4-18　如何理解发电侧电力市场?

4-19　如何理解发电侧电力市场中的限量竞价方式?

4-20　如何理解发电侧电力市场中的差价合约结算方式?

4-21　发电侧电力市场中现货交易如何进行?

4-22　差价合约结算方式中合约电量如何实现上网?

4-23　如何理解差价合约结算方式中发电机组收入公式?

4-24　差价合约结算方式中的合约目标利润对发电企业有何意义?

4-25　电力市场的结构优劣与否可从哪些指标来衡量?

4-26　电力市场的绩效如何进行评价和判断?

4-27　风电与光伏发电有哪些利用方式?

参 考 文 献

[1]《中国电力百科全书》编辑委员会. 中国电力百科全书（火力发电卷、水力发电卷、核能及新能源发电卷). 2 版. 北京：中国电力出版社，2001.

[2] 关金峰. 发电厂动力部分. 北京：中国电力出版社，1998.

[3] 王长贵，崔容强，周篁. 新能源发电技术. 北京：中国电力出版社，2003.

[4] 包伟业. 动力工程概论. 上海：上海交通大学出版社，1994.

[5] 王承煦，张源. 风力发电. 北京：中国电力出版社，2003.

[6] 王成孝. 核能与核技术应用. 北京：原子能出版社，2002.

[7] 阎维平. 洁净煤发电技术. 北京：中国电力出版社，2002.

[8] 沈维道，郑佩芝，蒋淡安. 工程热力学. 2 版. 北京：高等教育出版社，1984.

[9] 陈听宽. 新能源发电. 2 版. 北京：机械工业出版社，1989.

[10] 何仰赞，温增银，等. 电力系统分析（上、下册). 武汉：华中理工大学出版社，2002.

[11] 陈珩. 电力系统稳态分析. 北京：中国电力出版社，1995.

[12] 李光琦. 电力系统暂态分析. 北京：中国电力出版社，1995.

[13] 韩祯祥，吴国炎，等. 电力系统分析. 杭州：浙江大学出版社，1993.

[14] 韦钢. 电力系统分析基础. 北京：中国电力出版社，2006.

[15] 韦钢，等. 电力系统分析要点与习题. 北京：中国电力出版社，2004.

[16] 刘万顺. 电力系统故障分析. 北京：水利电力出版社，1989.

[17] 尹克宁. 电力工程. 北京：水利电力出版社，1986.

[18] 于永源. 电力系统分析. 北京：中国电力出版社，1996.

[19] 华智明，岳湖山. 电力系统稳态计算. 重庆：重庆大学出版社，1991.

[20] 东北电业管理局调度中心. 电力系统运行操作和计算. 沈阳：辽宁科学技术出版社，1996.

[21] 杨以涵. 电力系统基础. 北京：水利电力出版社，1986.

[22] 陆敏政. 电力工程. 2 版. 北京：中国电力出版社，2008.

[23] 张永健. 电网监控与调度自动化. 3 版. 北京：中国电力出版社，2009.

[24] 涂光瑜. 汽轮发电机及电气设备. 北京：中国电力出版社，1998.

[25] 王秀丽. 英国电力市场新模式——结构、成效及问题. 中国电力，2003，(36) 6.

[26] 曾鸣. 电力市场理论及应用. 北京：中国电力出版社，2000.

[27] 殷作友. 电力市场研究. 浙江省电力公司（汇编)，1999.

[28] 赵遵廉. 电力市场运营系统. 北京：中国电力出版社，2001.

[29] 刘秋华. 电力市场营销管理. 北京：中国电力出版社，2003.

[30] 丁会凯. 浙江发电市场竞价模式市场化程度评析. 上海电力学院学报，2001 教博专辑 (2).

[31] 丁会凯. 竞争价方式和发电机组盈亏分布实例分析. 上海电力学院学报，2003，3.

[32] 蓝之达. 供用电工程. 北京：中国电力出版社. 1998.

[33] 丁会凯，等. 日前竞价交易对发电厂商利润的影响分析. 华东电力，2006，(34) 5.

[34] 王秀丽. 英国电力市场新模式——结构、成效及问题. 中国电力，2003，(36) 6.